Die Elite des französischen Geisteslebens fand sich unter der Leitung von Diderot und d'Alembert Mitte des 18. Jahrhunderts zusammen, um das Wissen der Zeit, alphabetisch geordnet, einem größeren Publikum zugänglich zu machen. Heraus kam kein trockenes Nachschlagewerk, sondern eine vergnügliche zu lesende Sammlung verschiedenartigster Texte, die polemisch und engagiert, aber auch klug taktierend, mit traditionellen Auffassungen in Theologie, Gesellschaftspolitik und Naturwissenschaften brachen und die Ideen der Aufklärung dagegensetzten.

Das innovative Denken der Autoren – unter ihnen Voltaire, Rousseau, Montesquieu und d'Holbach – richtete sich auch auf die Prosperität der Wirtschaft: auf Handel und Handwerk, Industrie und Landwirtschaft.

Wenngleich wir manchen Eifer und manche Kurzsichtigkeit heute belächeln, macht dieses Werk doch auf eindrückliche Weise den Umbruch zur Mentalität der Moderne erlebbar.

Manfred Naumann, Professor für Romanistik, ist Mitglied der Berlin-Brandenburgischen Akademie der Wissenschaften.

DIDEROTS ENZYKLOPÄDIE
Eine Auswahl

RECLAM VERLAG LEIPZIG

Auswahl und Einführung von Manfred Naumann

Übersetzung aus dem Französischen von Theodor Lücke
Redaktion von Helga Bergmann und Roland Erb
(Übersetzung des Rousseau-Artikels »Ökonomie« und
des »Systems der Kenntnisse des Menschen« von Helga
Bergmann)

Mit 8 Abbildungen aus der »Enzyklopädie«

ISBN 3-379-01740-X

© Reclam Verlag Leipzig 1972, 2001
Quellenangaben am Schluß des Bandes

Reclam-Bibliothek Band 1740
1. Auflage, 2001
Reihengestaltung: Hans Peter Willberg
Umschlaggestaltung: Oberberg + Puder, Leipzig
Gesetzt aus Meridien
Satz: XYZ-Satzstudio, Naumburg
Druck und Bindung: Reclam, Ditzingen
Printed in Germany

INHALT

Einführung 11

Prospekt der Enzyklopädie 27
Figürlich dargestelltes System der Kenntnisse
des Menschen 45

Hebamme – Accoucheuse 52
Affektiertheit – Affectation 53
Aguaxima 54
Adler – Aigle 55
Aius locutius 55
Kunst – Art 57
Autorität in der Rede und in der Schrift –
    Autorité dans les discours et dans les écrits 61
Bacchioniten – Bacchionites 62
Strumpf – Bas 63
Bibliomane – Bibliomane 67
Wismut – Bismuth 68
Bitterfeld 70
Holz – Bois 70
Glück – Bonheur 72
Kapuze – Capuchon 75
Fastenzeit – Carême 76
Cartesianismus – Cartésianisme 77
Kasuist – Casuiste 80
Steinkohle – Charbon minéral 83
Gezinkt – Chargé 84
China – La Chine 85
Chemie – Chymie ou Chimie 86
Staatsbürger – Citoyen 89
Gesittung, Höflichkeit, Leutseligkeit –
    Civilité, Politesse, Affabilité 92
Kobalt – Cobalt, Cobolt ou Kobold 93
Köpenick – Coepenick 93
Kolonie – Colonie 94
Kolporteure – Colporteurs 97
Handel – Commerce 97

Gewissen – Conscience 102
Kopernikus – Copernic 104
Kritik in den Wissenschaften – Critique dans les sciences 106
Grausamkeit – Cruauté 109
Deisten – Déistes 110
Wörterbücher der Wissenschaften und der freien
   sowie der mechanischen Künste – Dictionnaires de
   sciences et d'arts, tant libéraux que mécaniques 111
Wahrsagekunst – Divination 116
Zweifel – Doute 119
Dragonade – Dragonade 122
Naturrecht – Droit naturel 122
Didyma – Dydime 127
Eklektizismus – Eclectisme 128
Ökonomie – Economie ou Oeconomie 137
Natürliche Gleichheit – Egalité naturelle 160
Eleatische Sekte – Secte éléatique 163
Elektrizität – Electricité 164
Reich – Empire 165
Enzyklopädie – Encyclopédie 168
Experimentell – Expérimental 175
Tatsache – Fait 178
Fanatismus – Fanatisme 181
Aufwand – Faste 186
Pächter – Fermiers 186
Jahrmarkt – Foire 194
Stiftung – Fondation 197
Unzucht – Fornication 200
Vermögen – Fortune 201
Frankreich – France 202
Französisch – François ou Français 204
Genealogie – Généalogie 205
Genf – Genève 206
Geschmack – Goût 211
Versuch über den Geschmack in Dingen der Natur und Kunst . . 215
Krieg – Guerre 233
Harz oder Herzynischer Wald –
   Hartz ou Forêt Hercinienne 236
Geschichte – Histoire 236
Hobbismus oder Philosophie von Hobbes –
   Hobbisme ou Philosophie d'Hobbes 239
Menschlichkeit – Humanité 240
Götze, Götzendiener, Götzendienst –
   Idole, Idolâtre, Idolâtrie 241

Nachahmung – Imitation 243
Bedürftig – Indigent 244
Industrie oder Betriebsamkeit – Industrie 245
Angeboren – Inné 248
Impfung – Inoculation 248
Inquisition – Inquisition 250
Interesse – Intérêt 251
Intoleranz – Intolérance 254
Irreligiös – Irreligieux 256
Trunksucht – Ivrognerie 257
Journal – Journal 258
Tagelöhner – Journalier 259
Leipzig – Leipsic 260
Natürliche Freiheit – Liberté naturelle 262
Denkfreiheit – Liberté de penser 263
Lotterie – Loterie 265
Mansfelder Gestein – Mansfeld, Pierre de 265
Trübsal – Mélancolie religieuse 266
Metallurgie – Métallurgie 267
Metaphysik – Métaphysique 268
Methode – Méthode 268
Handwerk – Métier 270
Elend – Misérable 271
Elend – Misère 271
Mode – Mode 271
Eingeschränkte Monarchie – Monarchie limitée 274
Monopol – Monopole 275
Mosaische und christliche Philosophie –
    Mosaïque et chrétienne philosophie 275
Neger – Nègres 276
Neologisch – Néologique 277
Verzeihen – Pardonner 278
Vaterland – Patrie 279
Pentakel – Pentacle 281
Physik – Physique 281
Gewalt – Pouvoir 284
Ausschließliches Privileg – Privilège exclusif 285
Eigentum – Propriété 289
Folter – Question ou Torture 290
Traum – Rêve 291
Runzel – Ride 293
Sauerkraut – Saver-kraut 294
Skandalös – Scandaleux 294
Salzsteuer – Sel, impôt sur le sel 295

Empfindsamkeit – Sensibilité 296
Sozial – Social 297
Einsiedler – Solitaire 297
Spinozist – Spinoziste 298
Schweiz – Suisse 298
Aberglaube – Superstition 299
System – Système 300
Erde, Schichten der – Terre, couches de 302
Toleranz – Tolérance 304
Steuerpächter – Traitant 309
Sklavenhandel – Traite des Nègres 310
Tuberkel – Tubercule 312
Leben, Lebensdauer – Vie, Durée de la vie 315

Alphabetisches Stichwortverzeichnis 317
Quellenangaben 320

EINFÜHRUNG

Im Jahre 1728 veröffentlichte ein gewisser Ephraim Chambers in London ein zweibändiges Werk mit dem Titel *Cyclopaidia or Universal Dictionary of arts and sciences*. Das Werk hielt, was sein Titel versprach: Es gab einen Überblick über den »enkýklios paideia«, über den »Kreis von Kenntnissen«, die auf dem Gebiete der Wissenschaften und Künste damals errungen worden waren. Das Unternehmen wurde zu einem buchhändlerischen Erfolg.
Der Pariser Verleger André-François Le Breton witterte ein lukratives Geschäft, schloß mit drei anderen Verlegern, mit Claude Briasson, Laurent Durand und Michel-Antoine David, einen Assoziierungsvertrag und erhielt am 27. Januar 1746 ein königliches Privileg für die Herausgabe des Werkes in französischer Übersetzung. Offen war die Frage geblieben, wem die Leitung der Arbeit übertragen werden sollte. Mit drei Kandidaten für diesen Posten hatte Le Breton schon verhandelt; sie hatten sich aber als ungeeignet erwiesen. Briasson – Durand – David wußten Rat. Sie hatten soeben die französische Ausgabe eines englischen *Wörterbuchs der Medizin* erscheinen lassen. Gemeinsam mit zwei Kollegen hatte die vortreffliche Übersetzung ein Mann besorgt, dem sie die prompte Erledigung auch der neuen Aufgabe zutrauten. Sie stellten ihn Le Breton vor. Der Verleger zögerte nicht lange und engagierte ihn. Der Name dieses Mannes war Denis Diderot.
Er war 1713 in Langres als Sohn eines Messerschmieds geboren. Der nicht unbemittelte Vater hatte für ihn eine geistliche Laufbahn vorgesehen. Doch Ende 1728 oder Anfang 1729 unterbrach der Sohn seine Ausbildung am heimatlichen Jesuitenkolleg und ging nach Paris. Dort legte er 1732 das Magisterexamen ab. Was er in den folgenden Jahren getrieben hat, wissen wir nicht so recht. Versuche jedenfalls, die Karriere eines Juristen einzuschlagen, scheiterten. 1743 heiratete er, gegen den Willen seines Vaters, der vergebens darauf wartete, sein studierter Sohn werde einen gutbürgerlichen Beruf ergreifen. Ein Jahr später

kam das erste Kind. Um den jungen Hausstand finanzieren zu können, nahm Diderot jene Übersetzungsarbeiten an, die Briasson und seine Kollegen veranlaßten, ihn als Herausgeber der geplanten französischen Enzyklopädie vorzuschlagen.

Hätte Le Breton die mit vielen eigenen Anmerkungen versehene Übersetzung gelesen, die sein neuer Mitarbeiter von dem *Essay über das Verdienst der Tugend* des Engländers Shaftesbury 1745 veröffentlichte, wäre ihm sicherlich deutlich geworden, daß er nicht irgendeinen Literaten, sondern einen Mann mit dem Format eines künftigen Philosophen angestellt hatte. 1746 erschien die erste selbständige Schrift Diderots: die anonym veröffentlichten *Philosophischen Gedanken*. An diesem Buch zeigte sich, daß der Mann, der jahrelang im Obskuren gelebt hatte, seine Zeit nicht vertan hatte. Sein in langen Studienjahren erworbenes Wissen befähigte ihn dazu, schon in dem Erstlingswerk das geistige Niveau jenes Jahrhunderts zu erreichen, das als »siècle des lumières«, als »Zeitalter des Lichts«, in die Geschichte eingegangen ist. Diderot wird von nun an das Gesicht dieses Jahrhunderts entscheidend mitbestimmen.

Wer die Idee hatte, es nicht mit einer bloßen Übersetzung der englischen Vorlage bewenden zu lassen, sondern ein enzyklopädisches Werk neuer Art zu schaffen, läßt sich heute mit Sicherheit nicht mehr feststellen. Das Projekt war schon 1747 auf ein Format zugeschnitten, das an quantitativem und qualitativem Volumen das Lexikon Chambers' unvergleichlich überragte. Diderot war damals der Öffentlichkeit noch so gut wie unbekannt. Um von vornherein das wissenschaftliche Ansehen des Unternehmens nach außen hin zu sichern, bedurfte es der Mitarbeit eines Mannes, dessen Name in der gelehrten und philosophischen Welt schon Geltung hatte. Diesen Mann fand Diderot in d'Alembert. Er wurde Ende 1747 als Mitherausgeber des Werkes verpflichtet. Der damals dreißigjährige Mathematiker und Philosoph war um diese Zeit schon berühmt. Seit 1746 war er Mitglied der Französischen Akademie der Wissenschaften. Er ging in den führenden Pariser Salons aus und ein, kannte persönlich Fontenelle, Voltaire, Montesquieu und viele andere Persönlichkeiten, die bis dahin dem »siècle philosophique« die maßgeblichen Denkimpulse gegeben hatten. D'Alembert sorgte dafür, daß diese führenden Köpfe der Aufklärung sich für das Projekt zu interessieren begannen. Die meisten von ihnen sag-

ten ihre Mitarbeit zu. Mit ihrer Unterstützung war es nicht schwer, die »opinion publique«, die aufgeklärte öffentliche Meinung, für die geplante *Enzyklopädie zu* gewinnen. Damit wiederum war der Grundstein dafür gelegt, daß das privat-geschäftliche Unternehmen nationale Bedeutung erlangte. Noch bevor der erste Band erschien, rückte die *Enzyklopädie* in das Zentrum der geistigen und politischen Auseinandersetzungen der Aufklärung mit ihren Gegnern.
Die Popularität der *Enzyklopädie* in der Öffentlichkeit erhöhte sich 1749 durch ein Ereignis, das das Projekt aufs höchste gefährdete: Am 24. Juli wurde Diderot verhaftet und in der Festung Vincennes eingesperrt. Er war inzwischen den Behörden bekannter geworden, als ihm lieb sein konnte. Man hatte nämlich in Erfahrung gebracht, daß der *Enzyklopädie*-Herausgeber der Verfasser der schon erwähnten *Philosophischen Gedanken* war, daß aus seiner Feder der Roman *Die geschwätzigen Kleinode* stammte, dessen libertinistische Rahmenhandlung die gesellschaftskritische Zielstellung nur mangelhaft verbergen konnte, und daß er auch für den *Brief über die Blinden* verantwortlich zeichnete, einer im Frühjahr 1749 veröffentlichten Schrift, die ihrer philosophischen Grundtendenz nach materialistisch und atheistisch war. Es bedurfte eines Schuldbekenntnisses des Inhaftierten und des ganzen Einflusses der assoziierten Verleger, die schon beträchtliche Kapitalien in das enzyklopädische Unternehmen investiert hatten, um den Delinquenten nach einhundertzwei Tagen wieder freizubekommen.
Nach der Haftentlassung Diderots ging die Arbeit zügig voran. Im Oktober 1750 veröffentlichte Diderot den *Prospekt der Enzyklopädie*, in dem er das Ziel und den Aufbau des Werkes erläuterte, und am 1. Juli 1751 wurde den Subskribenten, deren Zahl beständig anstieg, der erste Band ausgeliefert. Er enthielt eine von d'Alembert verfaßte *Einleitung zur Enzyklopädie*, die die schon von Diderot im *Prospekt* dargelegte Konzeption des Gesamtwerkes detaillierter ausführte. Trotz wütender Angriffe der regierungstreuen Presse, der kirchlichen Behörden, der Sorbonne, der beiden klerikalen Parteien, der Jesuiten und Jansenisten, konnte im Januar 1752 der zweite Band erscheinen. Aber nun schlug man zu: Auf Befehl Seiner Majestät des Königs wurde die *Enzyklopädie* verboten, weil die beiden ersten Bände mehrere Artikel mit der Tendenz enthielten, »die königliche Au-

torität zu zerstören, den Geist der Unabhängigkeit und Revolte einzuführen und, versteckt hinter dunklen und mehrdeutigen Formulierungen, den Grund für Irrtum, Sittenverwilderung, Irreligion und Ungläubigkeit zu legen«. Der königliche Direktor des Verlagswesens, Malesherbes, wurde beauftragt, die bei Le Breton liegenden Manuskripte zu konfiszieren. In dieser Situation zeigte sich, wie sehr die Aufklärung das Denken selbst königlicher Beamter schon zersetzt hatte: Malesherbes gab Diderot von der bevorstehenden Polizeiaktion einen Wink, und dieser brachte die Manuskripte zu – Malesherbes. Dort waren sie natürlich sicher. Diderot selbst ging für einige Zeit in die Illegalität. Doch drei Monate später wurden er und d'Alembert von der Regierung aufgefordert, ihre Arbeit fortzusetzen. Diese erstaunliche Tatsache verdankte man Madame de Pompadour. Die Mätresse Ludwigs XV. hatte keinen ärgeren Feind als eben die devote Hofpartei, die das Verbot durchgesetzt hatte. Im geheimen von großbürgerlichen Finanzkreisen gelenkt, auf die ein Mann wie Voltaire nicht ohne Einfluß war, benutzte sie die Gelegenheit, ihren Gegnern einen Schlag zu versetzen und dadurch ihre Stellung bei Hofe zu festigen. Der König hob das ausgesprochene Verbot auf, und im November 1753 konnte der dritte Band der *Enzyklopädie* erscheinen. Die konservativen Kräfte, unterstützt von einer ihnen hörigen Presse, ließen auch weiterhin nichts unversucht, um der *Enzyklopädie* den Garaus zu machen.

Die 1754 von Fréron gegründete Zeitschrift »L'année littéraire« sah die Bekämpfung der *Enzyklopädie* als ihre Hauptaufgabe an. Eine Schmähschrift nach der anderen wurde gegen das Werk geschleudert. Trotzdem brachten Diderot und d'Alembert es fertig, jedes Jahr einen neuen Band erscheinen zu lassen. Im November 1757 kam der siebente heraus. Obwohl das Werk an Umfang immer mehr anschwoll – man war erst beim Buchstaben G angelangt – und daher immer teurer wurde, fand es reißenden Absatz. Die Zahl der Subskribenten stieg auf viertausend an. Gerade zu diesem Zeitpunkt jedoch geriet das Unternehmen in eine für seine Zukunft entscheidende Krise. Am 5. Januar 1757 war auf Ludwig XV. von einem gewissen Damiens ein Attentat verübt worden. Die Regierung erneuerte daraufhin ein Gesetz, das jeden, der ohne königliche Erlaubnis Bücher schrieb, druckte, verkaufte oder verbreitete, mit der Todesstrafe bedrohte. Die klerikalen Parteien versuchten, die Schuld an dem Attentat den Enzyklopädisten zuzuschieben. Man denunzierte sie als Mitglieder einer angeblich fest organisierten Partei, auf deren Programm die Abschaffung der Religion und die Beseitigung der bestehenden Regierung stünden.

Die bösartigen Angriffe und fortwährenden Verleumdungen führten dazu, daß d'Alembert sein Amt als Mitherausgeber niederlegte. Der sonst eher zurückhaltende Akademiker hatte sich in seinem Artikel *Genf* einige unvorsichtige Ausfälle gegen die calvinistische Stadt im allgemeinen und gegen die gesellschaftliche Verfemung des Schauspielerberufs im besonderen erlaubt; das hatte heftige Polemiken zur Folge. Der nicht sehr tapfere Gelehrte befürchtete, sein Ansehen als Akademiemitglied und international bekannter Wissenschaftler werde in den politischen Tageskämpfen zerschlissen. Als Grund für seinen Rücktritt gab er freilich finanzielle Meinungsverschiedenheiten mit den Verlegern an. Aus ganz anderen Motiven brach um diese Zeit auch Rousseau mit seinen enzyklopädischen Freunden. Die Lage der *Enzyklopädie* verschlechterte sich noch weiter, als 1758 Helvétius sein aufsässiges Werk *Über den Geist* veröffentlichte, dessen Abfassung er öffentlich bereuen mußte. Der Philosoph wurde gezwungen, wegen dieses Verbrechens öffentlich Abbitte zu leisten. Diderot war über diese Entwicklung der Dinge verzweifelt: »Ich habe die Vierzig überschritten; ich bin der Plackereien müde. Ich rufe von morgens bis abends: Ruhe! Ruhe! Und kaum ein Tag vergeht, so ich nicht versucht bin, in meine Provinz zu gehen, um dort im stillen zu leben und ruhig zu sterben.« Ernüchtert legte er sich die Frage vor, ob die zehn Jahre, die er an der *Enzyklopädie* arbeitete, überhaupt einen Sinn hatten: »Den Menschen nützlich sein! Ist man denn sicher, daß man noch etwas anderes tut, als sie zu amüsieren, und daß es einen großen Unterschied zwischen einem Philosophen und einem Flötenspieler gibt? Sie hören beiden mit Vergnügen oder mit Verachtung zu, aber bleiben, was sie sind.« Seine Befürchtungen bewahrheiteten sich: Im März 1759 wurde das Privileg für die *Enzyklopädie* zurückgezogen. Von nun an war die Weiterarbeit an dem Werk illegale Tätigkeit. Die Behörden ordneten an, die Verleger sollten die Subskribenten auszahlen. Das Ende der *Enzyklopädie* schien dazusein.

Aber nun geschah etwas, was dem enttäuschten und verzweifelten Diderot wieder Mut gab: Nicht ein einziger Subskribent meldete finanzielle Ansprüche an; jeder wartete auf die noch ausstehenden Bände. Und Diderot, im Stich gelassen von d'Alembert und einer ganzen Anzahl anderer ehemaliger Mitstreiter, arbeitete weiter, trotz des regierungsamtlichen Verbots und trotz der einige Monate später ausgesprochenen Verdammung des Werkes durch den Papst. Unter stillschweigender Duldung durch Malesherbes und den Ende 1759 ernannten aufklärungsfreundlichen Polizeichef Sartine stellten Diderot und sein fleißiger Helfer Jaucourt die noch fehlenden Bände zusammen. Le Breton und Kompanie ließen sie heimlich drucken. Man wartete auf einen günstigen Moment, um sie an die eingeschriebenen Kunden ausliefern zu können. 1765 war das fertige siebzehnbändige Textwerk in ihrer Hand; die Veröffentlichung der elf Bildbände zog sich noch bis 1772 hin.

Die *Enzyklopädie* war um diese Zeit schon längst zu einer der größten privatkapitalistischen Unternehmungen des 18. Jahrhunderts angewachsen. Immerhin beschäftigte die Verlegerfirma in ihrer »Manufaktur« nahezu zweihundert wissenschaftliche Mitarbeiter und mehr als tausend Arbeiter, Papiermacher, Drukker, Buchbinder und Graveure. Voltaire, der auch auf dem Gebiet der Finanzen ein Fachmann war, schätzte das Kapital, das im Zusammenhang mit der *Enzyklopädie* zirkulierte, auf 7 650 000 Livres; das sei mehr, fügte er hinzu, als der gesamte bisherige Handel mit den beiden Indien in Bewegung gesetzt habe. Diderot erhielt als Honorar für mehr als zwanzig Jahre Arbeit insgesamt nicht einmal ganze 80 000 Livres; die Gesamtausgaben für die Manuskripte wurden zwischen 150 000 und 400 000 Livres geschätzt. Der Profit der assoziierten Verleger belief sich auf etwa 2 400 000 Livres. Was diese Ziffern wirklich bedeuten, geht aus folgendem Vergleich hervor: 1766 verdiente ein Lyoner Seidenarbeiter, Vater von acht Kindern, zusammen mit seiner Frau 639 Livres jährlich. Der Preis für ein Pfund Brot war nie niedriger als drei Sous (0,60 Livre). Ein Gesamtexemplar der *Enzyklopädie* kostete etwa 900 Livres. Diese Zahlen erklären, daß die Verlegerfirma größtes Interesse daran haben mußte, das Geschäft erfolgreich zu Ende zu führen.

Als Diderot Ende 1764 einen schon ausgedruckten Band durchblätterte, bemerkte er, daß der gedruckte Text nicht mit dem Manuskript übereinstimmte, das er Le Breton übergeben hatte. Die Erklärung dafür war sehr einfach: Um der Obrigkeit keinen Anlaß für ein erneutes Eingreifen zu geben, hatte Le Breton sich erlaubt, ohne Wissen Diderots die eingereichten Manuskripte entschärfen zu lassen. Diderot war empört über eine solche Handlungsweise. Das Werk, für das er die besten Jahre seines Lebens gegeben hatte, war auf grausame Weise verstümmelt worden. »Sie haben mich zwei Jahre lang feige getäuscht«, schrieb er dem Verleger. »Sie haben die Arbeit von zwanzig ehrenhaften Männern, die Ihnen umsonst ihre Zeit, ihr Talent und ihre Nächte aus Liebe zum Guten und zur Wahrheit geopfert haben auf die einzige Hoffnung hin, daß ihre Gedanken bekannt werden und ihnen daraus ein wenig Achtung erwächst, verpfuscht oder von einem brutalen Tier verpfuschen lassen ... In Zukunft wird man Sie als einen Menschen zitieren, der einer Treulosigkeit und einer Unverschämtheit fähig war, für die man kein Beispiel findet ... Was man in der *Enzyklopädie* gesucht hat und was man darin suchen wird, ist die unerschütterliche und kühne Philosophie einiger ihrer Mitarbeiter. Sie haben sie verstümmelt, zerstückelt, verunstaltet, ohne Urteilsvermögen, ohne Rücksicht und ohne Geschmack in Fetzen gerissen.«

Der Zorn Diderots verrauchte bald. Er wußte schon damals, daß die unter seiner Leitung entstandene *Enzyklopädie* trotz der unqualifizierten Eingriffe das blieb, was sie im Bewußtsein der Öffentlichkeit längst war: das imposanteste geistige Werk des Jahrhunderts.

Die *Enzyklopädie enthielt* nicht nur die Summe dessen, was sich seit der Renaissance, parallel mit der fortschreitenden Emanzipation des europäischen Bürgertums, an fortschrittlichem Wissen und Denken angesammelt hatte; sie enthielt darüber hinaus auch ein Programm zur praktischen Verwirklichung der erreichten theoretischen Erkenntnisse.

Eine solche Leistung konnte nur das Ergebnis einer wohldurchdachten Kollektivarbeit sein. Im ganzen sind die Namen von 160 Personen bekannt, die sich daran beteiligten. Von vielen von ihnen wissen wir nicht mehr als die Namen; andere drückten dem Jahrhundert den Stempel ihres Genies auf: Voltaire, Rousseau, Montesquieu, Quesnay, Turgot, Buffon. Unter den Mitarbeitern gab es Adlige, Amtsadlige und sogar Geistliche. Das Gros aber rekrutierte sich aus Angehörigen des »dritten Standes«, der sich 1789 als »Nation« konstituieren wird. Genauere Untersuchungen über die Vermögenslage, die Art der Einkünfte, den Beruf und die gesellschaftliche Stellung der identifizierbaren *Enzyklopädie*-Mitarbeiter haben ergeben, daß die meisten von ihnen einer Schicht zuzurechnen sind, die zwischen dem mittleren und höheren Bürgertum postiert war. Die Wissenschaftler, Gelehrten, Professoren, Juristen, Beamten, Ingenieure, die technischen Spezialisten, die das Gros der Mitarbeiter stellten, waren keine Revolutionäre, die bewußt und organisiert auf einen gewaltsamen Umsturz des Absolutismus hingearbeitet hätten. Links von ihnen standen Denker, die weit radikaler als sie gesinnt waren. Während der Revolution war ihr Einfluß in der ersten, noch monarchisch-konstitutionellen Etappe am größten. Zur Jakobinerdiktatur unter Robespierre standen die noch lebenden Enzyklopädisten in Opposition. Aus Artikeln wie *Staatsbürger* oder *Natürliche Gleichheit* geht hervor, daß die Enzyklopädisten danach strebten, die politischen Verhältnisse auf reformatorischem Wege zu erneuern. Selbstverständlich spielten nach den Erfahrungen mit der Staatsgewalt, die Diderot 1749 hatte machen müssen, bei der Formulierung des politischen Programms auch taktische Erwägungen eine Rolle. Immerhin prangten die Namen Diderot und d'Alembert auf den Titelseiten der ersten sieben Bände. Schon aus Gründen der Sicherheit empfahl es sich, die Angriffe auf die staatlichen Autoritäten nicht frontal zu führen. Man darf sich daher nicht wundern, daß einiges von dem, was man wirklich dachte, in der *Enzyklopädie* unausgesprochen bleiben mußte. Im großen und ganzen jedoch entsprachen die politischen Auffassungen, die in dem Werk zum Ausdruck kamen, den Zielen eines Besitzbürgertums, das an der politischen Radikalisierung der Besitzlosen keinerlei Interesse hatte. Hier sind auch die tieferen Gründe dafür zu suchen, daß Rousseau 1757 mit den Enzyklopädisten brach. Sie forderten die Abschaffung der Privilegien und die Gleichheit der Rechte. Der politische Einfluß der beiden unproduktiven Stände, des Adels und der Geistlichkeit, sollte soweit wie möglich eingedämmt werden. Dem König wurde das Recht abgesprochen, im Namen Gottes zu regieren. Das monarchistische Prinzip als solches aber wurde nicht angetastet. Man verlangte vom König, daß er nicht mehr die Interessen der Privilegierten, sondern die Interessen der produktiven Bevölkerungsteile vertrete, soweit diese besitzend waren. Die Besitzlosen und Armen durften keine eigenen Rechte anmelden; ihre Interessen sollten von den besitzenden Klassen paternalistisch mitvertreten werden.

Welche Bedeutung die Enzyklopädisten der Entwicklung der materiellen Produktivkräfte beimaßen, geht aus dem Umfang hervor, der den »mechanischen Künsten« in dem Werk eingeräumt wurde. Aus dem Artikel *Kunst* wird ersichtlich, daß man darunter die Techniken und Herstellungsverfahren verstand, die in den Handwerken und in der noch manufakturellen Industrie angewendet wurden.
Wie die Herausgeber bei der Abfassung solcher Artikel wie *Strumpf, Holz* vorgingen, hat Diderot im *Prospekt* mitgeteilt: »Wir wandten uns an die tüchtigsten Handwerker in Paris und unserem Königreich. Wir machten uns die Mühe, sie in ihren Werkstätten aufzusuchen, sie auszuforschen, nach ihrem Diktat Aufzeichnungen zu machen, ihre Gedanken zu entwickeln, aus diesen Gedanken die jeweils eigentümlichen Fachausdrücke zutage zu fördern, Verzeichnisse derselben anzufertigen und sie zu erklären; ferner mit den Handwerkern zu sprechen, von denen wir Denkschriften erhalten hatten, und (eine fast unerläßliche Vorsicht) im Verlauf von langen häufigen Gesprächen mit anderen Handwerkern das zu verbessern, was ihre Kollegen unvollständig, unklar und manchmal auch ungetreu auseinandergesetzt hatten.« »Es gibt so eigenartige Handwerke und so feine Verfahren«, führt Diderot weiter aus, »daß man über sie wohl nur dann treffend sprechen kann, wenn man selbst in ihnen tätig ist, eine Maschine eigenhändig bedient und sieht, wie das Werkstück unter den eigenen Augen entsteht. Wir mußten uns deshalb öfters Maschinen verschaffen, sie aufstellen, selbst Hand anlegen, sozusagen Lehrlinge werden und schlechte Werkstücke machen, um die anderen lehren zu können, wie man gute macht.«
Deutlicher noch als aus diesem Interesse an der Produktionssphäre geht die Absicht der *Enzyklopädie*, den Weg für die uneingeschränkte Kapitalisierung der Gesellschaft freizulegen, aus den Artikeln wirtschaftspolitischer Natur hervor. Kapitalisierung der Landwirtschaft *(Pächter)*, freier Handel *(Commerce)*, freie

»Konkurrenz«, Abschaffung des Zunftwesens, wirtschaftliche Ausbeutung der Kolonien – das sind genau die Forderungen, die im 19. Jahrhundert eingelöst werden.

Obwohl die *Enzyklopädie* also ökonomisch und politisch die Belange der zum entwickelten Kapitalismus vorwärtsschreitenden Bourgeoisie vertrat, war ihre Herausgabe ein Unternehmen von gesamtnationaler Bedeutung. Im 18. Jahrhundert waren die Interessen des französischen Bürgertums objektiv mit denen des gesamten französischen Volkes ja tatsächlich – wenn auch im widerspruchsvollen Sinne – identisch. Schon allein der Umstand, daß die *Enzyklopädie* trotz hartnäckiger Gegenwehr der Beharrungskräfte überhaupt erscheinen konnte, stellte einen Sieg der Nation dar. Die revolutionäre Sprengkraft ergab sich aus dem Werk als Ganzem; es brachte die Macht der neuen Denkweise in konzentrierter Form zum Ausdruck. In ihm waren mit einem Minimum an utopischem Idealismus und einem Maximum an rationaler Durchdringung die Hauptprobleme formuliert, die von der französischen Nation gelöst werden mußten, wollte sie das spätfeudale Regime des Absolutismus überwinden. Die davon ausgehende propagandistische Wirkung trug wesentlich dazu bei, daß sich die Entwicklung beschleunigte, die einige Jahrzehnte später zur politischen und industriellen Revolution führen wird.

Die *Enzyklopädie* war zunächst als Nachschlagewerk für den Alltagsgebrauch gedacht, als ein Buch, »das man bei allen Fragen zu Rate ziehen könnte und das zur Anleitung derer, die sich stark genug fühlen, bei der Belehrung der anderen mitzuarbeiten, ebenso dienlich wäre wie zur Aufklärung derer, die sich nur selbst belehren wollen«. Das Lexikon erfüllte diesen Zweck auf vollkommene Weise. Der Wissensdurstige konnte sich mit seiner Hilfe über das komplizierte Problem, was man etwa unter *Metaphysik* oder *Elektrizität* zu verstehen habe, genauso schnell informieren wie etwa über die Frage, wie sich die Bedeutungen der *Synonyma* differenzieren oder wo eigentlich *Köpenick* liegt. Dem aufmerksameren Leser konnte nicht entgehen, daß der bunten Vielfalt der alphabetisch angelegten Artikel eine wohlüberlegte systematische Ordnung zugrunde lag. Im Text kommt der konzeptionelle Zusammenhalt der Artikel durch die Angabe des Wissenschaftsgebietes hinter dem Stichwort und durch die

Verweise auf andere Artikel zum Ausdruck. Dadurch gelang es, »die fernen oder nahen Verbindungen zwischen den Dingen anzudeuten, welche die Natur bilden und von jeher die Menschen beschäftigt haben; an der Verflechtung der Wurzeln und an der Verflechtung der Zweige zu zeigen, warum es unmöglich ist, einige Teile des Ganzen gut zu kennen, ohne auf viele andere zurückzugreifen oder einzugehen«.

Diderot und d'Alembert beriefen sich dabei auf die Wissenschaftseinteilung, wie sie der englische Philosoph Bacon (1561–1626) vorgenommen hatte. Danach stehen die Erscheinungen der natürlichen und menschlichen Welt untereinander in einem gesetzmäßigen Zusammenhang. Um diesen Zusammenhang erkennen zu können, darf man nicht, wie es die Scholastiker taten und wie es auch noch die deduktiv vorgehenden rationalistischen Philosophien des 17. Jahrhunderts praktizierten, von irgendwelchen »absoluten«, »ewigen« Wahrheiten, von vorgefaßten Denkschemas oder a priori gesetzten Vernunftargumentationen ausgehen. Vielmehr müssen aus der Beobachtung der Natur Erfahrungstatsachen gewonnen werden, aus denen die Gesetze abzuleiten sind, die den Einzelwissenschaften zugrunde liegen. Kein übernatürliches oder rationalistisches System ist den Einzelwissenschaften vorgegeben; sie sollen sich frei auf empirisch-sensualistischer Grundlage entwickeln können. Jede überkommene Meinung, das gesamte tradierte Wissen ist daraufhin zu untersuchen, ob es mit den durch die sinnliche Erfahrung gegebenen Beobachtungen übereinstimmt. Die menschliche Vernunft darf nur mit Daten dieser Art operieren. Vorbild sind Kopernikus (siehe diesen Artikel), Galilei, Newton. Die rationalistische Metaphysik Descartes' wird abgelehnt; der Artikel *Cartesianismus* läßt von seiner Lehre nur das Prinzip des systematischen Zweifels an den überlieferten Lehrmeinungen gelten. In Artikeln wie *Kritik in den Wissenschaften, Eklektizismus, Eleatische Sekte, Tatsache, Experimentell, Methode* und anderen werden die erkenntnistheoretischen Leitsätze ausführlich begründet. Die Realität ist prinzipiell erkennbar. Der in den Einzelwissenschaften erreichte Kenntnisstand ist in den einzelnen Artikeln auf dem höchstmöglichen Niveau zu formulieren. Die dabei auftretenden Lücken müssen markiert werden, um »die Erforschung all dessen zu erleichtern, was noch erforscht werden muß«. Dadurch soll der menschliche Geist angeregt werden, »sich unbekannte Wege zu bahnen und zu neuen Entdeckungen vorzustoßen, indem es als ersten Schritt denjenigen betrachtet, mit dem die großen Männer ihre Laufbahn beendet haben«. Die Nachkommen sollen sagen können: »So war damals der Stand der Wissenschaften und der schönen Künste. Mögen sie ihre eigenen Entdeckungen denen hinzufügen, die wir aufgezeichnet haben, und möge die Geschichte des menschlichen Geistes und seiner Erzeugnisse von Zeitalter zu Zeitalter immer weiter fortschreiten bis zu den fernsten Jahrhunderten.«

Die dem im 18. Jahrhundert erreichten Stand der Naturwissenschaften entsprechende Philosophie war der mechanische Materialismus. Die schon dargelegten äußeren Bedingungen, unter denen die *Enzyklopädie* erschien, erlaubten es nur in Ausnahmefällen, die Schlußfolgerungen, die sich aus den wissenschaftsmethodologischen Prämissen ergaben, in den Artikeln selbst zu ziehen. Dieser Aufgabe widmete man sich in separat veröffentlichten, anonym oder pseudonym erscheinenden Schriften, die das Zustandekommen des großen Gemeinschaftswerkes nicht gefährdeten. Der damit erzielte taktische Vorteil erwies sich als nützlich: Die Beschränktheit des Materialismus äußerte sich in der *Enzyklopädie* bei weitem schwächer als zum Beispiel in d'Holbachs *System der Natur*. Diderot hütete sich, sein Weltbild systematisiert vorzutragen. Die lockere Form der *Gedanken zur Interpretation der Natur* (1754), der *Gespräche mit d'Alembert* (1769) und die Darbietung der »wahren Philosophie« in enzyklopädischen Artikeln kam seinen Bedenken entgegen, allzu vorschnell philosophische Verallgemeinerungen zu ziehen, für die die Einzelwissenschaften noch keine genügenden Voraussetzungen geliefert hatten.

Der erste Schritt zur Wahrheit hin war für die Enzyklopädisten der Zweifel an dem, was man bisher ohne exakte Prüfung für wahr gehalten hatte, vor allem der Zweifel an den Dogmen, die die römische Kirche verbreitete. Gegen sie als die mächtigste geistige Stütze der bestehenden Verhältnisse war die Hauptstoßkraft der *Enzyklopädie* gerichtet. Die Kampfformen, derer man sich dabei bediente, reichten von vehementen Frontalangriffen *(Priester)* bis zu ironischen Seitenhieben *(Kapuze)*. Als sinnlos wurden Namen denunziert, mit denen sich kein exaktes Wissen verband, z. B. *Aguaxima*. Um die Absurdität der theologischen Überlieferungen nachzuweisen, genügte es in einigen Fällen, der schon von Pierre Bayle (1647–1706) in seinem *Historischen und kritischen Wörterbuch* erfolgreich praktizierten Methode zu folgen: Man stellte die sich widersprechenden Lehrmeinungen einfach nebeneinander. Unter an und für sich harmlos klingenden Stichworten wie *Adler* oder *Aius locutius* ließ sich zeigen, daß der Glaube an übernatürliche Mächte nicht das Resultat göttlicher Offenbarungen ist, sondern »natürliche«, in der Psyche des Menschen liegende Ursachen hat. Beteuerungen, man folge den Lehrmeinungen, hoben sich dadurch selbst auf, daß aus der ausführlichen Darlegung des Problems der verständige Leser nur eine Folgerung ziehen konnte: Man muß der Vernunft folgen und zum Beispiel das »Fasten« aufgeben. Der Tadel, mit dem man nichtchristliche Religionen belegte, traf indirekt auch die christliche Überlieferung. In Artikeln, die sich gegen Formen des Aberglaubens richteten, die auch das christliche Dogma verurteilte, brauchte man kein Blatt vor den Mund zu nehmen: *Wahrsagekunst, Fanatismus, Pentakel*. Vorsicht jedoch war dort geboten, wo die Zensur unfehlbar genau lesen würde: *Atheismus, Gott, Deismus*. Über im Namen der Religion begangene Verbrechen wiederum, die auch die klerikalen Kreise nicht zu verteidigen wagten, konnte in aller Offenheit gesprochen werden: *Grausamkeit, Inquisition*. Erfolg versprach auch die Taktik, die beiden sich feindlich gegenüberstehenden klerikalen Parteien, die Jansenisten und die Jesuiten, gegeneinander auszuspielen. Wer würde vermuten, daß sich so neutrale Stichwörter wie *Skandalös* für eine antireligiöse Propaganda eigneten oder daß ausgerechnet unter *Prostituer* den Feinden der *Enzyklopädie* ein Schlag versetzt werden könnte? Mochte die Chance, der Leser würde die geschickt versteckten Polemiken ausfindig machen können, auch gering sein – sie wurde genutzt, um die aufgeklärten Denkpositionen zu festigen.

Der Kampf der *Enzyklopädie* gegen alle Formen autoritätsgebundenen Denkens war darauf gerichtet, das Bewußtsein der Menschen von steril gewordenen Dogmen, von »Irrtümern und Vorurteilen« zu reinigen. Die destruktive Absicht verband sich jedoch mit einer positiven Zielstellung. Durch die Vernichtung bisher gültiger Denknormen sollte Raum geschaffen werden für die Aufnahme von positivem Wissen über die Natur und die Gesellschaft. Die Summierung von Wissen war für die *Enzyklopädie* nicht Selbstzweck. Der Sinn einzelwissenschaftlicher Erkenntnisse erfüllte sich erst in ihrem praktischen Gebrauch, in ihrer Anwendbarkeit in der menschlichen Praxis. Das Wissen hat der fortschreitenden Veränderung des gesellschaftlichen Lebens, der fortschreitenden Beherrschung der Natur, der Entwicklung der Produktivkräfte im weitesten Sinne zu dienen. Nur Wissen, das für die Erreichung dieses Zweckes nützlich und praktikabel war, wurde für würdig erachtet, in die *Enzyklopädie* aufgenommen zu werden.

Mit Hilfe der Wissenschaften soll der Mensch lernen, sein Leben auf Erden so einzurichten, daß er sich selbst das höchste Gut bescheren kann: *Glück*. Die in der *Enzyklopädie* vertretene Moralphilosophie bricht mit allen asketischen, auf ein Jenseits gerichteten Leitbildern. Sie gipfelt in dem humanistischen Grundsatz, daß der Wert des menschlichen Lebens im Leben selbst liegt. Der Mensch braucht nur auf die Stimme seiner »Natur« zu hören, er braucht nur den Geboten der Vernunft und den natürlichen Gesetzen zu folgen, denen auch er untertan ist – dann wird er sich unendlich vervollkommnen können.

Die *Enzyklopädie* wollte die Menschen nicht nur über Faktisches belehren, sie wollte sie im Sinne der »wahren Philosophie« auch erziehen. Das »Licht« der Aufklärung sollte im Bewußtsein möglichst aller Menschen entzündet werden. Dieser pädagogischen Zielstellung hatte sich auch die sprachliche Form der Artikel zu unterwerfen. Sie mußten im Stil und in der Diktion voll und ganz auf den potentiellen Leser eingestellt sein, wobei die Artikel in ihrer Qualität unterschiedlich ausfielen. Die Beschäftigung einer großen Anzahl schriftstellerisch gänzlich unbegabter Mitarbeiter verhinderte, daß das von Diderot und d'Alembert angestrebte Niveau in jedem Fall erreicht wurde. Ein Mann wie Voltaire, dessen ästhetisches Gewissen noch ganz im Stilideal der französischen Klassik verhaftet war, nahm den bei der Aufgabenstellung des Werkes unaufhebbaren Widerspruch zwischen sprachlichem Anspruch und verwirklichter Sprachform Ende der fünfziger Jahre zum Anlaß, seine Mitarbeit an der *Enzyklopädie* aufzukündigen und mit der Vorbereitung eines eigenen *Philosophischen Wörterbuchs* zu beginnen.

Die ungleichmäßige Qualität der Artikel konnte den Erfolg der *Enzyklopädie* in der Öffentlichkeit jedoch nicht beeinträchtigen. Die Prophezeiung d'Alemberts bewahrheitete sich: »Im Laufe der Zeit wird man zu unterscheiden lernen zwischen dem, was wir gedacht, und dem, was wir geschrieben haben.« Das Lexikon erfüllte reale Bedürfnisse, es war, wie selbst Voltaire zugeben mußte, ein »notwendiges« Buch, das »Frankreich zur Ehre gereicht«. Schon 1758 wurde in Italien mit einem Neudruck der *Enzyklopädie* begonnen. Die Gesamtzahl der Enzyklopädien, die als Neudrucke, Bearbeitungen und Supplemente des Werkes im 18. Jahrhundert herauskamen, belief sich auf zehn, sie umfaßten mehrere hundert Bände, die in fünfzehn- bis zwanzigtausend Exemplaren bis 1789 über ganz Europa verbreitet wurden. Diderot war sich der Unzulänglichkeit des Werkes durchaus bewußt. Es gibt jedoch kein anderes, von dem zu seinen Lebzeiten eine größere bewußtseinsverändernde Wirkung ausging als von dem enzyklopädischen Monumentalwerk, in dessen Dienst Diderot jahrzehntelang sein Genie stellte.

Die vorliegende deutsche Auswahl – die erste ihrer Art – kann selbstverständlich nur einen unvollkommenen Eindruck von dem Original vermitteln, das siebzehn Foliobände mit durchschnittlich je knapp tausend Seiten umfaßt. Auf Grund seiner Bedeutung jedoch erscheint das Wagnis einer Anthologie berechtigt. Aufgenommen wurden vor allem solche Artikel, die den Aufklärungsstandpunkt in besonders prägnanter und charakteristischer Weise zum Ausdruck bringen. Die Auswahl strebt an, Artikel aus möglichst vielen Fachgebieten vorzustellen und nach Möglichkeit die wichtigsten der an dem Unternehmen beteiligten Autoren zu berücksichtigen. Es wurde eine Anzahl auch solcher Artikel aufgenommen, die heute nur noch den Charakter der Kuriosität haben oder speziell für den deutschen Leser interessant erscheinen. Die *Einleitung in die Enzyklopädie* von d'Alembert wurde weggelassen, da sie als selbständige Schrift aufzufassen ist, die eine separate Veröffentlichung verdient. Die Verfasser der Artikel werden, soweit sie sich feststellen lassen, angegeben. Maßgebend dafür war das grundlegende Werk von Jacques Proust, *Diderot et l'Encyclopédie*, Paris 1962, und als Ergänzung dazu die Arbeit von J. Lough, *The Problem of the unsigned articles in the »Encyclopédie«*, veröffentlicht in: Studies on Voltaire and the eighteenth century, vol. XXXII, Geneva 1965, p. 327–390. In dem Buch von Proust befindet sich die zur Zeit vollständigste Bibliographie über alle mit der *Enzyklopädie* zusammenhängenden Probleme.

Nähere Auskünfte über das enzyklopädische Unternehmen geben: J. Proust, *Diderot et l'Encyclopédie*, Paris 1962, Neudruck 1995; R. Darnton, *The Business of Enlightenment: A Publishing History of the »Encyclopédie«*, Cambridge 1979; F. A. und S. L. Kafker, *The Encyclopedists as Individuals: A Biographical Dictionary*, Oxford 1988; F. A. Kafker: *The Encylopedists as a Group*, Oxford 1996.

Berlin, 1967/2000 *Manfred Naumann*

Für die vorliegende Ausgabe mußte die ursprüngliche Auswahl erheblich gekürzt werden. Dabei wurde versucht, die für Manfred Naumann maßgebenden Kriterien beizubehalten und die Streichungen möglichst auf die Tilgung von thematischen Überschneidungen zu beschränken. Das Bemühen, die Vielfalt der angesprochenen Themen zu erhalten, brachte es mit sich, daß gerade bei den grundsätzlichen, sehr umfangreichen Artikeln Streichungen unvermeidbar waren. So blieben von Diderots ausuferndem, etwa hundertseitigem Artikel *Enzyklopädie* lediglich die Passagen bestehen, die zur Erläuterung der Anlage des Gesamtwerks unverzichtbar erschienen, und auf ästhetischem Gebiet wurde Montesquieus Beitrag zu *Geschmack* dem Artikel *Schön* (Diderot) vorgezogen, damit erkennbar bleibt, daß die bedeutendsten Vertreter der französischen Aufklärung in der *Enzyklopädie* präsent sind.

Leipzig, Januar 2001 *Helga Bergmann*

PROSPEKT DER ENZYKLOPÄDIE

Das Werk, das wir ankündigen, ist nicht mehr ein nur in Vorbereitung befindliches Werk. Das Manuskript und die Zeichnungen dazu sind fertig. Wir können also versichern, daß es nicht weniger als acht Bände und sechshundert Bildtafeln haben wird und daß die Bände ohne Unterbrechung aufeinanderfolgen werden.
Nachdem wir das Publikum über den gegenwärtigen Stand der *Enzyklopädie* und die Eile, mit der wir ihre Veröffentlichung betreiben werden, unterrichtet haben, ist es unsere Pflicht, ihm Aufschluß zu geben über die Natur dieses Werkes und die Mittel, derer wir uns bei der Ausarbeitung bedient haben. Dies wollen wir nun mit möglichst wenig Prahlerei tun.
Man kann wohl nicht abstreiten, daß wir seit der Erneuerung der Wissenschaft bei uns den Wörterbüchern zum guten Teil jene allgemeinen Kenntnisse verdanken, die sich in der Gesellschaft verbreitet haben, und damit auch jenen Wissenskeim, der den Geist unmerklich auf tiefere Erkenntnisse vorbereitet. Wie wichtig wäre es also, gerade auf diesem Gebiet ein Buch zu bekommen, das man bei allen Fragen zu Rate ziehen könnte und das zur Anleitung derer, die sich stark genug fühlen, bei der Belehrung der anderen mitzuarbeiten, ebenso dienlich wäre wie zur Aufklärung derer, die sich nur selbst belehren wollen!
Das ist ein Vorteil, auf den wir es abgesehen haben; doch ist es nicht der einzige. Da wir alles, was die Wissenschaften und Künste betrifft, in die Form eines Wörterbuches brachten, so kam es auch darauf an, klarzumachen, welche Hilfe sie sich gegenseitig leisten; diese Hilfe zu benutzen, um die Prinzipien zuverlässiger und ihre Konsequenzen deutlicher zu machen; die fernen oder nahen Beziehungen zwischen den Dingen anzudeuten, welche die Natur bilden und von jeher die Menschen beschäftigt haben; an der Verflechtung der Wurzeln und an der Verflechtung der Zweige zu zeigen, warum es unmöglich ist, einige Teile des Ganzen gut zu kennen, ohne auf viele andere zurück- oder vorzugreifen; ein allgemeines Bild von den Leistun-

gen des menschlichen Geistes auf allen Gebieten und in allen Jahrhunderten zu geben; die Gegenstände klar darzustellen, jedem von ihnen den entsprechenden Raum zu gewähren und, wenn möglich, durch den Erfolg unser Motto zu bestätigen:

Tantum series iuncturaque pollet,
Tantum de medio sumptis accedit honoris!
(Horatius, De arte poetica, Vers 243 f.)[1]

Bisher hatte niemand ein so großes Werk geplant oder doch wenigstens niemand ein solches in die Tat umgesetzt. Leibniz, der unter allen Gelehrten die damit verbundenen Schwierigkeiten am besten zu erkennen vermochte, wünschte, daß man sie überwinden könnte. Damals besaß man schon *Enzyklopädien,* und Leibniz wußte das, als er eine andere forderte.

Die meisten dieser Werke erschienen vor dem vergangenen Jahrhundert und wurden nicht ganz gering geschätzt. Man fand, daß sie zwar nicht viel Genie aufwiesen, zumindest aber von Fleiß und Wissen zeugten. Was könnten uns aber diese *Enzyklopädien* noch bedeuten? Welche Fortschritte hat man seitdem doch in den Wissenschaften und Künsten gemacht! Wie viele Wahrheiten, die man damals nicht ahnte, sind heute entdeckt! Die wahre Philosophie lag damals noch in der Wiege; die Geometrie des Unendlichen existierte noch nicht; die experimentelle Physik zeigte sich kaum; es gab keine Dialektik; die Gesetze der vernünftigen Kritik waren völlig unbekannt. Männer wie Descartes, Boyle, Huyghens, Newton, Leibniz, die Brüder Bernoulli, Locke, Bayle, Pascal, Corneille, Racine, Bourdaloue, Bossuet usw. lebten noch nicht oder hatten noch nicht geschrieben. Der Geist der Forschung und des Wettbewerbs trieb die Gelehrten nicht an. Ein anderer Geist, vielleicht weniger fruchtbar, aber auch seltener, nämlich der Geist der Exaktheit und der Methode, hatte sich die verschiedenen Teile des Schrifttums noch nicht unterworfen, und die Akademien, deren Arbeit die Wissenschaften und Künste so weit gebracht hat, waren noch nicht gegründet.

Obwohl die Entdeckungen der großen Männer und der gelehrten Gesellschaften, von denen wir soeben gesprochen, spä-

---

[1] So viel vermag Ordnung und Verbindung, so viel Ansehen gewinnt dadurch das Alltägliche! (Horaz, Von der Dichtkunst, Vers 243 f.)

ter große Hilfe beim Zusammenstellen eines enzyklopädischen Wörterbuches geleistet haben, müssen wir doch gestehen, daß die gewaltige Zunahme der Stoffe ein solches Werk in manch anderer Hinsicht viel schwieriger machte. Aber es ist nicht unsere Aufgabe, zu beurteilen, ob die Nachfolger der ersten Enzyklopädisten kühn oder vermessen gewesen sind, und wir würden sie alle ihren Ruf genießen lassen, auch Ephraim Chambers, den bekanntesten unter ihnen, wenn wir nicht besondere Gründe hätten, das Verdienst des letzteren auf die Waagschale zu legen.

Die *Enzyklopädie* von Chambers, die in so vielen, kurz nacheinander gedruckten Auflagen in London veröffentlicht worden ist; diese *Enzyklopädie,* die man vor kurzem auch ins Italienische übersetzt hat und die, unseres Erachtens, in England und im Ausland die Ehre verdient, die man ihr erweist: Sie wäre vielleicht nie geschaffen worden, wenn wir, bevor sie in englischer Sprache erschien, nicht in unserer Sprache Werke gehabt hätten, aus denen Chambers wahllos und ohne Maß den größten Teil der Angaben schöpfte, aus denen sein Wörterbuch zusammengesetzt ist. Was hätten wir Franzosen wohl von einer bloßen, einfachen Übersetzung gehalten? Sie hätte Entrüstung unter den Gelehrten und Skandal in der Öffentlichkeit erregt, weil man dem Publikum unter einem neuen großartigen Titel ja nur Schätze geboten hätte, die es schon lange besaß.

Wir versagen diesem Autor keineswegs die Gerechtigkeit, die ihm gebührt. Er hat wohl den Vorteil der enzyklopädischen Ordnung oder Verkettung erkannt, durch die man von den Grundprinzipien einer Wissenschaft oder Kunst ohne Unterbrechung bis zu den letzten Konsequenzen vorgehen und von diesen letzten Konsequenzen bis zu ihren Grundprinzipien zurückgehen, von dieser Wissenschaft oder Kunst unmerklich zu einer anderen übergehen und, wenn wir uns so ausdrücken dürfen, eine Reise um die Welt der Wissenschaft machen kann, ohne sich zu verirren. Wir stimmen mit ihm darin überein, *daß der Plan und die Absicht seines Wörterbuches ausgezeichnet sind und daß es, wenn seine Ausarbeitung auf eine gewisse Stufe der Vollkommenheit gebracht worden wäre, zum Fortschritt der wahren Wissenschaft für sich allein mehr beitragen würde als die Hälfte der bekannten Bücher.* Aber wir können nicht umhin, festzustellen, wie weit es von dieser Vollkommenheit entfernt geblieben ist. Wie wäre es auch vorstell-

bar, daß alles, was die Wissenschaften und Künste betrifft, in zwei Folianten enthalten sein könnte? Das Register zu einem so umfangreichen Stoff würde allein einen Band ergeben, wenn es vollständig wäre. Wie viele Artikel müssen also in seinem Werk entweder ganz weggelassen oder stark gekürzt sein?
Das sind nicht etwa nur Vermutungen. Die vollständige Übersetzung der *Enzyklopädie* von Chambers hat uns vorgelegen: Wir fanden bei den Wissenschaften erstaunlich viele Dinge, die zu wünschen übrigließen, fanden bei den freien Künsten nur ein Wort, wo Seiten notwendig waren, und bei den mechanischen Künsten war alles noch ergänzungsbedürftig. Chambers hat Bücher gelesen, aber Handwerker wohl kaum besucht; doch viele Dinge erfährt man nur in den Werkstätten. Zudem geht es hier mit den Auslassungen nicht wie in einem anderen Werk. Die *Enzyklopädie* duldet – strenggenommen – überhaupt keine Auslassung. Wird in einem gewöhnlichen Wörterbuch ein Artikel weggelassen, so wird es dadurch nur unvollkommen. In einer *Enzyklopädie* zerreißt dies den Zusammenhang und schadet der Form und dem Inhalt, und es bedurfte der ganzen Kunst von Ephraim Chambers, diesen Mangel zu vertuschen. Es ist also nicht anzunehmen, daß ein für jeden Leser so unvollkommenes und für den französischen Leser so veraltetes Werk bei uns viele Bewunderer gefunden hätte.
Aber wir wollen uns nicht weiter über die Mängel der englischen *Enzyklopädie* verbreiten, sondern nur feststellen, daß Chambers' Werk nicht die Grundlage ist, auf der wir aufgebaut haben; daß wir eine große Anzahl seiner Artikel neu geschrieben und kaum einen anderen ohne Zusatz, Verbesserung oder Kürzung verwendet haben; daß er nur zur Kategorie jener Autoren gehört, die wir in besonderem Maße zu Rate gezogen haben, und daß die allgemeine Gliederung das einzige ist, was unser Werk mit dem seinigen gemeinsam hat.
Mit dem englischen Autor haben wir erkannt, daß der erste Schritt zur sinnvollen und wohldurchdachten Ausarbeitung einer *Enzyklopädie* darin bestehen muß, einen Stammbaum aller Wissenschaften und Künste aufzustellen, der den Ursprung jedes Zweiges unserer Kenntnisse, ihre wechselseitigen Verbindungen und ihren Zusammenhang mit dem gemeinsamen Stamm zeigen und uns dazu dienen sollte, die verschiedenen Artikel in Beziehung zu ihren Hauptgegenständen zu bringen.

Dies war keine leichte Aufgabe. Es galt, auf einer Seite den Grundriß eines Werkes zu entwerfen, das nur in mehreren Folianten ausgearbeitet werden kann und das später einmal alle *Kenntnisse der Menschen* enthalten soll.

Dieser Baum des menschlichen Wissens konnte auf mancherlei Weise gebildet werden: entweder durch Beziehung unserer verschiedenen Kenntnisse auf die verschiedenen Fähigkeiten unserer Seele oder durch Beziehung derselben auf die Dinge, die sie zum Gegenstand haben. Die Schwierigkeit war aber um so größer, je größere Freiheit dabei bestand. Und wie sollte sie nicht dabei bestehen? Die Natur bietet uns nur besondere Dinge, unendlich viele, ohne irgendeine feststehende und bestimmte Einteilung. Alles in ihr ergibt sich durch unmerklich feine Übergänge. Und wenn aus diesem Meer von Gegenständen, die uns umgeben, einige wie Bergspitzen hervorzuragen und die anderen zu beherrschen scheinen, so verdanken sie diesen Vorzug nur besonderen Systemen, vagen Konventionen und gewissen sonderbaren Zufälligkeiten, die der natürlichen Anordnung der Dinge und den wahren Grundlehren der Philosophie fremd sind. Wenn wir nicht hoffen konnten, wenigstens die Naturgeschichte einer allumfassenden und jedermann zusagenden Einteilung zu unterwerfen, wie es Buffon und Daubenton nicht ohne gute Gründe vorgeschlagen haben – um wieviel mehr waren wir dann bei einem weitaus umfangreicheren Stoff dazu berechtigt, uns – wie Buffon und Daubenton – an irgendeine Methode zu halten, die befriedigend erscheint für Verständige, die einsehen, was die Natur der Dinge verträgt und was sie nicht verträgt! Am Schluß dieser Ankündigung findet man jenen Baum des menschlichen Wissens mit der Verkettung der Ideen, die uns bei diesem ungeheuren Unternehmen geleitet haben. Wenn wir dabei erfolgreich abgeschnitten haben, so verdanken wir dies hauptsächlich dem Kanzler Bacon, der den Plan für ein universales Wörterbuch der Wissenschaften und Künste schon in einer Zeit entworfen hat, in der es sozusagen noch keine Wissenschaften und Künste gab. Da dieses außerordentliche Genie nicht in der Lage war, die Geschichte all dessen zu schreiben, was man wußte, schrieb er die Geschichte all dessen, was man erlernen mußte.

Von unseren Fähigkeiten haben wir unsere Kenntnisse abgeleitet. Die Geschichte verdanken wir dem Gedächtnis, die Philosophie der Vernunft und die Poesie der Einbildungskraft. Eine fruchtbare Einteilung, der sogar die Theologie sich fügt; denn in dieser Wissenschaft leiten sich die Tatsachen doch von der Geschichte ab und beziehen sich auf das Gedächtnis, auch die Prophezeiungen, die nur eine Art Geschichte sind, bei der die Erzählung dem Ereignis vorausgeht. Die Mysterien, die Dogmen und die Gebote sind *ewige* Philosophie und *göttliche* Vernunft, und die Parabeln, eine Art allegorischer Dichtung, kommen von der *inspirierten* Einbildungskraft. Sobald wir einsahen, wie sich bei unseren Kenntnissen eine aus der anderen ergab, gliederte sich die Geschichte in Kirchengeschichte, weltliche Geschichte, Naturgeschichte, Literaturgeschichte usw.; die Philosophie in Wissenschaft von Gott, Wissenschaft vom Menschen, Wissenschaft von der Natur usw.; die Poesie in erzählende Dichtung, dramatische Dichtung, allegorische Dichtung usw. Daher *Theologie, Naturgeschichte, Physik, Metaphysik, Mathematik* usw.; ferner *Meteorologie, Hydrologie* usw.; schließlich *Mechanik, Astronomie, Optik* usw.; mit einem Wort: eine Unmenge von Ästen und Zweigen, wobei die Lehre von den *Axiomen* oder den *durch sich selbst evidenten Sätzen* als gemeinsamer Stamm innerhalb der synthetischen Ordnung betrachtet werden muß.

Angesichts eines so ausgedehnten Stoffes wird wohl jeder mit uns die folgende Überlegung anstellen: Die tägliche Erfahrung lehrt nur allzu deutlich, wie schwierig für einen Autor die erschöpfende Behandlung einer Wissenschaft oder Kunst ist, deren besonderes Studium er zeit seines Lebens betrieben hat. Man darf also nicht überrascht sein, daß ein einzelner bei dem Projekt der Behandlung aller Wissenschaften und Künste gescheitert ist. Staunen muß man vielmehr darüber, daß ein Mensch so kühn und so beschränkt war, dies allein zu versuchen. Wer behauptet, er wisse alles, beweist nur, daß er die Grenzen des menschlichen Geistes nicht kennt.

Daraus haben wir gefolgert: Um eine so große Last zu tragen, wie wir sie auf uns nehmen mußten, sei es notwendig, sie zu verteilen. Sofort haben wir unser Augenmerk also auf eine ausreichende Anzahl von Gelehrten und Handwerkern gerichtet: Handwerker, die geschickt und durch ihre Talente bekannt, und Gelehrte, die in den besonderen Fächern, die ihnen zur Bearbeitung anvertraut werden sollten, bewandert waren. Wir haben jedem das Gebiet zugeteilt, das ihm entsprach: die Mathema-

tik dem Mathematiker, den Festungsbau dem Ingenieur, die Chemie dem Chemiker, die Geschichte des Altertums und der Neuzeit einem Mann, der auf diesen zwei Gebieten bewandert ist, die Grammatik einem Autor, der durch den in seinen Werken herrschenden philosophischen Geist bekannt ist, und die Musik, die Marine, die Architektur, die Malerei, die Medizin, die Naturgeschichte, die Chirurgie, den Gartenbau, die freien Künste, die hauptsächlichsten mechanischen Künste Männern, die Beweise ihrer Fähigkeiten in diesen verschiedenen Fächern gegeben haben. Da jeder also nur mit dem beschäftigt war, was er verstand, war er wohl imstande, all das verständig zu beurteilen, was die Gelehrten des Altertums und der Neuzeit darüber geschrieben hatten, und konnte die dadurch gewonnenen Stützen durch eigene, selbständig erworbene Kenntnisse vermehren. Keiner kam dem anderen ins Gehege, niemand mischte sich in das ein, was er vielleicht nie erlernt hatte; deshalb hatten wir mehr Methode, Gewißheit, Weite und Ausführlichkeit, als es bei den meisten Lexikographen geben kann. Allerdings hat dieser Plan das Verdienst des Herausgebers sehr geschmälert, dafür aber viel zur Vollkommenheit des Werkes beigetragen, und wir werden immer der Meinung sein, daß wir uns genug Ruhm erworben haben, wenn das Publikum zufrieden ist.
Die einzige Aufgabe, die einige Intelligenz bei unserer Arbeit voraussetzt, besteht darin, jene Lücken auszufüllen, die zwei Wissenschaften oder Künste trennen, und den Zusammenhang in den Fällen, in denen sich unsere Mitarbeiter aufeinander verlassen haben, durch gewisse Artikel herzustellen, die zwar mehreren von ihnen zugleich zu gehören scheinen, aber von keinem derselben geschrieben worden sind. Damit aber derjenige, der eine bestimmte Aufgabe hat, nicht für die Fehler verantwortlich gemacht wird, die in diesen zusätzlichen Artikeln unterlaufen könnten, werden wir darauf bedacht sein, diese Aufsätze durch einen Stern zu kennzeichnen. Strikt werden wir das Versprechen halten, das wir gegeben haben; fremde Arbeit soll uns heilig sein, und wir werden nicht versäumen, den Autor zu befragen, wenn sich im Lauf der Arbeit herausstellen sollte, daß sein Beitrag unserer Ansicht nach noch einer wesentlichen Änderung bedarf.
Die verschiedenen Hände, die wir beschäftigt haben, haben jedem Artikel gleichsam das Siegel ihres besonderen Stils, eines

dem Stoff und Gegenstand eines Teiles entsprechenden Stils, aufgedrückt. Bei einem chemischen Verfahren kann die Ausdrucksweise nicht dieselbe sein wie bei der Beschreibung der Bäder und Theater des Altertums; das Handwerk eines Schlossers muß anders dargestellt werden als die Untersuchungen eines Theologen über eine Frage des Dogmas oder der Disziplin. Jede Sache hat ihr Kolorit, und man würde die Gattungen durcheinanderbringen, wenn man sie auf eine gewisse einheitliche Form bringen wollte. Stilreinheit, Klarheit und Genauigkeit sind die einzigen Eigenschaften, die allen Artikeln gemeinsam sein können, und wir hoffen, daß man sie in ihnen vorfinden wird. Wollte man in dieser Hinsicht noch weitergehen, so würde dies zu Eintönigkeiten und Geschmacklosigkeiten führen, die umfangreichen Werken fast immer anhaften, in diesem Werk aber wahrscheinlich durch die außerordentliche Mannigfaltigkeit des Stoffes ausgeschlossen sind.

Wir haben wohl genug gesagt, um das Publikum zu unterrichten: über den gegenwärtigen Stand eines Unternehmens, für das es sich zu interessieren schien; über die allgemeinen Vorteile, die sich ergeben werden, wenn es gut ausgeführt wird; über den Erfolg oder Mißerfolg derjenigen, die es vor uns versucht haben; über den Umfang des Gegenstandes, die Ordnung, der wir uns unterworfen haben, die Verteilung der einzelnen Aufgaben und unsere Herausgeberpflichten. Nun wollen wir auf die wichtigsten Einzelheiten der Ausführung eingehen.

Der ganze Stoff der *Enzyklopädie* läßt sich auf drei Hauptgruppen zurückführen: Wissenschaften, freie Künste und mechanische Künste. Wir werden bei den Wissenschaften und den freien Künsten anfangen und bei den mechanischen Künsten aufhören.

Über die Wissenschaften hat man viel geschrieben. Die Abhandlungen über die freien Künste haben sich zahllos vermehrt; die gebildete Gesellschaft ist voll davon. Aber wie wenige enthüllen die wahren Prinzipien; wie viele andere ersticken sie durch einen Schwall von Worten oder verlieren sich in gewolltem Dunkel! Wie viele machen zwar Eindruck durch ihre Autorität, entkräften aber eine Wahrheit durch einen Irrtum, der danebensteht, oder geben dem Irrtum durch eine solche Nachbarschaft den Schein der Wahrheit! Man hätte zweifellos besser daran getan, weniger zu schreiben, dafür aber besser.

Unter allen Schriftstellern haben wir denjenigen, die allgemein als die besten anerkannt werden, den Vorzug gegeben. Ihre Prinzipien wurden übernommen. Die klare und genaue Darstellung derselben wurde ergänzt durch Beispiele oder maßgebende Zeugnisse, die fortwährend berücksichtigt wurden. Es ist weitgehend üblich, auf Quellen zu verweisen und bei Zitaten unbestimmte, oft ungetreue und meistens unklare Angaben zu machen, so daß man bei den verschiedenen Teilen, aus denen ein Artikel zusammengesetzt ist, nicht genau weiß, welchen Autor man über diesen oder jenen Punkt befragen soll oder ob man sie alle zu Rate ziehen muß – was die Nachprüfung langwierig und mühsam macht. Wir haben uns bemüht, diese Übel zu vermeiden, soweit dies möglich war: Wir zitieren im Text der Artikel selbst die Autoren, auf deren Zeugnis wir uns gestützt haben, bringen ihren eigenen Text, wenn es nötig ist, vergleichen überall die Anschauungen, wägen die Gründe ab, führen Möglichkeiten des Zweifels und Mittel zur Überwindung desselben an, entscheiden auch zuweilen, beseitigen Irrtümer und Vorurteile, soweit dies in unseren Kräften steht, und versuchen vor allem, sie nicht zu vermehren und sie keinesfalls dadurch zu verewigen, daß wir ohne Nachprüfung bereits zurückgewiesene Meinungen vertreten oder weithin angenommene Anschauungen unbegründet verwerfen. Wir hatten auch keine Angst, zu ausführlich zu werden, wenn das Interesse der Wahrheit und die Bedeutung des Gegenstandes dies verlangten, und wir opferten immer dann die Gefälligkeit der Darstellung, wenn sie sich mit dem Gesichtspunkt der Belehrung nicht vereinbaren ließ.

Das Reich der Wissenschaften und Künste ist eine vom Alltäglichen entfernte Welt, in der man jeden Tag Entdeckungen macht, von der wir aber sehr viele märchenhafte Berichte bekommen. Es kam also darauf an, die wahren Berichte zu bestätigen, vor den unwahren zu warnen, Punkte zu bestimmen, von denen man ausgehen sollte, und so die Erforschung all dessen zu erleichtern, was noch erforscht werden muß. Wir führen Tatsachen an, vergleichen Erfahrungen, denken Methoden aus, aber alles nur, um den Geist anzuregen, sich unbekannte Wege zu bahnen und zu neuen Entdeckungen vorzustoßen, indem er als ersten Schritt denjenigen betrachtet, mit dem die großen Männer ihre Laufbahn beendet haben. Das ist auch das Ziel, das wir uns gesetzt haben, als wir mit den Prinzipien der Wissenschaften und der freien Künste die Geschichte ihrer Entstehung und ihrer allmählichen Fortschritte verbanden; und sobald wir dieses Ziel erreicht haben, werden gescheite Köpfe sich nicht mehr mit der Erforschung von Dingen beschäftigen, die schon vorher bekannt waren. Es wird dann leicht sein, in künftigen Schriften über die Wissenschaften und die freien Künste das, was die Erfinder selbständig vollbracht haben, von dem zu unterscheiden, was sie von ihren Vorgängern übernommen haben. Man wird die neuen Arbeiten richtig einschätzen, und jene ruhmsüchtigen und geistlosen Menschen, die alte Systeme keck als neue Ideen ausgeben, werden bald entlarvt sein. Doch um zu diesem Vorteil zu gelangen, war es notwendig, jedem Gegenstand den ihm gebührenden Platz einzuräumen, nur auf das Wesentliche einzugehen, alles Nebensächliche beiseite zu lassen und einen ziemlich häufigen Fehler zu vermeiden: nämlich den, sich lang und breit über das auszulassen, was doch nur ein Wort verlangt, das Unanfechtbare zu beweisen und das Klare zu erläutern. Mit Erläuterungen haben wir nicht gespart, sie aber auch nicht zu reichlich gegeben. Man wird einsehen, daß sie notwendig waren, wo immer wir sie angebracht haben, und daß sie dort überflüssig wären, wo man keine findet. Wir haben uns auch gehütet, Beweise dort zu häufen, wo unserer Meinung nach eine einzige solide Überlegung genügte, und haben sie nur in den Fällen reichlich dargeboten, in denen ihre Beweiskraft von ihrer Zahl und ihrer Übereinstimmung abhing.

Das sind alle jene Vorsichtsmaßnahmen, die wir ergreifen mußten, und die Schätze, auf die wir rechnen konnten; doch sind uns noch andere zugute gekommen, die unser Unternehmen sozusagen einem guten Geschick verdankt. So wurden uns Manuskripte durch Laien übermittelt oder durch Gelehrte geliefert, unter denen wir hier nur Herrn Formey, den ständigen Sekretär der Königlich-Preußischen Akademie der Wissenschaften und Künste, nennen wollen. Dieses tüchtige Akademiemitglied hatte ein Wörterbuch erdacht, ungefähr so wie das unsrige, und opferte uns großmütig den ansehnlichen Teil, den er schon ausgearbeitet hatte – was wir ihm gewiß zur Ehre anrechnen werden. Da sind ferner Aufzeichnungen über Forschungen und Beobachtungen, die jeder Künstler oder Wissenschaftler, der einen Teil unseres Wörterbuches besorgt, bisher in seinem Arbeitszimmer aufbewahrt hat, jetzt aber freundlicherweise auf diesem

Weg veröffentlichen will. Dazu gehören fast alle Artikel über allgemeine und besondere Grammatik. Wir können wohl versichern, daß in dieser Hinsicht kein bekanntes Werk so gehaltvoll und lehrreich wie das unsrige ist, sei es in bezug auf die Regeln und den Gebrauch der französischen Sprache oder in bezug auf das Wesen, den Ursprung und die Philosophie der Sprachen überhaupt. Wir werden also dem Publikum sowohl in den Wissenschaften als auch in den freien Künsten literarische Schätze vermitteln, von denen es sonst vielleicht nie Kenntnis erhalten hätte.

Nicht weniger wird zur Vollendung dieser zwei wichtigen Zweige jedoch die freundliche Unterstützung beitragen, die wir von allen Seiten erhalten haben: Protektion von seiten der Großen, Anerkennung und Mitteilung von seiten mehrerer Gelehrter. Öffentliche Bibliotheken, private Kabinette, Sammlungen, Mappen usw., alles wurde uns erschlossen, sowohl von berufsmäßigen Pflegern als auch von Liebhabern der Wissenschaften. Etwas Geschicklichkeit und viele bare Aufwendungen verschafften uns, was vom bloßen Wohlwollen nicht zu erlangen war; doch das Entgelt zerstreute fast immer die wirklichen Besorgnisse oder die angeblichen Befürchtungen derjenigen, die wir befragen mußten.

Großen Dank schulden wir vor allem dem Abbé Sallier, dem Kustos der Königlichen Bibliothek. Auch wollen wir ihm nicht erst dann danken, wenn wir unseren Mitarbeitern oder den Personen, die Anteil an unserem Werk genommen haben, das Lob und die Anerkennung aussprechen werden, die ihnen gebühren. Der Abbé Sallier hat uns mit der ihm eigenen Zuvorkommenheit, die durch die Freude an der Förderung eines großen Unternehmens gesteigert wurde, die Erlaubnis gegeben, aus dem großen Schatz, den er in Verwahrung hat, all das auszusuchen, was unsere *Enzyklopädie* an Kenntnissen bereichern oder ihr zur Zierde gereichen konnte. Man rechtfertigt – ja, wir möchten behaupten, man ehrt die Wahl des Fürsten, wenn man seinen Absichten so trefflich zu dienen weiß. Die Wissenschaften und die schönen Künste können gar nicht genug wetteifern, um die Ära eines Herrschers, der sie fördert, durch ihre Hervorbringungen berühmt zu machen. Wir aber werden als Beobachter ihrer Fortschritte und als ihre Geschichtsschreiber nur bemüht sein, sie den Nachkommen zu überliefern. Mögen sie beim Aufschlagen unseres Wörterbuches sagen: So war damals der Stand der Wissenschaften und der schönen Künste. Mögen sie ihre eigenen Entdeckungen denen hinzufügen, die wir aufgezeichnet haben, und möge die Geschichte des menschlichen Geistes und seiner Erzeugnisse von Zeitalter zu Zeitalter immer weiter fortschreiten bis zu den fernsten Jahrhunderten. Möge die *Enzyklopädie* ein Heiligtum werden, in dem die Kenntnisse der Menschen vor Stürmen und Umwälzungen geschützt sind. Wie stolz können wir dann darauf sein, die Grundlage dafür geschaffen zu haben! Was für ein Vorteil wäre es für unsere Väter und für uns gewesen, wenn die Arbeiten der Völker des Altertums – der Ägypter, der Chaldäer, der Griechen, der Römer usw. – in einem enzyklopädischen Werk überliefert worden wären, das gleichzeitig die wahren Anfänge ihrer Sprachen dargelegt hätte! Schaffen wir also für die kommenden Jahrhunderte das, was die vergangenen Jahrhunderte, zu unserem Bedauern, für unser Jahrhundert nicht geschaffen haben. Wir wagen zu behaupten: Wenn die Alten eine *Enzyklopädie* ausgearbeitet hätten, so wie sie viele große Leistungen vollbracht haben, und wenn allein dieses Manuskript aus der berühmten Bibliothek von Alexandria gerettet worden wäre, dann hätte es uns über den Verlust der anderen Handschriften hinwegtrösten können.

Das ist alles, was wir dem Publikum im Hinblick auf die Wissenschaften und die schönen Künste auseinandersetzen mußten. Der Teil der mechanischen Künste heischte nicht weniger Ausführlichkeit und Sorgfalt. Nie gab es vielleicht so viele Schwierigkeiten auf einmal und so wenige Hilfsmittel zu ihrer Überwindung. Man schrieb bisher zuviel über die Wissenschaften, zuwenig über die meisten freien Künste und fast gar nichts über die mechanischen Künste. Was bedeutet das wenige, das man bei den Schriftstellern findet, denn im Vergleich mit dem Umfang und der Fruchtbarkeit des Gegenstandes? Unter denen, die ihn behandelten, war *der eine* über das, was er zu sagen hatte, nicht genügend unterrichtet und erfüllte daher nicht recht seinen Zweck, sondern zeigte fast nur die Notwendigkeit einer besseren Leistung. *Ein anderer* behandelte den Stoff nur oberflächlich, mehr vom Standpunkt eines Grammatikers und Wissenschaftlers als vom Standpunkt eines Künstlers. *Ein dritter* ist zwar besser beschlagen, mehr *Handwerker,* faßt sich aber so kurz, daß die Verfahren der Künstler und die Beschreibung ih-

rer Maschinen nur einen sehr kleinen Teil seines Werkes einnehmen, obwohl dieser Stoff allein anschauliche Werke füllen könnte. Chambers hat kaum etwas dem hinzugefügt, was er aus den Schriften unserer Autoren übersetzt hatte. Alles zusammen hat uns also veranlaßt, auf die Handwerker zurückzugreifen.
Wir wandten uns an die tüchtigsten Handwerker in Paris und unserem Königreich. Wir machten uns die Mühe, sie in ihren Werkstätten aufzusuchen, sie auszuforschen, nach ihrem Diktat Aufzeichnungen zu machen, ihre Gedanken zu entwickeln, aus diesen Gedanken die jeweils eigentümlichen Fachausdrücke zutage zu fördern, Verzeichnisse derselben anzufertigen und sie zu erklären; ferner mit den Handwerkern zu sprechen, von denen wir Denkschriften erhalten hatten, und (eine fast unerläßliche Vorsicht) im Verlauf von langen häufigen Gesprächen mit anderen Handwerkern das zu verbessern, was uns ihre Kollegen unvollständig, unklar und manchmal auch ungetreu auseinandergesetzt hatten. Es gibt Handwerksmeister, die gleichzeitig Wissenschaftler sind, und wir könnten sie hier nennen; aber ihre Zahl ist sehr klein. Die meisten von denen, die mechanische Künste ausüben, haben sie aus Not ergriffen und arbeiten nur unter Anleitung ihres Instinktes. Unter tausend findet man kaum ein Dutzend, die sich einigermaßen klar ausdrücken können, sei es in bezug auf die Werkzeuge, die sie benutzen, sei es in bezug auf die Werkstücke, die sie herstellen. Wir lernten Handwerker kennen, die schon vierzig Jahre arbeiteten, ohne irgend etwas von ihren Maschinen zu verstehen. Bei ihnen mußten wir die Aufgabe erfüllen, deren sich Sokrates rühmte, die mühsame und schwierige Aufgabe der Entbindung des Geistes: *obstetrix animorum*.
Aber es gibt so eigenartige Handwerke und so feine Verfahren, daß man über sie wohl nur dann treffend sprechen kann, wenn man selbst in ihnen tätig ist, eine Maschine eigenhändig bedient und sieht, wie das Werkstück unter den eigenen Augen entsteht. Wir mußten uns deshalb öfters Maschinen verschaffen, sie aufstellen, selbst Hand anlegen, sozusagen Lehrlinge werden und schlechte Werkstücke machen, um die anderen lehren zu können, wie man gute macht.
So überzeugten wir uns von der Unkenntnis, in der man sich den meisten Gegenständen des Lebens gegenüber befindet, und von der Notwendigkeit, aus dieser Unkenntnis herauszukommen.

So versetzten wir uns auch in die Lage, zu beweisen, daß der Fachmann, der seine Sprache am besten beherrscht, nicht den zwanzigsten Teil ihrer Wörter kennt; daß diese Sprache, obwohl jede Kunst ihre eigene hat, noch sehr unvollkommen ist und daß infolge der zwingenden Gewohnheit des gegenseitigen Verkehrs die Handwerker einander wohl verstehen, aber mehr auf Grund des häufigen Zusammentreffens derselben Umstände als auf Grund des Gebrauchs von Fachausdrücken. In einer Werkstatt spricht der Moment und nicht der Handwerksmeister.

Nun zur Methode, die wir bei jeder Kunst befolgt haben: Wir sprachen erstens vom Rohstoff, von den Orten, wo er vorkommt, von der Art und Weise, wie man ihn zubereitet, von seinen guten und schlechten Eigenschaften, von seinen verschiedenen Arten, von den Arbeitsgängen, denen man ihn unterwirft, entweder bevor man ihn in Gebrauch nimmt oder während man ihn verarbeitet – und zweitens von den hauptsächlichen Werkstücken, die man aus ihm herstellt, und von der Weise, wie man sie herstellt. Drittens gaben wir die Bezeichnung, die Beschreibung und die Abbildung der Werkzeuge und Maschinen, sowohl der Einzelteile wie des Ganzen; ferner den Querschnitt der Formen und anderer Hilfsmittel, weil es zweckmäßig erscheint, ihr Inneres, ihre Profile usw. zu kennen. Viertens erklärten und zeigten wir das Handwerk und die wichtigsten Arbeitsgänge auf einer oder mehreren Tafeln, auf denen man bald nur die Hände des Künstlers, bald den ganzen Künstler in Bewegung bei der wichtigsten Arbeit seiner Kunst erblickt. Fünftens sammelten wir die Fachausdrücke der Kunst und definierten sie möglichst genau.

Aber der Mangel an Übung im Verfassen und Lesen von Schriften über die Künste erschwert die verständliche Erklärung der Gegenstände. Daher kommt das Bedürfnis nach Abbildungen. Wir könnten durch tausend Beispiele beweisen, daß ein bloßes, einfaches Wörterbuch der Sprache, so gut es auch sein mag, nicht auf Abbildungen verzichten kann, ohne in unklare oder unsichere Definitionen zu verfallen. Um wieviel mehr bedurften wir also dieses Hilfsmittels! Ein Blick auf den Gegenstand oder auf die Darstellung desselben sagt mehr als eine Seite voller Erläuterungen.

Wir schickten Zeichner in die Werkstätten. Wir ließen Skizzen von Maschinen und Werkzeugen machen. Wir unterließen nichts, um sie deutlich vor Augen zu führen. Falls eine Maschine wegen der Bedeutung ihres Gebrauchs und wegen der Vielzahl ihrer Teile eine ausführliche Darstellung verdiente, gingen wir vom Einfachen zum Zusammengesetzten über. Zunächst stellten wir auf einer ersten Abbildung so viele Bestandteile zusammen, wie man ohne Verwirrung wahrnehmen kann. Auf einer zweiten Abbildung sieht man die gleichen Bestandteile zusammen mit einigen anderen. So stellten wir nach und nach die komplizierteste Maschine dar, ohne irgendeine Verwirrung für den Geist oder für die Augen. Man muß manchmal von der Kenntnis des Werkstücks zur Kenntnis der Maschine zurückgehen, ein anderes Mal von der Kenntnis der Maschine zur Kenntnis des Werkstücks vorwärtsschreiten. In dem Artikel *Kunst* findet man philosophische Reflexionen über die Vorteile dieser Methoden und über die Fälle, in denen es zweckmäßig ist, die eine Methode der anderen vorzuziehen.

Es gibt Begriffe, die fast allen Menschen gemeinsam sind; Begriffe, die sie im Kopf viel klarer haben, als sie aus einer Abhandlung gewonnen werden könnten. Es gibt Gegenstände, die uns so vertraut sind, daß es lächerlich wäre, sie abzubilden. Die Künste bieten aber auch Gegenstände, die so zusammengesetzt sind, daß man sie vergeblich darstellen würde. In den zwei erstgenannten Fällen nehmen wir an, daß der Leser nicht ganz ohne Verstand und Erfahrung sei, und in dem letztgenannten Fall verweisen wir ihn auf den Gegenstand selbst. Es gibt stets einen rechten Mittelweg, und wir haben uns hier bemüht, nicht von ihm abzukommen. Eine einzige Kunst, von der man alles sagen und alles zeigen möchte, würde Stoff für Bände von Abhandlungen und Bildtafeln liefern. Man würde nie fertig werden, wenn man in Abbildungen alle Zustände wiedergeben wollte, die ein Stück Eisen durchläuft, bevor es in Nähnadeln umgewandelt wird. Verfolgt die Abhandlung das Verfahren des Künstlers bis ins kleinste, so ist es um so besser. Die Abbildungen aber haben wir beschränkt auf die wichtigsten Bewegungen des Handwerkers, auf solche Momente, die sehr leicht bildlich darzustellen und sehr schwer zu erklären sind. Wir hielten uns dabei an die wesentlichen Umstände, das heißt an solche, deren Darstellung, wenn sie gut ist, notwendig zur Kenntnis der Umstände führt, die man nicht sieht. Wir wollten nicht einem Menschen gleichen, der bei jedem Schritt auf einer Landstraße Weg-

weiser aufstellen läßt, weil er fürchtet, die Wanderer könnten von ihr abweichen. Es genügt doch, wenn Wegweiser überall dort stehen, wo die Wanderer in Gefahr kommen könnten, sich zu verirren.
Übrigens bildet nur das Handwerk den Künstler aus; aus Büchern kann man es keinesfalls lernen. In unserem Werk findet der Künstler nur Ansichten, die er selbst vielleicht nie gehabt hat, und Beobachtungen, die er erst nach mehreren Arbeitsjahren gemacht hätte. Wir bieten dem eifrigen Leser das, was er von einem Künstler lernen könnte, wenn er ihm bei der Arbeit zusähe, um seine Wißbegierde zu befriedigen, und dem Künstler das, was er von dem Philosophen lernen sollte, um weitere Fortschritte auf die Vollkommenheit hin zu machen.
Bei den Wissenschaften und den freien Künsten haben wir die Abbildungen und die Tafeln nach demselben Prinzip und mit derselben Sparsamkeit verteilt wie bei den mechanischen Künsten; dennoch konnten wir die Zahl insgesamt nicht unter sechshundert halten. Die zwei Bände, die sie bilden werden, dürften nicht der uninteressanteste Teil des Werkes sein, weil wir darauf bedacht sein werden, auf der Rückseite jeder Tafel die Erklärung für die gegenüberliegende Tafel zu geben, und zwar mit Hinweisen auf die Stellen des Wörterbuches, auf die sich jede Abbildung bezieht. Ein Leser schlägt einen Band von Bildtafeln auf, erblickt eine Maschine, die seine Neugierde erregt, zum Beispiel eine Pulvermühle, Papiermühle, Seidenmühle, Zuckermühle usw. Er liest gegenüber: Abbildungen 50, 51 oder 60 usw. »Pulvermühle«, »Zuckermühle«, »Papiermühle«, »Seidenmühle« usw. und findet schließlich eine kurze Erklärung dieser Maschinen, mit Hinweisen auf die Artikel »Pulver«, »Papier«, »Zucker«, »Seide« usw.
Die Kupferstiche werden an Vollkommenheit den Zeichnungen entsprechen. Wir hoffen auch, daß die Bildtafeln unserer *Enzyklopädie* die des englischen Wörterbuches an Schönheit wie an Zahl übertreffen werden. Chambers hat dreißig Tafeln. Sein ursprünglicher Plan versprach hundertzwanzig, doch wir werden wenigstens sechshundert vorlegen. Es ist gar nicht verwunderlich, daß unsere Schritte die Bahn, die wir schreiten, immer weiter verbreitert haben. Sie ist unermeßlich, und wir bilden uns nicht ein, daß wir sie schon bis zum Ende gegangen sind.
Trotz der Unterstützung und der Arbeiten, von denen wir be-

richtet haben, erklären wir im Namen unserer Mitarbeiter und in unserem eigenen Namen ohne Zögern, daß man uns immer bereit finden wird, unsere Unzulänglichkeit zuzugeben und Nutzen aus den Kenntnissen zu ziehen, die uns noch mitgeteilt werden. Wir werden sie mit Dank entgegennehmen und uns gern nach ihnen richten, da wir fest davon überzeugt sind, daß die letzte Vollendung einer *Enzyklopädie* das Werk von Jahrhunderten ist. Jahrhunderte waren nötig, um den Anfang zu machen, und Jahrhunderte werden nötig sein, um zum Ende zu kommen: aber wohlan denn *für die Nachwelt und das Wesen, das niemals stirbt.*

Wir werden jedoch die innere Genugtuung haben, daß wir kein Mittel unversucht gelassen haben, um das Ziel zu erreichen. Einer der Beweise, den wir dafür anführen wollen, ist die Tatsache, daß manche Abschnitte über Wissenschaften und Künste wenigstens dreimal umgearbeitet worden sind. Wir können nicht umhin, zur Ehre des Buchhändlerkonsortiums zu sagen, daß es sich nie geweigert hat, seine Zustimmung zu allem zu geben, was zur Verbesserung des Ganzen beitragen konnte. Es ist zu hoffen, daß das Zusammenwirken so vieler günstiger Umstände, wie zum Beispiel die Kenntnisse aller derer, die an dem Werk mitgearbeitet haben, die Unterstützung durch die Personen, die sich dafür interessiert haben, und der Wetteifer der Verleger und Buchhändler eine einigermaßen gute Leistung hervorbringen wird.

Aus allem Vorausgeschickten geht hervor, daß in dem Werk, das wir ankündigen, die Wissenschaften und Künste auf eine Weise behandelt werden, die keinerlei Vorkenntnisse verlangt; daß bei jedem Stoff das Wissenswerte dargelegt wird; daß die Artikel sich gegenseitig erklären und ebendeshalb die Schwierigkeit der Nomenklatur nirgends verwirrend wirkt. Dieses Werk, so möchten wir folgern, könnte einem Berufsgelehrten als Bibliothek dienen für alle Fächer, die er nicht selbst betreibt. Es wird die Elementarbücher ersetzen, die wahren Prinzipien der Dinge entwickeln, ihre Beziehungen hervorheben, zur Gewißheit und zum Fortschritt der menschlichen Kenntnisse beitragen, die Zahl der echten Gelehrten, der hervorragenden Künstler und der aufgeklärten Laien vermehren und folglich in der Gesellschaft neue Vorteile verbreiten.

[...]

FIGÜRLICH DARGESTELLTES SYSTEM DER KENNTNISSE DES MENSCHEN

Verstand

Gedächtnis

Geschichte
- Geistliche Geschichte (Geschichte der Prophetie)
- Kirchengeschichte
- weltliche Geschichte, alte und neue

  weltliche Geschichte im engeren Sinn
  Literaturgeschichte

  - Erinnerungen
  - Überlieferungen der Antike
  - Gesamtgeschichte

- Naturgeschichte

  - Gleichförmigkeit der Natur[1]
  - Abnormitäten in der Natur[1]
  - Verwendung der Natur[1]

Vernunft

Philosophie
- Allgemeine Metaphysik oder Ontologie oder Wissenschaft vom Sein überhaupt, von der Möglichkeit, der Existenz, der Dauer usw.
- Wissenschaft von Gott

  - Natürliche Theologie[1]
  - Offenbarungstheologie[1]
  - Wissenschaft von den guten und bösen Geistern[1]

- Wissenschaft vom Menschen

  - Pneumatologie oder Wissenschaft von der Seele[1]
  - Logik[1]
  - Moral[1]

- Wissenschaft von der Natur

  - Mathematik[1]
  - Spezielle Physik[1]

Einbildungskraft

- Dichtung[1]
- Musik[1]
- Malerei
- Plastik
- Architektur
- Graphik

---

[1] Weiterführende Kategorien: siehe folgende Seiten

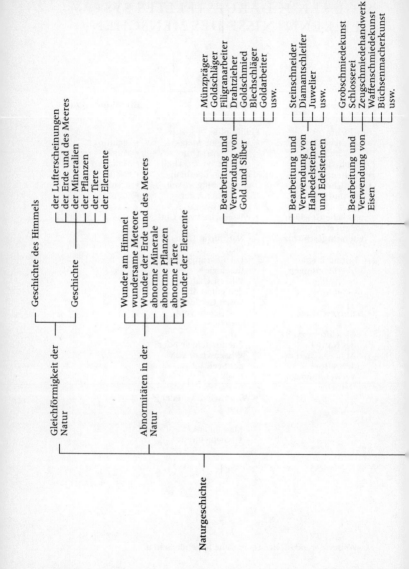

Verwendung der Natur — Künste
Handwerke
Manufakturen

- Bearbeitung und Verwendung von Glas
  - Glassachen
  - Spiegel
  - Spiegelmacher
  - Brillenmacher
  - Glaser

- Bearbeitung und Verwendung von Tierhäuten
  - Lohgerber
  - Sämischgerber
  - Sattler
  - Handschuhmacher
  - usw.

- Bearbeitung und Verwendung von Stein, Gips, Schiefer usw.
  - Baumeister
  - Steinmetz
  - Maurer
  - Dachdecker
  - usw.

- Bearbeitung und Verwendung von Seide
  - Abhaspeln
  - Zwirnen
  - Verarbeitung zu Samt, Drogett usw.

- Bearbeitung und Verwendung von Wolle
  - Tuchmacherei
  - Strumpfwirkerei
  - usw.

- Bearbeitung und Verwendung von usw.

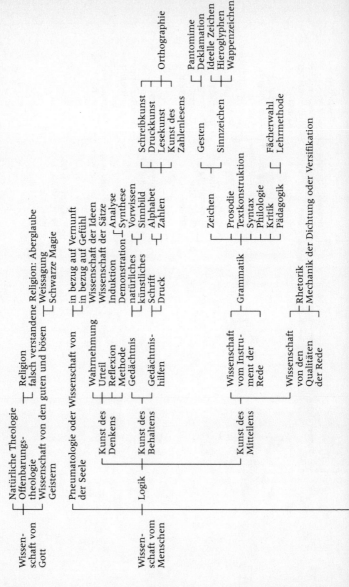

48

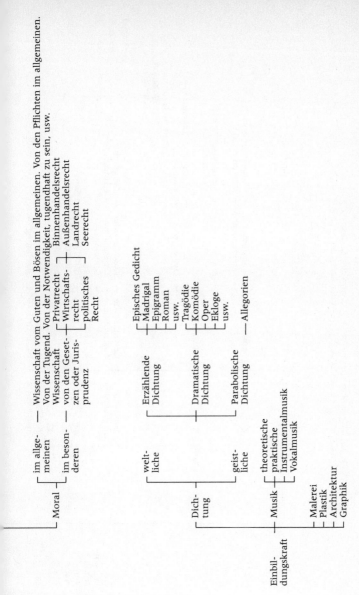

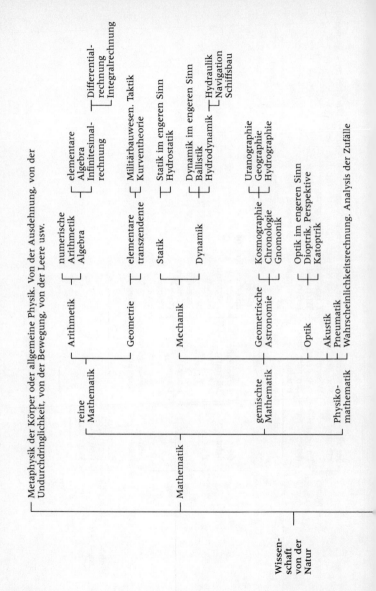

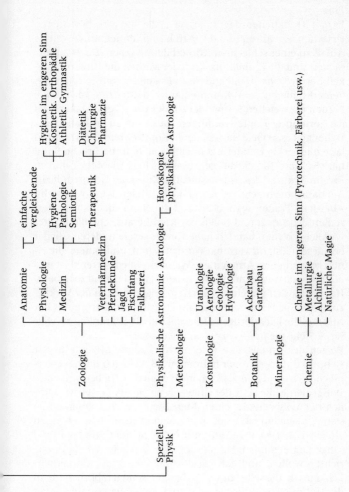

Hebamme – Accoucheuse: Frau, die den Beruf einer Geburtshelferin ausübt. *Tüchtige Hebamme.* Man sagt besser *weise Frau.*
Es gibt Krankheiten, sagt Boerhaave, die von ganz besonderen Ursachen herrühren und die man klar erkennen muß, weil sie Anlaß zu einer schlechten Körperbildung geben. Die Hauptursachen sind die Einbildungskraft der Mütter, die Unvorsichtigkeit der *Hebammen* und anderes. »Es kommt sehr häufig vor«, bemerkt hierzu sein Kommentator La Mettrie, »daß diese Frauen die weichen Körper der Kinder völlig verunstalten und die Form ihres Kopfes verderben, da sie ihn zu grob anfassen. Daher gibt es so viele Narren, deren Kopf mißraten, das heißt zu lang oder eckig ist oder irgendeine andere unnatürliche Form hat. Es wäre für die Frauen besser«, fügt La Mettrie hinzu, »wenn es keine *Hebammen* gäbe. Die Kunst der Geburtshilfe ist nur dann angebracht, wenn irgendein Hindernis im Wege steht: Aber jene Frauen warten die Zeit der Natur nicht ab; sie zerreißen die *Eihaut* und holen das Kind heraus, ehe die Mutter wirkliche Wehen hat. Ich habe Kinder gesehen, deren Glieder bei diesem Eingriff verrenkt worden waren, und andere, die einen gebrochenen Arm hatten. Wenn ein Glied verrenkt ist und der Schaden unerkannt bleibt, so behält ihn das Kind zeitlebens. Handelt es sich um einen Bruch, so zeigt er sich in der Verkürzung des Glieds. Ich rate euch also, bei der Ausübung eures Berufes solche leichtfertigen *Hebammen* in die Schranken zu weisen.« Siehe die *Institutiones* von Boerhaave.
Wegen des Anteils, den jeder rechtschaffene Mensch an der Geburt künftiger Bürger nehmen muß, halte ich mich für verpflichtet, zu erklären, daß ich mich einmal, getrieben von einer Wißbegierde, die dem, der ein wenig nachdenkt, eigen ist, nämlich der Wißbegierde, einen Menschen zur Welt kommen zu sehen, nachdem ich so oft hatte Menschen sterben sehen, zu einer jener *Hebammen* führen ließ, die Schüler ausbilden und junge Leute empfangen, die sich über die Geburtshilfe unterrichten wollen, und daß ich dort Beispiele einer Unmenschlichkeit sah, die selbst unter Barbaren fast unglaublich wäre. In der Hoffnung, eine größere Anzahl von Zuschauern und damit auch von Zahlern anzulocken, ließen jene *Hebammen* durch ihre Sendboten überall bekanntmachen, sie hätten eine in den Wehen liegende Frau, deren Kind sicher auf unnatürliche Weise zur

Welt kommen würde. Man eilte herbei, und um die Erwartung nicht zu enttäuschen, drehten sie das Kind im Mutterleib um und zogen es an den Füßen heraus. Ich würde nicht wagen, diesen Tatbestand anzuführen, wenn ich ihn nicht mehrere Male mit eigenen Augen beobachtet hätte und wenn die *Hebamme* selbst nicht so unvorsichtig gewesen wäre, ihn mir gegenüber zuzugeben, nachdem die Zuschauer alle fortgegangen waren. Ich fordere also diejenigen, die beauftragt sind, in der Gesellschaft vorkommende Übergriffe zu überwachen, ausdrücklich auf, ihr Augenmerk darauf zu richten. (Diderot.)

Affektiertheit – Affectation: Dieses Wort, das von dem lateinischen Verbum *affectare* – erkünsteln – kommt, läßt sich auf verschiedene Dinge anwenden. *Affektiertheit* bei einer Person ist eigentlich eine zeitweilige gekünstelte oder so erscheinende Wesensart, die einen auffallenden Kontrast zur gewöhnlichen Wesensart dieser Person oder der anderen Menschen bildet. Die *Affektiertheit* ist also oft ein relativer oder komparativer Begriff, so daß das, was bei einer Person in bezug auf ihren Charakter oder ihre Lebensweise *Affektiertheit* ist, bei einer anderen Person von andersgeartetem oder entgegengesetztem Charakter keine *Affektiertheit* ist; so wirkt Sanftmut bei einem jähzornigen Menschen, Verschwendung bei einem Geizhals oft *affektiert*.
Der Gang eines Tanzlehrers und der meisten von denen, die man Stutzer nennt, ist ein *affektierter* Gang, weil er sich vom gewöhnlichen Gang der Menschen unterscheidet und weil er bei denen, die ihn haben, gekünstelt wirkt, obgleich er für sie durch lange Gewohnheit alltäglich und gleichsam natürlich geworden ist.
Reden voll Seelengröße und Philosophie sind *Affektiertheit* bei einem Mann, der, nachdem er den Großen den Hof gemacht hat, seinesgleichen gegenüber den Philosophen spielt. Tatsächlich widerspricht nichts den philosophischen Maximen so sehr wie ein Verhalten, bei dem man oft gezwungen ist, entgegengesetzte Maximen anzuwenden.
Die großen Komplimentemacher sind gewöhnlich voll *Affektiertheit*, besonders wenn ihre Komplimente sich an mittelmäßige Menschen richten: einmal, weil sie wahrscheinlich von ihnen in der Tat nicht so viel Gutes denken, wie sie von ihnen

sagen, und zum anderen, weil ihr Gesichtsausdruck häufig ihre Worte Lügen straft, so daß sie gut daran tun würden, nur mit einer Maske zu sprechen.

Affektiertheit in der Sprache und in der Unterhaltung ist ein Laster, das bei den Leuten, die man Schönredner nennt, weit verbreitet ist. Es besteht darin, mit sehr gesuchten und zuweilen lächerlich gewählten Worten triviale oder alltägliche Dinge zu sagen: Aus diesem Grunde sind die Schönredner gewöhnlich so unerträglich für die Männer von Geist, die mehr Wert darauf legen, richtig zu denken als schön zu sprechen oder, besser gesagt, die annehmen, es genüge, richtig zu denken, um gut zu sprechen; denn ein neuer starker, richtiger, einleuchtender Gedanke bringe seinen Ausdruck mit sich, doch ein alltäglicher Gedanke dürfe immer nur so wiedergegeben werden, wie er wirklich ist, das heißt mit einem einfachen Ausdruck.
[...] (Diderot.)

Aguaxima (Naturgeschichte, Botanik): Pflanze in Brasilien und auf den Inseln Südamerikas. Das ist alles, was man uns von ihr erzählt, und ich möchte fragen, für wen derartige Beschreibungen gemacht sind. Wohl kaum für die Eingeborenen, die wahrscheinlich mehr Kennzeichen der *Aguaxima* kennen, als in dieser Beschreibung enthalten sind, und die man nicht darüber zu belehren braucht, daß die *Aguaxima* in ihrem Land gedeiht. Das ist, als sagte man einem Franzosen, der Birnbaum sei ein Baum, der in Frankreich, Deutschland und anderswo wächst. Jene Beschreibung ist auch nicht für uns bestimmt; denn was liegt uns daran, daß es in Brasilien einen Baum gibt, der *Aguaxima* heißt, wenn wir nur diesen Namen kennen? Was nützt uns dieser Name? Er läßt die Unwissenden so, wie sie sind, und lehrt die anderen nichts. Wenn ich diese Pflanze und verschiedene andere, die ebenso schlecht gekennzeichnet sind, hier trotzdem erwähne, so geschieht es nur aus Gefälligkeit gegenüber gewissen Lesern, denen es lieber ist, in einem Artikel unseres Wörterbuchs nichts als nur eine Dummheit als überhaupt keinen Artikel zu finden. (Diderot.)

Adler – Aigle (Naturgeschichte): [...]
Der *Adler* ist ein Vogel, der dem Jupiter seit dem Tage geweiht ist, an dem dieser Gott die Auguren auf der Insel Naxos nach dem Ausgang des Krieges befragt hatte, den er gegen die Titanen führen wollte. Da erschien ein *Adler*, der für ihn ein glückliches Vorzeichen war. Man erzählt auch, daß ihm in seiner Kindheit der *Adler* Ambrosia brachte und daß er ihn zur Belohnung für diese Fürsorge später zu den Gestirnen erhob. Auf den Bildnissen Jupiters sieht man den *Adler* bald zu Füßen des Gottes, bald an seiner Seite und fast immer mit dem Blitzstrahl in seinen Fängen. Allem Anschein nach beruht diese ganze Sage nur auf der Beobachtung des Fluges des *Adlers*, der sich gern bis zu den höchsten Wolken aufschwingt und sich auch gern im Reich des Donners aufhält. Das war alles, was nötig war, um aus ihm den Vogel des Gottes des Himmels und der Lüfte zu machen und ihm den Blitzstrahl anzuvertrauen. Die Heiden brauchte man nur in Bewegung zu setzen, wenn es ihre Götter zu ehren galt; denn der Aberglaube ersinnt eher die verrücktesten und plumpsten Hirngespinste, als daß er Ruhe gibt. Diese Hirngespinste werden später durch die Zeit und die Leichtgläubigkeit der Völker geheiligt, und wehe dem, der, ohne von Gott zu dem erhabenen und gefährlichen Stand eines Missionars berufen zu sein, seine Ruhe so wenig liebt und die Menschen so schlecht kennt, daß er es auf sich nimmt, sie zu belehren. Wenn ihr einen Lichtstrahl in ein Eulennest fallen laßt, so verletzt ihr nur die Augen der Eulen und erweckt ihr Geschrei. Hundertfach glücklich ist das Volk, dem die Religion vorschreibt, nur wahre, erhabene und heilige Dinge zu glauben und sich nur tugendhafte Handlungen zum Vorbild zu nehmen. Eine solche ist unsere Religion, nach welcher der Philosoph nur seiner Vernunft zu folgen braucht, um zu den Füßen unserer Altäre zu gelangen. (Diderot.)

Aius locutius: *Gott des Wortes,* den die Römer unter diesem ungewöhnlichen Namen verehrten. Aber da man auch schweigen können muß, hatten sie auch den Gott des Schweigens. Als die Gallier im Begriff waren, in Italien einzufallen, hörte man aus dem Hain der Vesta eine Stimme rufen: »Wenn ihr die Mauern eurer Stadt nicht erhöht, dann wird sie erobert werden.« Man mißachtete diese Warnung, die Gallier kamen, und Rom wurde erobert. Nach ihrem Rückzug erinnerte man sich des Orakels und errichtete ihm einen Altar unter dem Namen, von dem wir sprechen. Später erhielt er in Rom einen Tempel an dem Ort, an dem er zum erstenmal laut geworden war. Cicero sagte im zweiten Buch der Seherkunst: Wenn dieser Gott auch niemandem bekannt war, so sprach er doch; aber er schwieg, seitdem er einen Tempel und Altäre hatte; ja, der Gott des Wortes verstummte, sobald er angebetet wurde. Es ist schwer, die besondere Verehrung, welche die Heiden ihren Göttern entgegenbrachten, mit der Geduld, die sie den Reden gewisser Philosophen gegenüber zeigten, in Einklang zu bringen. Haben jene Christen, die sie so erbittert verfolgten, etwas Überzeugenderes gesagt als das, was man bei Cicero liest? Die Bücher der Seherkunst sind nur Abhandlungen über den Unglauben. Aber welchen Eindruck mußten diese Meisterstücke der Beredsamkeit, in denen die Götter als Zeugen angerufen und beschworen werden und ihre Drohungen ins Gedächtnis zurückgerufen werden, kurz, wo ihr Dasein vorausgesetzt wird, auf die Völker machen, wenn sie von Männern gesprochen wurden, von denen man eine Menge philosophischer Schriften hatte, worin die Götter und die Religion als Märchen behandelt wurden! Könnte man nicht die Lösung für alle diese Schwierigkeiten in den seltenen Manuskripten aus dem Altertum finden? Damals las das Volk noch nicht: Es lauschte den Worten seiner Redner, und diese Worte waren immer voll Frömmigkeit gegenüber den Göttern; aber es wußte nicht, wie der Redner darüber dachte und was er in seinem Arbeitszimmer schrieb. Diese Werke waren nur für die Augen seiner Freunde bestimmt: Sollte es nicht, da es immer unmöglich sein wird, die Menschen am Denken und Schreiben zu hindern, wünschenswert sein, daß es bei uns ebenso wäre wie bei den Alten? Die Erzeugnisse des Unglaubens sind nur im Hinblick auf das Volk und auf den Glauben der Einfältigen zu fürchten. Diejenigen, die richtig denken, wissen sehr wohl, woran sie sich zu halten haben, und eine Broschüre wird sie nicht von dem Weg abbringen, den sie wohlweislich eingeschlagen haben und aus Neigung verfolgen. Absurde kleine Vernunftschlüsse bringen einen Philosophen nicht so weit, seinen Gott aufzugeben: Die Gottlosigkeit ist also nur bei denen zu fürchten, die sich verleiten lassen. Aber ein Mittel, die Achtung, die man dem Glauben eines Volkes und dem nationalen Kult schuldig ist, mit der

Gedankenfreiheit, die zur Entdeckung der Wahrheit so wünschenswert ist, und mit der öffentlichen Ruhe, ohne die es kein Glück für den Philosophen und für das Volk geben kann, in Einklang zu bringen, könnte darin bestehen, alles zu verbieten, was in der Volkssprache gegen die Regierung und die Religion geschrieben wird, aber diejenigen, die in einer gelehrten Sprache schreiben, ungeschoren zu lassen und nur ihre Übersetzer zu verfolgen. Wenn man sich so verhielte, könnten die von den Autoren geschriebenen Absurditäten, wie mir scheint, niemandem schaden. Übrigens ist die Freiheit, die man durch dieses Mittel erlangen würde, meiner Ansicht nach die größte, die man in einer wohlgesitteten Gesellschaft gewähren könnte. So wird man vielleicht überall, wo man die Freiheit nicht in solchem Maße genießt, nicht weniger gut regiert; vielmehr wird sich mit Sicherheit in der Regierungsweise überall dort eine Unzulänglichkeit ergeben, wo diese Freiheit weiter ausgedehnt ist. Das ist, glaube ich, bei den Engländern und Holländern der Fall: Es scheint, daß man in jenen Ländern annimmt, man sei unfrei, wenn man nicht ungestraft zügellos sein kann. (Diderot.)

Kunst – Art (Enzyklopädische Ordnung: Verstand, Gedächtnis, Geschichte der Natur, Geschichte der angewandten Natur): abstrakte und metaphysische Bezeichnung. Zuerst machte man Beobachtungen über die Natur, die Brauchbarkeit, die Verwendung, die Eigenschaften der Dinge und ihrer Symbole; dann bezeichnete man mit *Wissenschaft, Kunst* oder *Disziplin* im allgemeinen das Zentrum oder den Sammelpunkt, auf den man die gemachten Beobachtungen bezog, um aus ihnen ein System von Regeln oder von Hilfsmitteln und Regeln zu bilden, die auf ein und dasselbe Ziel gerichtet sind; denn darin besteht – generell gesprochen – die *Disziplin. Beispiel:* Man hat über den Gebrauch und die Anwendung der Wörter nachgedacht und dann das Wort *Grammatik* erfunden. *Grammatik* ist die Bezeichnung für ein System von Hilfsmitteln und Regeln in bezug auf einen bestimmten Gegenstand, und dieser Gegenstand besteht aus dem artikulierten Laut, den Zeichen für das Wort, dem Ausdruck des Gedankens und allem, was sich darauf bezieht. Ebenso verhält es sich in den anderen Wissenschaften oder *Künsten*. Siehe auch den Artikel *Abstraktion*.

Ursprung der Wissenschaften und Künste: Die Arbeit des Menschen, auf die Erzeugnisse der Natur angewandt, sei es zur Befriedigung seiner Bedürfnisse, seines Verlangens nach Luxus oder nach Vergnügen, sei es zur Befriedigung seiner Wißbegierde usw., hat die *Wissenschaften* und *Künste* hervorgebracht, und diese Sammelpunkte unserer verschiedenen Reflexionen erhielten dann die Bezeichnung *Wissenschaft* oder die Bezeichnung *Kunst,* je nach der Natur ihrer *formalen* Gegenstände, wie die Logiker sagen. Siehe *Objekt.* Wenn der Gegenstand auf eine praktische Ausführung gerichtet ist, so wird die Sammlung und die fachmännische Anordnung der Regeln, nach denen er ausgeführt wird, *Kunst* genannt. Wird der Gegenstand unter verschiedenen Gesichtspunkten nur betrachtet, so heißen die Sammlung und die fachmännische Anordnung von Beobachtungen in bezug auf diesen Gegenstand *Wissen*schaft; so ist die *Metaphysik* eine *Wissen*schaft und die *Moral* eine *Kunst.* Ebenso verhält es sich mit der *Theologie* und der *Pyrotechnik.* […]

Einteilung der Künste in freie und mechanische: Bei der Untersuchung der Erzeugnisse der *Künste* hat man eingesehen, daß manche mehr das Werk des Geistes als der Hand, andere dagegen mehr das Werk der Hand als des Geistes waren. Zum Teil entspringt daraus der Vorrang, den man gewissen Künsten gegenüber anderen gegeben hat, und die Einteilung der *Künste* in *freie Künste* und *mechanische Künste.* Dieser Unterschied, obwohl gut begründet, rief eine schlechte Wirkung hervor; denn sie setzte das Ansehen sehr achtbarer und nützlicher Menschen herab und bestärkte uns in einer natürlichen Faulheit, die uns zu dem leider nur allzu weitverbreiteten Glauben verleitete, daß eine beständige, ununterbrochene Beschäftigung mit Experimenten und mit wahrnehmbaren, materiellen Einzelgegenständen eine Entwürdigung des menschlichen Geistes bedeute und daß die Ausübung, ja sogar das Studium der *mechanischen Künste* erniedrigend sei, weil die Erforschung solcher Gegenstände mühsam, das Nachdenken über sie unedel, ihre Darstellung schwierig, ihr Austausch entehrend, ihre Zahl unerschöpflich und ihr Wert gering sei. *Minui majestatem mentis humanae, si in experimentis et rebus particularibus etc.*[1], Bacon, *Novum organum.* Die-

---

1 Ich habe den menschlichen Geist geschmälert, wenn ich bei Experimenten und bei einzelnen Gegenständen usw.

ses Vorurteil trug dazu bei, die Städte mit hochmütigen Schwätzern und unnützen Betrachtern und das Land mit unwissenden, faulenzenden und anmaßenden kleinen Tyrannen zu füllen. So haben Bacon, einer der größten Denker Englands, Colbert, einer der größten Minister Frankreichs, und die guten Köpfe und weisen Männer aller Zeiten gewiß nicht gedacht. Bacon hielt die Geschichte der *mechanischen Künste* für den wichtigsten Zweig der wahren Philosophie; deshalb hütete er sich davor, sie zu verachten. Colbert hielt den Gewerbefleiß der Bevölkerung und die Gründung von Manufakturen für die zuverlässigsten Quellen des Reichtums eines Königreiches. Nach dem Urteil derer, die heute vernünftige Ideen über den Wert der Dinge haben, hat dieser Mann, der Frankreich mit Kupferstechern, Malern, Bildhauern und Künstlern jeglichen Genres versah und der von den Engländern die Strickmaschine, von den Genfern den Sammet, von den Venezianern das Spiegelglas übernahm, wohl nicht weniger für den Staat getan als jene Männer, die seine Feinde besiegten und ihnen ihre Festungen wegnahmen. Nach der Anschauung des Philosophen aber liegt darin, daß Colbert Künstler wie Lebrun, Le Sueur und Audran gefördert und sie veranlaßt hat, die Schlachten Alexanders in Gemälden und Stichen, die Siege unserer Generale auf Wandteppichen darzustellen, vielleicht mehr wirkliches Verdienst als in den Siegen selbst. Legen Sie auf eine Waagschale die realen Vorteile der hervorragendsten Wissenschaften und angesehensten *Künste* und auf die andere die realen Vorteile der *mechanischen Künste,* so werden Sie feststellen, daß die Wertschätzung, die man den einen, und die Wertschätzung, die man den anderen entgegengebracht hat, nicht im richtigen Verhältnis zu den beiderseitigen Vorteilen stehen und daß man die Männer, die uns eingeredet haben, wir seien glücklich, weitaus mehr gelobt hat als die Männer, die dafür gesorgt haben, daß wir tatsächlich glücklich wurden. Wie wunderlich sind doch unsere Urteile! Wir fordern, daß man sich nützlich mache, und verachten die nützlichen Menschen.

[...]

Überlegenheit einer Manufaktur über eine andere: Diese Überlegenheit verschafft einer Manufaktur vor allem die Güte des Materials, das man in ihr verarbeitet, sowie die Schnelligkeit der Arbeit und die Vollkommenheit des Produkts. Was die Güte des

Materials betrifft, so ist sie eine Sache der Überwachung. Was die Schnelligkeit der Arbeit und die Vollkommenheit des Produkts betrifft, so hängen beide ausschließlich von der Zahl der versammelten Arbeiter ab. Wenn eine Manufaktur groß ist, beschäftigt jeder Arbeitsgang einen anderen Mann. Dieser Arbeiter hier macht sein ganzes Leben lang nur eine Sache, jener andere dort eine andere, so daß jede Sache gut und schnell ausgeführt wird und das beste Werkstück zugleich das billigste ist. Die Arbeitslust wächst übrigens unter so vielen Arbeitern, und die Arbeitsweise verbessert sich zwangsläufig, weil unter ihnen meistens einige zu finden sind, die des Nachdenkens und Kombinierens fähig sind und deshalb schließlich das einzige Mittel entdecken, das sie über ihre Kollegen erheben kann: nämlich das Mittel, durch das man Material einsparen, die Arbeitszeit verkürzen oder die Geschicklichkeit steigern kann – sei es durch eine neue Maschine oder durch einen bequemen Arbeitsgang. Die ausländischen Manufakturen stehen unseren Lyoner Manufakturen nicht deshalb nach, weil man im Ausland nicht weiß, wie dort gearbeitet wird. Überall hat man die gleichen Webstühle, die gleichen Seiden und ungefähr die gleichen Kunstgriffe; aber nur in Lyon gibt es, alles in allem, dreißigtausend Arbeiter, die sich alle mit der Verarbeitung des gleichen Materials beschäftigen. Wir könnten diesen Artikel noch weiter ausdehnen, doch wird das Gesagte in Verbindung mit dem, was man in unserer Vorrede findet, wohl denen genügen, die denken können, und den anderen könnten wir nie genug sagen. Vielleicht wird man da auf Stellen von etwas übertriebener Metaphysik stoßen, aber das kann gar nicht anders sein. Wir mußten über das sprechen, was die *Kunst* im allgemeinen betrifft; deshalb mußten unsere Grundsätze allgemein sein. Der gesunde Verstand lehrt doch, daß ein Satz um so abstrakter ist, je allgemeiner er ist; denn die Abstraktion besteht darin, eine Wahrheit dadurch zu erweitern, daß man aus der eigenen Aussage alle Begriffe ausscheidet, welche die Wahrheit zu einer besonderen machen. Hätten wir dem Leser diese Dornen ersparen können, so hätten wir uns selbst sehr viel Mühe erspart.

[...] (Diderot.)

Autorität in der Rede und in der Schrift – Autorité dans les discours et dans les écrits: Unter *Autorität in der Rede* verstehe ich den Anspruch auf Glauben an das, was man sagt. Je größeren Anspruch man also auf Glauben an die eigenen Worte hat, desto größere *Autorität* hat man. Dieser Anspruch beruht auf dem Grad von Wissen und Aufrichtigkeit, der am Sprecher zu erkennen ist. Das Wissen verhindert, daß man sich selbst täuscht, und schließt den Irrtum aus, der aus der Unkenntnis entstehen könnte. Die Aufrichtigkeit verhindert, daß man die anderen täuscht, und bekämpft die Unwahrheit, zumal wenn die Bosheit versucht, sie glaubwürdig zu machen. Aufgeklärtheit und Aufrichtigkeit sind also der wahre Maßstab für *Autorität in der Rede*. Diese zwei Eigenschaften sind unbedingt notwendig. Der gescheiteste und aufgeklärteste Mann verdient keinen Glauben mehr, sobald er trügerisch ist, ebensowenig wie der frömmste und heiligste Mann, sobald er von Dingen spricht, die er nicht kennt. So hat der heilige Augustinus mit Recht gesagt, daß nicht der Wohlklang der Worte, sondern das Verdienst der Schriftsteller ausschlaggebend sei. Übrigens darf man das Verdienst nicht nach dem Ruf beurteilen, besonders nicht bei Leuten, die Mitglieder einer Körperschaft sind oder durch eine Intrige gestützt werden. Der wahre Prüfstein, falls man ihn richtig anzuwenden versteht, ist ein sorgfältiger Vergleich der Rede mit der für sich genommenen Materie, die Gegenstand der Rede ist. Nicht der Name des Autors soll dem Werk Achtung, sondern das Werk dem Autor Gerechtigkeit verschaffen.

Nur in Taten, in Fragen der Religion und in der Geschichte hat meines Erachtens die *Autorität* einigen Wert. Sonst ist sie nutzlos und überflüssig. Was liegt daran, daß andere ebenso wie wir gedacht haben oder anders, vorausgesetzt, daß wir nach den Regeln des gesunden Verstandes und gemäß der Wahrheit richtig denken? Es ist doch ziemlich gleichgültig, ob sie die gleiche Anschauung haben wie Aristoteles, vorausgesetzt, daß sie den Gesetzen des folgerichtigen Denkens entspricht. Wozu diese häufigen Zitate, wenn es sich um Fragen handelt, die einzig und allein vom Zeugnis der Vernunft und der Sinne abhängen? Warum soll ich mich vergewissern, daß es Tag ist, wenn ich die Augen offen habe und die Sonne scheint? Große Namen taugen nur dazu, die Menge zu blenden, die kleinen Geister zu täuschen und den Scharlatanen Stoff für ihr Geschwätz zu liefern. Die Menge, die all das bewundert, was sie nicht versteht, glaubt immer, daß derjenige, der am meisten und am unnatürlichsten redet, der Tüchtigste sei. Diejenigen, die nicht so viel Geistesgröße haben, um selbst zu denken, begnügen sich mit fremden Gedanken und zählen die Stimmen. Die Scharlatane, die nicht schweigen können und die Schweigen und Bescheidenheit für Symptome von Unwissenheit oder Dummheit halten, legen sich unerschöpfliche Zitatenschätze zu.

Ich behaupte jedoch nicht, daß *Autorität* völlig zwecklos in den Wissenschaften sei. Ich will nur klarmachen, daß sie zwar dazu dienen soll, uns zu stützen, nicht aber dazu, uns zu leiten. Sonst würde sie in die Rechte der Vernunft eingreifen. Diese ist eine Fackel, die von der Natur angezündet wurde und dazu bestimmt ist, uns zu leuchten; jene dagegen ist bestenfalls nur ein Stock, der von Menschenhand geschaffen wurde und uns im Fall der Schwäche auf dem Weg zu helfen vermag, den uns die Vernunft zeigt.

Diejenigen, die sich bei ihren Forschungen nur an die *Autorität* halten, haben große Ähnlichkeit mit Blinden, die sich von anderen führen lassen. Wenn ihr Führer schlecht ist, bringt er sie auf Irrwege, auf denen er sie müde und erschöpft stehenläßt, bevor sie einen Schritt auf dem richtigen Weg des Wissens gemacht haben. Ist er geschickt, so läßt er sie zwar eine große Strecke in kurzer Zeit zurücklegen; doch hatten sie dabei nicht das Vergnügen, das Ziel zu sehen, auf das sie zustrebten, oder die Gegenstände zu bemerken, die das Ufer schmückten und es erfreulich machten.

Diese Engstirnigen, die nichts ihren eigenen Reflexionen verdanken wollen und die sich unaufhörlich nach den Ideen der anderen richten, stelle ich mir vor als Kinder, deren Beine nie kräftig werden, oder als Kranke, die nie aus dem Genesungszustand herauskommen und keinen Schritt ohne fremde Hilfe machen. (Diderot.)

Bacchioniten – Bacchionites (Geschichte des Altertums): Das waren, wie man sich erzählt, Philosophen, die den Dingen dieser gewöhnlichen Welt gegenüber generelle Verachtung hegten, so daß sie sich weiter nichts vorbehielten als eine Trinkschale. Als einer von ihnen, so wird weiter erzählt, auf den Feldern einmal einen Hirten mit der hohlen Hand Wasser aus einem Bach schöpfen sah, warf er seine Trinkschale gleich einem unbequemen und überflüssigen Gegenstand weg. Dasselbe behauptet man auch von Diogenes. Wenn es so uneigennützige Menschen überhaupt gegeben hat, dann muß man wohl zugeben, daß ihre Metaphysik und ihre Moral es verdienten, besser bekannt zu sein. Nachdem sie die verhängnisvolle Unterscheidung von *Dein* und *Mein* aus ihrem Kreis ausgeschlossen hatten, brauchten sie nur noch wenig zu tun, um keinen Grund zu Streitigkeiten mehr zu haben und so glücklich zu werden, wie es dem Menschen zu sein vergönnt ist. (Diderot.)

Strumpf – Bas (Strickwaren und andere Artikel wie Lederwaren usw.): Das ist der Teil unserer Kleidung, der dazu dient, unsere Beine zu bedecken. Er wird aus Wolle, Leder, Tuch, Garn, Seide oder Flockseide angefertigt und entweder mit der Nadel gestrickt oder auf der *Strumpfwirkmaschine* hergestellt. Siehe auch den Artikel *Stricken*.
Hier nun die Beschreibung der *Strumpfwirkmaschine* und ihrer Bedienung. Bevor wir damit beginnen, machen wir darauf aufmerksam, daß wir hierzu zweierlei Bildtafeln bringen: Tafeln zur *Strumpfwirkmaschine*, die sich nur auf die Maschine beziehen, und Tafeln zum *Strumpfwirken*, die nur die Handarbeit betreffen. So ist die Abbildung der *Strumpfwirkmaschine* auf Tafel III nicht gleich der Abbildung des *Strumpfwirkens* auf Tafel III.
Die *Strumpfwirkmaschine* ist eine der kompliziertesten und folgerichtigsten Maschinen, die wir besitzen: Man kann sie als einen einzigen und einheitlichen Denkvorgang bezeichnen, dessen Ergebnis die Fertigung des Gegenstandes ist; darum herrscht zwischen ihren Teilen eine so große Abhängigkeit, daß man den ganzen Mechanismus stört, läßt man nur einen einzigen Teil weg oder ändert man die Form der Teile, die man für am wenigsten wichtig hält.
Die *Strumpfwirkmaschine* ist aus den Händen ihres Erfinders fast in dem Zustand der Vollkommenheit hervorgegangen, in dem wir sie jetzt sehen; und da dieser Umstand viel zu ihrer Bewunderung beitragen muß, ziehe ich die *Strumpfwirkmaschine* in ihrer früheren Form vor und weise auf die kleinen Unterschiede nur dann hin, wenn sie auffällig hervortreten.

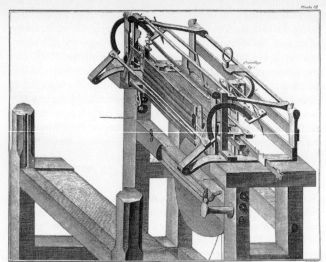

Metier à faire des Bas.

Strumpfwirkmaschine

Nach dem, was ich soeben über den Zusammenhang und die Form der einzelnen Teile der *Strumpfwirkmaschine* gesagt habe, sieht man wohl ein, daß man sich vergeblich eine gewisse Kenntnis von der ganzen Maschine versprechen würde, wenn man nicht auf Details eingne und eine ausführliche Beschreibung dieser Teile gäbe. Sie sind aber so zahlreich, daß diese Arbeit, wie uns scheint, die Grenzen überschreiten dürfte, die wir uns im Hinblick auf den Umfang der Abhandlung und auch im Hinblick auf die Zahl der Abbildungen gesetzt haben. Womit übrigens soll man die Abhandlung beginnen? Wie soll man die Bildtafeln anfertigen lassen? Der Zusammenhang zwischen den Teilen verlangte, daß man alles zugleich beschriebe und zeigte – was aber nicht möglich ist, weder in der Abhandlung, wo die Dinge notwendig aufeinanderfolgen, noch in den Abbildungen, wo die Teile einander verdecken.

Es sind offenbar jene Schwierigkeiten, die den nützlichen und findigen Verfasser des *Schauspiels der Natur* davon abgehalten haben, diese wunderbare Maschine unter die aufzunehmen, die er uns beschrieben hat; er hat nämlich eingesehen, daß er entweder alles oder nichts sagen müßte, daß es sich hier nicht um eine der Maschinen handelt, von denen man auch ohne großen Aufwand von Abbildungen und Worten eine klare und deutliche Vorstellung vermitteln kann, und deshalb fanden wir keine Unterstützung von seiner Seite.

Der Leser möge sich also nicht über die Länge dieses Artikels wundern, sondern davon überzeugt sein, daß wir alles darangesetzt haben, ihn so kurz wie möglich zu halten, und wir hoffen, daß er dies bemerkt, wenn er bedenkt, daß wir die Aufzählung und Beschreibung der Teile sowie die Darstellung des Mechnismus und der Handarbeit des Strumpfwirkers auf wenige Seiten beschränkt haben. Die Handarbeit ist unbedeutend; denn die Maschine macht fast alles von selbst: Ihr Mechanismus ist besonders vollkommen und fein. Aber man muß auf das Verständnis dieses Mechanismus verzichten, wenn man nicht alle Teile genau kennt. Nun möchte ich aber behaupten, daß man an einer jener *Strumpfwirkmaschinen*, die von den Arbeitern »Zweiundvierziger« genannt werden, nicht weniger als zweitausendfünfhundert Teile, vielleicht sogar noch mehr, zählen könnte, unter denen sich allerdings viele gleichartige befinden. Aber wenn diese gleichartigen Teile dem Geist auch weniger zu schaffen machen als die anderen, da sie ja die gleiche Funktion erfüllen, sind sie doch in den Abbildungen, wo sie immer andere verdecken, für das Auge sehr störend.

Um diese Hindernisse zu überwinden, glaubten wir hier eine Art Analyse vornehmen zu müssen, und zwar so, daß die ganze Maschine in mehrere besondere Gruppen zerlegt wird, daß unter jeder Gruppe die Teile dargestellt werden, die an ihr sonst nicht deutlich wahrzunehmen sind, daß diese Gruppen nach und nach miteinander verbunden werden und so Schritt für Schritt die ganze Maschine zusammengesetzt wird. Auf solche Weise gelangt man von einer einfachen Gruppe zu einer komplizierteren, von dieser zu einer noch komplizierteren und schließlich ohne Unklarheit und Anstrengung zur Kenntnis eines höchst komplizierten Ganzen.

Zu diesem Zweck zerlegen wir die *Strumpfwirkmaschine* in zwei Teile: in den Rahmen oder die Teile aus Holz, welche die *Strumpfwirkmaschine* tragen und zu ihrer Handhabung dienen, und in die Wirkmaschine selbst oder die Teile aus Eisen und andere Teile, aus denen sie zusammengesetzt ist.

Wir wollen jeden Teil für sich behandeln. Aber bevor wir auf Einzelheiten eingehen, führen wir das Urteil an, das ein Mann, der den Wert der modernen Erfindungen sehr gut erkannt hat, über diese Maschine gefällt hat. Perrault sagt in einem Werk, das uns um so besser gefällt, je weniger Vorurteile wir haben: »Wer das notwendige Genie besitzt, nicht um solche Dinge zu erfinden, sondern um sie zu verstehen, gerät in höchstes Erstaunen beim Anblick der fast unzähligen Triebfedern, aus denen die *Strumpfwirkmaschine* zusammengesetzt ist, und der großen Zahl ihrer unterschiedlichen und ungewöhnlichen Bewegungen. Wenn man sieht, wie *Strümpfe* gestrickt werden, so bewundert man die Flinkheit und Geschicklichkeit der Hände des Arbeitenden, obgleich er immer nur eine Masche auf einmal aufnimmt. Wie staunt man also erst, wenn man sieht, wie eine Maschine Hunderte von Maschen auf einmal aufnimmt, das heißt, in einem Augenblick all jene verschiedenen Bewegungen ausführt, die die Hände nur in mehreren Stunden ausführen können! Wie viele kleine Federn ziehen die Seidenfäden an und lassen sie dann los, um sie später wieder aufzunehmen und in unerklärlicher Weise von einer Masche zur anderen zu führen? Und all das geschieht, ohne daß der Arbeiter, der die Maschine bedient, etwas davon begreift, etwas darüber weiß, ja überhaupt daran denkt! Insofern kann man sie mit der vortrefflichsten Maschine vergleichen, die Gott geschaffen hat usw.«

»Es ist sehr bedauerlich und sehr ungerecht«, fügt Perrault hinzu, »daß man nicht einmal die Namen derjenigen kennt, die so wunderbare Maschinen erdacht haben, während man uns zwingt, die Namen der Erfinder von tausend anderen Maschinen auswendig zu lernen, die dem Geist so natürlich vorkommen, daß es genügte, als erster auf die Welt gekommen zu sein, um sie sich auszudenken.«

Es steht fest, daß die *Strumpfwirkmaschine* in England entstanden und durch eine der Betrügereien, die sich die Nationen zu allen Zeiten untereinander erlaubt haben, zu uns gelangt ist. Man erzählt über ihren Schöpfer und seine Erfindung alberne Märchen, die vielleicht die zu ergötzen vermöchten, die diese Maschine nicht zu verstehen fähig sind und daher leichtsinnig solche Märchen verbreiten, die andere mit Recht verachten würden.

Der Verfasser des *Wörterbuchs des Handels* sagt, daß die Engländer sich zu Unrecht rühmen, Erfinder der Wirkmaschine zu sein, und daß sie vergeblich Frankreich den Ruhm dieser Erfindung zu rauben suchen, da nunmehr alle Welt weiß, daß ein Franzose diese so nützliche und erstaunliche Wirkmaschine erfunden hat. Da er aber auf Schwierigkeiten stieß, als er das ausschließliche Nutzungsrecht verlangte, bevor er sich in Paris niederließe, ging er nach England, wo die Maschine bewundert und der Erfinder belohnt wurde. Die Engländer waren auf diese Erfindung so eifersüchtig, daß es lange Zeit bei Todesstrafe verboten war, sie auszuführen oder den Ausländern ein Modell zu überlassen; aber ein Franzose hatte sie durch dieses Geschenk reich gemacht, und ein Franzose gab es seinem Vaterland zurück – dank einer Leistung von Gedächtnis und Vorstellungskraft, die man erst am Ende dieses Artikels recht verstehen wird. Bei der Rückkehr von einer Reise nach London ließ er in Paris die erste *Strumpfwirkmaschine* bauen, der man die nachgebaut hat, welche jetzt in Frankreich und in Holland arbeiten. So denkt man bei uns über die Erfindung der *Strumpfwirkmaschine*. Ich möchte zu der Aussage Savaris' nur noch hinzufügen, daß man in England nicht weiß, wem man diese Erfindung zuschreiben soll, obwohl England das Land in der Welt ist, wo die Ehrungen, die man im Namen der Nation den Erfindern zuteil werden läßt, diesen am allerwenigsten erlauben, unbekannt zu bleiben […] (Diderot.)

Bibliomane – Bibliomane: Das ist ein Mensch, der von der Sucht nach Büchern besessen ist. Dieser originelle Charakter ist La Bruyère nicht entgangen. Im dreizehnten Kapitel seines Buches über die *Charaktere,* in dem er viele andere Originale an unseren Augen vorüberziehen läßt, beschreibt er ihn. Er tut so, als treffe er mit einem jener Männer zusammen, welche die Büchersucht haben, und als der andere ihm zu verstehen gegeben hat, daß er eine Bibliothek besitzt, zeigt er Verlangen, sie zu besichtigen. »Ja«, sagt er, »ich suche diesen Mann auf, der mich in einem Haus empfängt, wo ich schon auf der Treppe wegen des penetranten Geruchs von schwarzem Saffianleder, in das alle seine Bücher eingebunden sind, fast in Ohnmacht falle. Vergeblich schreit er mir, um mich wiederzubeleben, ins Ohr, sie seien alle mit Goldschnitt versehen, auch mit goldenen Initialen geschmückt und samt und sonders gute Ausgaben; vergeblich nennt er mir nacheinander die besten, erklärt mir, sein Saal habe Wände, die derart bemalt seien, daß man glaube, es handle sich um echte Bücher, die in kleinen Regalen aufgestellt seien, und das Auge werde so getäuscht; vergeblich fügt er hinzu, daß er niemals lese, auch niemals jenen Saal betrete, ihn aber mir zu Gefallen heute betreten wolle. Ich danke ihm für sein Entgegenkommen und habe nun ebensowenig Lust wie er, seine langweilige Höhle zu betreten, die er Bibliothek nennt.« Ein *Bibliomane* ist also nicht etwa ein Mensch, der sich Bücher anschafft, um sich zu bilden – er ist von einem solchen Gedanken weit entfernt, da er sie überhaupt nicht liest. Er hat Bücher, nur um sie zu besitzen, um sich an ihrem Anblick zu weiden; sein ganzes Wissen beschränkt sich darauf, zu erkennen, ob es gute Ausgaben sind und ob sie gut gebunden sind. Was ihren Inhalt betrifft, so ist er ein Geheimnis, in das eingeweiht zu sein er keinen Anspruch erhebt; das ist nur gut für diejenigen, die Zeit zu verlieren haben. Diese Besessenheit, die man *Bibliomanie* nennt, ist oft ebenso kostspielig wie Ehrgeiz und Wollust. Ein solcher Mensch hat nur noch so viel Vermögen übrig, wie nötig ist, um in einer wohlanständigen Mittelmäßigkeit leben zu können, die sich das Notwendigste versagt, damit sie diese Leidenschaft zu befriedigen vermag. (Anonym.)

Wismut – Bismuth (Chemie und Mineralogie): Das ist ein Halbmetall oder unvollständiges Metall, das offenbar aus einer Anhäufung von ziemlich großen Würfeln besteht, die von aufeinanderliegenden dünnen Plättchen gebildet werden. Seine Farbe ähnelt sehr der des Zinns und Silbers; aber wenn es einige Zeit der Luft ausgesetzt ist, wird es bläulich; es hat große Ähnlichkeit mit dem Antimonglanz und mit dem Zinn. *Wismut* ist sehr spröde und läßt sich leicht pulverisieren; es gibt kein Halbmetall, das so leicht schmilzt. In der Tat braucht man es nur über eine Kerze zu halten, um es zum Schmelzen zu bringen.
Man findet in Sachsen viel *Wismut* in den Bergwerken von Schneeberg und Freiberg sowie in fast allen Gruben, wo Kobalt gewonnen wird; es kommt dort gewöhnlich in Form eines äußerlich harten Gesteins vor, das sehr schwer ist, manchmal langsam, manchmal schnell schmilzt, wie Silber glänzt und durch

Métallurgie, Fonte du Bismuth

Metallurgie: Wismutschmelze

sehr bunte Farben wie Gelb, Grünlich, Rötlich und Taubengrau gekennzeichnet ist. Zuweilen findet es sich auch ohne jede Beimischung – in weißer oder silberner Farbe. Die Deutschen nennen es »Mißpickel«, aber es ist ein reines Arsenerz. Die echte *Wismutgrube* enthält: 1. viel Arsen, 2. einen Teil Halbmetall oder antimonhaltiges Metall, 3. eine steinige und verglasbare Erde, die dem Glas eine blaue Farbe verleiht. Henckel nimmt in ihm keinen Schwefel an [...] (D'Holbach.)

Bitterfeld (Geographie): sächsische Stadt an der Moldau.

Holz – Bois (Landwirtschaft): [...]
Wenn man den erstaunlichen Holzverbrauch im Zimmerer- und Tischlerhandwerk und in anderen Handwerken sowie im Feuer der Schmieden, Gießereien, Glashütten und Kamine betrachtet, sieht man leicht ein, wie wichtig zu allen Zeiten und bei allen Völkern für Öffentlichkeit und Privatpersonen die Anlage, Pflege und Erhaltung der Wälder gewesen sein muß ... Wie ist es also möglich, daß die Menschen so lange Vorurteile gegen diese Aufgaben gehegt haben, daß sie nicht unaufhörlich nach Verbesserung der Dinge strebten, sondern sich im Gegenteil immer mehr auf Methoden versteiften, die sie von ihrem Ziel entfernten? Denn sie waren in Vorurteilen befangen und sind es größtenteils noch heute, wie wir durch den Vergleich der Grundsätze, die sie der Landwirtschaft vorgeschrieben haben und die man, was die Wälder betrifft, noch befolgt, mit jenen Grundsätzen beweisen könnten, zu denen die Erfahrung und die Philosophie vor kurzem Buffon geführt haben. Aber unsere Aufgabe besteht darin, die Wahrheit darzulegen und sie nicht mit dem Irrtum zu vermengen: Der Irrtum kann nicht unbekannt genug und die Wahrheit kann nicht bekannt genug sein, besonders wenn sie einen Gegenstand umfaßt, der so bedeutend ist wie der Brennstoff und unter den Materialien, die zum Hausbau gebraucht werden, an zweiter Stelle steht. Wir wollen nur darauf hinweisen, daß der Auszug, den wir aus verschiedenen Denkschriften geben, die Buffon veröffentlicht hat, nicht nur über die Pflege, Verbesserung und Erhaltung der Wälder aufklären kann, sondern auch den Philosophen die große Lehre erteilen könnte,

Charpente

Zimmerei

der Analogie zu mißtrauen; denn es scheint, daß die Unkenntnis, in der man anscheinend allzugern verharrt – obwohl man großes Interesse daran hat, aus ihr herauszugelangen –, in ihrem Ursprung daher rührt, daß man die Vorschriften für den Gartenbau auf die Forstwirtschaft übertragen hat. Die Natur hat ihre Gesetze, die uns vielleicht deshalb so allgemein erscheinen und sich auf so viele Dinge in gleichem Maße beziehen, weil wir weder die Geduld noch den Scharfsinn besitzen, daß wir erkennen könnten, wie sie sich bei der Erzeugung und Erhaltung jedes einzelnen Dings verhält. Wir halten uns an den Kern ihrer Tätigkeit, aber uns entgehen, wenn man so sagen darf, die Feinheiten ihres Handwerks immer wieder, und so bleiben wir in unseren Irrtümern befangen, bis irgendein Mann von Genie erscheint, der ein so großer Menschenfreund ist, daß er die Wahrheit sucht, und der, wie ich hinzufügen möchte, auch mutig genug ist, sie zu verbreiten, sobald er sie gefunden hat.
[...] (Diderot [?].)

Glück – Bonheur (Moral): Das *Glück* gilt hier als ein Zustand, eine Lage, deren unabänderliche Fortdauer man wünschte; und darin unterscheidet sich das *Glück* vom Vergnügen, das nur ein angenehmes, aber kurzes und vergängliches Gefühl ist und niemals ein Zustand sein kann. Eher hätte der Schmerz das Vorrecht, ein Zustand zu sein.
Alle Menschen sind sich einig in dem Wunsch nach *Glück*. Die Natur hat uns allen ein Gesetz für unser eigenes *Glück* gegeben. Alles, was kein *Glück* ist, ist uns fremd; einzig das *Glück* hat eine unverkennbare Macht über unser Herz. Wir fühlen uns zu ihm durch eine plötzliche Neigung, einen starken Zauber, eine unwiderstehliche Lockung hingezogen; es ist ein unauslöschlicher Eindruck der Natur, die es unserem Herzen eingeprägt hat, es bedeutet dessen Entzücken und Vollkommenheit.
Alle Menschen sind sich auch über das Wesen des *Glücks* einig. Sie geben alle zu, daß es das gleiche ist wie das Vergnügen oder daß es zumindest dem Vergnügen das verdankt, was an ihm besonders reizvoll und köstlich ist. Ein *Glück*, das nicht von Zeit zu Zeit neu vom Vergnügen belebt wird und über das das Vergnügen nicht seine Wonnen ausbreitet, ist weniger ein wahres *Glück* als ein Zustand, eine ruhige Lage: Das ist ein trauriges *Glück*.

Wenn man uns in träger Gleichgültigkeit verharren läßt, in der unsere Tätigkeit nichts zu erfassen vermag, können wir nicht glücklich sein. Um unsere Wünsche zu erfüllen, müssen wir aus der Trägheit, die uns vergehen läßt, herausgerissen werden; man muß die Freude bis ins Innerste unseres Herzens strömen lassen, muß es durch angenehme Gefühle anregen, durch heimliche Regungen beleben, ihm köstliche Begeisterung verleihen, es durch Anwandlungen reiner Lust, die nichts zu trüben vermag, trunken machen. Aber die menschliche Natur verträgt einen solchen Zustand nicht; denn nicht alle Augenblicke unseres Lebens können vom Vergnügen bestimmt sein. Der köstlichste Zustand hat viele unerfreuliche Unterbrechungen. Ist die erste Glut des Gefühls erloschen, so ist das beste, was daraus hervorgehen könnte, ein ruhiger Zustand. Unser vollkommenstes *Glück* in diesem Leben ist also, wie wir am Anfang dieses Artikels gesagt haben, nur ein ruhiger Zustand, *in den hin und wieder einige Vergnügen eingestreut sind, die seinen Hintergrund aufhellen*.

So bezieht sich die Meinungsverschiedenheit der Philosophen über das *Glück* nicht auf sein Wesen, sondern auf seine wirksame Ursache. Ihre Anschauung geht auf die Epikurs zurück, der Glückseligkeit wesentlich im Vergnügen bestehen läßt. Siehe den Artikel *Epikur*. Der Besitz von Gütern ist wohl die Grundlage für unser *Glück*, aber nicht das *Glück* selbst; denn was würde geschehen, wenn wir zwar Güter besäßen, doch kein Gefühl dafür hätten? Jener Narr in Athen, der glaubte, daß alle Schiffe, die in Piräus einliefen, ihm gehörten, genoß das *Glück* des Reichtums, ohne einen solchen zu besitzen; und die, denen diese Schiffe wirklich gehörten, besaßen sie vielleicht, ohne Vergnügen daran zu finden. Wenn Aristoteles die Glückseligkeit also in der Erkenntnis des höchsten Gutes und der Liebe zu ihm bestehen läßt, so will er offenbar das *Glück* durch seine Grundlagen bestimmen, sonst hätte er sich sehr getäuscht; denn wenn Sie das Vergnügen von dieser Erkenntnis und dieser Liebe trennen wollten, würden Sie einsehen, daß Ihnen noch etwas fehlt, um glücklich zu sein. Die Stoiker, die lehrten, daß das *Glück* im Besitz der Weisheit bestünde, waren nicht so unvernünftig, sich einzubilden, daß man von der Idee des *Glücks* die innere Zufriedenheit, die ihnen jene Weisheit einflößte, trennen müßte. Ihre Freude rührte von der Trunkenheit ihrer Seele her, welche sich zu einer Unerschütterlichkeit beglückwünschte, die sie nicht hatte. Im allgemeinen erkennen alle Menschen notwendigerweise dieses Prinzip an, und ich weiß nicht, warum sich einige Autoren darin gefallen haben, sie gegeneinander auszuspielen, obwohl es feststeht, daß unter ihnen nie eine so einheitliche Meinung herrschte wie in diesem Punkt. Der Geizige weidet sich nur an der Hoffnung, seine Reichtümer zu genießen, das heißt, das Vergnügen zu empfinden, das er an ihrem Besitz hat. Es ist wahr, daß er sie nicht genießt; aber es ist eben sein Vergnügen, sie zu bewahren. Er begnügt sich mit dem Gefühl ihres Besitzes, er schätzt sich auf solche Weise glücklich, und warum soll man ihm, da er es ist, sein *Glück* streitig machen? Hat nicht jeder das Recht, auf seine Weise glücklich zu werden? Der Ehrgeizige trachtet nach Würden nur wegen des Vergnügens, sich über andere erhoben zu sehen. Der Rachsüchtige würde sich nicht rächen, wenn er nicht hoffte, in der Rache seine Genugtuung zu finden.

Man darf dieser Maxime, die zuverlässig ist, nicht die Moral und Religion Jesu Christi entgegensetzen, der zugleich unser Gesetzgeber und unser Gott ist und der nicht erschienen ist, um die Natur zu vernichten, sondern um sie zu vervollkommnen. Er läßt uns keineswegs auf die Liebe zum Vergnügen verzichten und verurteilt die Tugend nicht dazu, auf Erden unglücklich zu sein. Sein Gesetz ist reizvoll und anziehend; es besteht allein in der Liebe zu Gott und zum Nächsten. Die Quelle des rechtmäßigen Vergnügens fließt für den Christen ebenso wie für den Gottesleugner; aber nach dem Gesetz der Gnade ist er viel glücklicher durch das, was er erhofft, als durch das, was er besitzt. Das *Glück*, das er auf Erden genießt, wird für ihn der Keim zum ewigen *Glück*. Die Arten seines Vergnügens sind Mäßigkeit, Wohltätigkeit, Enthaltsamkeit, Gewissen: reine, edle geistige Arten des Vergnügens, die das Vergnügen der Sinne bei weitem übertreffen. Siehe auch den Artikel *Vergnügen*.

Wenn ein Mensch behauptete, er könnte die Tugend so sehr überspitzen, daß sie ihm kein Gefühl der Freude und des Vergnügens mehr ließe, so würde er unser Herz sicher nur abstoßen. Es ist nämlich so beschaffen, daß es sich nur dem Vergnügen erschließt; das Vergnügen allein vermag alle seine verborgenen Falten zu erfüllen und seine geheimsten Triebfedern in Bewegung zu setzen. Eine Tugend, die nicht vom Vergnügen begleitet wäre, könnte wohl unsere Achtung finden, nicht aber unsere Zuneigung. Ich muß gestehen, daß ein und dasselbe Vergnügen nicht für alle gleich ist: Die einen sind für das grobe Vergnügen, die anderen für das feine, die einen für das lebhafte, die anderen für das beständige, die einen für das der Sinne, die anderen für das des Geistes, die einen für das des Gefühls, die anderen für das des Nachdenkens; aber alle – ohne Ausnahme – sind für das Vergnügen [...] (Diderot.)

Kapuze – Capuchon (Kirchengeschichte): [...]
Die *Kapuze* gab einst den Anlaß zu einem großen Streit unter den Franziskanern. Der Orden wurde dadurch in zwei Parteien gespalten: die geistlichen Brüder und die Gemeindebrüder. Die einen wünschten sich eine enge *Kapuze*, die anderen eine weite. Der Streit wurde über ein Jahrhundert lang mit viel Hitzigkeit und Erbitterung geführt und mit Mühe und Not erst durch die Bullen der vier Päpste Nikolaus IV., Clemens V., Johannes XXII. und Benedikt XII. beendet. Die frommen Brüder dieses Ordens gedenken jetzt jenes Streites nur noch mit größter Verachtung. Wenn aber heute irgend jemand auf den Gedanken käme, den Scotismus so abzufertigen, wie er es verdient, obwohl die Flausen des spitzfindigen Doktor Scotus ein weniger bedeutender Gegenstand sind als die Kopfbedeckung seiner Schüler, dann hätte, ich zweifle nicht daran, der Angreifer einen sehr heftigen Strauß auszutragen und dabei viele Beleidigungen einzustecken.
Doch ein Franziskaner könnte, wenn er von gesundem Verstand wäre, mit Recht zu den anderen sagen: »Mir scheint, liebe Brüder, wir machen zuviel Lärm um nichts; die Beleidigungen, die uns entschlüpfen, ändern nichts an der Rechthaberei des Scotus. Wenn wir abwarteten, bis die vernünftige Philosophie, deren Licht sich überall verbreitet, etwas tiefer in unsere Klöster eingedrungen wäre, so würden wir die Phantasien unseres Doktors vielleicht ebenso lächerlich finden wie den Starrsinn unserer Vorgänger im Hinblick auf das Ausmaß unserer *Kapuze*.« Siehe auch die Artikel *Franziskaner* und *Scotismus*. (Diderot.)

Fastenzeit – Carême (Kirchengeschichte): […]
Die Disziplin der Kirche hat sich im Hinblick auf die strenge Einhaltung der Fastengebote unmerklich gelockert. In der ersten Zeit bestand das Fasten in der Kirche des Abendlandes darin, sich des Fleischs, der Eier, der Milchspeisen und des Weins zu enthalten und nur abends ein Mahl zu sich zu nehmen. Da aber einige verlangten, Geflügel sollte kein verbotenes Gericht sein, weil in der Genesis geschrieben stünde, daß die Vögel sowie die Fische aus Wasser geschaffen seien, so erlaubten sie sich, Geflügel zu essen; aber man unterdrückte diesen Mißbrauch. In der Kirche des Morgenlandes sind die Fastengebote immer sehr streng gewesen; die meisten lebten damals nur von Brot und Wasser sowie von Gemüse. Vor dem Jahr 800 hatte man schon weitgehende Zugeständnisse im Hinblick auf den Genuß von Wein, Eiern und Milchspeisen gemacht. Zuerst bestand das Fasten darin, nur einmal am Tage, abends nach der Vesper, ein Mahl zu sich zu nehmen – was in der lateinischen Kirche bis zum Jahre 1200 eingehalten wurde. Die Griechen speisten mittags und nahmen vom sechsten Jahrhundert an auch abends einen kleinen Imbiß aus Gemüse und Früchten zu sich. Die Lateiner begannen im dreizehnten Jahrhundert Eingemachtes zur Stärkung des Magens zu essen und gönnten sich später auch abends eine *collatio*, einen kleinen Imbiß. Das Wort *collatio* wurde von den Mönchen entlehnt, die nach dem Abendbrot zur *collatio* gingen, das heißt zur Vorlesung von Texten der heiligen Väter, die im Lateinischen *collationes* hießen. Hierauf durften sie an den Fastentagen Wasser oder auch ein wenig Wein trinken, und diese kleine Erfrischung hieß ebenfalls *collatio*. Das Mittagessen fand aber an Fastentagen nicht Punkt zwölf Uhr statt. Der erste Schritt zur Veränderung bestand darin, das Abendessen auf die Stunde der None vorzuverlegen, das heißt auf drei Uhr nachmittags. Man sagte damals None, später Messe, schließlich Vesper; danach ging man essen. Um das Jahr 1500 verlegte man die Vesper auf die Mittagsstunde, und man glaubte die vorgeschriebene Enthaltsamkeit zu beachten, wenn man sich während der vierzigtägigen Fastenzeit des Fleisches enthielt und sich auf zwei Imbisse beschränkte: einen kräftigeren und einen leichteren gegen Abend. Man verband mit der *Fastenzeit* auch Enthaltsamkeit sowie den Verzicht auf Spiele, Zerstreuungen und Prozesse. Während der *Fastenzeit* ist es nicht erlaubt, ohne Dispens

zu heiraten. Thomassin, *Historische und dogmatische Abhandlung über die Fastengebote*. (Mallet.)

Cartesianismus – Cartésianisme: Philosophie des Descartes, so genannt nach Cartesius, dem lateinischen Namen ihres Begründers [...]

Obwohl Galilei, Torricelli, Pascal und Boyle eigentlich die Väter der modernen Physik sind, ist Descartes wegen seiner Kühnheit und wegen des wohlverdienten Aufsehens, das seine Philosophie erregt hat, vielleicht unter allen Gelehrten des vergangenen Jahrhunderts der, dem wir am meisten zu verdanken haben. Bis zu ihm blieb die Erforschung der Natur gleichsam in der allgemeinen Gepflogenheit der damaligen Schulen befangen, sich bei allem an den Peripatetismus zu halten. Descartes, reich an Genie und Scharfsinn, empfand die Hohlheit der älteren Philosophie; er zeigte sie der Öffentlichkeit in ihren tatsächlichen Farben und gab die angeblichen Kenntnisse, die sie versprach, einer so deutlichen Lächerlichkeit preis, daß er alle Geister geneigt machte, einen besseren Weg zu suchen. Er erbot sich, den anderen als Führer zu dienen, und da er eine Methode anwendete, deren sich jeder fähig fühlte, erwachte überall die Wißbegierde. Das ist der erste Vorteil, den uns die Philosophie von Descartes verschafft hat. Der Geschmack an ihr verbreitete sich bald überall: Man rechnete sie sich am Hofe und in der Armee zur Ehre an. Die Nachbarnationen schienen Frankreich um die Fortschritte des *Cartesianismus* zu beneiden, so etwa wie die Erfolge der Spanier in den beiden Indien alle Europäer auf den Geschmack an neuen Niederlassungen brachten. Indem die französische Physik einen allgemeinen Wettstreit hervorrief, gab sie Anlaß zu weiteren Unternehmungen und vielleicht auch noch besseren Entdeckungen. Sogar der Newtonianismus ist eine Frucht dieser Entwicklung [...]

So ist die Methode von Descartes. So sind seine Versprechungen oder seine Hoffnungen. Sie sind zweifellos groß, und um richtig zu erkennen, wieviel sie wert sind, ist es gut, den Leser darauf aufmerksam zu machen, daß er gegenüber dem Verzicht auf jede sinnliche Erkenntnis – davon geht dieser Philosoph aus – nicht voreingenommen sein darf. Man ist zunächst versucht zu lachen, wenn man sieht, wie er zögert anzunehmen, daß ihn keine Welt, kein Raum, kein Körper umgebe; aber das ist ein metaphysischer Zweifel, der nichts Lächerliches und Gefährliches hat; und um ihn ernsthaft zu beurteilen, ist es gut, sich die Umstände, unter denen Descartes lebte, ins Gedächtnis zurückzurufen. Er war mit viel Genie zur Welt gekommen. In den Schulen herrschte damals ein sinnloses Geschwätz über die Wesenheiten, die substantiellen Formen und die anziehenden, abstoßenden, festhaltenden, verarbeitenden, austreibenden und andere nicht weniger lächerliche und unbekannte Eigenschaften vor, von denen dieser große Mann sich abgestoßen fühlte. Er hatte frühzeitig Geschmack an der Methode der Mathematiker gefunden, die von einer unbestreitbaren Wahrheit oder von einem angenommenen Punkt den Geist zu irgendeiner anderen unbekannten Wahrheit führen, dann von dieser zu einer weiteren und so fort. Ihm kam also der Gedanke, dieselbe Methode auf die Erforschung der Natur anzuwenden, und er nahm an, er könnte, wenn er von einigen einfachen Wahrheiten ausginge, zu den verborgensten Wahrheiten gelangen und die Physik oder die Entstehung aller Körper ebenso lehren, wie man die Geometrie lehrt.

Wir könnten unsere Fehler leicht erkennen, wenn wir bemerkten, daß die größten Männer auch solche gehabt haben. Die Philosophen hätten die Unfähigkeit zur Selbsterforschung, in der wir meistens beharren, wohl überwunden, wenn sie uns die Geschichte der Fortschritte ihres Geistes hinterlassen hätten. Descartes hat dies getan, und das ist einer der großen Vorteile seiner Methode. Anstatt die Scholastiker unmittelbar anzugreifen, stellt er die Phase dar, in der er in denselben Vorurteilen befangen war. Er verheimlicht auch nicht die Hindernisse, die er zu überwinden hatte, um sich von diesen Vorurteilen freizumachen; er gibt die Regeln seiner Methode an, die viel einfacher ist als irgendeine der vor ihm üblichen Methoden, läßt einen die Entdeckungen voraussahnen, die er gemacht zu haben glaubt, und bereitet so die Geister geschickt darauf vor, die neuen Anschauungen anzunehmen, die er darzulegen beabsichtigt. Allem Anschein nach hat dieses Verhalten viel zu der Umwälzung beigetragen, deren Urheber dieser Philosoph ist.

Die Methode der Mathematiker ist gut, aber hat sie wirklich eine so große Reichweite, wie sie ihr Descartes gab? Das scheint nicht der Fall zu sein. Wenn man in der Physik überhaupt mathematisch vorgehen kann, so nur in diesem oder jenem Teil und ohne Hoffnung, alles zu verbinden. Mit der Natur verhält es sich nicht wie mit den Maßen und Größenverhältnissen. Im Hinblick auf diese Verhältnisse hat Gott dem Menschen eine Intelligenz verliehen, die sehr weit zu gelangen vermag; denn er wollte ihn befähigen, ein Haus, ein Gewölbe, einen Damm und tausend andere Bauwerke zu errichten, bei denen es notwendig wäre, zu zählen und zu messen. Als Gott aus ihm einen Schöpfer machte, legte er in ihn die Prinzipien, die seine Unternehmungen zu lenken vermögen. Da er aber den Menschen dazu bestimmte, aus der Welt Nutzen zu ziehen, nicht aber sie zu erschaffen, begnügte er sich damit, ihn die nützlichen Eigenschaften durch die Empfindung und Erfahrung erkennen zu lassen; er hielt es nicht für zweckmäßig, ihm klaren Einblick in jenen riesigen Mechanismus zu gewähren.

Die Methode Descartes' hat noch einen Fehler; denn nach seiner Ansicht muß man zunächst die Dinge definieren und die Definitionen als Prinzipien ansehen, die geeignet sind, uns die Eigenschaften der Dinge entdecken zu lassen. Es scheint aber, daß man zunächst die Eigenschaften suchen muß; denn wenn die Begriffe, die wir zu erwerben vermögen, wie doch wohl auf der Hand liegt, nichts anderes sind als verschiedene Sammlungen von einfachen Ideen, die uns die Erfahrung unter gewissen Bezeichnungen zusammenstellen ließ, so ist es doch viel natürlicher, sie zu bilden, indem man die Ideen in derselben Reihenfolge sucht, in der die Erfahrung sie uns vermittelt, als mit den Definitionen anzufangen, um dann aus ihnen die verschiedenen Eigenschaften der Dinge abzuleiten. Descartes verachtete das Wissen, das durch die Sinne erworben wird, und da er sich ganz in intellektuelle Vorstellungen einzuschließen pflegte, die tatsächlich keine Realität mehr hatten und daher auch keinen Zusammenhang mehr haben konnten, so schritt er geistvoll von Irrtum zu Irrtum. Mit einer angeblich homogenen Materie, die nach zwei oder drei Regeln der Mechanik in Bewegung gesetzt worden und in Bewegung gehalten worden war, versuchte er, die Entstehung der Welt zu erklären. Er unternahm es besonders, mit vollkommener Evidenz zu beweisen, wie einige Teilchen des Speisesaftes oder des Blutes, die einer gemeinsamen Nahrung entstammen, folgerichtig eher das Gewebe und die Verflechtung und Verbindung der Gefäße des menschlichen

Körpers bilden müssen als die eines Tigers oder eines Fischs. Schließlich rühmte er sich, er hätte einen Weg entdeckt, der ihm so gut schiene, daß man unfehlbar die Wissenschaft der wahren Medizin entdecken müßte, verfolgte man ihn. Siehe auch den Artikel *Axiom* [...]

Das genügt wahrscheinlich, um die Nachteile dieses philosophischen Gebäudes erkennbar zu machen. Man kann mit Fontenelle das Jahrhundert beglückwünschen, das durch Descartes, den es uns geschenkt, eine neue Kunst vernünftigen Denkens zu Ehren gebracht und den anderen Wissenschaften die Exaktheit der Mathematik verliehen hat. Doch muß man nach Fontenelles scharfsinniger Bemerkung auch »den Nachteil jener übereilten philosophischen Gebäude erkennen, mit denen sich die Unrast des menschlichen Geistes allzu leicht abfindet und die sich, sobald sie einmal aufgestellt sind, den künftigen Wahrheiten widersetzen«.

Mit dieser Bemerkung verbindet Fontenelle einen recht heilsamen Rat, der darin besteht, daß wir, wie es die Akademien tun, Material sammeln sollten, das eines Tages dazu dienen könnte, die ganze Natur und ihre wunderbare Mannigfaltigkeit besser zu erklären, als es mit Hilfe einiger Gesetze der Mechanik möglich ist [...] (Abbé Pestré.)

Kasuist – Casuiste (Moral): Was ist ein *Kasuist?* Das ist ein Theologe, der sich durch ein langes Studium der Pflichten des Menschen und Christen in die Lage versetzt hat, die Zweifel zu beseitigen, welche die Gläubigen an ihrem vergangenen, gegenwärtigen und künftigen Verhalten haben können, vor Gott und vor den Menschen die Schwere der Fehler einzuschätzen, die sie begangen haben, und die gerechte Wiedergutmachung dieser Fehler festzulegen.

Daraus ist zu ersehen, daß die Aufgabe des *Kasuisten* durch die tiefe Einsicht, die sie voraussetzt, und durch die Natur ihres Gegenstandes zu den wichtigsten und gefährlichsten Aufgaben gehört. Der *Kasuist* hält sozusagen die Waage zwischen Gott und dem Geschöpf; er erklärt sich zum Hüter des heiligen Guts der Moral des Evangeliums; er nimmt den ewigen und unbeugsamen Gradmesser der menschlichen Handlungen in die Hand; er macht es sich zur Pflicht, ihn ohne Voreingenommenheit anzulegen, und wenn er seine Pflicht vergißt, so macht er sich schuldiger als einer, der der Bevölkerung lebensnotwendige weltliche Güter mit falschem Gewicht und falschem Maß verkauft.

Der *Kasuist* ist also seinem Stand und seinem Charakter nach eine bedeutende Persönlichkeit und in Israel ein Mann von Autorität, dessen Verhalten und Schriften also nicht streng genug geprüft werden können – das sind meine Grundsätze. Doch ich weiß nicht, ob man den vielsagenden und scharfen Spott Pascals und den vielleicht unbesonnenen Eifer gutheißen soll, mit dem andere, übrigens sehr geschickte und ehrenwerte Autoren, um die Mitte des vergangenen Jahrhunderts die lockere Moral einiger obskurer *Kasuisten* verfolgt haben. Sie bemerkten zweifellos nicht, daß die Prinzipien dieser *Kasuisten,* die zu einem Gesetzbuch zusammengestellt waren und in der Umgangssprache dargelegt wurden, die Leidenschaften schüren mußten, die immer geneigt sind, die schwächste Autorität herauszugreifen. Die Welt wußte nicht, daß man gewagt hatte, zu lehren, es sei zuweilen erlaubt, zu lügen, zu stehlen, zu verleumden und irgend jemanden umzubringen wegen eines Apfels. War es also notwendig, sie darüber zu unterrichten? Der Skandal, den die Verkündigung solcher Lehren in der Kirche erregte, bedeutete ein größeres Unglück als das, welches ein paar verstaubte Bücher, die in das Dunkel einiger Klosterbibliotheken verbannt waren, jemals hätten anrichten können.

Wer kannte denn Villalobos, Conninck, Llamas, Achozier, Dealkoser, Squilanti, Bizoteri, Tribarne, de Grassalis, de Pitigianis, Strevesdorf und so viele andere, die man ihren Namen und ihren Anschauungen nach für Algerier halten könnte? Wem waren ihre Prinzipien gefährlich? Etwa den Kindern, die nicht lesen können, den Bauern, Kaufleuten, Handwerkern und Frauen, die doch nicht die Sprache kennen, in der die meisten jener *Kasuisten* geschrieben haben, den Vornehmen, die kaum die Werke ihres Standes lesen, die das bißchen Latein, das sie sich in der Schule angeeignet haben, längst vergessen haben und denen die beständige Zerstreuung kaum Zeit läßt, einen Roman zu überfliegen, oder einer Handvoll Theologen, die über diese Fragen aufgeklärt sind und einen festen Standpunkt haben? Ich wünschte, ein guter *Kasuist* lehrte mich, wer am schuldigsten ist: der, dem ein absurder Satz entschlüpft, welcher keine schlimmen Folgen hätte, oder der, der ihn aufschnappt und verewigt. Aber darf ich nach meinem Protest gegen jegliches Verlangen nach einer Freiheit, die auf Kosten der Ruhe des Staates und der Religion verwirklicht würde, nicht fragen, ob das Vergessen, das ich soeben im Hinblick auf die obskuren Verderber der christlichen Moral vorgeschlagen habe, nicht auf jeden anderen gefährlichen Autor angewendet werden sollte, der in der Gelehrtensprache geschrieben hat? Mir scheint, daß man die *Kasuisten* entweder entschieden anerkennen oder entschieden ablehnen muß; denn warum sollten die einen mehr Beachtung verdienen als die anderen? Wären prinzipienlose *Kasuisten* denn weniger schädlich und erbärmlicher als überzeugte?

Aber, wird man einwenden, wäre es nicht besser, wenn es weder ungläubige noch schlechte *Kasuisten* gäbe und wenn die Schriften der einen wie der anderen weder in der Gelehrtensprache noch in der Umgangssprache erschienen? Nichts ist wahrer als dies, obwohl auch zu wünschen wäre, daß es keine Krankheiten und keine Schlechtigkeit unter den Menschen gäbe; aber es ist eine Notwendigkeit, daß es kranke und schlechte Menschen, ja sogar Krankheiten und Verbrechen gibt, welche durch die Heilmittel nur verschlimmert werden.

Und wer hat Ihnen gesagt, wird man fortfahren, daß es unter uns ebenso notwendig prinzipienlose und ungläubige *Kasuisten* wie schlechte und kranke Menschen gibt? Haben wir nicht Gesetze, die uns vor Ungläubigkeit und Prinzipienlosigkeit schützen können?

Ich maße mir nicht an, der kirchlichen und weltlichen Macht Grenzen zu setzen; niemand achtet die Macht der Gesetze, die gegen gefährliche Autoren erlassen wurden, höher als ich; aber ich weiß wohl auch, daß diese Gesetze schon lange vor den prinzipienlosen *Kasuisten* und ihren Apologeten bestanden haben und daß diese Gesetze sie nicht zu denken und zu schreiben gehindert haben.

Ich weiß auch, daß die weltlichen Gesetze durch einen aufsehenerregenden Prozeß erbärmliche Schriften hervorholen könnten aus dem tiefen Dunkel, in dem sie bleiben sollten, und daß sie bei der Verurteilung unbekannter *Kasuisten* mit den kirchlichen Gesetzen gerade das gemeinsam hätten, daß eine schädliche Anzeige solche *Kasuisten* nur zur Unzeit bekanntgemacht hätte.

Übrigens will ich hier weniger eine Meinung vertreten als eine Frage stellen. Es obliegt den weisen Richtern, denen die Gesetze anvertraut sind, und den erlauchten Prälaten, die für die Erhaltung des Glaubens und der Moral des Evangeliums sorgen, zu entscheiden, in welchen Fällen es besser ist, zu schweigen als zu strafen, und wo, um den Ausdruck eines berühmten Autors zu gebrauchen, die genauen Grenzen liegen, in denen man die Mißbräuche und Skandale halten muß. Siehe auch die Artikel *Fall, Aius locutius* und das *Journal de Trévoux* vom November 1751. (Diderot.)

Steinkohle – Charbon minéral (Naturgeschichte, Mineralogie): Das ist ein Brennstoff, der aus einer Mischung von Erde, Stein, Bitumen oder Erdpech und Schwefel besteht; er ist von tiefschwarzer Farbe und wird durch eine Anhäufung von dünnen Plättchen gebildet, die dicht aufeinanderliegen und deren Konsistenz, Eigenschaften, Wirkungen und Akzidenzien je nach den verschiedenen Orten, an denen er gewonnen wird, verschieden sind. Wenn dieser Stoff angezündet wird, so glüht er länger als irgendein anderer Brennstoff und erzeugt auch eine intensivere Wärme; denn die Wirkung des Feuers verwandelt ihn in Asche oder in eine poröse und schwammige Masse, die den Schlacken oder dem Bimsstein gleicht.

[...]

Wie immer es sich mit allen diesen Meinungen auch verhalten mag, es erscheint jedenfalls sehr wahrscheinlich, daß man der *Steinkohle* sowie den verschiedenen Arten des Bitumens, der Pechkohle und dem Bernstein einen pflanzlichen Ursprung zuschreiben muß, und es scheint auch, daß unter Berücksichtigung aller dieser Umstände nichts plausibler ist als diese Meinung. Die Adern und Flöze der *Steinkohle* sind gewöhnlich von einem blättrigen und schuppigen Gestein bedeckt, das dem Schiefer ähnlich ist und in dem man sehr häufig Abdrücke von Waldpflanzen, vor allem von Farnkraut und Frauenhaar, findet, zu denen es auf unserem Kontinent keine analogen Pflanzen gibt, wie man aus der vortrefflichen Denkschrift ersehen kann, die Jussieu über die Abdrücke veröffentlicht hat, die sich in bestimmten Gesteinsschichten in der Umgebung von Saint-Chaumont, Provinz Lyonnais, finden. Siehe die Denkschriften der

Königlichen Akademie zu Paris, Jahrgang 1718. Es kommt sehr häufig vor, daß man an den Plättchen, aus denen die *Steinkohle* zusammengesetzt ist, eine Struktur entdeckt, die vollkommen der Struktur der Holzschichten gleicht, und Stedler berichtet, man habe in Franken bei Grünburg eine Art *Steinkohle* gefunden, die wie das Holz aus parallel verlaufenden Fasern oder Strängen bestand. Derselbe Autor fügt hinzu, daß diese Steinkohle, wenn man sie zerbrach, an der Bruchstelle wie Erdpech glänzte [...]

Aber was noch überzeugender beweist, daß die *Steinkohle* ihren Ursprung dem Holz zu verdanken hat, ist das fossile Holz, das vor einigen Jahren in Deutschland in der Grafschaft Nassau gefunden wurde; denn es liegt auch unter der Erde und bildet dort eine Schicht, die in derselben Richtung verläuft wie die *Steinkohle*, das heißt schräg zur Kimmung. An der Oberfläche des Bodens stößt man auf echtes harziges Holz, das dem Guajakholz gleicht und gewiß nicht von unserem Kontinent stammt. Je tiefer man gräbt, desto mehr findet man von diesem zerfallenen, das heißt morschen, blättrigen und erdhaltigen Holz. Geht man noch tiefer, so findet man schließlich echte *Steinkohle*.

Man darf also annehmen, daß durch Umwälzungen, die unsere Erde in der Urzeit erfahren hat, ganze Nadelwälder verschlungen und im Innern der Erde begraben wurden, wo sich das Holz, nachdem es einen Zerfallsprozeß durchgemacht hatte, im Laufe mehrerer Jahrhunderte nach und nach in einen Schlamm oder in ein Gestein verwandelte, das von der Harzmasse durchdrungen war, die das Holz selbst vor seinem Zerfall erhielt.
[...] (D'Holbach.)

Gezinkt – Chargé (Spiel): So wird von den Würfeln gesagt, bei denen man eine der Seiten schwerer gemacht hat als die anderen; es ist ein Betrug, der darauf abzielt, nach Belieben eine niedrige oder eine hohe Zahl würfeln zu können. Man *zinkt* die Würfel, indem man die Vertiefungen mit irgendeinem Stoff füllt, der bei gleichem Volumen schwerer ist als die Menge Elfenbein, die man entfernt hat, um sie zu kennzeichnen. Man *zinkt* sie auch in einer noch raffinierteren Weise, nämlich dadurch, daß man den Schwerpunkt außerhalb des Mittelpunktes der Masse verlegt – was möglich ist, ja sogar sehr oft gegen die Absicht des

Drechslers und der Spieler geschieht, wenn das Material der Würfel keine einheitliche Konsistenz besitzt. Natürlich bleibt der Würfel dann häufiger auf der Seite liegen, von welcher der Schwerpunkt am wenigsten weit entfernt ist. *Beispiel:* Wenn ein Würfel aus einem Elfenbeinzahn so herausgeschnitten wurde, daß eine seiner Seiten aus dem unmittelbar an die Hohlrundung des Zahnes grenzenden Elfenbein bestand und folglich die entgegengesetzte Seite aus dem massiven äußeren Ende des Zahnes herausgearbeitet wurde, so ist es klar, daß diese Stelle kompakter sein muß als die entgegengesetzte und daß der Würfel auf ganz natürliche Weise *gezinkt* ist. Man kann also, ohne auf Betrug auszusein, die Würfel beim Tricktrack und bei jedem anderen Würfelspiel studieren. Die kleine Gewichtsdifferenz, die in allen Richtungen oder, genauer gesagt, zwischen dem Schwerpunkt und dem Mittelpunkt der Masse besteht, läßt sich im Laufe der Zeit feststellen und verschafft dem, der sie kennt, einen gewissen Vorteil. Nun ist aber der geringste Vorteil, dessen einer der Spieler unter Ausschluß der anderen sicher ist, bei einem Glücksspiel fast der einzige, der ihm bleibt, wenn das Spiel lange dauert. (Diderot.)

China – La Chine (Geographie): großes Kaiserreich in Asien, das im Norden von der Tatarei, von der es durch eine vierhundert Meilen lange Mauer getrennt ist, im Osten vom Meer, im Westen von hohen Bergen und von Wüsten und im Süden vom Ozean und von den Königreichen Tongking, Laos und Kotschinchina begrenzt ist.
China ist ungefähr siebenhundertfünfzig Meilen lang und fünfhundert Meilen breit. Es ist das am dichtesten bevölkerte und am besten bebaute Land, das es in der Welt gibt; es wird von mehreren großen Flüssen bewässert und von unzähligen Kanälen durchschnitten, die man dort anlegt, um den Handel zu erleichtern. Der bedeutendste ist derjenige, den man den *Königskanal* nennt und der ganz *China* durchquert. Die Chinesen sind sehr fleißig; sie lieben die Künste, die Wissenschaften und den Handel. Der Gebrauch des Papiers, des Buchdrucks, des Schießpulvers war dort schon sehr lange bekannt, ehe man in Europa daran dachte. Dieses Land wird von einem Kaiser regiert, der zugleich das Oberhaupt der Religion ist und unter dessen Be-

fehlsgewalt Mandarine stehen, die die großen Herren des Landes sind; denn sie haben das Recht, ihn auf seine Fehler hinzuweisen. Die Regierung ist sehr mild. Die Bewohner dieses Landes sind Götzendiener: Sie nehmen so viele Frauen, wie sie wollen. Siehe ihre Philosophie in dem Artikel *Philosophie der Chinesen.* Der Handel *Chinas* umfaßt Reis, Seide, alle möglichen Stoffe usw. (Diderot [?].)

Chemie – Chymie ou Chimie (Enzyklopädische Ordnung: Verstand, Vernunft, Philosophie oder Wissenschaft, Naturwissenschaft, Physik, allgemeine Physik, besondere Physik der großen und der kleinen Körper, Physik der kleinen Körper oder Chemie): Die *Chemie* wird bei uns wenig gepflegt; diese Wissenschaft ist sogar unter den Gelehrten nur in sehr geringem Maße verbreitet, obwohl der heute herrschende Geschmack Anspruch auf Universalbildung erhebt. Die Chemiker bilden noch ein Völkchen für sich, das sehr klein ist, seine eigene Sprache, seine Gesetze, seine Geheimnisse hat und fast isoliert inmitten eines großen Volkes lebt, das kaum nach seinem Treiben fragt und von seinem Fleiß fast nichts erwartet. Diese wirkliche oder vorgetäuschte »Sorglosigkeit« ist immer unphilosophisch, da sie bestenfalls auf einem aufs Geratewohl gefaßten Urteil beruht; denn es ist zumindest möglich, daß man sich täuscht, wenn man über Gegenstände urteilt, die man nur oberflächlich kennt. Da es aber schon vorgekommen ist, daß man sich über das Wesen und die Bedeutung der chemischen Erkenntnisse getäuscht und sogar mehr als ein Vorurteil gegen sie gefaßt hat, so ist es keine einfache, leicht zu erörternde Sache, in unanfechtbarer und präziser Weise zu bestimmen, was die *Chemie* ist.
Zunächst unterscheiden die Personen, die am wenigsten informiert sind, den Chemiker nicht vom Alchimisten; diese beiden Namen klingen ihnen gleich übel in den Ohren. Dieses Vorurteil hat die Fortschritte, zumindest die Verbreitung dieser Kunst, mehr beeinträchtigt als die schwersten Beschuldigungen, die aus dem Inhalt der Sache selbst abgeleitet wurden, weil man die Lächerlichkeit mehr fürchtete als den Irrtum.
Unter diesen schlecht informierten Personen gibt es solche, für die der Besitz eines Laboratoriums, die Herstellung von wohlriechenden Essenzen, Phosphor, Farben, Emaille, die Kenntnis des

Hauptinhalts des Handbuches der *Chemie* und der sonderbarsten, am wenigsten geläufigen Verfahren, mit einem Wort, die Beschäftigung mit irgendwelchen Machenschaften und der Besitz von Geheimnissen für den Chemiker bezeichnend sind.

Andere, die weitaus zahlreicher sind, beschränken ihre Idee von der *Chemie* auf deren medizinische Zwecke: Das sind die, welche angesichts des Produktes eines chemischen Prozesses fragen, wovon es jemanden zu heilen vermag. Sie kennen die *Chemie* nur von den Heilmitteln her, die ihr die praktische Medizin zu verdanken hat, und von den Hypothesen, die sie der theoretischen Schulmedizin geliefert hat.

Die so häufig wiederholten Vorwürfe, die Grundbestandteile der Körper, die von den Chemikern bestimmt werden, seien sehr komplizierte Dinge, die Ergebnisse ihrer Analysen seien Geschöpfe des Feuers, das erste Agens der Chemiker zerstöre die Stoffe, auf die man es einwirken läßt, und vermenge die Grundbestandteile ihrer Zusammensetzung, *ignis mutat res* [1]: Diese Vorwürfe, so behaupte ich, haben keine andere Quelle als die Mißverständnisse, von denen ich soeben gesprochen habe, obwohl sie die Kenntnis der chemischen Lehre und der chemischen Fakten vorauszusetzen scheinen.

Man kann ganz allgemein behaupten, daß die Werke der Chemiker, die ihr Fach beherrschen, fast völlig unbekannt sind. Welcher Physiker nennt schon die Namen Becher und Stahl?

Die chemischen Werke (oder richtiger gesagt: die Werke über chemische Fragen) von Gelehrten, die auf anderen Gebieten berühmt sind, sind weitaus bekannter. So sind zum Beispiel die Abhandlung über die Gärung von Jean Bernouilli und das gelehrte Sammelwerk des berühmten Boerhaave über das Feuer wohlbekannt und werden häufig zitiert und gelobt, während die hervorragenden Ansichten und einzigartigen Schriften, die Stahl über diese beiden Fragen veröffentlicht hat, nur für wenige Chemiker existieren.

Was man über *Chemie* bei den eigentlichen Physikern findet – denn man findet bei einigen sogar allgemeine Systeme und Grundprinzipien der Lehre –, all das, was von der Chemie am weitesten verbreitet ist, hat, wie ich meine, den großen Mangel, daß es weder im einzelnen erörtert noch durch den Vergleich

---

[1] Das Feuer verändert die Dinge.

der Tatsachen bestätigt worden ist. Was Boyle, Newton, Keill, Freind, Boerhaave und andere über diese Materie geschrieben haben, trägt ganz offensichtlich den Stempel einer solchen Unerfahrenheit. Man darf also nicht versuchen, sich mit Hilfe der letzteren eine Vorstellung von der *Chemie* zu bilden.

Man könnte sie vielmehr aus den Werken einiger älterer Chemiker gewinnen; denn diese sind reich an Fakten und wahrhaft chemischen Kenntnissen; sie sind von wirklichen Chemikern. Aber ihre Unklarheit ist fürwahr erschreckend, und ihr Enthusiasmus vereitelt die weise und ernsthafte Handhabung der Philosophie. So ist es zumindest sehr schwer, die vernünftige *Chemie* in der ureigensten Kunst, der heiligen und göttlichen, mit der Natur rivalisierenden und sie sogar reformierenden Kunst der ersten Väter unserer Wissenschaft zu erblicken.

Seitdem die *Chemie* die spezielle Form einer Wissenschaft angenommen hat, das heißt, seitdem sie die herrschenden physikalischen Systeme übernommen hat und Schritt für Schritt zur cartesischen, korpuskularen, Newtonschen, akademischen und experimentellen *Chemie* geworden ist, haben uns verschiedene Chemiker von ihr Ideen vermittelt, die klarer und verständlicher sind, weil sie sich von der üblichen Logik der Wissenschaft leiten lassen: Sie haben den Charakter jener Ideen angenommen, die als erste verbreitet worden waren. Aber haben diese Chemiker nicht des Guten zuviel getan, um sich der Physik anzunähern? Hätten sie nicht mehr darauf bedacht sein sollen, ihre Eigenart und Selbständigkeit zu bewahren? Hatten sie nicht ein besonderes Recht auf diese Freiheit, ein Recht, das durch den Besitz und sogar durch die Art ihres Gegenstandes erworben und gerechtfertigt wird? Unterscheiden sich die Kühnheit (man hat sogar gesagt, der Wahnsinn) und der Enthusiasmus der Chemiker wirklich vom schöpferischen Genie des systematischen Geistes? Und muß man diesen systematischen Geist für immer verbannen, weil sein verfrühter Aufschwung in weniger glücklichen Zeiten zu Irrtümern geführt hat und weil er, als man sich so weit erhob, auf einen Irrweg geraten ist? Bedeutet denn sich erheben notwendigerweise sich verirren? Sollte die Herrschaft des Genies, die wieder herbeizuführen die großen Männer unserer Zeit den Mut haben, nur durch eine verhängnisvolle Umwälzung wiederhergestellt werden können?

Wie dem auch sei, der Geschmack unseres Jahrhunderts, der

Sinn für das Detail, der langsame, vorsichtige, zaghafte Fortschritt der physikalischen Wissenschaften hat sich sogar in unseren Elementarbüchern, den Grundlagen unserer Lehren, unbedingt durchgesetzt. Diese Bücher sind nichts Besseres – zumindest möchten ihre Verfasser sie für nichts Besseres ausgeben – als vernünftig angeordnete Sammlungen sorgfältig ausgewählter und genau nachgeprüfter Fakten, einleuchtender, vernünftiger und zuweilen auch neuartiger Erklärungen und nützlicher Verbesserungen der Verfahrensweisen. Jeder Teil dieser Werke kann vollkommen, zumindest aber exakt sein; aber die Verflechtung, der Zusammenhang, das System und vor allem das, was ich einen »Ausgangspunkt« nennen möchte, von dem aus die *Chemie zu* neuen Gegenständen fortschreiten, die anderen Wissenschaften erhellen, kurz, sich erweitern könnte – diese Verflechtung, sage ich, dieses System, dieser Ausgangspunkt fehlen.

Der mittelmäßige Charakter dieser kleinen Abhandlungen führt dazu, daß man die Chemiker, abgesehen von vielen anderen falschen Aspekten, als bloße Handlanger oder höchstens als Experimentatoren betrachtet. Und man kommt nicht einmal auf den Gedanken, zu vermuten, daß eine wahrhaft philosophische *Chemie*, eine vernünftige, tiefgründige, transzendente *Chemie* existiert oder existieren könnte und daß es Chemiker geben könnte, die über die rein sinnlichen Gegenstände hinauszublicken wagen, die nach Verfahren einer höheren Stufe streben und auf ihrem Gebiet, ohne die Grenzen ihrer Kunst zu überschreiten, den Weg der großen Physik vorgezeichnet sehen. [...] (Venel.)

Staatsbürger – Citoyen (Alte und neue Geschichte, öffentliches Recht): Das ist derjenige, der Mitglied einer freien Gemeinschaft von mehreren Familien ist, die Rechte dieser Gemeinschaft teilt und ihre Freiheiten genießt. Siehe auch die Artikel *Gemeinschaft, Gemeinwesen, Freiheit, Freiheiten*. Derjenige, der wegen irgendeiner Angelegenheit seinen Wohnsitz in einer solchen Gemeinschaft hat und sie nach der Erledigung seiner Angelegenheit verlassen muß, ist kein Angehöriger dieser Gemeinschaft, kein *Staatsbürger;* er ist nur ein vorübergehendes Mitglied. Wer in ihr seinen gewöhnlichen Wohnsitz, aber kei-

nen Anteil an ihren Rechten und Freiheiten hat, ist ebensowenig ein *Staatsbürger*. Wer dieser Rechte und Freiheiten beraubt worden ist, hat aufgehört, *Staatsbürger* zu sein. Man erkennt diese Bezeichnung den Frauen, den Kindern, den Dienern nur als Mitgliedern der Familie eines eigentlichen *Staatsbürgers* zu, aber im wahren Sinne des Wortes sind sie keine *Staatsbürger*.
[...]
Hobbes macht keinen Unterschied zwischen dem Untertanen und dem *Staatsbürger* – was richtig ist, wenn man den Begriff *Untertan* in seiner engsten Bedeutung und den Begriff *Staatsbürger* in seiner weitesten Bedeutung nimmt und bedenkt, daß dieser sich nur auf die Gesetze, jener dagegen auf einen Herrscher bezieht. Sie unterstehen beide einer Herrschaft, aber der eine der eines moralischen Wesens und der andere der einer physischen Person. Die Bezeichnung *Staatsbürger* kommt weder denen zu, die unter einem Joch leben, noch denen, die vereinzelt leben – woraus folgt, daß diejenigen, die ganz und gar im Naturzustand leben, wie die Herrscher, und die, welche diesen Zustand völlig aufgegeben haben, wie die Sklaven, nicht als *Staatsbürger* angesehen werden können; es sei denn, man behaupte, daß es überhaupt keine vernünftige Gemeinschaft gebe, in der es auch kein unveränderliches moralisches Wesen gebe, das über der souveränen physischen Person steht. Pufendorf, der diese Ausnahme nicht berücksichtigt, hat sein Werk über die Pflichten in zwei Teile eingeteilt: den von den Pflichten des Menschen und den von den Pflichten des *Staatsbürgers*.
[...]
Indem Pufendorf den Namen *Staatsbürger* auf diejenigen beschränkt, die durch einen ersten Zusammenschluß der Familien den Staat gegründet haben, sowie auf ihre Nachkommen vom Vater zum Sohn, führt er in leichtfertiger Weise einen Unterschied ein, der in seinem Werk wenig Licht verbreitet und der große Unordnung in eine bürgerliche Gesellschaft bringen kann, da er infolge eines mißverstandenen Adelsbegriffs die ursprünglichen *Staatsbürger* von den naturalisierten unterscheidet. Die *Staatsbürger* sind in ihrer Eigenschaft als *Staatsbürger*, das heißt in ihren Gemeinschaften, alle gleichermaßen adlig, denn der Adel leitet sich nicht von den Ahnen her, sondern von dem gemeinsamen Recht auf die höchsten Würden der Magistratur.

Da das souveräne moralische Wesen in bezug auf den *Staatsbürger* das ist, was die despotische physische Person in bezug auf den Untertanen ist, und da auch der vollkommenste Sklave nicht sein ganzes Wesen auf seinen Herrscher überträgt, kommen dem *Staatsbürger* um so mehr Rechte zu, die er sich vorbehält und die er niemals aufgibt. Es gibt Fälle, in denen er zwar nicht auf derselben Stufe mit seinen Mitbürgern steht, wohl aber mit dem moralischen Wesen, das über sie alle gebietet. Dieses Wesen hat zwei Merkmale, ein privates und ein öffentliches: Das eine darf auf keinen Widerstand stoßen; das andere kann auf Widerstand von der Seite einzelner Menschen stoßen und in diesem Streit sogar unterliegen. Da dieses moralische Wesen Landgüter, Verpflichtungen, Pachthöfe, Pächter usw. hat, muß man in ihm sozusagen den Souverän und das Subjekt der Souveränität unterscheiden. Es ist in diesen Fällen zugleich Richter und Partei. Das ist zweifellos ein Nachteil; aber es gehört im allgemeinen zu jeder Regierung und zeugt nur durch seine Seltenheit oder durch seine Häufigkeit, nicht aber an sich für oder gegen sie. Es steht fest, daß die Untertanen oder *Staatsbürger* um so weniger Ungerechtigkeiten ausgesetzt sind, je seltener das souveräne physische oder moralische Wesen zugleich Richter und Partei in den Fällen ist, in denen es als einzelnes Wesen angegriffen wird.

In Zeiten der Unruhe wird sich der *Staatsbürger* der Partei anschließen, die für die bestehende Gesellschaftsordnung ist; bei Auflösung der Gesellschaftsordnung wird er der Partei seines Gemeinwesens folgen, falls sie einig ist; und wenn eine Spaltung im Gemeinwesen eintritt, wird er sich der Partei anschließen, die für die Gleichheit ihrer Mitglieder und die Freiheit aller ist.

Je näher die *Staatsbürger* der Gleichheit der Ansprüche und der Gleichheit der Vermögen kommen, desto ruhiger wird der Staat sein; denn dieser Vorteil scheint unter Ausschluß aller anderen Regierungsformen ein Vorteil der reinen Demokratie zu sein; aber auch in der vollkommensten Demokratie ist die völlige Gleichheit der Mitglieder ein Hirngespinst, und das ist vielleicht die Hauptursache für die Auflösung dieser Regierungsform, wenn man nicht alle Ungerechtigkeiten des Ostrazismus beseitigt. Mit einer Regierungsform verhält es sich im allgemeinen wie mit dem animalischen Leben: Jeder Schritt des Lebens ist ein Schritt zum Tod. Die beste Regierungsform ist nicht etwa die unsterbliche, sondern diejenige, die am längsten dauert und am friedlichsten ist. (Diderot.)

Gesittung, Höflichkeit, Leutseligkeit – Civilité, Politesse, Affabilité (Grammatik und Moral) sind Synonyme. Sie bezeichnen anständige Verhaltensweisen im Umgang mit anderen Menschen in der Gesellschaft; aber von *Leutseligkeit,* die in jener Andeutung von Wohlwollen besteht, mit der ein Vorgesetzter seinen Untergebenen empfängt, spricht man selten unter seinesgleichen und niemals, wenn sich der Untergebene an den Vorgesetzten wendet. Bei den Großen ist sie oft nur eine künstliche Tugend, die ihren ehrgeizigen Plänen dient, eine Niedrigkeit der Seele, die sich Kreaturen zu verschaffen sucht (denn das ist ein Zeichen von Niedrigkeit). Ich weiß nicht, warum das Wort *Leutseligkeit* dem Herrn Patru nicht gefallen hat; es wäre schade, wenn man es aus unserer Sprache verbannte, denn es ist das einzige Wort, um das auszudrücken, was man sonst nur durch eine Umschreibung ausdrücken kann.
Gesittung und *Höflichkeit* sind eine gewisse Schicklichkeit in den Umgangsformen und in der Ausdrucksweise, die darauf abzielen, zu gefallen und die Rücksichten auszudrücken, die man einander schuldig ist.
Wenn sie auch nicht notwendig vom Herzen ausgehen, so erwecken sie doch diesen Anschein und lassen den Menschen äußerlich so erscheinen, wie er innerlich sein sollte. Das heißt, sagt Bruyère, eine gewisse Zuvorkommenheit zeigen, damit auf Grund unserer Worte und unserer Umgangsformen die anderen mit uns zufrieden seien.
Von *Gesittung* spricht man nicht so häufig wie von *Höflichkeit,* und letztere ist nur ein Teil der ersteren: Es besteht eine Art Furcht, als ungeschliffener Mensch angesehen zu werden, wenn man es daran fehlen ließe; sie ist ein Schritt, damit man als höflich eingeschätzt wird. Deshalb scheint die *Höflichkeit* in diesem Gebrauch des Wortes den Höflingen und den Standespersonen vorbehalten zu sein, die *Gesittung* aber den Personen von niedrigem Stand, das heißt der Mehrzahl der Bürger.
[…] (Jaucourt.)

Kobalt – Cobalt, Cobolt ou Kobold (Naturgeschichte, Mineralogie und Chemie): im Lateinischen *cobaltum, cadmia fossilis pro coeruleo, cadmia metallica* usw. Das ist ein Halbmetall von grauer Farbe, die ins Gelbliche spielt; es scheint aus einer Anhäufung kleiner Plättchen zu bestehen. Äußerlich hat es sehr große Ähnlichkeit mit dem Wismut; aber besonders charakteristisch für dieses Halbmetall ist seine Eigenschaft, der Glasmasse, wenn man es mit ihr zusammen schmilzt, eine blaue Farbe zu verleihen.
[...]
Es gibt *Kobaltgruben* an verschiedenen Orten Europas; aber die ergiebigsten und besten sind die von Schneeberg in der Markgrafschaft Meißen. Das *Kobalt* kommt dort gewöhnlich zusammen mit Wismut vor. Es findet sich auch in Böhmen, im Joachimstal, im Harz, im Herzogtum Württemberg, in den Pyrenäen, in der Grafschaft Somerset in England, im Elsaß usw. Es scheint, daß die Chinesen, vor allem aber die Japaner, auch *Kobaltgruben* haben, denn das so hochgeschätzte blaue Porzellan kam früher aus ihren Ländern; aber man darf wohl annehmen, da ihre Gruben erschöpft sind, oder zumindest, daß das *Kobalt*, das sie gegenwärtig verarbeiten, von geringer Qualität ist, da das Blau ihres modernen Porzellans nicht mehr schön ist.
Die Ausbeutung der *Kobaltgruben* ist gefährlich; denn es entwickeln sich in ihnen sehr häufig arsenhaltige Dämpfe, welche die Menschen, die in ihnen arbeiten, zugrunde gehen lassen; außerdem werden deren Füße und Hände von diesem Erz, das ätzend wirkt, oft zerfressen.
Die deutschen Bergleute bezeichnen mit dem Namen *Kobalt* auch ein Wesen, das nur in ihrer Einbildung existiert; sie wollen damit ein Phantom oder einen unterirdischen bösen Geist kennzeichnen, dem sie die Gestalt eines kleinen Zwergs zuschreiben. Wenn dieser vermeintliche Gnom schlechter Laune ist, erwürgt er die Bergleute; aber wenn er gut gelaunt ist, läßt er sie die ergiebigsten Erzadern entdecken. (D'Holbach.)

Köpenick – Coepenick (Moderne Geographie): kleine deutsche Stadt an der Spree in der Mark Brandenburg.

Kolonie – Colonie (Alte und neue Geschichte, Handel): [...]
Die Entdeckung Amerikas gegen Ende des fünfzehnten Jahrhunderts hat die europäischen *Kolonien* vervielfacht und zeigt uns eine sechste Gattung von *Kolonien*.
Alle diese *Kolonien* unseres Kontinents haben zugleich den Handel und die Bodenbestellung zum Hauptzweck ihrer Gründung gemacht oder sich ihnen zugewandt, sobald es notwendig war, neue Gebiete zu erobern und ihre früheren Bewohner zu vertreiben, um sie durch andere zu ersetzen.
Da diese *Kolonien* nur zum Nutzen des Mutterlandes gegründet worden sind, so folgt daraus:
1. daß sie unter seiner unmittelbaren Oberhoheit und damit unter seinem Schutz stehen;
2. daß der Handel dort ausschließlich den Gründern zusteht.
Eine solche *Kolonie* erfüllt ihren Zweck um so besser, je mehr sie den Bodenertrag des Mutterlandes vermehrt, je größer die Zahl der Menschen ist, die sie ernährt, und je mehr sie zum Gewinn im Handel mit den anderen Nationen beiträgt. Diese drei Vorteile können nur unter besonderen Umständen zusammentreffen; aber der eine dieser drei Vorteile muß zumindest die anderen beiden bis zu einem gewissen Grade ausgleichen. Wenn der Ausgleich nicht vollständig ist oder wenn die *Kolonie* keinen der drei Vorteile bietet, so kann man feststellen, daß sie für das Mutterland schädlich ist und es schwächt.
So umfaßt der Gewinn aus dem Handel und aus der Bodenbestellung unserer *Kolonien* erstens den größten Ertrag, den der Absatz ihrer Erzeugnisse, abzüglich der Unkosten für den Anbau, den Grundbesitzern einbringt, zweitens das, was unsere Handwerker und unsere Seeleute, die für die *Kolonien* arbeiten, jeweils dafür erhalten; drittens all das, was sie für die Befriedigung unserer Bedürfnisse liefern; viertens den ganzen Überfluß, den sie uns für die Ausfuhr verschaffen.
Aus dieser Rechnung kann man mehrere Folgerungen ziehen:
Die erste ist, daß die *Kolonien* nicht mehr nützlich wären, wenn sie ohne das Mutterland auskommen könnten. So ist es ein aus der Natur der Sache selbst abgeleitetes Gesetz, daß man in einer Kolonie die Gewerbe und die Bodenbestellung gemäß den Bedürfnissen des Mutterlandes auf bestimmte Erzeugnisse beschränken muß.

Die zweite Folgerung lautet: Wenn die *Kolonie* Handel mit dem Ausland treibt oder wenn man in ihr ausländische Waren verbraucht, so ist der Erlös dieses Handels und dieser Waren ein Diebstahl am Mutterland, ein häufiger, aber nach den Gesetzen strafbarer Diebstahl, durch den die reale und relative Macht eines Staates um so viel verringert wird, wie das Ausland gewinnt.

Es heißt nicht, einen Anschlag auf die Freiheit dieses Handels zu verüben, wenn man ihn in diesem Falle einschränkt; denn jede Polizei, die aus Gleichgültigkeit einen solchen Handel duldet oder die gewissen Häfen die Möglichkeit läßt, das Grundprinzip der Errichtung der *Kolonien zu* verletzen, ist eine Polizei, die den Handel und den Reichtum einer Nation untergräbt.

Die dritte Folgerung ist, daß eine *Kolonie* um so nützlicher ist, je dichter sie bevölkert ist und je mehr ihre Ländereien bestellt sind.

Um mit Sicherheit dahin zu gelangen, muß die erste Niederlassung auf Kosten des Staates entstehen, der sie gründet, und die Aufteilung des Erbes unter die Kinder gleichmäßig sein; um durch die Aufteilung der Vermögen eine größere Besiedelung der *Kolonie zu* gewährleisten, muß die Konkurrenz im Handel vollständig entwickelt sein, weil dann der Ehrgeiz der Kaufleute den Bewohnern mehr Vorschüsse für ihre Bodenbestellung verschaffen wird, als das Monopolhandelsgesellschaften tun würden, die sowohl den Preis der Waren als auch den Termin der Zahlungen willkürlich festlegen können. Es ist auch notwendig, daß das Los der Bewohner als Entgelt für ihre Arbeit und ihre Treue ein erfreuliches ist; deshalb erheben die geschickten Nationen von ihren *Kolonien* höchstens die Unkosten für ihre Festungen und ihre Garnisonen; zuweilen begnügen sie sich auch mit dem allgemeinen Handelsgewinn.

Die Ausgaben eines Staates für seine *Kolonien* beschränken sich nicht auf die ersten Unkosten für ihre Gründung. Solche Unternehmen erfordern Beständigkeit, ja sogar Hartnäckigkeit, es sei denn, der Ehrgeiz der Nation ersetze sie durch außergewöhnliche Anstrengungen; aber die Beständigkeit hat zuverlässigere Wirkungen und solidere Prinzipien: So bedürfen die *Kolonien* bis zu dem Zeitpunkt, in dem die Macht des Handels ihnen eine gewisse Stabilität verliehen hat, je nach der Art ihrer Lage und ihres Bodens einer ununterbrochenen Förderung. Wenn man sie vernachlässigt, so setzt man sie, ganz abgesehen vom Verlust der ersten Vorschüsse und der Zeit, der Gefahr aus, zur Beute von Völkern mit mehr Ehrgeiz und Tatkraft zu werden.

Es hieße allerdings gegen den Zweck der *Kolonien* handeln, wenn man bei ihrer Gründung das Mutterland entvölkerte. Die einsichtigen Nationen schicken nach und nach ihren Überschuß an Menschen oder die, welche der Gesellschaft zur Last fallen, in die *Kolonien:* So besteht die wichtigste Frage einer ersten Besiedlung in der Zahl der Bewohner, die notwendig sind, um das besiedelte Gebiet gegen die Feinde zu verteidigen, die es angreifen könnten; die weitere Besiedlung dient der Erweiterung des Handels. Als ein Bevölkerungsüberschuß wäre die Menge der unnützen Menschen anzusehen, die sich in den *Kolonien* befänden, oder die Menge, die dem Mutterland fehlen würde. Es können also Umstände eintreten, unter denen es nützlich wäre, die Bürger des Mutterlandes daran zu hindern, dieses nach ihrem Belieben zu verlassen, um ganz allgemein in die *Kolonien* zu gehen oder nach einer bestimmten *Kolonie* auszuwandern.

Da die *Kolonien* in Amerika eine neue Form der Abhängigkeit und des Handels geschaffen hatten, war es notwendig gewesen, dort neue Gesetze zu erlassen. Die geschicktesten Gesetzgeber sahen ihr Hauptziel darin, die Besiedlung und die Bodenbestellung zu fördern; aber wenn beide eine gewisse Vollkommenheit erlangt haben, so kann es vorkommen, daß diese Gesetze dem Zweck der Gründung von *Kolonien*, nämlich dem Handel, entgegenwirken. In diesem Fall sind sie sogar ungerechtfertigt, da es doch der Handel ist, der sie durch seine Aktivität allen einigermaßen blühenden *Kolonien* gegeben hat. Es würde also zweckmäßig erscheinen, sie zu ändern oder auszutauschen, je weiter sie sich von ihrem Sinn entfernen. Wenn die Bodenbestellung mehr gefördert wurde als der Handel, so kam das auch dem Handel zugute; aber sobald die Gründe der Bevorzugung nicht mehr bestehen, muß das Gleichgewicht wiederhergestellt werden.

Wenn ein Staat mehrere *Kolonien* hat, die miteinander in Verbindung treten können, so besteht das wahre Geheimnis, Macht und Reichtum jeder einzelnen *Kolonie* zu vermehren, darin, einen regelmäßigen Handels- und Schiffsverkehr in ihnen einzurichten. Dieser besondere Handel hat dieselbe Macht und dieselben Vorteile wie der Binnenhandel eines Staates, vorausgesetzt, daß die Waren aus den *Kolonien* niemals von solcher Art

sind, daß sie mit den Waren des Mutterlandes in Konkurrenz treten können. Er vermehrt dessen Reichtum wirklich, da der Wohlstand der *Kolonien* ihm durch den Konsum, den er mit sich bringt, immer zugute kommt. Aus demselben Grund ist der rege Warenhandel, den sie für den eigenen Bedarf mit den fremden *Kolonien* treiben, vorteilhaft, wenn er in den rechtmäßigen Grenzen gehalten wird.
[…] (Véron de Forbonnais.)

Kolporteure – Colporteurs: Das waren früher unredliche Leute, die von Stadt zu Stadt zogen und Kupfer- und Zinngeschirr und andere ähnliche Waren verkauften und kauften, die man nur auf öffentlichen Märkten verkaufen darf. In diesem Sinne wird dieses Wort in den Verordnungen des fünfundzwanzigsten Regierungsjahres Heinrichs VIII., Kapitel 6, und auch in anderen Verordnungen des dreiunddreißigsten Regierungsjahres desselben Fürsten, Kapitel 4, gebraucht. So nennt man in Frankreich *Hausierer, umherziehende Lumpensammler, Altwarenhändler oder Trödler*.
Heute bezeichnen wir als *Kolporteure* Leute, die ihren Unterhalt damit verdienen, Waren wie Stoffe, Pomaden, Wäsche usw. in die Häuser zu bringen, oder Kleinhändler, die sie in den Straßen ausrufen; man nennt sie so, weil sie das, was sie zu verkaufen haben, in einem kleinen Korb oder Kasten, der an einem breiten Lederriemen oder Gurt von ihrem Halse hängt, herumtragen und zur Schau stellen.
So nennt man aber auch Leute, die ihren Lebensunterhalt damit verdienen, Bücher in die Häuser zu tragen oder in den Straßen Zeitungen zu verkaufen. Da diese Leute gewöhnlich mit verbotenen Büchern und Flugschriften handeln, hat ihr Stand in Paris die Aufmerksamkeit der Regierung auf sich gezogen: Ihre Zahl wird festgesetzt; ihre Namen müssen in der Königlichen Syndikatskammer des Buchhandels registriert werden. (Boucher d'Argis.)

Handel – Commerce: […]
Wir haben diese Tätigkeit als den inneren Warenverkehr eines Landes (oder seiner Kolonien), die Ausfuhr seines Überflusses

und die Einfuhr ausländischer Waren für den Verbrauch oder für die Wiederausfuhr definiert.

Diese Definition teilt den *Handel* naturgemäß in zwei Teile: den *Binnenhandel* und den *Außenhandel*. Ihre Prinzipien sind verschieden und können nicht ohne große Unordnung vermengt werden.

Der *Binnenhandel* ist derjenige, den die Mitglieder einer Gesellschaft untereinander treiben. Er steht im *allgemeinen Handel* an erster Stelle, da das Notwendige vor dem Überflüssigen kommt, das freilich nicht weniger geschätzt wird.

Diese innere Zirkulation beruht auf dem Konsum, den die Bürger von den Erzeugnissen ihrer Landwirtschaft und ihrer Industrie tätigen, deren erste Stütze er ist. Wir haben schon festgestellt, daß der reale Reichtum einer Nation seine höchste Stufe dann erreicht, wenn diese zur Befriedigung ihrer Bedürfnisse auf keine andere Nation angewiesen ist. Die Vorschriften, die infolgedessen in den verschiedenen Staaten erlassen werden, variieren entsprechend ihrem natürlichen Reichtum, und die Tüchtigkeit mehrerer Staaten hat durch die Industrie das wettgemacht, was ihnen die Natur versagt hat.

Der Wert des *Binnenhandels* entspricht genau der Summe der privaten Ausgaben jeden Bürgers, die dazu dienen, sich zu ernähren, eine Wohnung zu bezahlen, sich zu kleiden, sich Annehmlichkeiten zu verschaffen und seinen Luxus zu bestreiten. Von diesem Wert muß man aber alles abziehen, was an ausländischen Waren verbraucht wird, die ein wirklicher Verlust für die Nation sind, wenn der *Außenhandel* ihn nicht wiedergutmacht.

Die Bevölkerung ist die Seele dieser inneren Zirkulation, deren Vollkommenheit in dem Überfluß des Landes an Bodenerzeugnissen im Verhältnis zu ihrer Notwendigkeit besteht und deren Erhaltung von dem Gewinn abhängt, den diese Erzeugnisse ihrem Besitzer einbringen, und von der Förderung, die ihr der Staat zuteil werden läßt.

Solange man den Ländereien die größte und bestmögliche Pflege angedeihen läßt, kann der Verbrauch an Luxuswaren nicht zu groß sein, vorausgesetzt, daß sie Erzeugnisse des eigenen Landes oder seiner Kolonien sind.

Ihr Wert vergrößert die Summe der privaten Ausgaben und verteilt sich auf die verschiedenen Bürger, die sie verwenden.

Es ist gut, wenn es einem Volk an keiner Annehmlichkeit des Lebens fehlt, weil es dabei glücklicher ist. Es würde aufhören, glücklich zu sein, wenn diese Annehmlichkeiten und Bequemlichkeiten des Lebens seinen Reichtum erschöpften; es würde ihrer sogar bald beraubt werden, weil die wirklichen Bedürfnisse grausame und ungeduldige Gläubiger sind. Wenn aber die Bequemlichkeiten und der Luxus ein Produkt des eigenen Landes sind, dann ist ihre Annehmlichkeit von mehreren Vorteilen begleitet; ihr Reiz zieht die Fremden an, betört sie und verschafft dem Staat Waren für eine weitere Ausfuhr.

Es sei mir gestattet, dieses Prinzip auf die Wissenschaften, auf die Erzeugnisse des Geistes und auf die freien Künste auszudehnen: Man würdigt sie durchaus nicht herab, wenn man sie unter einem neuen Gesichtspunkt der Nützlichkeit betrachtet. Die Menschen bedürfen der Bildung und Unterhaltung. Jede Nation, die sich genötigt sieht, sich an eine andere Nation zu wenden, um sie sich zu verschaffen, wird durch diese Ausgabe ärmer, die ausschließlich der Nation zugute kommt, die sie liefert.

Die Kunst, die in den Augen der Vernunft am unbedeutendsten erscheint, und die alltäglichste Ware sind im *politischen Verkehr* sehr wesentliche Dinge. Philipp II., Besitzer der Bergwerke von Potosi, erließ während seiner Regierungszeit extra darum zwei Verordnungen, um die Einfuhr von Puppen, Glasperlen, Kämmen und Nadeln namentlich aus Frankreich zu verbieten.

Mögen die Moden und ihre Launen, wenn man will, auch die Frucht der Unbeständigkeit und des Leichtsinns eines Volkes sein, so ist es doch nicht weniger gewiß, daß es sich im Interesse seines *Handels* und des Warenverkehrs nicht vernünftiger verhalten könnte. Die Torheit ist ausschließlich auf Seiten jener Bürger, die sich den Launen der Mode unterwerfen, obgleich ihr Vermögen es ihnen verbietet; das wahrhaft Lächerliche liegt darin, sich über die Moden oder über den Prunk zu beklagen und doch nicht darauf zu verzichten.

Der Mißbrauch des Luxus ist indessen durchaus nicht unmöglich, und sein Übermaß würde zur Vernachlässigung der Felder und der dringend notwendigen Künste sowie zur Beschäftigung mit weniger nützlichen Arten des Anbaus und weniger nützlichen Künsten führen.

Der Gesetzgeber ist immer in der Lage, solche Maßlosigkeiten zu unterdrücken, indem er das Prinzip verbessert; er vermag immer das Gleichgewicht zwischen den verschiedenen Tätigkeiten seines Volkes aufrechtzuerhalten, den Teil, der Not leidet, durch Gerechtsame und Privilegien zu unterstützen und die Steuern auf den inländischen Verbrauch von Luxusartikeln abzuwälzen.

Dieser Teil des *Handels* ist den besonderen Gesetzen der politischen Körperschaft unterworfen; diese kann den Verbrauch von in- oder ausländischen Waren nach Belieben erlauben, einschränken oder verbieten, wenn sie es auf Grund ihres Interesses für zweckmäßig hält. Aus diesem Grunde unterliegen die Kolonien immer einem Einfuhrverbot.

Schließlich muß man sich immer wieder ins Gedächtnis zurückrufen, daß der *Binnenhandel* besonders geeignet ist, den realen Reichtum eines Landes zu erhalten.

Der *Außenhandel* ist der, den eine politische Gemeinschaft mit den anderen Nationen treibt: Er läuft auf dasselbe Ziel hinaus wie der *Binnenhandel*, eignet sich aber besonders dafür, relativen Reichtum zu schaffen. Wenn wir ein handeltreibendes Volk annehmen, das sehr reich an Waren ist, welche die anderen Völker nur in sehr geringem Maße beziehen wollen, dann ist es in der Tat der *Binnenhandel*, der die Bodenbestellung und die Industrie wohlweislich durch den Konsum des Volkes aufrechterhält; doch der *Außenhandel* bemüht sich nur, ihn zu begünstigen, ohne ihm die Gelegenheiten zur Vermehrung des relativen Reichtums des Staates zu opfern. Dieser äußere Teil des *Handels* ist so eng mit den politischen Interessen verbunden, daß er deren Wesen annimmt.

Die Fürsten sind gegenüber den anderen Fürsten immer in einer Zwangslage, und diejenigen, die ihren Untertanen eine große Ausfuhr ihrer Waren ermöglichen wollen, sind gezwungen, sich nach den Umständen, Prinzipien und Interessen der anderen handeltreibenden Völker, kurz, nach dem Geschmack und der Laune des Verbrauchers zu richten.

Die Aufgabe des *Außenhandels* besteht darin, die Bedürfnisse der anderen Völker zu befriedigen und dadurch Mittel zur Befriedigung der eigenen Bedürfnisse zu gewinnen. Seine Vollkommenheit besteht darin, soviel wie möglich und in der vorteilhaftesten Weise zu liefern. Seine Erhaltung hängt von der Art ab, wie er betrieben wird.

Die Erzeugnisse des Bodens und der Industrie sind, wie wir schon mehr als einmal bemerkt haben, die Grundlage für jeden *Handel*. Die fruchtbaren Länder haben bei der Ausfuhr notwendigerweise einen Vorteil gegenüber denen, deren Boden weniger fruchtbar ist. Je notwendiger und vollkommener die Waren sind, desto größer wird schließlich die Abhängigkeit des Auslands sein.

Eine dichte Besiedelung ist einer der Vorteile, der ein Volk in die Lage versetzt, die Bedürfnisse der anderen Völker in weitgehendem Maße zu befriedigen, und umgekehrt beschäftigt der *Außenhandel* alle Männer, die der *Binnenhandel* allein nicht hätte ernähren können.

Die Bevölkerungsdichte hängt von der Möglichkeit ab, welche die Bürger finden, sich durch die Arbeit einen anständigen Lebensunterhalt zu verdienen, und von ihrer Sicherheit. Wenn diese Arbeit für ihren Lebensunterhalt nicht ausreicht, so verschaffen sie sich ihn erfahrungsgemäß in anderen Staaten. Wenn außergewöhnliche Umstände eine solche Erwerbslosigkeit verursacht haben, dann sorgt der Gesetzgeber dafür, deren Auswirkungen zu verhindern: Er ernährt seine Arbeiter oder verschafft ihnen Arbeit. Daraus, daß die Bevölkerung so notwendig ist, folgt, daß der Müßiggang unterdrückt werden muß: Arbeitshäuser sind das hauptsächliche Mittel, das die hochentwickelten Völker dabei anwenden.

Ein Volk wird den anderen nichts liefern können, wenn es seine Waren nicht ebenso billig abgibt wie die anderen Völker, welche die gleichen Waren besitzen: Wenn es sie billiger verkauft, werden sie auch im eigenen Land bevorzugt werden.

Vier Wege führen sicher dahin: Konkurrenz, Einsparung menschlicher Arbeitskraft, niedrige Ausfuhrkosten und niedriger Zinsfuß.

Die Konkurrenz erzeugt den Überfluß und dieser die Wohlfeilheit der Lebensmittel, der Rohstoffe, des Handwerks und des Geldes. Die Konkurrenz ist eines der wichtigsten Prinzipien des *Handels* und ein bedeutender Teil seiner Freiheit. Alles, was ihn in diesen vier Punkten behindert und stört, ist verderbenbringend für den Staat und seinem Zweck diametral entgegengesetzt, der in dem Glück und anständigen Lebensunterhalt einer möglichst großen Anzahl von Menschen besteht.

Die Einsparung menschlicher Arbeitskraft besteht darin, sie

durch die Arbeitskraft von Maschinen und Tieren zu ersetzen, wenn man es mit geringen Unkosten tun kann oder wenn das die Gesundheit der Menschen erhält; das heißt eher die Bevölkerung vermehren als sie zugrunde richten. Das letztere Vorurteil hat sich am längsten in den Ländern behauptet, die sich nur mit dem *Binnenhandel* befassen; denn wenn der *Außenhandel* gering ist, so würde in der Tat der allgemeine Zweck nur noch dann erfüllt, wenn der *Binnenhandel* möglichst viele Menschen beschäftigte. Wenn aber der *Außenhandel,* das heißt die Schiffahrt, die Kolonien und die Bedürfnisse der anderen Völker noch mehr Bürger beschäftigen können, als vorhanden sind, dann ist es notwendig, an Arbeitskraft zu sparen, um alle diese Aufgaben aufs beste erfüllen zu können. Wie wir schon bemerkt haben, beweist die Erfahrung, daß man seinen *Handel* zugrunde richtet, wenn man nicht all das unternimmt, was man unternehmen könnte. Schließlich ist es doch evident, daß die Macht einer politischen Körperschaft vom besten und größten Einsatz der Menschen abhängt, die ihr ihre politischen Schätze einbringen – ein Zusammenhang, den man niemals aus den Augen verlieren darf. Die Einsparung menschlicher Arbeitskraft richtet also die Bevölkerung nicht zugrunde, wenn nur der Gesetzgeber mit Vorsicht ihre Arbeitskraft von einem Gegenstand auf einen anderen lenkt – was die Aufgabe einer besonderen Polizei ist.

Die geringen Ausfuhrkosten sind die dritte Quelle der Wohlfeilheit und damit auch die Quelle für den Verkauf der Erzeugnisse eines Landes.

Diese Kosten sind die Transportkosten und die Ausfuhrzölle. Der Transport findet zu Lande und zu Wasser statt. Bekanntlich ist der Transport im Wagen zu Lande weitaus teurer. So sind in den handeltreibenden Staaten die Kanäle als Ersatz für den Mangel an schiffbaren Flüssen, die Unterhaltung und die Verbesserung derselben sowie die absolute Freiheit dieser Binnenschiffahrt ein wesentlicher Teil der Verwaltung […] (Véron de Forbonnais.)

Gewissen – Conscience (Naturrecht, Moral): […] Unsere letzte Frage ist, ob man sich infolge des Urteils, das man über die Unkenntnis oder die Irrtümer eines anderen in *Gewissensfragen* fällt, zu irgendeiner Handlung gegen die hinreißen lassen darf, die man in dieser Unkenntnis oder in diesen Irrtümern befangen glaubt. Darauf antworten wir: Wenn der Irrtum nicht dazu führt, Dinge zu tun oder zu lehren, die offenbar im Widerspruch zu den Gesetzen der menschlichen Gesellschaft im allgemeinen und denen der zivilisierten Gesellschaft im besonderen stehen, so ist die zweckmäßigste Handlung gegenüber den Irrenden die wohlwollende Bemühung, sie durch friedliche und gründliche Belehrung zur Wahrheit zurückzuführen.

Irgend jemanden aus einem *Gewissensgrund* zu verfolgen würde eine Art Widerspruch bedeuten; denn das hieße in den Rahmen eines Rechts eine Sache einschließen, die von sich aus die Grundlage dieses Rechts zerstört. Bei dieser Annahme wäre man in der Tat dazu berechtigt, auf Grund des Rechts, das man hat, nach seinem *Gewissen* zu handeln, das *Gewissen* zu vergewaltigen. Und es ist belanglos, ob es ein und dieselbe Person ist, die ihr *Gewissen* zu etwas zwingt oder deren *Gewissen* zu etwas gezwungen wird; denn abgesehen davon, daß jeder seinerseits ebensoviel Grund hätte, eine solche Gewalt anzuwenden, was die ganze Menschheit in hellen Aufruhr versetzen würde, beruht das Recht, nach den Regungen seines *Gewissens* zu handeln, auf der menschlichen Natur selbst, die allen Menschen gemeinsam ist und deshalb nicht etwas gutheißen kann, was irgendeinem von ihnen im besonderen auch nur die geringste Möglichkeit einräumt, die zur Verminderung dieses gemeinsamen Rechts führt. So hebt das Recht, seinem *Gewissen* zu folgen, von sich aus diese Ausnahme auf, ganz abgesehen von den Fällen, in denen es sich darum handeln würde, dem *Gewissen* eines anderen Gewalt anzutun.

Wenn man die bestraft, die Dinge tun oder lehren, welche der Gesellschaft schaden, so geschieht es nicht deshalb, weil sie im Irrtum befangen sind, und auch nicht deshalb, weil sie unaufrichtig sind, sondern weil man das Recht hat, um des öffentlichen Wohls willen solche Leute zurückzuhalten, ganz gleich, nach welchen Prinzipien sie handeln.

Wir lassen alle jene anderen Fragen über das *Gewissen* beiseite, die im vergangenen Jahrhundert so oft aufgeworfen worden sind und die in den Zeiten einer aufgeklärten Moral nicht wieder hätten auftauchen sollen. Als der Kompaß uns die Erforschung der Welt ermöglichte, verließ man die Küsten Afrikas;

die Erkenntnisse der Navigation veränderten das Gesicht des Handels, er lag nun nicht mehr in den Händen Italiens; ganz Europa bediente sich der Magnetnadel als eines zuverlässigen Führers, um die Meere ohne Gefahren und ohne Befürchtungen zu durchqueren. Siehe auch *Toleranz*. (Jaucourt.)

Kopernikus – Copernic, System oder Hypothese des Kopernikus (Enzyklopädische Ordnung: Verstand, Vernunft, Philosophie oder Wissenschaft, Naturwissenschaft, Himmelskunde, Astronomie): [...]
In Italien ist es verboten, das System des *Kopernikus* zu verteidigen, da man dort der Ansicht ist, es stehe wegen der von ihm vorausgesetzten Bewegung der Erde im Widerspruch zur Heiligen Schrift. Der große Galilei wurde einst der Inquisition ausgeliefert und seine Anschauung über die Bewegung der Erde als ketzerisch verdammt. Die Inquisitoren schonten in der Verfügung, die sie gegen ihn erließen, weder den Namen des *Kopernikus*, der diese Anschauung nach dem Kardinal von Cusa erneuert hatte, noch den des Diego de Zúñiga, der sie in seinen Kommentaren über das Buch Hiob gelehrt hatte, noch den des Pater Foscarini, eines italienischen Karmeliters, der in einem gelehrten Schreiben an seinen Ordensgeneral bewiesen hatte, daß diese Anschauung nicht der Heiligen Schrift widerspricht. Da Galilei trotz jenes Verdammungspruchs fortfuhr, die Bewegung der Erde zu lehren, wurde er noch einmal verdammt und gezwungen, seine Lehre öffentlich zu widerrufen und seinem angeblichen Irrtum mündlich und schriftlich abzuschwören – was er am 22. Juni 1633 tat. Nachdem er kniend, die Hand auf den Evangelien, gelobt hatte, daß er nie wieder etwas sagen und tun würde, was dieser Verfügung widerspräche, wurde er wieder in die Kerker der Inquisition gebracht, aus denen er aber bald darauf entlassen wurde. Dieses Ereignis flößte Descartes, der dem Heiligen Stuhl sehr ergeben war, eine solche Furcht ein, daß er die Veröffentlichung seiner Abhandlung über die Welt, die gerade erscheinen sollte, verhinderte. Siehe alle diese Einzelheiten im *Leben des Descartes* von Baillet.
Seit dieser Zeit haben die aufgeklärtesten Philosophen und Astronomen Italiens nicht gewagt, das System des *Kopernikus* zu verteidigen; oder wenn sie ihm zufälligerweise beizupflichten

scheinen, so sind sie doch sehr darauf bedacht, zu betonen, daß sie es nur als Hypothese ansehen und daß sie sich im übrigen durchaus den Erlassen der erhabenen Päpste über diese Frage fügen.

Es wäre sehr zu wünschen, daß ein Land, das an Geist und an Kenntnissen so reich ist wie Italien, endlich einen Irrtum einsähe, der für die Fortschritte der Wissenschaften so nachteilig ist, und daß es über diese Frage so dächte, wie wir in Frankreich darüber denken! Eine solche Wandlung würde des aufgeklärten Papstes, der heute die Kirche lenkt, wohl würdig sein; denn da er ein Freund der Wissenschaften und selbst ein Gelehrter ist, so obliegt es ihm, in dieser Frage den Inquisitoren sein Gebot aufzuerlegen, wie er es schon in anderen, noch bedeutenderen Angelegenheiten getan hat. Es gibt, so sagt ein berühmter Autor, keinen Inquisitor, der nicht angesichts einer Himmelskugel von *Kopernikus* erröten müßte. Dieses Wüten der Inquisition gegen die Bewegung der Erde schadet sogar der Religion; denn was werden die schwachen und einfältigen Menschen von den eigentlichen Dogmen, an die zu glauben uns der Glaube zwingt, wohl halten, wenn sich herausstellt, daß man mit diesen Dogmen zweifelhafte oder falsche Anschauungen vermengt? Ist es nicht besser, zu sagen, die Heilige Schrift spreche in Dingen des Glaubens im Sinne des Heiligen Geistes, müsse aber in Dingen der Physik sprechen wie das Volk, dessen Sprache man gut beherrschen muß, um sich ihm verständlich zu machen? Mit dieser Unterscheidung beantwortet man alles: Die Physik und der Glaube sind dann in gleichem Maße gewährleistet. Eine Hauptursache für den Verruf, in den das System des *Kopernikus* in Spanien und in Italien geraten ist, liegt darin, daß man in diesen beiden Ländern davon überzeugt ist, daß einige erhabene Päpste mit Recht entschieden haben, die Erde drehe sich nicht, und daß man dort sogar in Dingen, die nicht im geringsten das Christentum angehen, das Urteil des Papstes für unfehlbar hält. In Frankreich erkennt man nur die Kirche als unfehlbar an und findet, es sei weitaus besser, in der Frage des Weltsystems den Beobachtungen der Astronomen zu glauben als den Verfügungen der Inquisition. Aus demselben Grunde, so sagt Pascal, hielt der König von Spanien es für besser, in der Frage der Existenz der Antipoden dem Christoph Kolumbus zu glauben, der von ihnen kam, als dem Papst Zacharias, der dort niemals gewesen war.

[...]
In Frankreich verteidigt man ohne jede Furcht das kopernikanische Weltsystem und ist aus den Gründen, die wir angeführt haben, davon überzeugt, daß dieses System nicht im Widerspruch zum Glauben steht, obwohl Josua gesagt hat: »Stehe still, Sonne!« So kann man in zuverlässiger und befriedigender Weise alle jene Einwände der Ungläubigen gegen gewisse Stellen der Heiligen Schrift widerlegen, in denen sie ohne Grund schwerwiegende physikalische oder astronomische Irrtümer entdecken wollen [...] (D'Alembert.)

Kritik in den Wissenschaften – Critique dans les sciences:
Die Wissenschaften reduzieren sich auf drei Punkte: den Beweis der alten Wahrheiten, die Reihenfolge ihrer Darlegung, die Entdeckung neuer Wahrheiten.
Die alten Wahrheiten beruhen entweder auf Tatsachen oder auf Spekulationen. Die Tatsachen sind moralische oder physische. Die moralischen Tatsachen bilden die Geschichte der Menschen, in die sich oft Physisches mischt, aber immer im Zusammenhang mit dem Moralischen.
Da die biblische Geschichte offenbart ist, so wäre es gottlos, sie der Prüfung durch die Vernunft zu unterwerfen; aber es gibt eine Möglichkeit, sie sogar zum Triumph des Glaubens zu erörtern: Die Texte vergleichen und miteinander in Einklang bringen; die Ereignisse mit den Prophezeiungen, die sie voraussagen, vergleichen; der moralischen Evidenz zum Sieg über die physische Unmöglichkeit verhelfen; die Abneigung gegen die Vernunft durch die Triftigkeit der Zeugnisse überwinden; die Überlieferung an ihrer Quelle erfassen, um sie in ihrer ganzen Überzeugungskraft darzubieten, und schließlich aus der Menge der Wahrheitsbeweise jedes unbestimmte, schwache oder unzutreffende Argument, eine Art Waffe, die allen Religionen gemeinsam ist, die vom falschen Glaubenseifer angewendet wird und über die sich die Gottlosigkeit lustig macht, ausschließen – das wäre die Aufgabe des *Kritikers* auf diesem Gebiet. Manche haben das mit ebensoviel Erfolg wie Eifer unternommen, und unter ihnen muß Pascal den ersten Platz einnehmen, ihn später aber dem abtreten, der das vollbringt, was er nur zu bedenken gab.

In der weltlichen Geschichte den Tatsachen mehr oder weniger Überzeugungskraft verleihen, je nach dem Grad der Möglichkeit, der Wahrscheinlichkeit, der Berühmtheit und nach dem Gewicht der Zeugnisse, die sie bestätigen; den Charakter und die Lage der Geschichtsschreiber untersuchen und feststellen, ob es ihnen freistand, die Wahrheit zu sagen, und möglich war, sie zu erkennen, ob sie imstande waren, sie zu erforschen, und ob sie nicht Interesse daran hatten, sie zu verschleiern; nach ihnen bis zur Quelle der Ereignisse vordringen, ihre Mutmaßungen einschätzen, sie miteinander vergleichen und aneinander beurteilen – welche Aufgaben für einen *Kritiker*, und wie viele Kenntnisse muß er erwerben, wenn er sie lösen will! Die Sitten, das Wesen der Völker, ihre wechselseitigen Interessen, ihre Reichtümer und die ihnen zur Verfügung stehenden Kräfte, ihre ausländischen Ressourcen, ihre Erziehung, ihre Gesetze, ihre Vorurteile und ihre Prinzipien; ihre Innenpolitik, ihre Disziplin nach außen; ihre Weise, sich zu betätigen, sich zu ernähren, sich zu bewaffnen und zu kämpfen; die Talente, die Leidenschaften, die Laster, die Tugenden derer, die die öffentlichen Angelegenheiten geleitet haben; die Quellen der Projekte, Unruhen, Umwälzungen, Erfolge und Rückschläge; die Kenntnis der Menschen, Gegenden und Zeiten; kurz alles, was in der moralischen und in der physischen Welt dazu beitragen kann, die Ordnung der menschlichen Dinge hervorzubringen, zu erhalten, zu ändern, zu zerstören und wiederherzustellen, muß in den Plan einbezogen werden, nach dem ein Gelehrter die Geschichte erörtert. Wie viele Einsichten und Überlegungen verlangt auf diesem Gebiet oft eine einzige Begebenheit, die geklärt werden soll! Wer wagt, zu entscheiden, ob es verkehrt war, daß Hannibal in Capua haltmachte, und ob Pompeius bei Pharsalus um die Macht oder für die Freiheit kämpfte? Siehe die Artikel *Geschichte, Politik, Taktik* u. a.

Die rein physischen Tatsachen bilden die Naturgeschichte, und ihre Wahrheit läßt sich auf zweierlei Weise beweisen: entweder indem man die Beobachtungen und die Experimente wiederholt oder indem man die Zeugnisse gegeneinander abwägt, wenn man nicht in der Lage ist, sie nachzuprüfen. Aus Mangel an Erfahrung hat man unzählige Tatsachen, die Plinius berichtet und die täglich durch die Beobachtungen unserer Naturforscher bestätigt werden, für Märchen gehalten.

Die Alten hatten das Gewicht der Luft vorausgeahnt, Torricelli und Pascal haben es bewiesen. Newton hatte die Abplattung der Erde verkündet, Philosophen sind von einer Hemisphäre zur anderen gereist, um sie zu messen. Der Spiegel des Archimedes verwirrte unseren Verstand, und ein Physiker versuchte ihn nachzubilden, anstatt dieses Phänomen abzustreiten, und weist es jetzt nach, indem er es wiederholt. So muß man die Tatsachen *kritisieren*. Aber die Wissenschaften werden, wenn sie diese Methode befolgen, kaum noch *Kritiker* haben. Siehe auch den Artikel *Erfahrung*. Es ist einfacher und leichter, das abzustreiten, was man nicht versteht. Aber ist es etwa unsere Aufgabe, die Grenzen des Möglichen abzustecken, da wir doch jeden Tag sehen, wie der Blitz nachgeahmt wird, und da wir vielleicht dem Geheimnis, ihn zu beherrschen, schon auf der Spur sind? Siehe den Artikel *Elektrizität*.

Diese Beispiele müssen einen *Kritiker* bei seinen Entscheidungen sehr vorsichtig machen. Die Leichtgläubigkeit kommt den Unwissenden zu, die entschiedene Ungläubigkeit den Pseudogelehrten, der methodische Zweifel den Weisen. In den menschlichen Kenntnissen beweist ein Philosoph das, was er beweisen kann, glaubt das, was ihm bewiesen wird, verwirft das, was ihm widerstrebt, und enthält sich des Urteils über alles übrige […]

Es gibt für die Entdeckungen eine Zeit der Reife, vor der die Forschungen fruchtlos zu sein scheinen. Eine Wahrheit wartet, bis sie die Vereinigung ihrer Elemente vor Augen führen kann. Solche Keime treffen und vereinigen sich nur auf Grund einer langen Reihe von Kombinationen: So wird das, was ein Jahrhundert, wenn man so sagen darf, nur ausgebrütet hat, durch das ihm folgende Jahrhundert hervorgebracht; so wurde das Problem der drei Körper, das Newton gestellt hatte, erst in unserer Zeit gelöst, und zwar von drei Männern zugleich. Diese Art Gärung des menschlichen Geistes, diese Verarbeitung unserer Kenntnisse, muß der *Kritiker* sorgfältig beobachten; er muß Stufe für Stufe die Wissenschaft in ihren Fortschritten verfolgen und zeigen, welche Hindernisse sie aufgehalten haben, wie diese Hindernisse beseitigt wurden, durch welche Verknüpfung von Schwierigkeiten und Lösungen die Wissenschaft vom Zweifel zur Wahrscheinlichkeit und von der Wahrscheinlichkeit zur Evidenz gelangt ist. Dadurch würde er diejenigen, die nur den

Umfang der Wissenschaft vergrößern, ohne ihren Schatz zu vermehren, zum Schweigen bringen. Er würde den Schritt zeigen, den sie in einem Werk gemacht hätte, oder dieses Werk ins Nichts verweisen, wenn der Verfasser sie dort ließe, wo er sie aufgenommen hätte. Das sind auf diesem Gebiet der Gegenstand und das Ergebnis der *Kritik*. Wieviel Platz würde uns diese Reform wieder in unseren Bibliotheken verschaffen! Was würde dann aus jener entsetzlichen Menge von Sammlern auf allen Gebieten, aus jenen weitschweifigen Erklärern von Wahrheiten, an denen niemand zweifelt, aus jenen ganze Romane schreibenden Naturforschern, die ihre Einbildungskraft für das Buch der Natur halten und die infolgedessen ihre Hirngespinste für Entdeckungen und ihre Träume für zusammenhängende Systeme ausgeben, aus jenen findigen Aufschneidern, die eine einzige Tatsache zu zwanzig Seiten albernen Zeugs auswalzen und die unter Aufbietung ihres ganzen Geistes eine klare und einfache Wahrheit so lange strapazieren, bis sie diese unklar und verwickelt gemacht haben? Alle diese Autoren, die über die Wissenschaft plaudern, anstatt sie vernünftig zu erklären, würden dann aus der Zahl der nützlichen Bücher ausgeschlossen: Man hätte viel weniger zu lesen und weitaus mehr zu ernten […] (Marmontel.)

Grausamkeit – Cruauté (Moral): […] Der verheerende Glaubenseifer führt vor allem zur *Grausamkeit* – einer *Grausamkeit*, die um so schrecklicher ist, als man sie seelenruhig auf Grund falscher Prinzipien verübt, die man für rechtmäßig hält. Sie war die Quelle der unglaublichen Greuel, welche die Spanier an den Mauren, den Amerikanern und den Bewohnern der Niederlande verübten. Man berichtet, daß der Herzog von Alba in den sechs Jahren seiner Regierung achtzehntausend Personen dem Henker übergab, und dieser Unmensch hatte ein friedliches Ende, während Heinrich IV. ermordet wurde.
Als der Aberglaube, so sagt ein Schöngeist unseres Jahrhunderts, jene Seuche verbreitete, die wir *Kreuzzug* nennen, das heißt, als jene Fahrten über das Meer von den Mönchen gepredigt, durch die Politik der römischen Kurie gefördert und von den europäischen Königen, Fürsten und ihren Vasallen durchgeführt wurden, brachte man in Jerusalem alles um, ohne Un-

terschied des Geschlechtes und des Alters; und als die Kreuzfahrer, geschmückt mit ihren Kreuzen, die alle noch vom Blut der Frauen trieften, die sie nach der Vergewaltigung niedergemetzelt hatten, zum Heiligen Grab gelangten, da küßten sie den Boden und zerflossen in Tränen. So vermag die menschliche Natur seltsamerweise eine sanfte und heilige Religion mit dem abscheulichsten Laster, das ihr am meisten widerspricht, zu vereinen [...] (Jaucourt.)

Deisten – Déistes (Theologie): [...] Die heutigen *Deisten* sind eine Sekte oder eine Art der sogenannten scharfsinnigen Köpfe, die in England unter dem Namen *freethinkers* bekannt sind, deren Eigenart darin besteht, sich zu keiner besonderen Religionsform oder Religionslehre zu bekennen, sondern sich damit zu begnügen, die Existenz eines Gottes anzuerkennen, ohne ihn durch irgendeinen äußeren Kult oder Gottesdienst zu ehren. Sie behaupten, daß angesichts der Mannigfaltigkeit der Religionen und der großen Zahl der Offenbarungen, für die man, so sagen sie, nur unbegründete allgemeine Beweise liefere, die beste und zuverlässigste Entscheidung die sei, sich in die Einfachheit der Natur und in den Glauben an einen Gott zurückzuziehen, der eine von allen Völkern anerkannte Wahrheit sei. Siehe die Artikel *Gott* und *Offenbarung*.

Sie beklagen sich darüber, daß die Freiheit des Denkens und des Räsonierens vom Joch der geoffenbarten Religion unterdrückt wird, daß die Geister unter dem von dieser Religion auferlegten Zwang, an unbegreifliche Mysterien zu glauben, leiden und dadurch tyrannisiert werden, und sie behaupten, man dürfe nur das annehmen und glauben, was die Vernunft ganz klar begreift. Siehe die Artikel *Mysterium* und *Glaube*.

Der Name *Deisten* wird vor allem jenen Personen gegeben, die weder Atheisten noch Christen und deshalb nicht ganz ohne Religion sind (wenn man dieses Wort in seiner allgemeinsten Bedeutung nimmt), die aber jede Offenbarung als bloße Fiktion verwerfen und nur an das glauben, was sie auf Grund natürlicher Einsichten erkennen können und woran jede Religion glaubt, nämlich an einen Gott, eine Vorsehung, ein künftiges Leben, Belohnungen und Strafen für die Guten und die Bösen. Sie sagen, man müsse Gott ehren und seinem Willen, der dank der

Erleuchtung durch die Vernunft und dank der Stimme des Gewissens bekannt sei, möglichst vollkommen nachkommen, aber im übrigen könne jeder nach seinem Gutdünken und gemäß dem leben, was ihm sein Gewissen vorschreibt.
Die Zahl der *Deisten* nimmt täglich zu. In England schließen sich die meisten Gelehrten diesem System an, und man kann dasselbe auch bei den anderen gebildeten Nationen feststellen. Man kann allerdings nicht sagen, daß der Deismus eine besondere Sekte oder Körperschaft bilde. Nichts ist weniger einheitlich als die Ansichten der *Deisten;* ihre Denkweise, die fast immer vom Pyrrhonismus begleitet ist, und jene angebliche Freiheit, wonach sie sich nur den von der Vernunft bewiesenen Wahrheiten unterwerfen, führen dazu, daß sie weder ein gemeinsames System noch einen genau fixierten Standpunkt haben, über den sich alle gleichermaßen einig sind. Deshalb unterscheiden die Autoren, die sie bekämpft haben, verschiedene Arten von *Deisten* […] (Mallet.)

Wörterbücher der Wissenschaften und der freien sowie der mechanischen Künste – Dictionnaires de sciences et d'arts, tant libéraux que mécaniques: Diderot hat diese Materie im *Prospekt* dieses Werkes, der inzwischen als Fortsetzung der *Vorrede* gedruckt worden ist, mit so viel Sorgfalt und Präzision behandelt, daß wir nichts hinzuzufügen haben. Wir wollen hier nur noch auf zwei Dinge eingehen: die Nützlichkeit von Werken dieser Art und (was uns am nächsten liegt) die *Wörterbücher der Wissenschaften und Künste,* die außerdem enzyklopädisch sind.
Von dem ersten Gegenstand haben wir schon in der *Vorrede* und in der *Vorbemerkung zum dritten Band* ziemlich ausführlich gesprochen. Derartige Werke sind für die Gelehrten eine Hilfe und für die Laien ein Mittel, nicht völlig unwissend zu bleiben. Aber niemals hat der Verfasser irgendeines *Wörterbuchs* behauptet, daß man sich in einem solchen Buch gründlich über die Wissenschaft unterrichten könne, die ihm zum Gegenstand dient; denn abgesehen von jedem anderen Hindernis, verhindert dies schon allein die alphabetische Ordnung. Ein gut geschriebenes *Wörterbuch* ist ein Werk, das die wahren Gelehrten nur zu Rate ziehen, die anderen aber lesen, um aus ihm oberflächliche Kenntnisse

zu gewinnen. Deshalb kann und muß ein *Wörterbuch* oft etwas anderes sein als ein einfaches Vokabular, ohne daß daraus irgendein Nachteil entspringt. Und welchen Schaden können den Wissenschaften *Wörterbücher* zufügen, in denen man sich nicht darauf beschränkt, die Wörter zu erklären, sondern die Materien auch bis zu einem gewissen Grade behandelt, besonders wenn diese *Wörterbücher*, wie die Enzyklopädie, neue Dinge enthalten?

Solche Werke kommen nur der Trägheit derer entgegen, die von sich aus niemals die Geduld aufgebracht hätten, aus den Quellen zu schöpfen. Es ist wahr, daß die Zahl der wirklichen Gelehrten täglich abnimmt und daß die Zahl der *Wörterbücher* im entsprechenden Verhältnis zuzunehmen scheint; aber die erste dieser beiden Wirkungen ist durchaus nicht die Folge der zweiten, sondern ich glaube vielmehr, daß es genau umgekehrt ist. Die Sucht nach dem Schöngeistigen hat die Neigung zum Studium und folglich die Zahl der Gelehrten verringert, und der Rückgang dieser Neigung hat uns gezwungen, die Mittel der Belehrung zu vervielfachen und zugleich zu vereinfachen.

Schließlich könnte man die Kritiker der *Wörterbücher* fragen, ob sie nicht glauben, daß die Zeitschriften nützlich seien, zumal wenn sie gut geschrieben sind; doch kann man solchen Schriften denselben Vorwurf machen wie den *Wörterbüchern*, nämlich den, daß sie dazu beitragen, die Kenntnisse an der Oberfläche zu erweitern, aber dadurch das gründliche Wissen zu schmälern. Die Vermehrung der Zeitschriften ist in gewisser Hinsicht sogar weniger nützlich als die der *Wörterbücher*, weil alle Zeitschriften ihrem Wesen nach ungefähr denselben Gegenstand haben oder haben müssen und weil dagegen die *Wörterbücher* unendlich verschieden sein können, sei es in ihrer Ausführung, sei es wegen der Materie, die sie behandeln.

Was die enzyklopädische Ordnung eines *Wörterbuchs* betrifft, so haben wir darüber ebenfalls in der *Vorrede* gesprochen. Wir haben vor Augen geführt, worin diese Ordnung bestand und wie sie sich mit der alphabetischen Ordnung verbinden konnte. Fügen wir hier die folgenden Überlegungen hinzu: Wenn man irgend jemandem die Vorstellung von einer einigermaßen komplizierten Maschine vermitteln wollte, so würde man zuerst diese Maschine auseinandernehmen, um alle ihre Teile einzeln und getrennt zu zeigen, und dann die Beziehung jedes dieser

Teile zu den nächstliegenden erklären. Auf diese Weise könnte man den Gang der ganzen Maschine verständlich machen, ohne gezwungen zu sein, sie wieder zusammenzusetzen. Was müssen also die Verfasser eines enzyklopädischen *Wörterbuchs* tun? Es gilt zuerst, wie wir es getan haben, eine allgemeine Bildtafel der Hauptgegenstände der menschlichen Kenntnisse zu entwerfen. Das ist die gleichsam im großen zerlegte Maschine. Um sie bis ins kleinste zu zerlegen, muß man an jedem Teil das ausführen, was man an der ganzen Maschine ausgeführt hat, und dann eine Bildtafel der verschiedenen Zwecke jedes Teils und der wichtigsten Fachausdrücke entwerfen, die hierbei gebraucht werden. Um den Zusammenhang und die Analogie der verschiedenen Zwecke und die Anwendung der verschiedenen Fachausdrücke zu sehen, muß man in seinem Kopf – für sich – den Plan einer in sich geschlossenen und folgerichtigen Abhandlung über die betreffende Wissenschaft erarbeiten und dann feststellen, was in dieser Abhandlung die Hauptteile und wichtigsten Grundsätze sein würden. Man muß nicht nur auf ihre Abhängigkeit von dem Vorausgegangenen und dem Darauffolgenden hinweisen, sondern auch auf die Anwendung dieser Grundsätze in anderen Wissenschaften aufmerksam machen oder zeigen, wie man sich dieser Wissenschaften bedient hat, um diese Grundsätze zu finden. Wird dieser Plan gut ausgeführt, so ist die Ausarbeitung des *Wörterbuchs* nicht mehr schwierig. Man nimmt diese Grundsätze oder Hauptteile, schreibt über sie ausführliche Sonderartikel, zeigt durch Verweisungen sorgfältig den Zusammenhang dieser Artikel mit denen an, die von ihnen abhängen oder von denen sie abhängen, sei es in der Wissenschaft, um die es sich handelt, sei es in anderen Wissenschaften; schreibt über die einfachen Fachausdrücke der Wissenschaft kurze Artikel mit einem Verweis auf den Hauptartikel, ohne befürchten zu müssen, in Wiederholungen zu verfallen, da solche Wiederholungen entbehrlich sind und dem Leser die Mühe ersparen können, ohne Notwendigkeit auf mehrere Artikel zurückgreifen zu müssen, und schon ist das enzyklopädische *Wörterbuch* fertig. Es kommt hier nicht darauf an, festzustellen, ob dieser Plan in unserem Werk genau beachtet worden ist; wir glauben, daß dies in den meisten und wichtigsten Teilen geschehen ist; aber wie dem auch sei, es genügt jedenfalls, wenn gezeigt wurde, daß es durchaus möglich ist, diesen Plan durch-

zuführen. Allerdings sieht man in einem derartigen Werk den Zusammenhang der Materien nicht so klar und unmittelbar wie in einem zusammenhängenden Werk. Aber es liegt auf der Hand, daß man dem durch Verweisungen abhelfen kann, die vor allem dazu dienen, die enzyklopädische Ordnung zu zeigen und nicht nur – wie in anderen *Wörterbüchern* – ein Wort durch ein anderes zu erklären. Übrigens haben wir, um das noch einmal zu betonen, niemals behauptet, daß man mit Hilfe eines *Wörterbuchs* irgendeine Wissenschaft erlernen oder folgerichtig lehren könne. Solche Werke sind dazu bestimmt, über irgendeinen besonderen Gegenstand befragt zu werden: Man findet in ihnen, wie wir schon gesagt haben, in bequemerer Weise als sonst das, was man sucht, und darin besteht vor allem ihre Nützlichkeit. Ein enzyklopädisches *Wörterbuch* verknüpft mit diesem Vorteil noch den, daß es den wissenschaftlichen Zusammenhang des Artikels, den man liest, mit anderen Artikeln zeigt, die man, wenn man will, leicht finden kann. Wenn der besondere Zusammenhang zwischen den Gegenständen einer Wissenschaft in einem enzyklopädischen *Wörterbuch* auch nicht so leicht zu erkennen ist wie in einem zusammenhängenden Werk, so ist doch zumindest der Zusammenhang dieser Gegenstände mit den Gegenständen einer anderen Wissenschaft in einem solchen *Wörterbuch* besser zu erkennen als in einer speziellen Abhandlung, die auf den Gegenstand der Wissenschaft, die sie behandelt, beschränkt ist und deshalb gewöhnlich nicht die Beziehung erwähnt, die sie zu anderen Wissenschaften haben kann. Siehe den *Prospekt* und die *Vorrede*, auf die wir schon hingewiesen haben.
Vom Stil der Wörterbücher überhaupt. Wir gehen nur kurz auf dieses Thema ein: Der Stil eines *Wörterbuchs* muß so einfach wie der des Gesprächs, dabei aber präzis und korrekt sein. Er muß auch, je nach den Materien, die man behandelt, mannigfaltig sein, wie es der Ton des Gesprächs ist, je nach den Materien, von denen man spricht.
Wir müßten am Schluß dieses Artikels eigentlich noch von den verschiedenen *Wörterbüchern* sprechen; aber die meisten sind wohlbekannt, und das Verzeichnis würde zu lang werden, wenn man keines von ihnen auslassen wollte. Es ist Sache des Lesers, auf Grund der Prinzipien, die wir aufgestellt haben, den Grad des Verdienstes zu bestimmen, den diese Werke haben können.

Es gibt übrigens einige sogar besonders bekannte und gebräuchliche *Wörterbücher*, von denen wir nicht sprechen könnten, ohne von ihnen vielleicht viel Schlechtes zu sagen. Aber »unsere Arbeit«, so haben wir schon an anderer Stelle gesagt, »besteht nicht darin, die Arbeit irgendeines anderen herabzusetzen«. Was die Enzyklopädie betrifft, so möchten wir über sie noch folgendes sagen: Wir werden nichts unterlassen, um ihr den Grad von Vollkommenheit zu geben, dessen wir fähig sind, und werden dennoch immer davon überzeugt sein, daß wir noch viel an ihr zu verbessern übriglassen. In dieser Hinsicht werden wir mit Dankbarkeit alles entgegennehmen, was man uns über dieses *Wörterbuch* zuschickt: Bemerkungen, Ergänzungen, Verbesserungen, Kritiken, ja sogar Schmähbriefe, wenn sie nützliche Ansichten enthalten: *omnia probate, quod bonum est tenete*.[1] Das Reich der Wissenschaften und der Literatur ähnelt, wenn wir uns dieses Vergleichs bedienen dürfen, jenen öffentlichen Plätzen, auf denen jeden Tag Leute, die nichts anderes zu tun haben, zusammenkommen – die einen, um zu spielen, die anderen, um ihnen beim Spiel zuzusehen: Schweigen ist nach den Spielregeln den Zuschauern auferlegt, es sei denn, daß man sie ausdrücklich nach ihrer Meinung fragt. Verschiedene Schriftsteller, die allzu verliebt in ihre Erzeugnisse sind, wünschten, daß es im Reich der Literatur ebenso wäre. Wir aber wären, wenn wir genügend Macht hätten, die Kritik von uns abzuwenden, unserem Werk nicht so feindlich gesinnt, um von diesem Recht Gebrauch zu machen. Unsere Einstellung ist folgende: Wir haben den Krieg mit niemandem gewünscht; wir haben nichts getan, um ihn herbeizuführen; wir haben ihn auch nicht angefangen, das sind feststehende Tatsachen; wir haben dem Frieden zugestimmt, als man ihn unserer Ansicht nach zu wünschen schien, und wir hoffen, daß er von Dauer sein wird. Wenn wir einigen Kritikern geantwortet haben, so haben wir geglaubt, dies der Bedeutung unseres Werkes und unseren Mitarbeitern schuldig zu sein; wir fühlten uns dazu auf Grund der Natur der Vorwürfe verpflichtet, die uns persönlich betrafen und bei denen wir uns durch allzuviel Gleichgültigkeit schuldig gemacht hätten. Wir hätten Stillschweigen gewahrt, wenn die Kritik nur uns angegriffen hätte und wenn sie rein literarisch gewesen wäre. Da wir in Zu-

---

[1] Prüft alles, und was gut ist, haltet fest.

kunft ganz in unserer Arbeit aufgehen werden, wollen wir unseren Kritikern gegenüber (welche es auch immer sein mögen) das Beispiel eines großen Monarchen unserer Zeit befolgen, der weder antworten noch zulassen wollte, daß man auf eine absurde und skandalöse Satire antwortete, die vor einigen Monaten gegen ihn veröffentlicht worden war. »Es steht mir zu«, sagte er, »zu verachten, was in dieser Satire unwahr ist, und mich zu korrigieren, wenn in ihr etwas Wahres liegt.« Dieses Wort verdient wohl, der Nachwelt überliefert zu werden, als größtes Lob für diesen Monarchen und als schönstes Vorbild, das sich Schriftsteller nehmen könnten. (D'Alembert.)

Wahrsagekunst – Divination (Enzyklopädische Ordnung: Verstand, Vernunft oder Wissen, Geisterlehre, Wahrsagekunst): [...] Dieses Konstrukt war vielen Einwänden ausgesetzt; aber entweder geruhte man, nicht darauf zu achten, oder man war um Antworten auf diese Einwände nicht verlegen. So ist die Sterndeuterkunst entstanden: Man macht Voraussagen; man macht eine gute auf neunhundertneunundneunzig schlechte; aber die gute ist die einzige, von der man spricht und nach der man diese Kunst beurteilt.

Diese einzige wunderbare Voraussage, die auf tausenderlei Weise erzählt wird, vervielfacht sich zu tausend glücklichen Voraussagen: Die Lüge und der Betrug schleichen sich ein, und bald hat man mehr Tatsachen und Wunder, als notwendig sind, um der Philosophie, die der Wahrheit gegenüber mißtrauisch ist, der es aber niemals an Erfahrung fehlt, um ihr Geltung zu verschaffen, wenn man Einwände gegen sie erhebt, die Stirn zu bieten.

Als die Einflüsse der Himmelskörper anerkannt wurden, konnte man nicht umhin, diesen Körpern ein gewisses Einsichtsvermögen zuzuerkennen: Man wandte sich also an sie, man rief sie an. Man nahm einen Zauberstab; man zeichnete Figuren auf den Boden und in die Luft; man sprach mit lauter oder leiser Stimme geheimnisvolle Worte und hoffte damit alles zu erreichen, was man wünschte.

Aber man zog dann folgendes in Betracht: Wenn es auch wichtig war, gute oder böse Geister beschwören zu können, so war es doch noch wichtiger, etwas bei sich zu haben, was uns den

Schutz solcher Geister gewährleistete. Man befolgte dieselben Prinzipien und schuf Talismane, Amulette usw.

Wenn es zufällige Ereignisse gibt, die die Entdeckung der Wahrheit fördern, so gibt es auch solche, die den Fortschritt des Irrtums begünstigen. Ein solches Ereignis war das Vergessen der Bedeutung der Hieroglyphen, das notwendigerweise eine Folge der Entstehung des Alphabets war. Man schrieb den Hieroglyphen also jene Eigenschaft zu, die man wünschte; diese Zeichen gingen in die Magie ein, und dadurch wurde die *Wahrsagekunst* nur noch komplizierter, obskurer und wunderbarer.

Die Hieroglyphen enthielten Schriftzeichen aller Art: Es gab bald keine Zeile mehr, aus der kein Zeichen wurde. Jetzt kam es nur noch darauf an, dieses Zeichen auf irgendeinem Teil des menschlichen Körpers, zum Beispiel auf der Hand, zu suchen, um die Chiromantie zu begründen.

Die Einbildungskraft der Menschen wirkt niemals stärker und eigenwilliger als im Traum. Aber wem konnte der Aberglaube jene Szenen mit so seltsamen und so frappierenden Dingen, die uns in gewissen Träumen begegnen, wohl zuschreiben, wenn nicht den Göttern? Daraus entsprang die Traumdeuterkunst; es war nicht schwer, Spuren von Ähnlichkeit zwischen den Ereignissen des Tages und den nächtlichen Vorstellungen zu entdecken; diese Spuren wurden zur Grundlage der Traumdeuterkunst: Man knüpfte ein bestimmtes Ereignis an einen bestimmten Gegenstand, und bald fanden sich Leute, die Voraussagen für alles, was man geträumt hatte, parat hatten. Hierbei trat etwas höchst Wunderliches ein: Da das Gegenteil von dem, was man nachts geträumt hatte, zuweilen am anderen Tag geschehen war, so leitete man daraus die Regel ab, etwas aus dem Gegenteil vorauszusagen.

Aber mußten sich Menschen, die vom Blendwerk der *Wahrsagekunst* betört waren und sich unaufhörlich von guten oder bösen Geistern umgeben glaubten, nicht schließlich auf alle Gegenstände und alle Ereignisse stürzen und sie in Sinnbilder, Warnungen, Zeichen, Vorbedeutungen usw. verwandeln? So zögerten sie nicht, den Willen der Götter im Gesang einer Nachtigall zu hören, sahen ihre Ratschlüsse in den Flügelschlägen eines Raben und lasen ihre unwiderruflichen Urteilssprüche in den Eingeweiden eines Kalbs, besonders während der Opfer, und das war die Grundlage für die Kunst der Haruspizes. Einige Worte, die dem opfernden Priester entschlüpft waren, schienen zufällig einen Zusammenhang mit dem geheimen Beweggrund dessen zu haben, der den Beistand der Götter erflehte; man hielt sie für eine »Inspiration«: Dieser Erfolg gab Anlaß zu mehr als einer Irreführung dieser Art. Je weniger jemand seine Ausbrüche zu beherrschen schien, desto göttlicher erschienen sie, und man glaubte, er müßte den Verstand verlieren, wenn er sich so sehr erregte, um inspiriert zu werden und ein Orakel verkünden zu können. Aus diesem Grunde errichtete man Tempel an den Orten, an denen Ausdünstungen des Bodens den Geist verstörten.

Jetzt brauchte man nur noch die Statuen sich bewegen und sprechen zu lassen, und bald würde der Betrug der Priester den Aberglauben befriedigt haben.

Die Einbildungskraft kommt schnell voran, wenn sie sich verirrt. Wenn es Götter gibt, so verfügen sie über alles: Es gibt also nichts, was nicht als Zeichen ihres Willens und unseres Schicksals ausgelegt werden könnte, und so werden auf einmal die alltäglichsten und die seltensten Dinge als gute oder schlechte Vorbedeutungen ausgelegt. Da aber die Gegenstände der Verehrung in dieser Beziehung irgendeinen durch den Kult gegebenen Zusammenhang mit den Göttern haben, so hält man sie für geeigneter als die anderen, ihren Willen zu verkünden, und sucht zum Beispiel nach Prophezeiungen in den Epen über den Trojanischen Krieg.

Diese Fülle von Absurditäten verschaffte sich endgültig Geltung durch die Anschauungen, die Philosophen über die Einwirkung Gottes auf die menschliche Seele hatten, durch die Leichtigkeit, mit der sich einige Männer dank ihren Kenntnissen der Medizin in den Rang von Zauberern erhoben, und durch den Mangel eines in den Augen des Volkes ehrwürdigen Leitgedankens – eines Mangels, der seine Oberhäupter veranlaßte, zu handeln oder abzuwarten, ohne sich bloßzustellen und ohne sich für den Verzug verantworten oder für den Erfolg verbürgen zu müssen. Dieser Mangel begünstigte die Weltklugheit der Auguren, der Haruspizes und der Orakel, und so trug alles dazu bei, die gröbsten Irrtümer zu erhalten.

Diese Irrtümer waren so weit verbreitet, daß die Einsichten der Religion nicht verhindern konnten, daß sie sich – wenigstens teilweise – auch auf die Juden und die Christen übertrugen. Man fand sogar unter ihnen Männer, die behaupteten, sie könnten durch gewisse Zeremonien, wie sie die Heiden bei der Beschwörung der Gestirne und der Dämonen hatten, die Toten befragen und den Teufel herbeirufen. Wenn aber die allgemeine Verbreitung eines Vorurteils den zaghaften Philosophen daran hindern kann, ihm die Stirn zu bieten, so wird sie ihn doch nicht daran hindern, dieses Vorurteil lächerlich zu finden; und wenn er so mutig wäre, seine Ruhe zu opfern und sein Leben aufs Spiel zu setzen, um seinen Mitbürgern die Augen über eine solche Fülle von Irrtümern zu öffnen, die sie unglücklich und bösartig machen, so würde er dafür, zumindest in den Augen der Nachwelt, die doch die Anschauungen der vergangenen Zeiten unvoreingenommen beurteilt, um so höher geachtet werden. Betrachtet die Nachwelt nicht heute die Bücher, die Cicero über das Wesen der Götter und über die *Wahrsagekunst* geschrieben hat, als seine besten Werke, obgleich sie ihm natürlich von seiten der heidnischen Priester das Schimpfwort »gottlos« und von seiten jener gemäßigten Männer, die verlangen, daß man die Vorurteile des Volkes berücksichtigen solle, die Epitheta eines gefährlichen und aufrührerischen Geistes zugezogen haben? Daraus folgt, daß die Wahrheit und die Tugend immer allein, ganz gleich, zu welcher Zeit und bei welchem Volk, unsere Achtung verdienen. Gehört heute, in der Mitte des achtzehnten Jahrhunderts, in Paris etwa viel Mut und Verdienst dazu, die Verrücktheiten des Heidentums mit Füßen zu treten? Es war unter Nero erhaben, über Jupiter zu lästern, und das haben die ersten Helden des Christentums gewagt; aber sie hätten es nicht getan, wenn sie zu jenen engstirnigen Köpfen und jenen kleinmütigen Seelen gehört hätten, die die Wahrheit für verfänglich halten, sobald sie irgendeine Gefahr mit sich bringt. (Diderot.)

Zweifel – Doute (Logik und Metaphysik): [...] Der von Descartes eingeführte *Zweifel* ist grundverschieden von dem, hinter dem sich die Skeptiker verschanzen. Da diese an allem *zweifelten*, wurden sie dazu gebracht, immer in ihrem *Zweifel* befangen zu bleiben, wogegen Descartes nur vom *Zweifel* ausging, um sich in seinen Kenntnissen noch mehr zu festigen. In der Philosophie des Aristoteles, so sagen die Schüler Descartes', *zweifelt* man an nichts und gibt über alles Rechenschaft, und doch wird in ihr alles nur durch barbarische und unverständliche Ausdrücke sowie durch unklare und verworrene Ideen erklärt, wogegen Descartes, wenn er sie auch das vergessen läßt, was sie schon wissen, sie doch dafür reichlich durch die hervorragenden Kenntnisse entschädigt, zu denen er sie nach und nach führt. Deshalb wenden sie auf ihn das an, was Horaz von Homer sagt:

> *Non fumum ex fulgore, sed ex fumo dare lucem cogitat,*
> *ut speciosa dehinc miracula promat.*[1]

Man muß es hier offen aussprechen: Es besteht ein sehr großer Unterschied zwischen *zweifeln* und *zweifeln*. Man *zweifelt* aus Voreiligkeit und aus Dummheit, aus Blindheit, aus Bosheit und schließlich aus Laune, weil man *zweifeln* will; aber man *zweifelt* auch aus Vorsicht und aus Mißtrauen, aus Weisheit und aus Scharfsinn. Die Mitglieder der Akademie und die Atheisten *zweifeln* in der ersten Art, die wahren Philosophen *zweifeln* in der zweiten. Die erste Art des *Zweifels* ist ein *Zweifel* der Finsternis, der niemals zum Licht führt, sondern immer von ihm wegführt. Die zweite Art des *Zweifels* entsteht aus dem Licht und trägt in gewisser Weise dazu bei, es seinerseits hervorzubringen. Von diesem *Zweifel* kann man sagen, daß er der erste Schritt zur Wahrheit ist.

Zweifeln ist schwieriger, als man annimmt. Hitzköpfe und Phantasten, sagt ein geistvoller Autor, begnügen sich nicht mit der Gelassenheit des Skeptikers. Sie wagen lieber eine kühne Entscheidung, als daß sie gar keine träfen; sie irren sich lieber, als daß sie im ungewissen lebten. Ob sie ihren Armen mißtrauen oder ob sie die Tiefe des Wassers fürchten – immer sieht man sie an Zweigen hängen, deren Schwäche sie durchaus fühlen, an die sie sich aber lieber klammern, als sich dem reißenden Strom zu überlassen. Sie behaupten alles, obgleich sie nichts sorgfältig geprüft haben; sie *zweifeln* nie an etwas, weil sie weder die Geduld noch den Mut dazu haben. Da sie ihren Erleuchtungen folgen, die sie zu Entscheidungen veranlassen, so erfassen sie die Wahrheit, wenn sie zufällig auf diese stoßen, nicht tastend, son-

---

[1] Er gedachte nicht Rauch aus dem Blitz, sondern Licht aus dem Rauch zu schaffen, versprach aber dabei keine großartigen Wunder.

dern plötzlich, wie durch Offenbarung. Sie sehen unter den Dogmatikern aus wie die sogenannten Erleuchteten in der andächtigen Menge. Die Individuen von dieser unruhigen Art begreifen nicht, daß man Geistesruhe mit Unentschiedenheit vereinen kann.²

Man darf den *Zweifel* nicht mit der Unkenntnis verwechseln. Der *Zweifel* setzt eine gründliche und unvoreingenommene Prüfung voraus; wer *zweifelt*, weil er die Gründe der Glaubwürdigkeit nicht kennt, ist nur ein Unwissender.

Obwohl es einem gut ausgebildeten Geist zukommt, die dogmatische Behauptung in jenen Fragen zu verwerfen, die ihr Für und Wider fast in gleichem Maße haben, so hieße es doch gegen die Vernunft handeln, wenn man mit seinem Urteil über Dinge zurückhielte, die durch völlige Evidenz glänzen. Ein solcher *Zweifel* ist unmöglich, er zieht Konsequenzen nach sich, die für die Gesellschaft verhängnisvoll sind, und er versperrt alle Wege, die zur Wahrheit führen könnten.

Daß dieser *Zweifel* unmöglich ist, liegt auf der Hand; denn um zu ihm zu gelangen, müßte man für alle möglichen Dinge Gründe und Gegengründe von gleichem Gewicht haben. Nun frage ich aber, ob das möglich ist. Wer hat jemals ernsthaft daran *gezweifelt*, ob es eine Erde, eine Sonne, einen Mond gibt und ob das Ganze größer als sein Teil ist? Kann das innere Gefühl unserer Existenz jemals durch verfängliche Trugschlüsse verdunkelt werden? Man kann wohl seinen Mund äußerlich sagen lassen, daß man *zweifle*, weil man lügen kann; aber man kann das nicht seinen Geist sagen lassen. So ist der Pyrrhonismus keine Sekte von Leuten, die von dem, was sie sagen, überzeugt sind, sondern eine Sekte von Lügnern. Darum widersprechen sie sich oft, wenn sie von ihrer Anschauung sprechen, da sie ihr Herz nicht mit ihrer Zunge in Einklang zu bringen vermögen, wie man bei Montaigne sehen kann, der im vorletzten Jahrhundert versucht hat, den Pyrrhonismus zu erneuern. (Mallet.)

---

2 Dieser Abschnitt mit Ausnahme des ersten und des letzten Satzes ist ein Zitat aus den *Philosophischen Gedanken* von Diderot (siehe Diderot, *Philosophische Schriften*, Berlin 1961, Bd. I, S. 15).

Dragonade – Dragonade (Moderne Geschichte): So nannten die Calvinisten die Exekution, die im Jahre 1648 an ihnen in Frankreich vollzogen wurde. Sie finden in der Geschichte des Zeitalters Ludwigs XIV. den Ursprung des Wortes *Dragonade* und Einzelheiten über diese Exekution, die von unserer Nation heute einmütig verurteilt wird. Tatsächlich widerspricht jegliche Verfolgung dem Ziel der guten Politik und – was ebenso wichtig ist – auch der Lehre und Moral der Religion, die nur Milde, Nächstenliebe und Barmherzigkeit atmet. (Jaucourt.)

Naturrecht – Droit naturel (Moral): Der Gebrauch dieses Wortes ist so weit verbreitet, daß es wohl kaum jemanden gibt, der in seinem Innern nicht davon überzeugt wäre, daß ihm die Sache aufs genaueste bekannt sei. Dieses innere Gefühl hat der Philosoph gemeinsam mit dem Menschen, der noch nie tief nachgedacht hat – allerdings mit dem einzigen Unterschied, daß auf die Frage, was das Recht sei, der letztere Sie an das Gericht seines Gewissens verweist und stumm bleibt, weil ihm sowohl Ideen als auch Ausdrücke fehlen. Der andere aber wird erst dann zum Schweigen und zu tieferen Überlegungen gebracht, wenn er einen Circulus vitiosus durchlaufen hat, der ihn zu seinem Ausgangspunkt zurückführt oder ihn auf irgendeine andere Frage bringt, die noch schwerer zu lösen ist als die Frage, die er durch seine Definition erledigt zu haben glaubte.
Wird der Philosoph befragt, so sagt er: »Das Recht ist die Grundlage oder der erste Grund der Gerechtigkeit.« Was aber ist Gerechtigkeit? »Das ist die Verpflichtung, jedem das zu geben, was ihm zusteht.« Was aber steht dem einen eher zu als dem anderen in einem Zustand, in dem alles allen gehört und vielleicht die klare Idee einer Verpflichtung noch nicht besteht? Und was würde den anderen derjenige schuldig sein, der ihnen alles erlauben und von ihnen nichts verlangen würde? Da beginnt der Philosoph zu ahnen, daß unter allen Moralbegriffen das *Naturrecht* einer jener Begriffe ist, die am wichtigsten und am schwierigsten zu bestimmen sind. Darum würden wir glauben, in diesem Artikel viel vollbracht zu haben, wenn es uns gelungen wäre, einige jener Prinzipien klar darzulegen, mit deren Hilfe die Haupteinwände zu beseitigen sind, die man gegen den Begriff des *Naturrechts* zu erheben pflegt. Zu diesem Zweck ist es

notwendig, noch einmal von vorn anzufangen und nichts vorzubringen, was nicht evident ist oder wenigstens jene Evidenz aufweist, die in moralischen Fragen möglich ist und jeden vernünftigen Menschen befriedigt.

1. Wenn der Mensch nicht frei ist oder wenn seine momentanen Entscheidungen oder auch seine Schwankungen von irgend etwas Materiellem außerhalb seiner Seele abhängen, dann ist doch evident, daß seine Wahl keine bloße Handlung einer unkörperlichen Substanz und einer einfachen Fähigkeit dieser Substanz ist. Es gibt dann weder Gutes noch Böses, das vernünftig begründet ist, obwohl es Gutes und Böses geben könnte, das animalisch wäre; es gibt dann weder moralisch Gutes noch moralisch Böses, weder Gerechtes noch Ungerechtes, weder Pflicht noch Recht. Daraus ersieht man – beiläufig gesagt –, wie wichtig es ist, nicht nur die Realität der *Freiwilligkeit* festzustellen, sondern auch die Realität der *Freiheit*, die man nur allzu häufig mit der *Freiwilligkeit* verwechselt. Siehe die Artikel *Wille* und *Freiheit*.

2. Wir fristen ein armseliges, genügsames, unruhiges Dasein. Wir haben Leidenschaften und Bedürfnisse. Wir wollen glücklich sein; doch in jedem Augenblick fühlt sich der ungerechte und leidenschaftliche Mensch geneigt, dem anderen etwas anzutun, obwohl er wünscht, daß man es ihm selbst nicht antue. Das ist ein Urteil, das er im Grunde seiner Seele fällt und dem er sich nicht entziehen kann. Er sieht seine Schlechtigkeit ein und muß sie sich gestehen oder jedem ebensoviel Macht zubilligen, wie er selbst sich anmaßt.

3. Aber welche Vorwürfe können wir dem Menschen machen, der von so heftigen Leidenschaften gequält wird, daß ihm sogar das Leben zur Last fällt, wenn er sie nicht befriedigt, und der den anderen seine Existenz preisgibt, um das Recht zu erwerben, über ihre Existenz zu verfügen? Was sollen wir ihm antworten, wenn er furchtlos sagt: Ich fühle, daß ich inmitten der menschlichen Gattung Entsetzen und Unruhe verbreite; aber ich muß entweder unglücklich sein oder die anderen unglücklich machen, und niemand ist mir teurer, als ich selbst mir bin. Man werfe mir diese abscheuliche Vorliebe nicht vor; sie ist nicht freiwillig. Das ist die Stimme der Natur, die in mir am stärksten spricht, wenn sie zu meinen Gunsten spricht. Aber macht sie sich nicht ebenso heftig in *meinem* Herzen vernehmbar? Men-

schen, ich berufe mich auf euch! Wer von euch würde kurz vor dem Tode nicht sein Leben auf Kosten des größten Teils der Menschheit loskaufen, wenn er der Straflosigkeit und der Geheimhaltung gewiß wäre? »Aber«, wird er fortfahren, »ich bin gerechtigkeitsliebend und aufrichtig. Wenn mein Glück verlangt, daß ich mich aller Existenzen entledige, die mir lästig sind, so darf irgend jemand sich auch meiner Existenz entledigen, wenn sie ihm lästig ist. Die Vernunft will es, und ich stimme ihr zu. Ich bin nicht so ungerecht, von einem anderen ein Opfer zu fordern, das ich ihm nicht bringen will.«

4. Ich bemerke zunächst etwas, das der Gute und der Böse, wie mir scheint, anerkennen, nämlich daß man in allem vernünftig denken muß, weil der Mensch nicht nur ein Tier, sondern darüber hinaus ein vernünftig denkendes Tier ist; weil es folglich bei der Frage, um die es geht, Mittel zum Entdecken der Wahrheit gibt; weil derjenige, der sich weigert, die Wahrheit zu suchen, auf die Eigenschaft des Menschseins verzichtet und von den übrigen Mitgliedern seiner Gattung als wildes Tier behandelt werden muß; und weil jeder, der sich nicht der Wahrheit fügt, sobald sie entdeckt ist, unvernünftig oder böse, moralisch böse ist.

5. Was werden wir also unserem leidenschaftlichen Vernünftler antworten, bevor wir ihn zum Schweigen bringen? Daß seine ganze Rede darauf hinausläuft, festzustellen, ob er ein Recht über die Existenz der anderen erwirbt, wenn er ihnen seine Existenz preisgibt; denn er will nicht nur glücklich sein, er will auch gerechtigkeitsliebend sein und durch seine Gerechtigkeitsliebe ausschließen, daß man ihn als »böse« bezeichnen könnte. Sonst müßten wir ihn ja zum Schweigen bringen, ohne ihm zu antworten. Wir werden ihn also darauf aufmerksam machen, daß er sogar in dem Fall, in dem ihm das, was er preisgibt, so vollständig gehören würde, daß er nach Belieben darüber verfügen könnte, und in dem die Bedingung, die er den anderen stellt, für sie besonders vorteilhaft wäre, keine rechtmäßige Autorität hätte, um sie zur Annahme dieser Bedingung zu zwingen. Wer zu ihm sagt: »Ich will leben« – so werden wir fortfahren –, habe ebenso recht wie derjenige, der sagt: »Ich will sterben.« Der letztere habe nur ein Leben und wolle sich dadurch, daß er es preisgebe, zum Herrn über zahllose Leben machen. Sein Tausch wäre auch dann nicht billig, wenn es auf der ganzen Erdoberfläche

nur ihn und einen anderen bösen Menschen gäbe. Es sei absurd, anderen das aufzuzwingen, was man selbst wolle; es sei ungewiß, ob die Gefahr, in die er seinen Nächsten bringe, ebenso groß sei wie die Gefahr, der er sich gern aussetzen wolle. Was er selbst dem Zufall preisgebe, brauche kein angemessener Gegenwert für das zu sein, was ich unter seinem Zwang dem Zufall preisgeben solle. Die Frage des *Naturrechtes* sei viel komplizierter, als sie ihm erscheine. Er mache sich zum Richter und zum Angeklagten, und sein Gericht könne in dieser Angelegenheit nicht zuständig sein.

6. Wenn wir aber dem Individuum das Recht absprechen, über die Natur des Gerechten und des Ungerechten zu entscheiden, wohin werden wir dann diese große Frage bringen? Vor die Menschheit! Nur ihr steht es zu, sie zu entscheiden, weil das Wohl aller die einzige Leidenschaft ist, die sie hat. Der besondere Wille ist verdächtig; er kann gut oder böse sein, doch der allgemeine Wille ist immer gut; er hat nie getäuscht und wird nie täuschen. Wenn die Tiere zu einer Gattung gehörten, die unserer Gattung ungefähr gliche; wenn es ein zuverlässiges Verständigungsmittel zwischen ihnen und uns gäbe; wenn sie uns ihre Gefühle und Gedanken ganz klar mitteilen und unsere Gefühle und Gedanken ebenso klar erkennen könnten; kurz, wenn sie in einer allgemeinen Versammlung abstimmen könnten, so müßten wir sie hinzuziehen, und dann würde die Sache des *Naturrechtes* nicht mehr vor der *Menschheit* verhandelt werden, sondern vor der *Tierheit*. Aber die Tiere sind von uns durch unwandelbare und ewige Schranken getrennt, und es handelt sich hier doch um eine nur der menschlichen Gattung eigentümliche Ordnung von Kenntnissen und Ideen, die von der Würde der Menschheit ausgehen und ihre Würde ausmachen.

7. An den allgemeinen Willen muß sich das Individuum wenden, um zu erfahren, inwieweit es Mensch, Staatsbürger, Untertan, Vater, Sohn sein soll, und wann es ihm geziemt, zu leben oder zu sterben. Dem allgemeinen Willen obliegt es, die Grenzen aller Pflichten festzulegen. Sie besitzen das unantastbare *Naturrecht* auf alles, was Ihnen nicht von der ganzen Gattung streitig gemacht wird. Diese wird Sie über die Natur Ihrer Gedanken und Ihrer Wünsche aufklären. Alles, was Sie planen, alles, was Sie ausdenken, wird gut, groß, hervorragend, erhaben sein, wenn es von allgemeinem und gemeinsamem Interesse

ist. Es gibt keine für Ihre Gattung wesentliche Eigenschaft außer derjenigen, die Sie von allen Wesen Ihresgleichen zu Ihrem Glück und zum Glück dieser Wesen fordern. Diese Übereinstimmung zwischen Ihnen und allen anderen sowie zwischen allen anderen und Ihnen wird Sie immer kennzeichnen, sowohl wenn Sie Ihre Gattung verlassen, als auch wenn Sie in ihr bleiben. Verlieren Sie das niemals aus den Augen, sonst werden Sie sehen, wie alle Begriffe der Güte, der Gerechtigkeit, der Menschlichkeit und der Tugend in Ihrem Verstand schwanken. Sagen Sie sich oft: Ich bin Mensch und habe keine anderen wirklich unveräußerlichen *Naturrechte* als die der Menschheit.

8. Wo aber, werden Sie fragen, ist der Hort dieses allgemeinen Willens? Wo könnte ich ihn befragen? – In den Prinzipien des geschriebenen Rechtes aller gesitteten Nationen, in den gesellschaftlichen Handlungen der wilden und barbarischen Völker, in den stillschweigenden Übereinkünften der Feinde der Menschheit, ja sogar in der Empörung und dem Rachegefühl, jenen zwei Leidenschaften, welche die Natur auch in die Tiere gelegt zu haben scheint, um das Fehlen der gesellschaftlichen Gesetze und der öffentlichen Vergeltung auszugleichen.

9. Wenn Sie also über alles Gesagte gründlich nachdenken, so werden Sie von dem folgenden überzeugt sein: (1.) Der Mensch, der nur seinem besonderen Willen gehorcht, ist der Feind der Menschheit. (2.) Der allgemeine Wille ist in jedem Individuum ein Verstandesakt, weil der Verstand, während die Leidenschaften schweigen, darüber nachdenkt, was der Mensch von einem Wesen seinesgleichen fordern darf und was dieses Wesen seinerseits von ihm fordern kann. (3.) Diese Berücksichtigung des allgemeinen Willens der Gattung und des gemeinsamen Wunsches ist die Richtschnur für das Verhalten eines einzelnen gegenüber einem einzelnen in derselben Gesellschaft, eines einzelnen gegenüber der Gesellschaft, deren Mitglied er ist, und der Gesellschaft, der er angehört, gegenüber anderen Gesellschaften. (4.) Die Unterwerfung unter den allgemeinen Willen ist das Band aller Gesellschaften, ohne daß davon die Gesellschaften auszunehmen wären, die durch die Verbrechen entstanden sind. Ach, die Tugend ist so schön, daß sogar Räuber ihr Bild im Hintergrund ihrer Höhlen verehren! (5.) Die Gesetze müssen für alle, nicht aber für einen gemacht sein; sonst würde dieses vereinzelte Wesen jenem leidenschaftlichen Vernünftler glei-

chen, den wir im Abschnitt 5 zum Schweigen gebracht haben. (6.) Da von den zwei Willen – dem allgemeinen und dem besonderen – der allgemeine Wille niemals irrt, so ist es nicht schwer einzusehen, welchem Willen – zum Glück der Menschheit – die gesetzgebende Gewalt gehören sollte und welche Verehrung man jenen erhabenen Sterblichen schuldig ist, deren besonderer Wille die Autorität und die Unfehlbarkeit des allgemeinen Willens vereint. (7.) Wenn man annähme, daß der Begriff der Gattungen einem ewigen Wechsel unterworfen sei, so würde sich das Wesen des *Naturrechtes* doch nicht ändern, da es sich immer auf den allgemeinen Willen und den gemeinsamen Wunsch der ganzen Gattung beziehen würde. (8.) Die Billigkeit verhält sich zur Gerechtigkeit wie die Ursache zu ihrer Wirkung, oder die Gerechtigkeit kann nichts anderes sein als die erklärte Billigkeit. (9.) Kurz, alle diese Konsequenzen sind evident für denjenigen, der vernünftig denkt, und wer nicht vernünftig denken will, verzichtet darauf, Mensch zu sein, und muß deshalb als entartetes Wesen behandelt werden. (Diderot.)

Didyma – Dydime (Moderne Geographie und Wahrsagekunst): So heißt ein Ort auf der Insel Milet, der durch ein Orakel des Apollo berühmt ist, das Licinius, wie man erzählt, über die Aussichten des Krieges befragte, den er gegen Konstantin wiederbeginnen wollte, und das ihm mit zwei Versen Homers antwortete: »Unglücklicher, greife nicht Jünglinge an, da die Kräfte dich verlassen haben und du von der Bürde der Jahre gebeugt bist!« Man erzählt auch, daß der Kaiser Julian, der kein kleiner Geist war, sein möglichstes tat, um dieses Orakel wieder zu Ehren zu bringen, und daß er selbst den Titel eines Verkünders des Orakels von *Didyma* annahm. Aber man darf auf solche Märchen von Orakeln nichts geben. Welche Autorität sie auch immer stützen mag, so ersetzt sie doch niemals ganz die Wahrscheinlichkeit, die ihnen ihrem Wesen nach fehlt. Man muß sich dabei stets an die Erfahrung halten, die ihnen zehntausendmal widerspricht gegenüber einem einzigen Fall, in dem sie die Orakel weder bestätigt noch bestreitet. Man muß sich vor allem davor hüten, solche Begebenheiten mit den natürlichen und historischen Tatsachen zu verwechseln. Diese gewinnen im Laufe der Zeit immer mehr Gewißheit; die Begebenheiten dagegen verlieren sie immer mehr. Das Zeugnis der Überlieferung und der Geschichte verhält sich zu den einen und den anderen wie die Aussage eines Menschen, den wir auf einem bestimmten Sachgebiet bei einer Lüge ertappen würden, wann immer wir fähig wären, sie nachzuprüfen, und der uns auf einem anderen Sachgebiet stets die Wahrheit sagen würde. Wäre es nicht sehr wahrscheinlich, daß dieser Mensch uns auch in den Fällen belogen hat, in denen wir uns nicht selbst vergewissern konnten? Und reicht diese Überlegung nicht allein schon aus, um alle induktiven Schlüsse umzustoßen, die scharfsinnige Geister aus den Orakeln und anderen Wundern des Heidentums ziehen zu können glaubten? Siehe auch den Artikel *Orakel*. (Diderot.)

Eklektizismus – Eclectisme (Geschichte der alten und modernen Philosophie): Der Eklektiker ist ein Philosoph, der das Vorurteil, die Überlieferung, alles Althergebrachte, die allgemeine Zustimmung, die Autorität, ja alles, was die meisten Köpfe unterjocht, mit Füßen tritt und daher wagt, selbständig zu denken, auf die klarsten allgemeinen Prinzipien zurückzugehen, sie zu prüfen und zu erörtern, kein Ding anzuerkennen ohne das Zeugnis seiner Erfahrung und seiner Vernunft, und aus allen Philosophien, die er rücksichtslos und unvoreingenommen untersucht hat, eine besondere, ihm eigentümliche Hausphilosophie zu bilden. Ich sage »eine besondere Hausphilosophie«, weil das Bestreben des Eklektikers dahin geht, weniger der Erzieher der Menschheit zu sein als ihr Schüler, weniger die anderen zu bessern als sich selbst, weniger die Wahrheit zu lehren, als sie zu erkennen. Er ist kein Mensch, der pflanzt und sät; er ist ein Mensch, der sammelt und siebt. Er würde die Ernte, die er eingebracht hat, ruhig genießen, würde glücklich leben und unbekannt sterben, wenn die Schwärmerei, die Eitelkeit oder vielleicht auch ein edleres Gefühl ihn nicht veranlaßten, seinen Charakter aufzugeben.
Der Anhänger einer Schule ist ein Mensch, der sich die Lehre eines Philosophen angeeignet hat; der Eklektiker ist dagegen ein Mensch, der keinen Lehrer anerkennt. Wenn man also von den Eklektikern sagt, sie seien eine Schule von Philosophen gewesen, so verbindet man zwei sich widersprechende Ideen – es sei

denn, daß man unter dem Ausdruck Schule die Vereinigung einer gewissen Anzahl von Männern verstehen will, die nur ein einziges Prinzip gemeinsam haben, nämlich das, ihre Erkenntnisse von niemandem abhängig zu machen, alles mit ihren eigenen Augen zu sehen und lieber an einer richtigen Sache zu zweifeln, als sich der Gefahr auszusetzen, in Ermanglung der Prüfung eine falsche Sache anzuerkennen [...]

Der *Eklektizismus*, der seit der Entstehung der Welt die Philosophie der einsichtigen Geister gewesen war, bildete erst gegen Ende des zweiten Jahrhunderts eine Schule und erhielt erst am Anfang des dritten Jahrhunderts einen Namen. Der einzige Grund, den man dafür anführen kann, ist, daß bis dahin die Schulen aufeinandergefolgt waren und sich sozusagen geduldet hatten, daß aber der *Eklektizismus* nur aus ihrem Streit hervorgehen konnte. Es kam zu diesem Streit, als die christliche Religion sie alle durch die Schnelligkeit ihrer Fortschritte zu beunruhigen und durch eine bisher beispiellose Unduldsamkeit in Empörung zu versetzen begann. Bis dahin war man Pyrrhoniker, Skeptiker, Kyniker, Stoiker, Platoniker, Epikureer ohne jede Konsequenz gewesen. Welches Aufsehen mußte unter jenen ruhigen Philosophen nun eine Schule erregen, die als ersten Grundsatz aufstellte, es gäbe außerhalb ihres Schoßes keine Rechtschaffenheit in dieser Welt und kein Heil in der anderen Welt, weil ihre Moral die einzig wahre Moral und ihr Gott der einzig wahre Gott wäre! Der Aufruhr der Priester, der Menge und der Philosophen wäre allgemein gewesen ohne eine kleine Anzahl von kühlen Köpfen, wie man sie stets in den Gesellschaften findet: Menschen, die lange gleichmütig zuschauen und zuhören, reiflich erwägen, keiner Partei angehören und schließlich ein versöhnendes System schaffen, weil sie hoffen, die Mehrheit werde zu ihm zurückkehren [...]

Der *Eklektizismus*, diese so vernünftige Philosophie, die von den größten Genies lange Zeit gelehrt worden war, noch ehe sie einen Namen hatte, blieb bis zum Ende des sechzehnten Jahrhunderts vergessen. Damals machte die Natur, die so lange untätig geblieben war, als wäre sie erschöpft gewesen, eine Anstrengung und brachte endlich einige Männer hervor, die auf das schönste Vorrecht der Menschheit, nämlich die Freiheit, selbständig zu denken, bedacht waren, und so sah man die eklektische Philosophie wiederaufblühen unter Giordano

Bruno von Nola, Geronimo Cardano (siehe die *Philosophie Cardanos* in dem Artikel *Cardano*), Francis Bacon von Verulam (siehe den Artikel *Baconismus*), Tommasio Campanella (siehe die *Philosophie Campanellas* in dem Artikel *Campanella*), Thomas Hobbes (siehe den Artikel *Hobbismus*), René Descartes (siehe den Artikel *Cartesianismus*), Gottfried Wilhelm Leibniz (siehe den Artikel *Leibnizianismus*), Christian Thomasius (siehe *Philosophie von Thomasius* unter dem Stichwort *Thomasius*), Nikolaus Hieronymus Grundlingius, François Budé, Andreas Rudigerus, Hans Jakob Syrbius, Jean Leclerc, Malebranche u. a.

Wir würden kein Ende finden, wollten wir hier die Arbeiten dieser großen Männer darlegen, die Geschichte ihres Denkens verfolgen und zeigen, wieviel sie für den Fortschritt der Philosophie im allgemeinen und für den der modernen eklektischen Philosophie im besonderen getan haben. Wir verweisen lieber auf das, was in den entsprechenden Artikeln über sie gesagt wird, und beschränken uns darauf, in wenigen Worten ein Bild von der Erneuerung der eklektischen Philosophie zu entwerfen.

Der Fortschritt der menschlichen Kenntnisse ist ein vorgezeichneter Weg, von dem der menschliche Geist kaum abzuweichen vermag. Jedes Jahrhundert hat sein Sondergebiet und seine besondere Art von großen Männern. Wehe denen, die durch ihre angeborenen Talente dazu bestimmt sind, sich auf diesem Gebiet auszuzeichnen, aber erst im darauffolgenden Jahrhundert geboren werden und von dem Strom der vorherrschenden Studien zu literarischen Beschäftigungen getrieben werden, für die sie nicht die gleiche Begabung erhalten haben! Früher hätten sie leicht und erfolgreich gearbeitet und sich einen Namen gemacht; jetzt arbeiten sie mühsam, mit wenig Erfolg und ohne Ruhm, und sterben unbekannt. Wenn aber die Natur, die sie zu spät auf die Welt gebracht hat, sie zufällig zu jenem erschöpften Gebiet zurückführt, auf dem kein Ruhm mehr zu erwerben ist, so sieht man an den Leistungen, die sie vollbringen, daß sie den führenden Männern auf diesem Gebiet gleichgekommen wären, wenn sie deren Zeitgenossen gewesen wären. Wir haben keine von einer Akademie herausgegebene Sammlung, die uns nicht an hundert Stellen den Beweis für das liefert, was ich hier behaupte. Was trat also bei der Erneuerung der Wissenschaften in unserem Lande ein? Niemand dachte daran, Werke zu verfassen – das war nicht zweckmäßig, da es schon so viele Schriften gab, die man nicht verstand; auch wandten sich die Geister der Grammatik, der Gelehrsamkeit, Kritik, der Altertumskunde, der Literatur zu. Als man in der Lage war, die Autoren des Altertums zu verstehen, nahm man sich vor, sie nachzuahmen, und schrieb rhetorische Abhandlungen und alle möglichen Verse. Die Lektüre der Philosophen rief ebenfalls eine Art Wettstreit hervor; man argumentierte, man baute Systeme, und der Streit um sie deckte bald ihre starken und schwachen Seiten auf: So empfand man die Unmöglichkeit, irgendein System ganz anzuerkennen oder ganz abzulehnen. Die Anstrengungen, die man unternahm, um das System herauszustreichen, dem man sich angeschlossen hatte und dadurch das wiederherstellte, was die tägliche Erfahrung zerstörte, führte zur Entstehung des Synkretismus. Die Notwendigkeit, eine an allen Seiten einstürzende Festung schließlich zu verlassen, sich in eine andere zu stürzen, der bald dasselbe Schicksal widerfuhr, und diese gegen eine dritte zu vertauschen, die von der Zeit wieder zerstört wurde, veranlaßte zuletzt andere Unternehmer (um meinen Vergleich beizubehalten), sich auf das freie Feld zu begeben, um aus dem Material so vieler zerstörter Festungen, dem man einige Festigkeit zutrauen durfte, eine beständige, ewige Stadt aufzubauen, die den Angriffen, durch die alle Festungen zerstört worden waren, zu widerstehen vermochte. Diese neuen Unternehmer nannten sich *Eklektiker*. Kaum hatten sie die ersten Fundamente gelegt, da bemerkten sie, daß ihnen eine Unmenge Material fehlte und daß sie gezwungen waren, die schönsten Steine wegzuwerfen, weil ihnen die fehlten, die beim Bau als Verbindungssteine dienen müssen. Und so sagten sie zueinander: »Aber dieses Material, das uns fehlt, ist doch in der Natur vorhanden – suchen wir es also!« Sie begannen es in der Leere der Luft, im Inneren der Erde, auf dem Grund der Gewässer zu suchen, und das nannte man »die Erfahrungsphilosophie pflegen«. Aber bevor sie das Bauvorhaben aufgaben und das Material auf dem Boden verstreut liegenließen gleich ebenso vielen Verbindungssteinen, mußten sie sich durch den Versuch einer Zusammenfügung davon überzeugen, daß es völlig unmöglich war, ein festes und regelmäßiges Gebäude nach dem Vorbild der Welt zu errichten, die sie vor Augen hatten. Denn diese Männer nahmen sich nichts Geringeres vor, als die Entwürfe des großen Baumeisters und die verlorengegangenen Pläne dieser Welt wiederzufinden; aber die Zahl dieser Kombinationsmöglichkeiten ist unendlich. Sie haben schon eine große Anzahl von Kombinationen mit ziemlich wenig Erfolg versucht; doch kombinieren sie unaufhörlich weiter. Man kann sie daher *systematische Eklektiker* nennen.

Diejenigen, die nicht nur davon überzeugt sind, daß es uns an Material fehlt, sondern auch davon, daß wir mit dem Material, das wir besitzen, in dem Zustand, in dem es sich befindet, niemals etwas Gutes zustande bringen werden, beschäftigen sich unaufhörlich damit, weiteres Material zu sammeln. Die anderen aber, die im Gegenteil annehmen, daß man in der Lage ist, irgendeinen Teil des großen Gebäudes anzufangen, werden nicht müde, das Material zu kombinieren, und gelangen so im Laufe der Zeit und der Arbeit zu der Vermutung, daß es Steinbrüche gebe, aus denen sie einige Steine, die sie brauchen, holen könnten. So ist die Lage der Dinge in der Philosophie, und sie werden noch lange in dieser Lage bleiben, zu der sie der Kreis, den wir gezogen haben, notwendigerweise zurückführen würde, wenn sich die Erde infolge irgendeines unbegreiflichen Ereignisses für lange Zeit in eine undurchdringliche Finsternis hüllen sollte und wenn dadurch die Arbeiten auf allen Gebieten einige Jahrhunderte lang unterbrochen würden.

Daraus ist zu ersehen, daß es zwei Arten des *Eklektizismus* gibt: einen auf Erfahrung beruhenden, der darin besteht, die bekannten Wahrheiten und die gegebenen Tatsachen zu sammeln und ihre Zahl durch das Studium der Natur zu vergrößern, und den systematischen, der sich damit beschäftigt, die bekannten Wahrheiten miteinander zu vergleichen und die gegebenen Tatsachen zu kombinieren, um daraus entweder die Erklärung einer Erscheinung oder die Ahnung einer Erfahrung abzuleiten. Der auf Erfahrung beruhende *Eklektizismus* ist Sache der fleißigen Männer, der systematische dagegen Sache der Männer von Genie. Wer die beiden Arten des *Eklektizismus* zu vereinen vermag, wird seinen Namen unter die von Demokrit, Aristoteles und Bacon erhoben sehen.

Zwei Ursachen haben die Fortschritte dieses *Eklektizismus* verzögert: eine notwendige und unvermeidliche, die in der Natur der Dinge begründet liegt, und eine zufällige, die mit Ereignissen zusammenhängt, welche die Zeit entweder gar nicht oder zumindest nicht unter weniger ungünstigen Umständen herbeiführen konnte. Ich richte mich bei dieser Unterscheidung nach der gewöhnlichen Anschauungsweise und sehe von einem System ab, das einen Mann, der gründlich und scharf nachdenkt, nur zu leicht dazu verleiten könnte, anzunehmen, daß alle jene Ereignisse, von denen ich soeben gesprochen habe, in gleichem Maße notwendig sind. Die erste Ursache für die Verzögerung des modernen *Eklektizismus* ist der Weg, den der menschliche Geist bei seinen Fortschritten natürlicherweise verfolgt und der ihn unweigerlich veranlaßt, sich ganze Jahrhunderte lang mit Kenntnissen zu beschäftigen, die in allen vorausgegangenen Zeiten zur Aufgabe der Philosophie gehört haben und immer zu ihr gehören werden. Der menschliche Geist hat sein Kindes- und Mannesalter; hoffentlich hat er nicht auch seinen Niedergang, sein Greisenalter und seine Hinfälligkeit. Die Gelehrsamkeit, die Literatur, die Sprachen, die Altertumskunde beschäftigen ihn in seinen ersten Jahren und in seiner Jugend; die Philosophie kann nur die Beschäftigung seines Mannesalters und der Trost oder der Kummer seines Greisenalters sein: Das hängt von der Verwendung der Zeit und vom Charakter ab. Nun hat aber die menschliche Gattung ihre Eigenart und bemerkt in ihrer allgemeinen Geschichte sehr gut die leeren Zwischenräume und diejenigen, die mit Taten ausgefüllt sind, die ihr zur Ehre oder zur Schande gereichen. Was die Ursachen für die Verzögerung der eklektischen Philosophie betrifft, aus denen wir eine andere Gruppe bilden, so genügt es, wenn wir sie aufzählen. Es sind die Religionsstreitigkeiten, die so viele gute Köpfe beschäftigen, die Unduldsamkeit des Aberglaubens, die so viele andere verfolgt und entmutigt, die Bedürftigkeit, die einen Mann von Genie zwingt, das Gegenteil von dem zu tun, wozu ihn die Natur berufen hat, die Unwürdigen zugesprochenen Belohnungen, die ihn verbittern und ihm die Feder aus der Hand fallen lassen, die Gleichgültigkeit der Regierung, die in ihrer politischen Rechnung das Ansehen, das die Nation durch die Wissenschaften und die geselligen Künste erlangt, unendlich geringer veranschlagt, als es in Wirklichkeit ist, und die unter Vernachlässigung der Fortschritte der nützlichen Künste keine Summe für die Bemühungen eines Mannes von Genie opfert, der schließlich mit seinen Projekten im Kopf stirbt, ohne daß man vermuten könnte, daß die Natur jemals diesen Verlust wiedergutmachen wird. Denn in der ganzen Reihe der Individuen der menschlichen Gattung, die existiert haben und die existieren werden, kann es keinesfalls zwei geben, die sich vollkommen gleichen, und daraus ergibt sich für diejenigen, die logisch denken können, folgendes: Wann immer eine nützliche Entdeckung gemäß dem spezifischen Unterschied, der ein bestimmtes Individuum von allen unterschied und es zu einem solchen machte, nicht gemacht oder nicht veröffentlicht worden ist, wird sie nicht mehr gemacht werden; und das bedeutet einen ebenso großen Verlust für den Fortschritt der Wissenschaft und der Künste wie für das Glück und den Ruhm der menschlichen Gattung. Ich fordere diejenigen, die versucht sind, diese Überlegung für allzu spitzfindig zu halten, auf, hierüber einige unserer hervorragenden Zeitgenossen zu befragen; ich berufe mich auf ihr Urteil. Ich fordere sie auch auf, ihren Blick auf die Originalwerke des Altertums und der Neuzeit, um welches Gebiet es sich auch immer handeln mag, zu richten, einen Augenblick darüber nachzudenken, worin die Originalität besteht, und mir zu sagen, ob es zwei Originale gibt, die sich gleichen – ich meine nicht genau, aber doch ungefähr. Ich führe schließlich noch jene Protektion an, die nicht Männern zuteil wird, die ihre Nation bei den anderen Nationen würdig vertreten und denen das eigene Volk den Rang verdankt, den es bei künftigen Völkern einnehmen wird, kurz: Männern, die im Schoß der Nation verehrt werden und von denen man mit Bewunderung in den entlegensten Gegenden spricht, sondern denen Unglückliche vorgezogen werden, die zu der Rolle, die sie spielen, verurteilt sind, sei es von der Natur, die sie mittelmäßig oder bösartig geschaffen hat, sei es durch die Verderbtheit des Charakters, die sie solchen Umständen wie der schlechten Erziehung, der schlechten Gesellschaft, der Ausschweifung, der Selbstsucht und der Engstirnigkeit gewisser kleinmütiger Männer zu verdanken haben, die sie fürchten, die ihnen schmeicheln, die sie vielleicht irritieren, die sich schämen, ihre erklärten Gönner zu sein, obwohl die Öffentlichkeit, der nichts entgeht, schließlich doch solche Männer zu ihren Protegés zählt. Es scheint, daß man sich in der Gelehrtenrepublik von derselben grausamen Politik leiten läßt, die in den Demokratien des Altertums herrschte, in denen jeder Bürger, der allzu mächtig geworden war, vernichtet wurde. Dieser Vergleich ist um so richtiger, als jenes Gesetz, sobald man einige rechtschaffene Männer durch Ostrazismus geopfert hatte, auch die zu entehren begann, die es verschonte. Ich schrieb diese Betrachtungen am 11. Februar 1755 nach der Rückkehr von dem Leichenbegängnis eines unserer größten Männer, tiefbetrübt über den Verlust, den die Nation und die Wissenschaft in seiner Person erlitten hatten, und höchst empört über die Verfolgungen, die ihm widerfahren waren. Die Verehrung, die ich seinem Andenken entgegenbrachte, meißelte in sein Grabmal jene Worte, die ich kurz zuvor dazu bestimmt hatte, als Motto zu seinem großen Werk, dem »Geist der Gesetze«, zu dienen: *Alto quaesivit coelo lucem, ingemuitque reperta*.[1] Mögen sie der Nachwelt überliefert werden und ihr verkünden, daß für diesen so feinfühligen Mann, der durch das Geflüster seiner Feinde, die er fürchtete, beunruhigt wurde und der sich die fortwährenden Beleidigungen zu Herzen nahm, die er ohne das Siegel der Obrigkeit, mit denen sie versehen zu sein schienen, zweifellos verachtet hätte, der Verlust der Ruhe der traurige Lohn war für die Ehre, die er Frankreich gebracht hatte, und für den bedeutenden Dienst, den er der ganzen Welt geleistet hatte!

Bisher hat man den *Eklektizismus* nur in Dingen der Philosophie angewendet; aber angesichts der Gärung der Geister ist es nicht schwer, vorauszusehen, daß er sich weiter verbreiten wird. Ich glaube nicht – vielleicht ist es auch nicht zu wünschen –, daß seine ersten Wirkungen schnell eintreten werden, da diejenigen, die in der Praxis der Künste bewandert sind, nicht logisch genug denken und die anderen, die logisch zu denken pflegen, zuwenig gebildet und auch nicht geneigt sind, sich über den mechanischen Teil der Künste zu unterrichten. Wenn man die Reform voreilig durchführt, so kann es leicht vorkommen, daß man alles verbessern will und doch alles verdirbt. Die erste Einstellung hat zur Folge, daß man sich zu Extremen hinreißen läßt. Ich fordere die Philosophen auf, ihr zu mißtrauen. Wenn sie vorsichtig sind, werden sie sich entschließen, auf vielen Gebieten Schüler zu werden, ehe sie Lehrer sein wollen; sie werden auch einige Mutmaßungen wagen, bevor sie Prinzipien aufstellen. Mögen sie bedenken, daß sie es gewissermaßen mit Automaten zu tun haben, denen man einen Anstoß um so schonen-

---

[1] Vom erhabenen Himmel forderte er Licht und beklagte die heimlichen Ränke.

der geben muß, je weniger die schätzenswertesten unter ihnen ihn zu überstehen vermögen. Wäre es nicht vernünftig, zuerst die Hilfsmittel der Kunst zu untersuchen, bevor man ihre Grenzen zu erweitern oder zu verengen sucht? Fehlt uns diese Eingeweihtheit, so können wir weder bewundern noch tadeln. Die falschen Liebhaber der Künste verderben die Künstler, die halben Kenner entmutigen sie – ich meine in den freien Künsten. Aber während das Licht, das nach allen Richtungen ausstrahlt, alles durchdringen und der Geist unseres Jahrhunderts die Umwälzung, die er eingeleitet hat, weiter vorantreiben wird, werden die mechanischen Künste dort stehenbleiben, wo sie jetzt sind, wenn die Regierung es verschmäht, an ihren Fortschritten in einer nützlicheren Weise als bisher Anteil zu nehmen. Wäre es nicht zu wünschen, daß auch sie ihre Akademie hätten? Glaubt man etwa, daß die fünfzigtausend Francs, welche die Regierung jährlich ausgeben würde, um sie zu gründen und zu erhalten, schlecht angelegt wären? Was mich betrifft, so ist für mich klar erwiesen, daß aus einer solchen Akademie in zwanzig Jahren fünfzig Quartbände hervorgehen würden, in denen man kaum fünfzig unnütze Zeilen finden würde; die Erfindungen, die wir besitzen, würden sich vervollkommnen; die Verbreitung der Kenntnisse würde notwendigerweise weitere Kenntnisse entstehen lassen und zur Wiederentdeckung verlorengegangener alter Kenntnisse führen, und der Staat würde fünfzig unglücklichen Bürgern, die sich abgearbeitet haben und die kaum noch Brot für sich selbst und ihre Kinder haben, eine ehrenwerte Einnahmequelle und das Mittel bieten, der Gesellschaft weitere Dienste zu leisten, die vielleicht noch größer wären als die geleisteten, da sie in Denkschriften die wertvollen Beobachtungen niederlegen würden, die sie in vielen Jahren gemacht haben. Wie vorteilhaft wäre das für diejenigen, die sich zu derselben Laufbahn entschlössen, wenn sie diese mit der ganzen Erfahrung derer antreten könnten, die sie erst aufgeben, nachdem sie dabei weißes Haar bekommen haben! Da uns aber die Einrichtung, die ich vorschlage, noch fehlt, gehen alle diese Beobachtungen verloren, zerrinnt diese ganze Erfahrung, verfließen die Jahrhunderte, wird die Welt älter und stecken die mechanischen Künste noch immer in den Kinderschuhen [...] (Diderot.)

Ökonomie – Economie ou Oeconomie (Moral und Politik): Dies Wort kommt von οἶχος (Haus) und von νόμος (Gesetz) und bedeutet ursprünglich nur die weise, rechtmäßige Verwaltung des Hauses zum Gemeinwohl der ganzen Familie. Die Bedeutung dieses Terminus wurde in der Folge auch auf die Verwaltung der großen Familie, die der Staat darstellt, erweitert. Um diese beiden Bedeutungen zu unterscheiden, spricht man in dem einen Fall von *allgemeiner* oder *politischer Ökonomie* und in dem anderen von *häuslicher* oder *privater Ökonomie*. Nur von ersterer ist in diesem Artikel die Rede. Zu *häuslicher Ökonomie* siehe auch den Artikel *Familienvater*.

Wenn Staat und Familie so viele Gemeinsamkeiten hätten, wie mehrere Autoren behaupten, so würde daraus dennoch nicht hervorgehen, daß die Normen, die bei der Leitung einer dieser beiden Vereinigungen angebracht sind, auch für die der anderen angemessen wären. Sie sind von zu unterschiedlicher Größe, als daß sie in der gleichen Art und Weise verwaltet werden könnten, und immer wird ein erheblicher Unterschied zwischen der Regierung des Hauses, bei der der Vater alles selbst übersieht, und der Regierung des Staates bestehen, bei der das Oberhaupt fast alles nur mit den Augen anderer sieht. Damit in dieser Hinsicht gleiche Bedingungen herrschten, wäre erforderlich, daß die Talente, die Kraft und alle Fähigkeiten des Vaters im Verhältnis zur Größe seiner Familie zunähmen und der Geist eines mächtigen Monarchen sich zu dem eines gewöhnlichen Menschen wie sein ausgedehntes Reich zu dem ererbten Besitz eines einzelnen verhielte.

Aber wie könnte die Regierung eines Staates der einer Familie gleich sein, deren Grundlagen doch ganz anders sind? Da der Vater seinen Kindern körperlich überlegen ist, solange sie seine Hilfe brauchen, gilt die väterliche Gewalt zu Recht als von der Natur eingesetzt. In der großen Familie, deren Glieder ihrer Natur nach alle gleich sind, kann die politische Autorität, die ihrer Entstehung nach ganz willkürlich ist, nur auf Vereinbarungen beruhen, und die Obrigkeit darf den anderen nur kraft der Gesetze gebieten. Die Macht des Vaters über die Kinder, die sich auf deren persönlichen Vorteil gründet, kann sich ihrer Natur nach nicht bis zum Recht über Leben und Tod erstrecken. Der souveränen Macht hingegen, die nur das Gemeinwohl zum Ziel hat, sind keine anderen Grenzen als der recht verstandene

Nutzen der Allgemeinheit gesteckt, eine Unterscheidung, die ich an geeigneter Stelle erklären werde. Einem Vater werden seine Pflichten von natürlichen Gefühlen diktiert, in einem Ton, der selten Ungehorsam zuläßt. Die Staatsoberhäupter haben keine derartige Richtschnur und sind dem Volk gegenüber nur verpflichtet, ihre Versprechungen zu halten, und das Volk hat das Recht, zu verlangen, daß diese in die Tat umgesetzt werden. Ein anderer noch wichtigerer Unterschied ist folgender: Da die Kinder nichts anderes besitzen, als was sie vom Vater bekommen, ist es augenscheinlich, daß alle Eigentumsrechte ihm gehören oder von ihm ausgehen. Ganz im Gegensatz zur großen Familie; denn die allgemeine Verwaltung wurde dort nur geschaffen, um den Besitz des einzelnen, der bereits vor ihr bestand, zu sichern. Hauptziel der Anstrengungen der ganzen Familie ist, das Erbe des Vaters zu erhalten und zu mehren, damit er es dereinst unter seinen Kindern aufteilen und sie vor Armut bewahren kann. Das Vermögen des Staatshaushaltes hingegen ist nur ein – oft sehr mißverstandenes – Mittel, um die einzelnen in Frieden und Wohlstand zusammenzuhalten. Mit einem Wort, die kleine Familie ist dazu bestimmt, zu erlöschen und sich dereinst in verschiedene andere aufzulösen. Die große Familie aber ist dazu geschaffen, immer in dem gleichen Zustand zu verbleiben. Daher muß sich die eine vergrößern, um sich zu verzweigen; und für die andere genügt es nicht nur, daß sie bleibt, wie sie ist, sondern es läßt sich darüber hinaus leicht beweisen, daß jede Vergrößerung ihr mehr schadet als nützt.

Aus mehreren Gründen, die in der Natur der Sache liegen, muß der Vater in der Familie befehlen. Erstens: Die Autorität darf nicht gleichmäßig zwischen Vater und Mutter verteilt sein, sondern es macht sich nötig, daß einer die Herrschaft ausübt und bei Meinungsverschiedenheiten eine Stimme das Übergewicht erhält und entscheidet. Zweitens: Wie gering man auch die der Frau eigenen Unpäßlichkeiten erachtet, so bedeuten sie doch immer eine Zeit der Untätigkeit und sind deshalb Grund genug, ihr dieses Vorrecht abzusprechen; denn bei völligem Gleichgewicht genügt ein Strohhalm, um es zu zerstören. Darüber hinaus soll der Mann das Verhalten seiner Frau überwachen, weil er sich vergewissern muß, daß die Kinder, die er anerkennen und ernähren soll, niemand anderem gehören als ihm. Die Frau, die nichts Ähnliches zu fürchten braucht, hat nicht das gleiche

Recht über ihren Mann. Drittens: Die Kinder müssen dem Vater zunächst aus Hilflosigkeit und später aus Dankbarkeit gehorchen; nachdem sie von ihm die halbe Zeit ihres Lebens Unterhalt empfangen haben, müssen sie die restliche Zeit dazu verwenden, für seinen zu sorgen. Viertens: Was die Hausangestellten anbelangt, so haben sie ihre Arbeit auch ihm zu verdanken; denn er sorgt für ihr Auskommen; es sei denn, sie lösen den Vertrag, wenn es ihnen nicht mehr behagt. Ich spreche nicht von der Sklaverei, weil sie im Widerspruch zur Natur steht und kein Gesetz sie rechtfertigen kann.

Nichts von alledem ist in der staatlichen Gemeinschaft zu finden. Das Staatsoberhaupt, weit davon entfernt, ein natürliches Interesse am Glück der einzelnen zu haben, sucht nicht selten das seine in ihrem Elend. Ist die Herrschaft erblich, so gebietet Männern oft ein Kind; wird sie aber gewählt, so stellen sich bei den Wahlen tausend Schwierigkeiten ein; und in dem einen wie dem anderen Fall gehen die Vorzüge der väterlichen Herrschaft verloren. Habt ihr nur ein einziges Oberhaupt, so seid ihr einem Herrn ausgeliefert, der keinen Grund hat, euch zu lieben; habt ihr mehrere, so müßt ihr zugleich ihre Tyrannei und ihre Zwietracht erdulden. Mit einem Wort, Machtmißbrauch ist unvermeidlich, und die Folgen sind verheerend in jeder Gesellschaft, in der das Gemeininteresse und die Gesetze keine natürliche Gewalt besitzen und ununterbrochen Angriffen von seiten des Einzelinteresses sowie der Leidenschaften des Oberhaupts und der einzelnen Mitglieder ausgesetzt sind.

Obwohl der Familienvater und das Regierungsoberhaupt bei der Erfüllung ihrer Aufgaben das gleiche Ziel verfolgen, so geschieht dies doch auf ganz verschiedene Art und Weise; ihre Rechte und Pflichten sind so unterschiedlich, daß man sie nicht gleichsetzen kann, ohne falsche Vorstellungen von den grundlegenden Gesetzen der Gesellschaft zu haben und in Irrtümer zu verfallen, die für die Menschheit verhängnisvoll sind. In der Tat, wenn die Stimme der Natur der beste Ratgeber ist, auf den ein guter Vater hören kann, wenn er seine Pflichten recht erfüllen will, so ist sie doch für den Regierenden ein falscher Führer und sucht ihn beständig von den seinen abzubringen und stürzt ihn und den Staat früher oder später ins Unglück, wenn ihn nicht die erhabenste Tugend davor bewahrt. Die einzig nötige Vorsicht, die der Familienvater walten lassen muß, ist, sich vor der Depravation in acht zu nehmen und zu verhüten, daß die natürlichen Neigungen bei ihm entarten; aber gerade sie korrumpieren den Regierenden. Um richtig zu handeln, braucht der eine nur sein Herz zu befragen, der andere wird zum Verräter, sobald er auf seins hört; selbst auf seine Vernunft kann er sich nicht verlassen und darf sich nichts anderes zur Richtschnur nehmen als die öffentliche Vernunft: das Gesetz. Daher brachte die Natur eine Menge guter Familienväter hervor, aber seit Bestehen der Welt brachte die menschliche Weisheit sehr wenig gute Staatsoberhäupter hervor.

Aus all dem bisher Gesagten folgt: Man hat zu Recht zwischen der *öffentlichen* und der *privaten Ökonomie* unterschieden, und da der Staat in nichts anderem der Familie gleicht als in der Pflicht der Oberhäupter, für das Glück beider zu sorgen, können deren Rechte nicht derselben Quelle entspringen, und es wäre unangebracht, beide nach den gleichen Grundsätzen zu regieren. [...]

Ich bitte meine Leser, ferner zu unterscheiden zwischen der *öffentlichen Ökonomie,* von mir *Regierung* genannt und Gegenstand meines Artikels, und der höchsten Autorität, von mir *Souveränität* genannt; eine Unterscheidung, die darin besteht, daß die eine die gesetzgebende Gewalt besitzt und in gewissen Fällen über den Volkskörper selbst bestimmt, während die andere nur die ausführende Gewalt besitzt und nur über die einzelnen bestimmen kann. Vgl. die Artikel *Politik* und *Souveränität.*

Es sei mir erlaubt, einen Augenblick einen gängigen, in vieler Hinsicht ungenauen Vergleich zu gebrauchen, der aber zum besseren Verständnis beiträgt.

Der Staatskörper kann individuell aufgefaßt als ein lebender Organismus betrachtet werden, der dem menschlichen Körper ähnlich ist. Die souveräne Macht stellt der Kopf dar; Gesetze und Sitten sind das Gehirn als Ursprung der Nerven und Sitz des Verstandes, des Willens und der Sinne; Richter und Regierungsbeamte sind die Organe; Handel, Industrie und Landwirtschaft sind Mund und Magen, die die gemeinsame Existenzgrundlage schaffen; die öffentlichen Finanzen sind das Blut, das von einer weisen *Ökonomie*, die die Funktionen des Herzens ausübt, in den ganzen Körper ausgesandt wird, um Nährstoffe und Leben zu verbreiten; die Staatsbürger sind der Körper und die Glieder, die die Maschine in Bewegung setzen und lebens- und arbeitsfähig machen und die man an keiner Stelle verletzen kann, ohne daß sich nicht die schmerzhafte Erregung bis zum Gehirn fortpflanzte, wenn der Organismus gesund ist.

Das Leben des einen wie des anderen ist das dem Ganzen gemeinsame *Ich*, das Empfinden füreinander und die innere Entsprechung aller Teile. Wenn diese Verbindung aufhört zu bestehen, wenn sich die festgefügte Einheit auflöst und aus dem Ineinander der zusammengehörenden Teile ein Nebeneinander wird, dann ist der Mensch bzw. der Staat nicht lebensfähig.

Der Staatskörper ist also auch ein moralisches Wesen mit einem Willen; und dieser Gemeinwille, der stets auf die Erhaltung und das Wohl des Ganzen und jedes einzelnen Teiles gerichtet ist und die Quelle der Gesetze darstellt, ist für alle Glieder des Staates im Hinblick auf sie selbst und auf den Staat der Maßstab für Recht und Unrecht. Es ist dies eine Wahrheit, die nebenbei gesagt zeigt, wie wenig Grund so viele Schriftsteller hatten, als Diebstahl zu betrachten, daß die Kinder Spartas sich ihr karges Mahl mit List verdienen mußten; als ob etwas, was das Gesetz vorschreibt, nicht legitim sein könnte! Vgl. unter *Recht* die Quelle dieses großen einleuchtenden Prinzips, das in diesem Artikel entwickelt wird.

Es ist wichtig zu beachten, daß dieser Rechtsmaßstab, der in bezug auf alle Staatsbürger richtig ist, Ausländern gegenüber falsch sein kann, und der Grund hierfür leuchtet ein: Der Wille des Staates, der zwar in bezug auf seine Glieder ein Gemeinwille ist, ist dies nicht mehr in bezug auf andere Staaten und ihre Glieder, sondern wird für sie zu einem besonderen und individuellen Willen, der seinen Rechtsmaßstab im Naturgesetz hat, was auch mit dem aufgestellten Grundsatz übereinstimmt, denn dann wird die große Stadt Welt zu dem politischen Körper, dessen Naturgesetz stets der Gemeinwille ist und dessen verschiedene Staaten und Völker nur einzelne Glieder sind.

Von diesen Unterscheidungen, auf jede staatliche Gemeinschaft und ihre Glieder angewandt, kann man die allgemeinsten und sichersten Kriterien ableiten, aus denen man auf eine gute oder schlechte Regierung und ganz allgemein auf die Sittlichkeit aller Handlungen der Menschen schließen darf.

Jede staatliche Gemeinschaft setzt sich aus anderen kleineren Gemeinschaften verschiedener Art zusammen, von denen jede ihre Interessen und Grundsätze hat. Aber diese Gemeinschaf-

ten, die jeder wahrnimmt, weil sie eine äußere autorisierte Form haben, sind nicht die einzigen, die in Wirklichkeit innerhalb des Staates existieren; alle Einzelpersonen, die ein gemeinsames Interesse verbindet, bilden genauso viele andere Gemeinschaften von kurzer oder langer Dauer, deren Kraft deshalb nicht weniger wirklich ist, weil sie weniger in Erscheinung tritt. Die genaue Beobachtung ihrer verschiedenen Beziehungen bedeutet wahrhafte Kenntnis der Sitten. Alle diese losen oder festgefügten Vereinigungen modifizieren auf so mannigfaltige Art und Weise die Erscheinungsformen des öffentlichen Willens durch den Einfluß des ihrigen. Der Wille dieser Einzelgemeinschaften hat stets zwei Seiten; für die Mitglieder dieser Vereinigungen ist er ein Gemeinwille; für die Gesellschaft im Großen ist er ein Einzelwille; sehr oft ist er im ersten Fall rechtmäßig und im zweiten unrechtmäßig. Jemand kann ein frommer Priester, ein tapferer Soldat oder ein beflissener Jurist und ein schlechter Staatsbürger sein. Ein Beschluß kann von Vorteil für die kleine Gemeinschaft und sehr verderblich für die große sein. Da die Einzelgemeinschaften stets den Gemeinschaften, deren Bestandteil sie bilden, untergeordnet sind, ist man freilich diesen vor den anderen Gehorsam schuldig; denn die Pflichten des Staatsbürgers kommen vor denen des Senators und die menschlichen vor denen des Staatsbürgers. Aber leider steht immer das persönliche Interesse im umgekehrten Verhältnis zur Pflicht und nimmt in dem Maße zu, wie die Vereinigung enger und die Bindung profaner wird – ein unumstößlicher Beweis dafür, daß der allgemeinste Wille auch stets der gerechteste ist und die Stimme des Volkes wirklich Gottes Stimme ist.
Daraus folgt jedoch nicht, daß öffentlich gefaßte Beschlüsse immer gerecht sein müßten, sie können ungerecht sein, wenn es sich um auswärtige Angelegenheiten handelt, weshalb, sagte ich bereits. So ist es nicht unmöglich, daß eine gut regierte Republik einen ungerechten Krieg führt; und auch nicht, daß der Rat einer Demokratie schlechte Verordnungen ausarbeitet und Unschuldige verurteilt. Aber das wird nie geschehen, wenn das Volk nicht durch Einzelinteressen verführt wird, die einige wenige geschickte Männer glaubwürdig und beredsam an die Stelle seiner wahren Interessen setzen. Dann werden öffentlich gefaßte Beschlüsse und Gemeinwille auseinanderfallen. Man halte mir ja nicht die attische Demokratie entgegen, denn Athen

war in Wirklichkeit keine Demokratie, sondern eine sehr tyrannische, von Gelehrten und Rhetoren regierte Aristokratie. Untersucht sorgfältig, auf welche Art und Weise Beschlüsse zustande kommen, und ihr werdet sehen, daß der Gemeinwille stets für das Gemeinwohl ist; aber sehr häufig kommt es zu einer geheimen Spaltung, zu einem stillschweigenden Bündnis, das zugunsten privater Absichten die natürliche Tendenz der Versammlung zu umgehen versteht. Dann spaltet sich das Gesellschaftsgefüge tatsächlich in andere auf, deren Mitglieder einen Gemeinwillen annehmen, der gut und gerecht ist im Hinblick auf diese neuen Körperschaften und schlecht und ungerecht im Hinblick auf das Ganze, aus dem jede einzelne sich ausgliedert.

Man sieht, wie leicht man mit Hilfe dieser Prinzipien die scheinbaren Widersprüche erklären kann, die man im Verhalten so vieler Menschen gewahrt; auf der einen Seite redlich und ehrenwert, sind sie auf der anderen Betrüger und Spitzbuben; sie treten die heiligsten Pflichten mit Füßen und bleiben Bündnissen, die oft unrechtmäßig sind, treu bis in den Tod. So ehren die verderbtesten Menschen immerhin in gewisser Weise den öffentlichen Glauben, und so beten, wie man im Artikel *Recht* feststellen konnte, selbst Räuber, die in der Gesellschaft Feinde der Tugend sind, deren Götzenbild in ihren Höhlen an.

Wenn ich den Gemeinwillen als oberstes Prinzip der öffentlichen *Ökonomie* und ersten Grundsatz der Regierung ansah, hielt ich es nicht für nötig, ernsthaft zu untersuchen, ob die Regierungsbeamten dem Volk oder das Volk den Regierungsbeamten gehört und ob man in den öffentlichen Angelegenheiten das Wohl des Staates oder das der Oberen im Auge haben soll. Seit langem wurde diese Frage von der Praxis anders entschieden als von der Vernunft; und überhaupt wäre es sehr töricht zu hoffen, die tatsächlichen Herren würden vor ihrem Interesse einem anderen den Vorrang geben. Es dürfte also angebracht sein, die öffentliche *Ökonomie* nochmals in eine Volks- und eine Tyrannenökonomie zu unterteilen. Unter der ersten versteht man die aller Staaten, in denen es zwischen dem Interesse und dem Willen von Volk und Oberen keinen Unterschied gibt; die zweite besteht also zwangsläufig überall dort, wo Regierung und Volk verschiedene Interessen und demzufolge einen entgegengesetzten Willen haben. Die Grundsätze letzterer sind ausführlich im Archiv der Geschichte und den Satiren Machiavellis beschrieben. Erstere finden sich nur in den Schriften der Philosophen, die die Menschenrechte zu fordern wagen.

1. Der erste und wichtigste Grundsatz der rechtmäßigen oder Volksregierung, das heißt derjenigen, die das Wohl des Volkes zum Ziel hat, ist also, wie ich schon feststellte, daß sie sich in allem nach dem Gemeinwillen richtet. Um sich aber nach ihm zu richten, muß sie ihn kennen und vor allem, angefangen bei sich selbst, vom Einzelwillen genau unterscheiden können; dies bereitet stets große Schwierigkeiten, und nur die erhabenste Tugend kann die nötige Aufklärung geben. Da man frei sein muß, um zu wollen, so ist eine weitere, kaum geringere Schwierigkeit, zugleich die öffentliche Freiheit und die Autorität der Regierung zu gewährleisten. Sucht nach den Gründen, welche die aufeinander angewiesenen und deshalb in der Gesellschaft vereinten Menschen dazu veranlaßt haben, sich in gesellschaftlichen Vereinigungen noch enger zusammenzuschließen, und ihr werdet keine anderen finden als das Verlangen, Gut, Leben und Freiheit eines jeden Gliedes durch den Schutz aller zu garantieren; wie soll man nun aber die Menschen zwingen, die Freiheit des einen zu verteidigen, ohne die der anderen zu verletzen? Wie soll man für die Bedürfnisse der Öffentlichkeit sorgen, ohne den Privatbesitz derer zu schmälern, die man zwingt, dazu beizutragen? Mit welchen Sophismen man auch immer dies alles beschönigen könnte, steht doch fest: Wenn man meinen Willen zwingen kann, bin ich nicht mehr frei, und ich bin nicht mehr Herr meines Hab und Gutes, wenn ein anderer daran Hand anlegen kann. Diese Schwierigkeit, die unüberwindlich erscheinen mußte, wurde zusammen mit der vorhin erwähnten durch die erhabenste aller menschlichen Einrichtungen oder vielmehr durch eine Eingebung des Himmels behoben, die die Menschen lehrte, auf Erden die unveränderlichen Ratschlüsse der Gottheit nachzuahmen. Welche unbegreifliche Kunst wies uns den Weg, die Menschen zu unterwerfen, um sie frei zu machen; das Gut, den Arm, ja sogar das Leben aller seiner Mitglieder zum Nutzen des Staates einzusetzen, ohne sie zu zwingen und ohne sie zu fragen; mit ihrer Einwilligung ihren Willen zu fesseln; trotz ihres Protestes ihr Einverständnis ins Treffen zu führen und sie zu zwingen, sich selbst zu strafen, wenn sie tun, was sie nicht tun wollten? Wie ist es möglich, daß

sie gehorchen und keiner befiehlt, daß sie dienen und keinen Herrn haben; daß sie tatsächlich um so freier sind, als bei scheinbarer Unterdrückung keiner mehr von seiner Freiheit einbüßt als das, was der eines anderen schaden kann? Diese Wunder sind das Werk des Gesetzes. Allein dem Gesetz verdanken die Menschen Gerechtigkeit und Freiheit; dieses heilsame Organ des Willens aller setzt wieder die natürliche Gleichheit unter den Menschen in ihre Rechte ein; diese Stimme des Himmels diktiert jedem Staatsbürger die Gebote der öffentlichen Vernunft und lehrt ihn, nach den Grundsätzen seines eigenen Verstandes zu handeln und nicht in Widerspruch mit sich selbst zu geraten. Nur sie allein dürfen die Oberhäupter sprechen lassen, wenn sie befehlen; denn sobald ein Mensch unabhängig von den Gesetzen einen anderen seinem privaten Willen unterwerfen möchte, steht er auch schon außerhalb des Gesellschaftszustands und befindet sich ihm gegenüber im reinen Naturzustand, in dem Gehorsam nur von der Notwendigkeit diktiert ist.
Das vordringlichste Interesse des Staatsoberhauptes und seine unerläßlichste Pflicht ist es also, über die Einhaltung der Gesetze zu wachen; er ist ihr Hüter, auf ihnen beruht seine ganze Autorität. Wenn er die anderen dazu anhalten soll, sie zu befolgen, muß er sie erst recht selbst befolgen, da er alle ihre Vorteile genießt. Denn sein Beispiel hat eine so große Wirkung, daß er sich, selbst wenn das Volk dulden würde, wie er sich dem Joch der Gesetze entzieht, hüten müßte, von einem so gefährlichen Vorrecht Gebrauch zu machen, denn andere würden sogleich versuchen, es sich ihrerseits anzumaßen, und oft zu seinem Schaden. Da alle Verpflichtungen in der Gesellschaft ihrer Natur nach auf Gegenseitigkeit beruhen, ist es im Grunde genommen nicht möglich, sich den Gesetzen zu entziehen, ohne auf ihre Vorteile zu verzichten; und niemand ist jemandem etwas schuldig, der behauptet, niemandem etwas schuldig zu sein. Aus dem gleichen Grunde wird bei einer wirklich sittlichen Regierung niemals eine Ausnahme zum Gesetz zugelassen, zu welchem Zweck es auch sein mag. Selbst die Staatsbürger, die sich um das Vaterland sehr verdient gemacht haben, sollen mit Ehrenbezeigungen, aber niemals mit Privilegien belohnt werden; denn der Staat ist am Rande des Abgrunds angelangt, sobald jemand auf den Gedanken kommt, daß es schön sei, den Gesetzen nicht zu gehorchen. Wenn der Adel, das Militär oder

irgendein anderer Stand einen derartigen Grundsatz annehmen würde, wäre alles rettungslos verloren.

Die Macht der Gesetze hängt noch mehr von ihrer Weisheit als von der Strenge ihrer Hüter ab, und der öffentliche Wille verdankt sein größtes Gewicht der Vernunft, von der er gelenkt wird. Aus diesem Grunde hält Platon es für eine sehr wichtige Vorsichtsmaßnahme, stets an die Spitze der Gesetze eine erklärende Präambel zu stellen, die deren Rechtmäßigkeit und Nützlichkeit aufzeigt. In der Tat, das erste der Gesetze heißt: Achte die Gesetze! Denn strenge Strafen sind nur ein eitles, von kleinen Geistern erdachtes Hilfsmittel, um den Terror an die Stelle des Respekts zu setzen, den sie sich nicht verschaffen können. Man hat stets beobachtet, daß in den Ländern, wo die Strafen am schrecklichsten sind, sie auch am häufigsten angewandt werden, so daß die Grausamkeit der Strafen kaum mehr als die große Zahl der Gesetzesübertretungen angibt, und wenn man alles mit gleicher Strenge bestraft, zwingt man die Schuldigen, Verbrechen zu begehen, um sich der Strafe für ihre Vergehen zu entziehen.

Obgleich aber die Regierung nicht Herr über das Gesetz ist, so ist es doch viel, daß sie ihr Bürge ist und auf tausenderlei Art und Weise dafür sorgen kann, daß es geliebt wird. Nur darin besteht das Talent zum Herrschen. Hat man die Gewalt in der Hand, ist es gar keine Kunst, alle Welt in Furcht und Schrecken zu halten, und keine große, die Herzen aller zu gewinnen; denn die Erfahrung hat das Volk schon längst gelehrt, den Oberen all das Übel, das sie ihm nicht antun, hoch anzurechnen und sie zu verehren, wenn es nicht von ihnen gehaßt wird. Ein Dummkopf, dem man Gehorsam schenkt, kann Missetaten so gut wie jeder andere bestrafen; aber ein wirklicher Staatsmann beugt vor; seine ehrenwerte Herrschaft erstreckt sich mehr auf den Willen als auf die Handlungen. Wenn er erreichen könnte, daß jedermann nur Gutes tut, bliebe für ihn selbst nichts mehr zu tun, und seine Meisterleistung wäre, müßig sein zu können. Wenigstens steht fest, daß das größte Talent der Oberen darin besteht, ihre Macht zu verkleiden, damit sie weniger gehaßt wird, und den Staat so ruhig zu leiten, daß er den Anschein erweckt, als brauche er keine Führer.

Ich schlußfolgere also: Da die oberste Pflicht des Gesetzgebers ist, die Gesetze mit dem Gemeinwillen in Übereinstimmung zu bringen, lautet das oberste Prinzip der öffentlichen *Ökonomie:* Die Verwaltung muß den Gesetzen entsprechen. Das würde bereits genügen, damit der Staat nicht schlecht regiert wird, vorausgesetzt, daß der Gesetzgeber pflichtgemäß für alles gesorgt hat, was die Gegebenheiten des Ortes, das Klima, der Boden, die Sitten, die Grenznachbarn und all die besonderen Verhältnisse des Volkes, das er schaffen will, erfordern. Natürlich bleiben der Weisheit der Regierung noch eine Unmenge Einzelheiten der öffentlichen Ordnung und der *Ökonomie* überlassen. Aber sie hat stets zwei unfehlbare Richtlinien, um sich in diesen Situationen angemessen zu verhalten: einmal den Geist des Gesetzes, der in den Fällen entscheiden muß, die das Gesetz nicht vorhersehen konnte, und zum anderen den Gemeinwillen, die Quelle und Ergänzung aller Gesetze, der stets befragt werden muß, wenn keine vorhanden sind. Man wird mir entgegnen: Wie soll man den Gemeinwillen in den Fällen erkennen, wo er sich nicht kundgetan hat? Soll man das ganze Volk bei jedem unvorhergesehenen Ereignis versammeln? Dies soll man um so weniger tun, als nicht sicher ist, ob seine Entscheidung der Ausdruck des Gemeinwillens wäre; auch ist dieser Weg bei einem großen Volk nicht gangbar und selten nötig, wenn die Regierung gute Absichten hegt, denn die Oberen wissen genau, daß der Gemeinwille stets für die dem öffentlichen Interesse günstigste, das heißt gerechteste Lösung ist; so muß man also nur gerecht sein, um sicherzugehen, daß man sich nach dem Gemeinwillen richtet. Oftmals, wenn man ihn zu offensichtlich verletzt, macht er sich trotz des furchtbaren Hemmnisses, das die öffentliche Autorität für ihn bedeutet, bemerkbar. [...]

Es ist schon viel, wenn in allen Teilen des Landes Frieden und Ordnung hergestellt sind, wenn Ruhe im Staat herrscht und das Gesetz respektiert wird; aber bringt man nicht mehr zuwege, ist dies alles mehr Schein als Sein, und die Regierung wird sich schwer Gehorsam verschaffen, wenn sie sich mit bloßem Gehorsam begnügt. Ist es auch gut, die Menschen so zu nehmen, wie sie sind, so ist es doch noch viel besser, sie zu formen, wie man sie braucht. Am unumschränktesten ist die Autorität, die bis ins Innere des Menschen dringt und sich nicht minder auf den Willen als auf die Handlungen erstreckt. Es ist gewiß, daß auf die Dauer die Völker das sind, wozu die Regierung sie macht: Krieger, Staatsbürger, Menschen, wenn sie will; niedriger Pöbel, wenn ihr das Spaß macht. Und jeder Fürst, der seine Untertanen verachtet, entehrt sich selbst, denn er gibt dadurch zu erkennen, daß er nicht verstand, sie achtenswert zu machen. Bildet also Menschen heran, wenn ihr Menschen befehlen wollt, und wenn ihr wollt, daß man den Gesetzen gehorcht, sorgt dafür, daß man sie liebt und daß man sich nur zu erinnern braucht, man soll etwas tun, um zu tun, was man soll! Darin bestand die große Kunst der Regierungen in der Antike, in jenen längst vergangenen Zeiten, da die Philosophen den Völkern Gesetze gaben und ihr Ansehen nur darauf verwandten, sie weise und glücklich zu machen. Daher so oft Luxusgesetze, so oft Vorschriften zu den Sitten, so oft öffentliche Maximen, über deren Annahme oder Ablehnung mit großer Sorgfalt entschieden wurde. Selbst die Tyrannen vernachlässigten nicht diesen wichtigen Bereich der Regierungspraxis. Sie waren ebenso sorgsam darauf bedacht, die Sitten ihrer Sklaven zu verderben, wie die Regierungsbeamten, die ihrer Mitbürger zu läutern. Unsere modernen Regierungen aber, die alles getan glauben, wenn sie Geld abgeschöpft haben, können sich nicht einmal vorstellen, daß man so weit gehen muß oder kann.

2. Der zweite Grundsatz der öffentlichen *Ökonomie* ist nicht weniger wichtig als der erste; er lautet: Wollt ihr, daß der Gemeinwille erfüllt werde, so sorgt dafür, daß alle Einzelwillen in ihm aufgehoben sind; und da die Tugend nur diese Übereinstimmung von Einzel- und Gemeinwille ist, so kann man die gleiche Sache mit einem Wort sagen: Verhelft der Tugend zur Herrschaft!

Wenn die Politiker von ihrem Ehrgeiz weniger verblendet wären, würden sie sehen, wie unmöglich es ist, daß irgendeine Einrichtung, wie immer sie auch beschaffen sein mag, dem Geist ihrer Gründung treu bleiben kann, wenn sie nicht vom Gesetz der Pflicht gelenkt wird; sie würden fühlen, daß die größte Kraft der öffentlichen Autorität im Herzen der Bürger liegt und nichts die Rolle der Sitten übernehmen kann, wenn die Regierung bestehen bleiben will. Nur rechtschaffene Menschen können die Gesetze verwalten, ja mehr noch: Im Grunde genommen können auch nur rechtschaffene Menschen ihnen gehorchen. Wer es fertigbringt, Gewissensbissen zu widerstehen, wird auch Strafen trotzen, denn sie sind weniger hart und von kürzerer Dauer, und man hofft wenigstens, ihnen zu entgehen: Wie vorsichtig man auch immer sein mag, wer nur auf Straflosigkeit rechnet, wenn er Unrecht tut, findet auch Mittel und Wege, das Gesetz zu umgehen und sich der Strafe zu entziehen. Da sich dann alle Einzelinteressen gegen das Gemeininteresse, das niemandes Interesse mehr ist, verbünden, haben die öffentlichen Laster mehr Kraft, die Gesetze zu schwächen, als die Gesetze haben, die Laster zu unterdrücken; die Verderbtheit des Volkes und der Oberen erstreckt sich endlich auch auf die Regierung, wie weise sie auch immer sein mag. Der schlimmste Betrug ist, den Gesetzen zum Schein zu gehorchen, nur um sie in Wirklichkeit desto sicherer übertreten zu können. Bald werden die besten Gesetze die unheilvollsten; und es wäre hundertmal besser, es gäbe sie nicht; denn dann hätte man noch eine Zuflucht, wenn man keine andere mehr hat. In solch einer Situation läßt man vergeblich Edikt auf Edikt, Verfügung auf Verfügung folgen. All das dient nur dazu, andere Übel heraufzubeschwören, ohne die ersten abzustellen. Je mehr Gesetze ihr schafft, desto verächtlicher macht ihr sie; und alle, die ihr einsetzt, um sie zu hüten, übertreten sie wiederum nur; entweder tun sie sich mit den anderen zusammen, oder sie rauben für sich allein. Bald wird der Preis für Tugend zum Preis für kriminelle Handlungen. Die schlechtesten Menschen stehen in dem besten Ruf; je höher die Menschen stehen, desto verachtenswerter sind sie; ihre Ruchlosigkeit wird in ihren Würden sichtbar, ihre Ehren entehren sie. Wenn sie sich die Stimmen der Oberhäupter oder die Protektion der Frauen erkaufen, so um ihrerseits die Gerechtigkeit, die Pflicht und den Staat zu verkaufen, und das Volk, das nicht sieht, daß seine Laster die erste Ursache für sein Unglück sind, murrt und ruft unter Stöhnen: »All mein Unglück kommt nur von denen, die ich bezahle, damit sie mich davor bewahren.«

Dann sind die Oberen gezwungen, die Stimme der Pflicht, die in den Herzen verstummt ist, durch den Schrei des Terrors oder den Reiz eines Scheininteresses zu ersetzen und ihre Untergebenen so zu täuschen. Dann müssen sie zu all jenen kleinen niedrigen Listen Zuflucht nehmen, die sie *Staatsmaximen* und *Kabinettsgeheimnisse* nennen. Alle Kraft, die der Regierung noch bleibt, wird von ihren Mitgliedern dazu verwendet, sich gegenseitig aufzureiben und zugrunde zu richten, während die Geschäfte ganz vernachlässigt oder nur soweit erledigt werden, als das persönliche Interesse es erfordert und sie lenkt. Endlich besteht die

ganze Geschicklichkeit jener großen Politiker darin, alle, deren sie bedürfen, so zu blenden, daß jeder glaubt, in seinem Interesse zu handeln, während er in ihrem handelt. Ich sage *in ihrem,* wofern es wirklich das Interesse der Oberen sein kann, die Völker aufzureiben, um sie unterwürfig zu machen, und ihr Hab und Gut zugrunde zu richten, um sich dessen Besitz zu sichern. Aber wenn die Bürger ihre Pflicht lieben und die Statthalter der öffentlichen Autorität aufrichtig bestrebt sind, diese Liebe durch ihr Beispiel und ihr Bemühen zu nähren, verschwinden alle Schwierigkeiten, und die Verwaltung ist so einfach, daß sie nicht jene dunkle Kunst braucht, deren ganzes Geheimnis in ihrer Düsterkeit besteht. Man vermißt nicht mehr jene vielseitigen, so gefährlichen und bewunderten Köpfe, all jene großen Minister, deren Ruhm sich mit dem Unglück des Volkes deckt. Die öffentlichen Sitten ersetzen das Genie der Oberen; je mehr die Tugend herrscht, desto weniger braucht man Talente. Selbst der Ehrgeiz ist mit der Pflicht besser bedient als mit Usurpation. Überzeugt, daß seine Oberhäupter nur an seinem Glück schaffen, erspart ihnen das Volk durch seine Willfährigkeit, an der Festigung ihrer Macht zu arbeiten; und die Geschichte zeigt uns in tausend Fällen, daß die Macht, die das Volk denen verleiht, die es liebt und von denen es geliebt wird, hundertmal unumschränkter ist als alle Tyrannei der Usurpatoren. Das bedeutet nicht, daß sich die Regierung hüten solle, von ihrer Macht Gebrauch zu machen, sondern daß sie nur rechtmäßig von ihr Gebrauch machen soll. Man wird in der Geschichte tausend Beispiele ehrgeiziger oder kleinmütiger Oberhäupter finden, die an ihrem Stolz oder ihrer Willensschwäche zugrunde gingen, aber keine, denen es schlecht ergangen wäre, weil sie nur gerecht waren. Man darf jedoch nicht Nachlässigkeit mit Mäßigkeit, Milde mit Schwäche verwechseln. Man muß streng sein, um gerecht zu sein. Duldet man das Böse, das zu unterdrücken man das Recht und die Macht hat, so ist man selbst böse.
Sicuti enim est aliquando misericordia puniens, ita est crudelitas parcens (Augustinus Epistola 54).[1]
Den Staatsbürgern zu sagen, *seid gut,* genügt nicht; man muß sie lehren, es zu sein; und selbst das Beispiel, in dieser Beziehung

---

1 So wie es Mitleid ist zu strafen, so ist es Grausamkeit zu schonen (Augustinus, 54. Epistel).

die beste Schule, ist nicht das einzige Mittel, das man anwenden soll; das wirksamste ist die Vaterlandsliebe, denn wie ich bereits sagte, ist jeder Mensch tugendhaft, wenn sein Einzelwille in allem mit dem Gemeinwillen übereinstimmt, und wir wollen gern, was die Menschen wollen, die wir lieben.
[...]
Will man, daß die Völker tugendhaft sind, so beginne man also damit, sie ihr Vaterland lieben zu lehren! Wie aber werden sie es lieben, wenn das Vaterland für sie nicht mehr ist als für Fremde und ihnen nur gewährt, was es niemandem verweigern kann? Noch schlimmer wäre, wenn sie nicht einmal in den Genuß staatsbürgerlicher Sicherheit kämen, wenn ihre Güter, ihr Leben und ihre Freiheit der Willkür der Mächtigen ausgeliefert wären und ihnen nicht möglich noch erlaubt sein würde, sich auf die Gesetze zu berufen. Sie würden dann die Pflichten des Gesellschaftszustands auf sich nehmen und nicht einmal die Rechte des Naturzustands genießen, sie könnten nicht zu ihrer Verteidigung von ihren Kräften Gebrauch machen und wären daher in der schlimmsten Lage, in der sich freie Menschen befinden können; das Wort *Vaterland* hätte für sie nur einen häßlichen oder lächerlichen Sinn. Man darf nicht glauben, daß man jemanden an einem Arm verletzen oder ihm ihn abhauen kann und sich der Schmerz nicht bis zum Kopf fortpflanzt; daß der Gemeinwille irgendeinem Glied des Staates eher erlaubt, ein anderes zu verletzen oder zu zerstören, als ein vernünftiger Mensch sich eigenhändig die Augen auskratzen würde. Die Sicherheit des einzelnen ist so eng an staatlichen Zusammenschluß gebunden, daß ohne die Nachsicht, die man der menschlichen Schwäche schuldet, diese Vereinbarung von Rechts wegen außer Kraft treten würde, wenn im Staat ein einziger Bürger stürbe, den man hätte retten können; wenn man einen einzigen zu Unrecht im Gefängnis festhielte und ein einziger Prozeß offensichtlich unrechtmäßig verlorenginge; denn da man sich nicht an die grundlegenden Vereinbarungen hält, so sage man mir doch, was für ein Recht und was für ein Interesse das Volk haben könnte, in der gesellschaftlichen Vereinigung zu verbleiben, es sei denn, es würde mit bloßer Gewalt darin festgehalten, aber Gewalt bedeutet die Auflösung des Gesellschaftszustands.
Ist es nicht in der Tat die Pflicht des Volkskörpers, für die Erhal-

tung des letzten seiner Glieder mit der gleichen Liebe zu sorgen wie für alle andern? Und ist das Wohl eines Bürgers nicht ebenso wie das Wohl des ganzen Staates eine gemeinschaftliche Angelegenheit? [...]
Das Vaterland möge sich also als die gemeinsame Mutter aller Bürger erweisen; die Vorteile, die sie innerhalb seiner Grenzen genießen, sollen ihnen ihr Heimatland teuer machen. Die Regierung lasse ihnen so viel Anteil an der öffentlichen Verwaltung, daß sie sich zu Hause fühlen und die Gesetze in ihren Augen nichts anderes sind als der Garant der Gemeinfreiheit. Diese Rechte, so schön sie sind, stehen allen Menschen zu; aber ohne daß es wie ein direkter Angriff aussieht, macht die Böswilligkeit der Oberen leicht ihre Wirkung zunichte. Das mißbrauchte Gesetz dient dem Mächtigen zugleich als Angriffswaffe und als Schild gegen den Schwachen; und wenn das Gemeinwohl nur als Vorwand gebraucht wird, ist es immer die gefahrvollste Pein des Volkes. Das Notwendigste und vielleicht Schwierigste am Regieren ist, völlig unbestechlich allen Recht zuteil werden zu lassen und vor allem den Armen vor der Tyrannei des Reichen zu schützen. Das größte Unrecht geschah bereits, wenn man Arme zu beschützen und Reiche im Zaum zu halten hat. Nur auf die Mitte erstreckt sich die ganze Macht der Gesetze; sie sind gleich ohnmächtig gegenüber den Schätzen des Reichen und dem Elend des Armen; ersterer vereitelt sie, letzterer entzieht sich ihnen; der eine zerreißt den Vorhang, der andere geht an der Seite vorbei.
Eine der wichtigsten Aufgaben der Regierung besteht also darin, die extreme Ungleichheit des Besitzes zu verhindern, aber nicht dadurch, daß man das Vermögen einzieht, sondern daß man allen die Möglichkeit nimmt, Vermögen anzuhäufen; nicht dadurch, daß man Armenhäuser baut, sondern daß man die Bürger vor der Armut schützt. Die Menschen sind auf dem Territorium ungleich verteilt und in einer Gegend zusammengedrängt, während sich andere Gegenden entvölkern; die geselligen Künste, die nur Geschicklichkeit erfordern, haben den Vorzug vor dem nützlichen und schweren Handwerk; die Landwirtschaft wird dem Handel geopfert; durch die schlechte Verwaltung der Staatsgelder wurde der Steuerpächter nötig; die Käuflichkeit geht so weit, daß das Ansehen nach Pistolen gerechnet wird und selbst die Tugenden verkauft werden; dies sind

die auffälligsten Gründe für Reichtum und Armut, für Bevorzugung des Einzelinteresses vor dem öffentlichen Interesse, für den Haß der Bürger aufeinander, für ihre Gleichgültigkeit gegenüber der gemeinsamen Sache, für die Verderbtheit des Volkes und die Schwächung der Regierung in allen Bereichen. Dies sind folglich die Leiden, die schwer zu heilen sind, wenn man sie bereits spürt; aber eine weise Verwaltung weiß ihnen vorzubeugen, um mit den guten Sitten die Achtung vor dem Gesetz, die Vaterlandsliebe und die Kraft des Gemeinwillens zu erhalten.

Alle diese Vorsichtsmaßnahmen werden jedoch unzureichend sein, wenn man nicht weit früher anfängt. Ich beende diesen Teil der öffentlichen *Ökonomie* da, wo ich ihn hätte beginnen sollen. Es kann kein Vaterland ohne Freiheit, keine Freiheit ohne Tugend und keine Tugend ohne Staatsbürger geben. Man hat also alles, wenn man Staatsbürger heranbildet, andernfalls aber nur böse Sklaven, angefangen bei den Staatschefs selbst. Staatsbürger heranzubilden ist nun aber nicht das Werk eines Tages; sollen die Männer gute Staatsbürger sein, muß man die Kinder dazu erziehen. Wenn mir jemand sagt: Wer Menschen zu regieren hat, darf nicht außerhalb ihrer Natur eine Vollkommenheit suchen, deren sie nicht fähig sind, er darf die Leidenschaften nicht in ihnen zu zerstören suchen, denn ein solches Vorhaben durchzusetzen, wäre weder wünschenswert noch möglich – so gebe ich ihm um so lieber recht, als ein Mensch ohne Leidenschaften zweifellos ein sehr schlechter Staatsbürger wäre. Aber man muß andererseits auch folgendes zugeben: Wenn man die Menschen auch nicht lehren kann, nichts zu lieben, ist es doch nicht unmöglich, sie zu lehren, eine Sache mehr als eine andere und etwas wirklich Schönes mehr als etwas Häßliches zu lieben. Gewöhnt man sie beispielsweise rechtzeitig daran, sich als Individuum stets nur im Zusammenhang mit dem Staatskörper zu betrachten und ihr eigenes Dasein sozusagen nur als Teil des seinen anzusehen, können sie schließlich dahin gelangen, sich in gewisser Weise mit dem größeren Ganzen zu identifizieren, sich als Glieder des Vaterlandes zu fühlen und ihm gegenüber eine so außergewöhnliche Liebe aufzubringen, wie sie jeder isolierte Mensch nur für sich selbst empfindet; sie werden ihre Seele beständig zu dieser großen Sache erheben und so jene gefährliche Anlage, aus der alle unsere Laster erwachsen, in eine hehre Tugend verwandeln. Die Philosophie zeigt nicht allein die Möglichkeit dieser Richtungsänderung auf, sondern die Geschichte bietet auch tausend glänzende Beispiele dafür.

Wenn diese hingegen bei uns selten sind, so deshalb, weil niemand sich darum kümmert, ob wir Staatsbürger haben, und erst recht niemand auf den Gedanken kommt, sich möglichst zeitig um die Heranbildung von Staatsbürgern zu bemühen. Es ist zu spät, unsere natürlichen Neigungen von ihrem Weg abzubringen, wenn sie ihn bereits eingeschlagen haben und sich die Gewohnheit zur Eigenliebe gesellt hat; es ist zu spät, uns von uns selbst zu befreien, wenn erst einmal das in unserem Herzen zusammengeballte *menschliche Ich* jene schändliche Aktivität an den Tag gelegt hat, die jede Tugend aufzehrt und das Leben kleiner Geister ausmacht. Wie könnte die Vaterlandsliebe inmitten so vieler anderer Leidenschaften, die sie ersticken, gedeihen? Und was bleibt von einem schon zwischen Habsucht, einer Mätresse und Eitelkeit hin- und hergerissenen Herzen für die Mitbürger übrig?

Vom ersten Augenblick des Lebens an muß man lernen, das Leben zu verdienen; und so wie man durch seine Geburt an den staatsbürgerlichen Rechten teilhat, muß der Moment der Geburt auch der Beginn für die Wahrnehmung unserer Pflichten sein. Wenn es für die Zeit des reifen Alters Gesetze gibt, muß es auch für die Kindheit welche geben, die lehren, den anderen zu gehorchen; und so wie man nicht der Vernunft eines jeden Menschen das alleinige Richteramt über seine Pflichten überträgt, darf man erst recht nicht den Einsichten und den Vorurteilen der Väter die Erziehung ihrer Kinder überlassen, weil dem Staat an ihr noch mehr liegt als den Vätern; denn es geschieht oft, daß der Vater durch seinen Tod um die Früchte dieser Erziehung gebracht wird – das ist der Lauf der Dinge –, das Vaterland jedoch bekommt ihre Auswirkungen früher oder später zu spüren; der Staat bleibt bestehen, die Familie löst sich auf. Wenn die öffentliche Autorität, die an die Stelle der Väter tritt und diese wichtige Aufgabe auf sich nimmt, mit den erfüllten Pflichten auch ihre Rechte erwirbt, so haben die Väter um so weniger Grund, sich zu beklagen, als sie in dieser Hinsicht nur den Namen wechseln und in der Gemeinschaft, als *Staatsbürger*, die gleiche Autorität gegenüber ihren Kindern genießen, wie sie jeder für sich als *Vater* ausübte; auch wird ihnen nicht weniger Gehorsam entgegengebracht werden, wenn sie im Namen des Gesetzes sprechen, als vorher, wenn sie im Namen der Natur gesprochen haben. Die öffentliche Erziehung durch Beamte, die der Souverän einsetzt, und nach Richtlinien, die die Regierung vorschreibt, ist also eines der Grundprinzipien der Volks- oder rechtmäßigen Regierung. Wenn die Kinder im Schoß der Gleichheit gemeinsam erzogen werden, wenn sie von den Gesetzen des Staates und den Prinzipien des Gemeinwillens erfüllt sind und angehalten werden, sie über alles zu verehren, wenn es in ihrer Umgebung Vorbilder und Dinge gibt, die ihnen unablässig von der zärtlichen Mutter sprechen, die sie ernährt, von ihrer Liebe für sie, den unschätzbaren Wohltaten, die sie ihnen erweist, und der Gegenliebe, die sie ihr schulden, dann brauchen wir nicht zu bezweifeln, daß sie lernen, sich wie Geschwister zu lieben, stets nur zu wollen, was die Gesellschaft will, das frucht- und nutzlose Geschwätz der Sophisten durch Taten zu ersetzen, die eines Menschen und Staatsbürgers würdig sind, und eines Tages zu Verteidigern und Vätern des Vaterlands, dessen Kinder sie so lange gewesen, zu werden.

Ich spreche nicht von den Beamten, die dazu bestimmt sind, diese Erziehung, gewiß die bedeutendste Aufgabe des Staates, zu übernehmen. Wenn diese Beweise des Vertrauens der Öffentlichkeit leichtfertig vergeben würden, wenn diese hohe Funktion nicht denen, die alle anderen würdig ausgefüllt haben, als Lohn für ihre Mühe, als ehrenvolles sanftes Ruhekissen ihres Alters und höchste Ehrenbezeigung zugesprochen würde, wäre begreiflicherweise das ganze Unternehmen unnütz und die Erziehung erfolglos, denn überall, wo der Unterricht nicht von der Autorität und die Lehre nicht vom Beispiel gestützt wird, trägt die Unterweisung keine Früchte; die Tugend selbst verliert ihr Ansehen im Munde dessen, der sie nicht übt. Berühmte, unter der Last ihrer Würde gebeugte Krieger mögen zur Tapferkeit mahnen; moralisch einwandfreie, in der Richterrobe ergraute Beamte mögen das Recht lehren. So werden sich die einen wie die andern tugendhafte Nachfolger heranbilden und die Erfahrungen und Fähigkeiten der Oberen, den Mut und die Tugend der Staatsbürger und den Eifer aller, für das Vaterland zu leben und zu sterben, in die folgenden Generationen weitertragen.
[...]

3. Staatsbürger zu haben und sie zu beschützen genügt nicht, man muß auch an ihren Unterhalt denken; sich um die Bedürfnisse der Öffentlichkeit zu kümmern ergibt sich ganz offensichtlich aus dem Gemeinwillen und ist die dritte Hauptaufgabe der Regierung. Diese Aufgabe besteht, wie man begreifen muß, nicht darin, daß man die Scheunen der Privatleute füllt und sie von der Arbeit befreit, sondern in folgendem: Man muß es so einrichten, daß, um zu Wohlstand zu kommen, die Arbeit stets nötig und niemals vergeblich ist. Diese Aufgabe erstreckt sich auch auf alle Operationen, die sich auf die Erhaltung des Staatsschatzes und die Ausgaben für die öffentliche Verwaltung beziehen. Nachdem wir von der allgemeinen *Ökonomie* im Zusammenhang mit dem Regieren von Personen gesprochen, bleibt uns noch, sie im Zusammenhang mit der Verwaltung von Gütern zu betrachten.

In diesem Teil gibt es nicht weniger Schwierigkeiten zu beseitigen und Widersprüche zu lösen als in dem vorangegangenen. Es steht fest, daß das Recht auf Eigentum das heiligste aller staatsbürgerlichen Rechte ist. In mancher Hinsicht ist es wichtiger als die Freiheit selbst, sei es, weil es in engem Zusammenhang mit dem Erhalt des Lebens steht, sei es, weil man mehr respektieren muß, was leichter geraubt werden kann; denn Güter sind leichter zu rauben und schwerer zu beschützen als Personen; sei es schließlich, weil das Eigentum die wirkliche Grundlage der Gesellschaft und der wirkliche Garant für das Engagement der Staatsbürger ist; denn wenn die Güter kein Unterpfand für die Personen wären, wäre nichts leichter, als seine Pflichten zu versäumen und der Gesetze zu spotten. Andererseits steht ebenso fest, daß der Erhalt des Staates und der Regierung Unkosten bereitet und Ausgaben erfordert; und da jeder, der das Ziel anerkennt, nicht die Mittel ablehnen darf, ergibt sich daraus, daß die Mitglieder der Gesellschaft mit ihrem Hab und Gut zu deren Erhalt beitragen müssen. Mehr noch: Es ist schwierig, auf der einen Seite den Besitz jedes einzelnen zu sichern und ihn auf der anderen Seite nicht anzutasten, und es ist nicht möglich, durch die Regelungen für den Nachlaß, für Testamente und Verträge die Bürger nicht in gewisser Weise in der Verfügungsgewalt über ihren Besitz zu beeinträchtigen und folglich das Recht auf Eigentum zu beschneiden.

Aber neben dem, was ich weiter vorn von der Übereinstim-

mung zwischen der Autorität des Gesetzes und der Freiheit des Staatsbürgers sagte, gilt es, zur Verfügungsgewalt über den Besitz folgende bedeutsame Feststellung zu treffen, die viele Schwierigkeiten beseitigt: Wie Pufendorf gezeigt hat, reicht das Eigentumsrecht seiner Natur nach nicht weiter als das Leben des Eigentümers, und sobald ein Mensch tot ist, gehört ihm sein Besitz nicht mehr. Wenn man ihm die Bedingungen vorschreibt, unter denen er darüber verfügen kann, ist das also im Grunde genommen weniger eine Einschränkung seines Rechts, die es zunächst zu sein scheint, sondern in Wirklichkeit eine Erweiterung. Ganz allgemein gesprochen: Obgleich das Erlassen von Gesetzen, die die Verfügungsgewalt jedes einzelnen über seinen Besitz regeln, nur dem Souverän zukommt, will der Geist dieser Gesetze, den die Regierung befolgen muß, daß der Familienbesitz sowenig wie möglich veräußert werde und nur vom Vater auf den Sohn und den nächsten Verwandten übergehe. Warum dies so ist, begreift man, wenn man an die Kinder denkt, denen alles Eigentumsrecht nichts nützte, wenn ihnen der Vater nichts vermachen würde; sie haben aber oft am Erwerb des väterlichen Vermögens mitgewirkt und sind also ganz natürlich an seinem Recht beteiligt. Ein zweiter nicht so naheliegender, aber nicht weniger wichtiger Grund ist der: Nichts ist unheilvoller für die Sitten und den Staat als der unaufhörliche Wechsel in der Standeszugehörigkeit und den Besitzverhältnissen der Bürger, ein Wechsel, der Quelle und Zeugnis für tausenderlei Verwirrungen ist, der alles umstürzt und vermischt: Wer für eine Aufgabe erzogen wurde und dann vor einer anderen steht, wer auf- oder absteigt, kann sich nicht die Grundsätze zu eigen machen und die Kenntnisse erwerben, die seinem neuen Stand entsprechen würden, und erst recht nicht seine Pflichten erfüllen.
Ich komme nun zu den öffentlichen Finanzen.
Wenn sich das Volk selbst regierte und zwischen der Verwaltung des Staates und den Bürgern kein Zwischenglied existierte, müßte es nur von Zeit zu Zeit Beiträge zahlen, je nach den öffentlichen Bedürfnissen und den Möglichkeiten der einzelnen; und da niemand die Einziehung und Verwendung der Gelder aus den Augen verlieren würde, könnte sich weder Betrug noch Mißbrauch in die Handhabung einschleichen; der Staat wäre niemals verschuldet und das Volk nicht mit Steuern belastet, oder

zumindest würde es der Verlaß auf deren vernünftige Verwendung über die Härte der Abgabe hinwegtrösten. Aber dies ist nicht möglich; denn wie klein ein Staat auch sein mag, so ist doch jede bürgerliche Gesellschaft zu groß, um von allen ihren Mitgliedern regiert zu werden. Es ist also unumgänglich, daß die öffentlichen Gelder durch die Hände der Oberen gehen, die alle neben dem staatlichen noch ihr privates Interesse kennen, das nicht an letzter Stelle für sie steht. Das Volk seinerseits, das eher die Gier der Oberen und ihren tollen Aufwand als die öffentlichen Bedürfnisse wahrnimmt, murrt, daß es sich des Notwendigen beraubt sieht, um zum Überfluß anderer beizutragen; und wenn erst einmal durch solche Machenschaften sein Ärger einen gewissen Punkt erreicht hat, würde es der makellosesten Verwaltung nicht glücken, das Vertrauen wiederzuerlangen. Sind also die Zahlungen freiwillig, bringen sie nichts ein, beruhen sie auf Zwang, sind sie ungesetzlich; und in der grausamen Alternative, entweder den Staat zugrunde gehen zu lassen oder das heilige Recht auf Eigentum, die Basis des Staates, anzutasten, besteht die Schwierigkeit einer gerechten und weisen *Ökonomie*.

Nach der Einführung der Gesetze muß der Gründer eines Staates als erstes einen ausreichenden Fundus für den Unterhalt der Beamten und sonstigen Staatsdiener sowie für alle öffentlichen Unkosten schaffen. Diesen Fundus nennt man *aerarium* oder *Fiskus*, wenn es sich um Geld handelt, und *öffentliche Domäne*, wenn er aus Grund und Boden besteht; und letzterer ist ersterem aus sehr begreiflichen Gründen bei weitem vorzuziehen. Wer über diese Materie gründlich nachgedacht hat, kann hierin kaum anderer Meinung als Bodin sein, der die öffentliche Domäne als ehrenhaftestes und zuverlässigstes Mittel ansah, um für den Staat aufzukommen, und es ist interessant, daß die erste Sorge des Romulus bei der Aufteilung des Grund und Bodens dahin ging, ein Drittel diesem Zweck vorzubehalten. Ich gebe zu, es ist nicht unmöglich, daß der Ertrag der schlecht verwalteten Domäne gleich null ist, aber es gehört nicht zum Wesen der Domäne, schlecht verwaltet zu sein.

Vor jeglicher Verwendung muß dieser Fundus von der Volksoder der Ständeversammlung des Landes festgesetzt oder angenommen werden, die dann über seine Verwendung entscheiden muß. Nach dieser Förmlichkeit, die den Fundus unveräu-

ßerlich macht, nimmt er sozusagen einen anderen Charakter an, und sein Ertrag wird so heilig, daß es nicht nur der schändlichste Diebstahl, sondern Majestätsbeleidigung ist, den kleinsten Teil davon seinem Verwendungszweck zu entziehen. [...]
Ist der öffentliche Fundus einmal geschaffen, so sind die Regierungschefs dessen rechtmäßige Verwalter, denn die Fundusverwaltung ist ein Teilbereich der Regierung, der von großer, wenn auch nicht immer gleichbleibender Wichtigkeit ist; seine Bedeutung nimmt in dem Maße zu, wie die der anderen Ressorts abnimmt; und man darf wohl behaupten, daß eine Regierung den äußersten Grad der Korruption erreicht hat, wenn sie keinen anderen Lebensnerv mehr hat als das Geld. Da nun aber jede Regierung stets zur Nachlässigkeit neigt, so wird schon dadurch allein deutlich, weshalb kein Staat bestehen kann, dessen Einkünfte sich nicht beständig erhöhen.
Wenn man die Notwendigkeit zu einer solchen Erhöhung verspürt, so ist das ein erstes Anzeichen für die innere Unordnung des Staates, und eine weise Verwaltung, die Geld zu beschaffen sucht, um die gegenwärtigen Bedürfnisse zu befriedigen, versäumt nicht, nach den nicht so naheliegenden Gründen für diese neuen Bedürfnisse zu forschen, so wie ein Seemann, der das Wasser in sein Schiff eindringen sieht, über dem Pumpen nicht vergißt, das Leck zu suchen und zuzustopfen.
Aus dieser Regel leitet sich der wichtigste Grundsatz für die Verwaltung der Finanzen her: Man soll viel mehr Mühe darauf verwenden, den Bedürfnissen vorzubauen, als darauf, die Einnahmen zu vergrößern. Man mag sich dann auch noch so sehr beeilen – die Hilfe, die erst nach dem Übel und langsamer kommt, erlöst den Staat nicht von seinen Leiden. Während man einem Übel beizukommen sucht, macht sich schon ein anderes bemerkbar, und die Heilmittel selbst bringen neue Schwierigkeiten mit sich; so ist schließlich die Nation verschuldet und das Volk unterdrückt, die Regierung verliert ihr ganzes Durchsetzungsvermögen und erreicht mit viel Geld nur noch wenig. Ich glaube, aus diesem stets befolgten Grundsatz kann man die Wunderwerke der Regierungen in der Antike erklären, die mit ihrer Sparsamkeit mehr erreichen als unsere Regierungen mit all ihren Schätzen, und vielleicht kommt daher die umgangssprachliche Bedeutung des Wortes *ökonomisch*, das sich nicht so sehr darauf bezieht, wie man erwirbt, was man

nicht hat, sondern wie man sparsam mit dem umgeht, was man hat.

Wenn man abgesehen von der öffentlichen Domäne, deren Erträge für den Staat von der Rechtschaffenheit derer abhängen, die ihr vorstehen, alle Mittel der allgemeinen Verwaltung, vor allem, wenn sie sich auf die gesetzlichen beschränken, kennen würde, wäre man erstaunt über die Möglichkeiten der Regierenden, den öffentlichen Bedürfnissen vorzubauen, ohne das Hab und Gut der Privatpersonen anzutasten. Da der ganze Handel des Landes in ihren Händen liegt, ist es für sie ein leichtes, ihn, ohne daß man den Eindruck hat, sie kümmerten sich darum, so zu lenken, daß er alles trägt. Die Verteilung der Lebensmittel, des Geldes und der Waren im richtigen Verhältnis, je nach Ort und Zeit, ist das eigentliche Geheimnis der Finanzverwaltung und die Quelle allen Reichtums, vorausgesetzt, daß man weitsichtig genug ist und gelegentlich scheinbare nahe Verluste auf sich nimmt, um in fernerer Zeit wirkliche unermeßliche Gewinne zu machen. [...]

Man muß sich an dieser Stelle ins Gedächtnis zurückrufen, daß die Grundlage des Gesellschaftsvertrages das Eigentum ist, und seine erste Bedingung, daß jeder sich in Frieden seines Besitzes erfreuen kann. Zwar geht jeder, zumindest stillschweigend, durch diesen Kontrakt die Verpflichtung ein, nach den öffentlichen Erfordernissen Steuern zu zahlen, aber da diese Verpflichtung dem Grundgesetz keinen Abbruch tut und man voraussetzt, daß die Steuerzahler die Notwendigkeit der Steuer erkennen, sieht man, daß sie freiwillig entrichtet werden muß, wenn sie rechtmäßig sein soll; maßgebend ist aber nicht der Einzelwille, denn sonst müßte man die Zustimmung jedes Bürgers haben, und er würde nur so viel beisteuern, wie ihm gefiele, was dem Geist der Vereinigung ins Gesicht schlagen würde, sondern der Gemeinwille entscheidet mit Stimmenmehrheit über einen gestaffelten Satz, der jegliche Willkür in der Besteuerung ausschließt. [...] (Rousseau.)

Natürliche Gleichheit – Egalité naturelle (Naturrecht): Das ist die Gleichheit, die zwischen allen Menschen auf Grund der Beschaffenheit ihrer Natur besteht. Diese *Gleichheit* ist das Prinzip und die Grundlage der Freiheit.

Die *natürliche* oder *moralische Gleichheit* beruht also auf der Beschaffenheit der menschlichen Natur, die allen Menschen gemeinsam ist, die in der gleichen Weise geboren werden, heranwachsen, weiterleben und sterben.
Da die menschliche Natur sich bei allen Menschen als gleich erweist, ist es klar, daß jeder die anderen achten und behandeln muß wie ebensolche Wesen, die ihm von Natur aus gleichgestellt sind, das heißt, die ebensogut Menschen sind wie er.
Aus diesem Prinzip der *natürlichen Gleichheit* der Menschen ergeben sich mehrere Konsequenzen. Ich betrachte hier kurz die wichtigsten:
1. Aus diesem Prinzip geht hervor, daß alle Menschen von Natur aus frei sind und daß die Vernunft sie nur zu ihrem Glück abhängig machen konnte.
2. Trotz aller Ungleichheiten, die in der Staatsordnung durch die Standesunterschiede, durch den Adel, durch die Macht, durch den Reichtum usw. entstehen, müssen diejenigen, die am höchsten über die anderen gestellt sind, ihre Untergebenen als Menschen behandeln, die ihnen von Natur aus gleichgestellt sind; sie müssen jede Beleidigung vermeiden, dürfen nicht mehr fordern, als man ihnen schuldig ist, und sollen das, was ihnen ganz unstreitig zusteht, mit Menschlichkeit verlangen.
3. Wer kein Sonderrecht erworben hat, auf Grund dessen er irgendwie Bevorzugung verlangen könnte, darf nicht mehr verlangen als die anderen, sondern muß sie im Gegenteil die gleichen Rechte genießen lassen, die er sich zuerkennt.
4. Eine Sache, die dem allgemeinen Recht unterliegt, muß entweder gemeinsam genossen werden oder abwechselnd im Besitz eines jeden sein, oder sie muß zu gleichen Teilen unter die verteilt werden, die das gleiche Recht haben, oder sie muß durch eine angemessene und regelmäßige Entschädigung aufgewogen werden; oder man muß, wenn das unmöglich ist, schließlich die Entscheidung dem Los überlassen – ein sehr bequemer Ausweg, der jeden Verdacht der Geringschätzung und der Voreingenommenheit beseitigt, ohne die Achtung gegenüber den Personen zu schmälern, für die er sich als ungünstig erweist.
Um schließlich noch mehr zu sagen: Ich begründe mit dem scharfsinnigen Hooker auf dem unanfechtbaren Prinzip der *natürlichen Gleichheit* alle Pflichten der Nächstenliebe, der Menschlichkeit und der Gerechtigkeit, die die Menschen ein-

ander schuldig sind; und es wäre nicht schwer, dies zu beweisen.
Der Leser wird weitere Konsequenzen ziehen, die sich aus dem Prinzip der *natürlichen Gleichheit* der Menschen ergeben. Ich möchte nur noch bemerken, daß gerade die Verletzung dieses Prinzips zur politischen und bürgerlichen Sklaverei geführt hat. Daher kommt es, daß in den der Willkürherrschaft unterworfenen Ländern die Fürsten, die Höflinge, die ersten Minister und die, welche die Finanzen verwalten, alle Reichtümer der Nation besitzen, während die übrigen Bürger nur das Notwendige haben und der größte Teil des Volkes in der Armut verkümmert.
Aber damit man mir nicht zu Unrecht unterschiebe, daß ich aus Fanatismus in einem Staat jenes Trugbild der *absoluten Gleichheit* gutheiße, die schwerlich ein ideales Gemeinwesen hervorbringen kann, spreche ich hier nur von der *natürlichen Gleichheit* der Menschen. Ich kenne zu gut die Notwendigkeit der Standesunterschiede, der Rangstufen, der Ehren, der Auszeichnungen, der Vorrechte, der Unterordnung, die unter allen Regierungen bestehen muß, und ich behaupte sogar noch, daß die *natürliche* oder *moralische Gleichheit* ihr nicht widerspricht. Im Naturzustand werden die Menschen wohl in der *Gleichheit* geboren, können aber in ihr nicht bleiben; die Gesellschaft läßt sie diese *Gleichheit* verlieren, und sie werden erst durch die Gesetze wieder gleich. Aristoteles berichtet, daß Phaleas von Kalchedon sich ein Verfahren ausgedacht hatte, um die Vermögensverhältnisse des Gemeinwesens, die nicht gleich waren, gleich zu machen; er wollte, daß die Reichen den Armen Gaben spendeten, dafür aber nichts erhielten, und daß jene Geld für ihre Töchter bekämen und keine Abgaben zu entrichten hätten. »Aber« (so sagt der Verfasser des *Geistes der Gesetze*) »hat sich jemals ein Gemeinwesen mit einer solchen Regelung abgefunden? Sie unterwirft die Staatsbürger Bedingungen, deren Unterschiede so auffallend sind, daß sie diese *Gleichheit* sogar hassen würden, wenn man versuchen sollte, sie zu begründen, und daß es Unsinn wäre, sie einführen zu wollen.« (Jaucourt.)

Eleatische Sekte – Secte éléatique (Geschichte der Philosophie): [...]

Logik Demokrits. Demokrit sagte: Es gibt nur die Atome und die Leere; alles andere muß man als Trugbilder abtun. Der Mensch ist weit von der Wahrheit entfernt. Jeder von uns hat seine eigene Meinung; keiner von uns hat die Einsicht. Es gibt zwei Philosophien: die der Sinne und die der Vernunft. Man muß sich an die erstere halten, insofern man sieht, empfindet, hört, schmeckt und betastet; man darf die Erscheinung nur bis zur Höhe des Geistes verfolgen, wenn sie dem Fassungsvermögen der Sinne entgeht. Der Weg der Erfahrung ist lang, aber zuverlässig; der Weg des Vernunftschlusses hat denselben Mangel, aber nicht dieselbe Zuverlässigkeit.

Daraus ist zu ersehen, daß sich Demokrit in der Metaphysik ein wenig den Ideen des Xenophanes genähert und in der Physik vorbehaltlos der philosophischen Methode des Leukipp anheimgegeben hat.

Physiologie Demokrits. Demokrit sagte: Aus nichts wird nichts; die Leere und die Atome sind die wirksamen Ursachen für alles. Die Materie ist eine Anhäufung von Atomen oder bloßer Schein. Das Atom entsteht nicht aus der Leere und die Leere nicht aus dem Atom: Die Körper existieren in der Leere. Sie unterscheiden sich nur durch die Kombination ihrer Elemente. Den Raum muß man auf die Atome und die Leere beziehen. Alles, was ausgefüllt ist, ist Atom; alles, was kein Atom ist, ist leer. Die Leere und die Atome sind beide unendlich: die einen in der Zahl, die andere in der Ausdehnung. Die Atome haben zwei Grundeigenschaften: Gestalt und Masse. Die Gestalt kann unendlich verschieden sein; die Masse ist die kleinstmögliche. Alles, was wir als Eigenschaften sonst den Atomen zuschreiben, ist in uns. Sie bewegen sich in der grenzenlosen Leere, in der es weder unten noch oben und keinen Anfang, keine Mitte, kein Ende gibt; diese Bewegung ist immer gewesen und wird niemals aufhören. Sie vollzieht sich in schräger Richtung wie die der schweren Körper. Der Stoß und der Zusammenhalt sind Folgen dieser schrägen Bewegung und der Verschiedenheit der Gestalt. Gerechtigkeit, Schicksal, Vorsehung sind sinnlose Ausdrücke. Die Wechselwirkungen der Atome sind die einzigen ewigen Gründe für alles. Die kreisförmige Bewegung ist eine unmittelbare Folge der Wechselwirkungen. Die Materie ist ein und dieselbe: Alle

Unterschiede ergeben sich aus der Anordnung, der Gestalt und der Kombination der Atome. Die Entstehung ist nur die Zusammenballung gleichartiger Atome; die Veränderung ist nur eine Zufälligkeit ihrer Kombination; der Verfall ist nur ihre Trennung, die Vergrößerung nur ein Zuwachs von Atomen, die Verkleinerung nur ein Abzug von Atomen. Was von den Sinnen wahrgenommen wird, ist immer wahr; die Lehre von den Atomen gibt Aufschluß über die ganze Verschiedenartigkeit unserer Empfindungen. Die Welten sind unendlich an Zahl: Es gibt vollkommene, unvollkommene, ähnliche und verschiedene. Die Räume, die sie einnehmen, die Grenzen, die sie umgeben, die Zwischenräume, die sie trennen, sind unendlich verschieden. Die einen Welten entstehen, die anderen sind schon entstanden, wieder andere lösen sich auf und vergehen. [...] (Diderot.)

Elektrizität – Electricité (Physik): Dieses Wort bezeichnet im allgemeinen die *Wirkungen einer dünnflüssigen, sehr feinen Materie*, die sich durch ihre Eigentümlichkeiten von allen anderen flüssigen Stoffen, die wir kennen, deutlich unterscheidet. Sie vermag sich, wie man festgestellt hat, mit fast allen Körpern zu verbinden, aber mit einigen besser als mit anderen. Sie scheint sich nach besonderen Gesetzen sehr schnell zu verbinden, aber mit einigen besser als mit anderen. Sie scheint sich nach besonderen Gesetzen sehr schnell zu bewegen und ruft durch ihre Bewegungen höchst seltsame Erscheinungen hervor, von denen wir in diesem Artikel eine Vorstellung zu vermitteln suchen.
Die Meinungen der Physiker über die *Elektrizität* sind geteilt: Alle sind sich jedoch einig über die Existenz einer elektrischen Materie, die sich um die elektrisierten Körper mehr oder weniger dicht ansammelt und die durch ihre Bewegungen die Wirkungen der *Elektrizität* hervorruft, die wir wahrnehmen; aber jeder von ihnen erklärt die Ursachen und die Richtungen dieser verschiedenen Bewegungen anders. Siehe den Artikel *Elektrisches Feuer,* in dem wir ihre Anschauungen wiedergeben. Wir begnügen uns hier damit, die Haupterscheinungen der *Elektrizität* sowie die Gesetze darzulegen, die die Natur zu befolgen schien, als sie diese Erscheinungen hervorbrachte.

Da man das Wesen der elektrischen Materie noch nicht kennt, ist es unmöglich, sie auf andere Weise zu definieren als durch ihre Haupteigenschaften. Die Eigenschaft, leichte Körper anzuziehen und abzustoßen, ist eine ihrer bemerkenswertesten Eigenschaften, die um so besser dazu dienen könnte, die elektrische Materie zu kennzeichnen, als sie mit fast allen ihren Wirkungen verknüpft ist und ihr Vorhandensein leicht erkennen läßt, auch an den Körpern, die die kleinste Menge elektrischer Materie enthalten […] (D'Aumont.)

Reich – Empire (Geschichte und Politisches Recht): So bezeichnet man die Staaten, die einem Herrscher untertan sind, der den Titel Kaiser trägt; so spricht man vom *Reich des Großmoguls,* vom *Russischen Reich* usw. Aber bei uns gibt man den Namen *Reich* vor allem dem deutschen Staatengebilde, einem Gemeinwesen, das von allen jenen Fürsten und Staaten gebildet wird, die die drei Kollegien Deutschlands darstellen, und das einem Oberhaupt, nämlich dem Kaiser, untertan ist.
Das *Deutsche Reich* ist in seinem gegenwärtigen Zustand nur ein Teil jener Staaten, die Karl dem Großen untertan waren. Dieser Fürst besaß Frankreich auf Grund des Erbfolgerechts; er hatte mit Waffengewalt alle Länder zwischen Donau und Ostsee erobert und vereinigte mit ihnen das Königreich Lombardei, die Stadt Rom und ihr Territorium sowie das Exarchat Ravenna, die fast die einzigen Gebiete waren, die den Kaisern von Konstantinopel im Westen geblieben waren. Diese großen Staaten hießen damals *Reich des Westens,* das ein Teil jenes *Reiches* war, das früher die römischen Kaiser besessen hatten. In einer späteren Zeit, und zwar vor allem nach dem Erlöschen des Geschlechtes Karls des Großen, wurde Frankreich von seinem *Reich* losgelöst, und die Deutschen wählten zum Oberhaupt Otto den Großen, der die Stadt Rom und Italien zurückeroberte und sie wieder mit dem *Deutschen Reich* vereinigte. Schließlich nutzten unter den Nachfolgern Ottos zahlreiche Vasallen der Kaiser unter verschiedenen Vorwänden die Unruhen aus, die durch die blutigen Händel zwischen der Geistlichkeit und dem *Reich* hervorgerufen wurden, eigneten sich die Länder an, deren Verweser sie bis dahin nur gewesen waren, und huldigten zuletzt nur noch in sehr ungewisser Weise den Kaisern, die zu schwach geworden

waren, um sie im Zaum zu halten, und die sich sogar gezwungen sahen, ihnen den Besitz der Länder, die sie an sich gerissen hatten, zu bestätigen. Damit noch nicht zufrieden, machten die, welche sich diese Besitzungen angeeignet hatten, sie für ihre Familien erblich. Um ein Gegengewicht gegen die Macht jener Vasallen zu bilden, die zuweilen mächtiger geworden waren als die Kaiser, schenkten die Kaiser nun den Kirchen große Ländereien und gewährten zugleich mehreren Städten die Freiheit. Das ist der wahre Ursprung der Macht jener Staaten, die das *Deutsche Reich* bilden. Es fehlte allerdings noch viel, wenn seine Grenzen heute ebenso ausgedehnt sein sollten wie zur Zeit Karls des Großen oder Ottos des Großen, denn inzwischen ist von ihm eine sehr große Anzahl von Königreichen und Provinzen abgefallen, und gegenwärtig umfaßt dieses einst so große *Reich* nur noch das, was man Deutschland nennt, das in zehn Kreise eingeteilt ist. Siehe die Artikel *Deutschland* und *Kreise*. Allerdings versucht das *Reich* zuweilen noch, seine alten Rechte über Rom und über Italien wieder geltend zu machen; doch bleiben ihm von allen diesen Ländern nur bloße Titel ohne jede reale Rechtsprechung. So nennt sich das *Deutsche Reich* noch immer *Heiliges Römisches Reich, Römisch germanisches Reich* usw.

Manche Autoren fanden es sehr schwer, zu bestimmen, welchen Namen man der Regierung des *Reiches* geben sollte. Wenn man bedenkt, daß an seiner Spitze ein Fürst steht, dem die Staaten des *Reiches* zu huldigen, Gehorsam und Treue zu schwören haben, wofür sie von ihm die Investitur ihrer Lehen erhalten, so ist man tatsächlich versucht, das *Reich* als einen monarchischen Staat anzusehen. Andererseits kann aber der Kaiser nur als der Repräsentant des *Reiches* angesehen werden, da er nicht das Recht hat, allein Gesetze zu erlassen. Er hat auch kein unmittelbares Verfügungsrecht über die Lehen, da er nur das Recht hat, die Investitur zu erteilen, nicht aber das Recht, unter irgendeinem Vorwand die Lehen denen, die sie besitzen, ohne die Zustimmung des *Reiches* zu entziehen. Übrigens nennt der Kaiser die Staaten, wenn er von ihnen spricht, immer »unsere Vasallen und Lehensherren des *Reiches*«. Wenn man die Macht und die Vorrechte der Staaten des *Reiches*, den Anteil, den sie an der Gesetzgebung haben, die Rechte, die jeder von ihnen auf dem ihm unterstellten Territorium hat und die man *Territorialhoheit* nennt, in Betracht zieht, so kann man mit Recht das *Reich* als

einen aristokratischen Staat betrachten. Schließlich findet man auch die Demokratie in den freien Städten, die Sitz und Stimme in den *Reichstagen* haben. Daraus muß man folgern, daß die Regierung des *Reiches* die eines gemischten Gemeinwesens ist.
Der berühmte Präsident Thou sagt von dem *Deutschen Reich* (*Annales de l'Empire*, Band II, S. 332 – Über den Westfälischen Frieden), es sei erstaunlich, daß so viele mächtige Völker, ohne durch die Furcht vor ihren Nachbarn oder aus Not dazu gezwungen zu sein, wetteifern konnten, einen so mächtigen Staat zu bilden, der viele Jahrhunderte lang bestand, und man habe trotz der Schwäche der meisten seiner Mitglieder niemals ein widerstandsfähigeres Staatengebilde gesehen. (Siehe auch die *Geschichte* des Präsidenten Thou, Band II.) Aber wir dürfen hierzu wohl bemerken, daß diese Feststellung nicht ganz richtig ist; denn wenn man das berücksichtigt, was am Anfang dieses Artikels gesagt worden ist, so sieht man wohl ein, daß diese Völker sich nicht zusammengeschlossen haben, um einen Staat zu bilden, sondern daß mächtige Untertanen ein und desselben Staates sich zu Herrschern gemacht haben, ohne sich von dem Staat zu trennen, dem sie angehörten. Das Interesse, die stärkste Triebfeder, hat sie zusammengehalten, und diese Union hat ihnen auch die Mittel geliefert, sich zu behaupten.
Es steht außer Zweifel, daß das *Reich*, das von einer großen Anzahl sehr mächtiger Glieder gebildet wird, in ganz Europa als ein sehr angesehener Staat zu betrachten wäre, wenn alle diejenigen, die ihn bilden, um das allgemeine Wohl ihrer Länder wetteiferten. Aber dieser Staat hat sehr große Nachteile: Die Autorität des Oberhaupts ist nicht groß genug, um sich Gehör zu verschaffen; Furcht, Mißtrauen und Eifersucht herrschen beständig unter den Mitgliedern; niemand will in irgendeiner Sache seinen Nachbarn nachgeben; die ernstesten und bedeutendsten Angelegenheiten des ganzen Staatengebildes werden zuweilen vernachlässigt wegen Privatstreitigkeiten um den Vorrang, um die Etikette, um vermeintliche Rechte und andere Bagatellen. Die Grenzen sind schlecht bewacht und schlecht befestigt; die Truppen des *Reiches* sind nicht zahlreich und schlecht besoldet; es gibt keinen Staatsfonds, weil niemand Beiträge leisten will. Die so hoch gepriesene Freiheit des *Deutschen Reiches* ist nichts weiter als die Ausübung der Willkürherrschaft, die einer kleinen Anzahl von Herrschern zugute kommt, ohne daß der

Kaiser sie daran hindern könnte, das Volk mit Füßen zu treten und zu unterdrücken; denn das Volk gilt dort nichts, obwohl doch gerade auf ihm die Macht einer Nation beruht. Der Handel wird beständig durch die Vielzahl der Zölle behindert, die von denen erhoben werden, durch deren Territorium die Waren gehen – was die schönen Flüsse und schiffbaren Ströme, die Deutschland durchfließen, nahezu unnütz macht. Die Gerichtshöfe, die dazu bestimmt sind, für Gerechtigkeit zu sorgen, werden schlecht bezahlt, und die Zahl der Richter ist unzureichend. In den *Reichstagen* werden die Beschlüsse mit unerträglicher Langsamkeit gefaßt und machen diesen Staat in den Augen der anderen Völker lächerlich, bei denen »die Langsamkeit der deutschen Behörden« fast sprichwörtlich geworden ist […]
(D'Holbach.)

Enzyklopädie – Encyclopédie (Philosophie): Dieses Wort bedeutet »Verknüpfung der Wissenschaften«; es setzt sich zusammen aus der griechischen Präposition ἐν = »in« und den Substantiven κύκλος = »Kreis« und παιδεία = »Lehre«, »Kunde«, »Kenntnis«.
[…]
Nachdem wir die Sprache oder das Werkzeug zur Vermittlung der Kenntnisse behandelt haben, wollen wir nun den besten Zusammenhang suchen, den man ihnen geben kann.
Da ist zuerst eine allgemeine Ordnung – diejenige, die dieses Wörterbuch von jedem anderen Werk unterscheidet, in dem die Stoffe ebenfalls der alphabetischen Ordnung unterworfen sind: die Ordnung, die dazu geführt hat, es *Enzyklopädie* zu nennen. Von diesem Zusammenhang – gesehen im Hinblick auf den ganzen enzyklopädischen Stoff – wollen wir nur etwas sagen: Es ist selbst dem schöpferischsten Baumeister nicht möglich, beim Entwurf eines großen Gebäudes in die Ausschmückung der Fassaden, in die Verbindung der Stockwerke, kurz, in alle Teile der Struktur eine solche Mannigfaltigkeit zu bringen, wie sie die enzyklopädische Ordnung zuläßt. Diese kann auf zweierlei Weise gebildet werden: entweder durch das Beziehen unserer verschiedenen Kenntnisse auf die verschiedenen Fähigkeiten unserer Seele (dies ist das System, an das wir uns gehalten haben) oder durch das Beziehen unserer Kenntnisse auf die Dinge,

die sie zum Gegenstand haben. Dabei ist dieser Gegenstand ein solcher der reinen Wißbegierde, des Luxus oder der Notwendigkeit. Man kann das allgemeine Wissen in das Wissen von den Sachen und das Wissen von den Zeichen oder in das Wissen vom Konkreten und das Wissen vom Abstrakten einteilen. Die zwei allgemeinsten Ursachen – Kunst und Natur – führen auch zu einer schönen und großartigen Einteilung. Zu weiteren Einteilungen kommt man bei der Unterscheidung des Physischen und des Moralischen, des Existierenden und des Möglichen, des Materiellen und des Spirituellen, des Realen und des Intelligiblen. Entspringt denn nicht alles, was wir wissen, dem Gebrauch unserer Sinne und dem Gebrauch unserer Vernunft? Ist es nicht entweder natürlich oder geoffenbart? Sind es nicht Wörter, Dinge oder Tatsachen? Also läßt sich die Willkür von dieser großen Grundeinteilung nicht ausschließen. Das Weltall bietet uns nur besondere Dinge, unendlich viele, fast ohne irgendeine feststehende und bestimmte Einteilung; es gibt dabei kein Ding, das man das erste oder das letzte nennen kann; alles hängt zusammen und ergibt sich durch unmerklich feine Übergänge. Und wenn aus diesem unermeßlichen Meer von Gegenständen einige wie Bergspitzen hervorragen und die Oberfläche zu beherrschen scheinen, so verdanken sie diesen Vorzug nur besonderen Systemen, vagen Konventionen und gewissen sonderbaren Zufälligkeiten, nicht aber der natürlichen Anordnung der Dinge und der Absicht der Natur. Siehe den *Prospekt*.
Im allgemeinen kann die Beschreibung einer Maschine von jedem beliebigen Teil ausgehen. Je größer und komplizierter die Maschine ist, desto mehr Verbindungen bestehen zwischen ihren Teilen; je weniger man diese Verbindungen kennt, desto verschiedener kann man an die Beschreibung herangehen. Was tritt also ein, wenn die Maschine in jeder Hinsicht unendlich ist, wenn es sich um das reale Weltall und um das intelligible Weltall oder um eine Schöpfung handelt, die gleichsam der Abdruck der beiden ist? Das Weltall, das reale wie das intelligible, hat doch unendlich viele Gesichtspunkte, unter denen es dargestellt werden kann, und die Zahl der möglichen Systeme des menschlichen Wissens ist ebenso groß wie die Zahl dieser Gesichtspunkte. Das einzige System, in dem die Willkür ausgeschlossen wäre, ist – wie wir schon in unserem *Prospekt* gesagt haben – das System, das seit aller Ewigkeit im Willen Gottes exi-

stiert hat; und dieses System, in dem man von jenem ewigen ersten Wesen zu allem im Laufe der Zeit aus seinem Schoße hervorgegangenen Wesen gelangen könnte, würde jener astronomischen Hypothese gleichen, bei der sich der Philosoph in Gedanken in den Mittelpunkt der Sonne versetzt, um die Erscheinungen der Himmelskörper in ihrer Umgebung zu berechnen. Zwar hat diese Ordnung Einfachheit und Größe, doch könnte man ihr in einem Werk, das von Philosophen verfaßt und an alle Menschen und Zeiten gerichtet ist, einen schwerwiegenden Fehler vorwerfen: den Fehler eines allzu engen Zusammenhangs mit unserer Theologie, einer erhabenen Wissenschaft, die zweifellos nützlich ist, weil der Christ von ihr seine Kenntnisse erlangt, und die um so nützlicher erscheint, als sie Opfer von ihm fordert und ihm dafür Belohnungen verspricht.

Für uns aber wäre dieses allgemeine System, in dem die Willkür ausgeschlossen ist und das wir nie besitzen werden, vielleicht gar nicht so vorteilhaft. Welcher Unterschied bestünde denn zwischen der Lektüre eines Werkes, in dem alle Triebkräfte des Weltalls dargelegt wären, und der Erforschung des Weltalls selbst? Fast keiner! Wir wären immer nur in der Lage, einen gewissen Abschnitt dieses großen Buches zu verstehen, und sobald die Ungeduld und die Neugierde, die uns beherrschen und so häufig den Lauf unserer Beobachtungen unterbrechen, Verwirrung in unsere Lektüre gebracht hätten, würden unsere Kenntnisse ebenso unzusammenhängend sein, wie sie sind. Da wir die Kette der Induktionen verlieren und die früheren und späteren Zusammenhänge nicht mehr wahrnehmen würden, so würden wir bald die gleichen Lücken und die gleichen Ungewißheiten spüren. Wir bemühen uns jetzt, diese Lücken durch die Betrachtung der Natur auszufüllen; doch in dem anderen Fall würden wir uns bemühen, sie durch das Ausdenken eines unermeßlichen Buches auszufüllen, das unserer Ansicht nach nicht vollkommener als das Weltall und deshalb der Vermessenheit unserer Zweifel und Einwände nicht weniger ausgesetzt wäre.

Da die absolute Vollkommenheit eines allumfassenden Planes nicht die Schwäche unseres Erkenntnisvermögens ausgleichen könnte, so wollen wir uns an das halten, was unserem menschlichen Zustand angemessen ist, und uns damit begnügen, auf irgendeinen sehr allgemeinen Begriff zurückzugreifen. Je erhabener der Standpunkt ist, von dem aus wir die Gegenstände betrachten, desto weiter ist die Aussicht, die er uns erschließt, und desto lehrreicher und großartiger die Ordnung, der wir folgen. Diese muß ebendeshalb einfach sein, weil es selten Größe ohne Einfachheit gibt; sie muß klar und übersichtlich sein, nicht etwa ein gewundenes Labyrinth, in dem man sich verirrt und nichts anderes wahrnimmt als den Punkt, an dem man sich befindet, sondern eine große und breite Straße, die sich in die Ferne erstreckt und von der ebenso gut angelegte Seitenstraßen ausgehen, die auf dem bequemsten und kürzesten Weg zu den einzelnen, abgesonderten Gegenständen führen.

Vor allem darf man eine Überlegung nicht außer acht lassen: Wenn man den Menschen oder das denkende, die Erdoberfläche von oben betrachtende Wesen ausschließt, dann ist das erhabene und ergreifende Schauspiel der Natur nur noch eine traurige und stumme Szene. Das Weltall verstummt, Schweigen und Dunkelheit überwältigen es; alles verwandelt sich in eine ungeheure Einöde, in der sich die Erscheinungen – unbeobachtete Erscheinungen – dunkel und dumpf abspielen. Das Dasein des Menschen macht die Existenz der Dinge doch erst interessant. Kann man sich bei der Geschichte dieser Dinge denn etwas Besseres vornehmen, als sich dieser Überlegung zu fügen? Warum sollten wir in unser Werk nicht den Menschen einführen, da er doch in die Welt gesetzt ist? Warum sollen wir ihn nicht zum gemeinsamen Mittelpunkt machen? Gibt es im unendlichen Raum irgendeinen vorteilhafteren Punkt, von dem wir jene unermeßlichen Linien ausgehen lassen könnten, die wir zu allen anderen Punkten ziehen wollen? Was für lebendige und erfreuliche Wechselbeziehungen von den Dingen zum Menschen und vom Menschen zu den Dingen ergeben sich in unserem Plan!

Das ist es, was uns dazu bestimmt hat, in den Hauptfähigkeiten des Menschen die allgemeine Einteilung zu suchen, der wir unsere Arbeit untergeordnet haben. Man darf irgendeinen anderen Weg, den man lieber gehen würde, nur dann einschlagen, wenn man dabei den Menschen nicht durch ein stummes, empfindungsloses, kaltes Wesen ersetzt. Der Mensch ist der einzigartige Begriff, von dem man ausgehen und auf den man alles zurückführen muß, wenn man sogar bei den nüchternsten Betrachtungen und den trockensten Einzelheiten gefallen, fes-

seln, ergreifen will. Was liegt mir, wenn ich von meiner Existenz und von dem Glück meiner Mitmenschen absehe, noch an der übrigen Natur?
[...]
In den wissenschaftlichen Abhandlungen lenkt die Verknüpfung der Ideen oder der Erscheinungen den Gang, während man vorwärtsschreitet; der Stoff entwickelt sich, indem er entweder allgemeiner oder spezieller wird, je nach der Methode, die man gewählt hat. Ebenso verhält es sich im Hinblick auf die allgemeine Form eines besonderen Artikels der *Enzyklopädie* – allerdings mit dem Unterschied, daß das Wörterbuch oder die Koordination der Artikel gewisse Vorteile hat, die man sich in einer wissenschaftlichen Abhandlung nur auf Kosten irgendeiner Qualität verschaffen kann, und diese Vorteile verdankt die *Enzyklopädie* den »Hinweisen«, einem besonders wichtigen Teil der enzyklopädischen Ordnung.
Ich unterscheide zweierlei Hinweise: solche auf Sachen und solche auf Wörter. Die sachlichen Hinweise erläutern den Gegenstand, zeigen seine nahen Zusammenhänge mit den unmittelbar angrenzenden Gegenständen und seine fernen Zusammenhänge mit anderen, die man sonst für völlig abgesondert halten könnte; rufen die gemeinsamen Begriffe und die ähnlichen Prinzipien in Erinnerung, bekräftigen die Folgen, verbinden den Zweig mit dem Stamm und geben dem Ganzen jene Einheit, die für die Feststellung der Wahrheit und für die Überzeugung so günstig ist. Nötigenfalls rufen diese Hinweise aber auch eine völlig entgegengesetzte Wirkung hervor: Sie fechten Begriffe an, widerlegen Prinzipien, greifen heimlich lächerliche Anschauungen an, deren offene Anfechtung zu riskant wäre, erschüttern sie und stoßen sie um. Wenn der Autor unvoreingenommen ist, haben solche Hinweise immer die doppelte Aufgabe, zu bestätigen und zu widerlegen, zu beunruhigen und zu beschwichtigen.
In den letztgenannten Hinweisen liegt wohl eine große Kunst sowie ein unendlicher Vorteil. Das ganze Werk könnte dadurch eine innere Stärke und einen verborgenen Nutzen gewinnen, deren heimliche Wirkungen mit der Zeit notwendigerweise fühlbar werden. So sollte man zum Beispiel ein nationales Vorurteil, wann immer es Ehrfurcht verdient, in einem speziellen Artikel ehrfürchtig behandeln, mit allem, was dazugehört an

Wahrscheinlichkeit und Verführung; aber dann sollte man dieses tönerne Gebäude umstürzen und die nichtige Staubwolke durch Hinweise auf jene Artikel zerstreuen, in denen feststehende Prinzipien als Grundlagen für entgegengesetzte Wahrheiten dienen. Diese Methode zur Belehrung der Menschen wirkt sehr schnell auf gute Köpfe, aber unfehlbar und ohne irgendeine ärgerliche Folge, heimlich und ohne Skandal auch auf alle anderen Köpfe. Darin besteht eben die Kunst, stillschweigend die wirksamsten Konsequenzen zu ziehen. Wenn diese Hinweise, solche zur Bestätigung und solche zur Widerlegung, rechtzeitig vorgesehen und geschickt vorbereitet werden, können sie einer *Enzyklopädie* den Charakter geben, den ein gutes Wörterbuch haben soll. Dieser Charakter zielt auf die Änderung der herkömmlichen Denkweise ab. Das Werk, das diese große allgemeine Wirkung ausüben soll, wird Mängel in der Ausführung haben, das gebe ich zu; aber sein Plan und sein Gehalt werden vortrefflich sein. Ein Werk, das nichts dergleichen bewirkt, ist schlecht. So gut man auch darüber sprechen mag – das Lob wird vergehen und das Werk in Vergessenheit geraten.
Die Hinweise auf Wörter sind sehr nützlich. Jede Wissenschaft und jede Kunst hat ihre Sprache. Wohin käme man, wenn man bei jeder Anwendung eines Fachausdruckes – im Interesse der Klarheit – die Definition dieses Fachausdruckes wiederholen müßte? Wie viele Wiederholungen ergäbe das! Und kann man daran zweifeln, daß so viele Abschweifungen und Parenthesen, so viele Längen nur verwirrend wirken würden? Man ist ebenso häufig weitschweifig und unklar wie wortkarg und unklar, und wenn das eine manchmal ermüdend wirkt, so ist das andere immer langweilig. Man muß freilich, wenn man solche Fachausdrücke gebraucht, ohne sie zu erklären, stets mit größter Gewissenhaftigkeit auf die Stellen hinweisen, an denen von ihnen die Rede ist: Stellen, auf die man sonst nur durch die Analogie, eine Art Leitfaden, den nicht jeder besitzt, gebracht werden könnte. In einem allumfassenden Wörterbuch der Wissenschaften und Künste mag man in manchen Fällen genötigt sein, Urteilskraft, Geist, Scharfsinn vorauszusetzen; aber es gibt keinen Fall, bei dem man Kenntnisse voraussetzen dürfte. Ein geistig beschränkter Mensch mag sich, wenn er will, über die Stiefmütterlichkeit der Natur oder über die Schwierigkeit des Stoffes beklagen, aber nicht über den Autor, wenn nichts fehlt, was

nötig ist, um die Gegenstände und die Fachausdrücke zu verstehen.
Es gibt eine dritte Art von Hinweisen, auf die man sich nicht zu sehr einlassen, auf die man aber auch nicht ganz verzichten darf. Das sind die Hinweise, die bei den Wissenschaften gewisse Abhängigkeiten, bei den natürlichen Substanzen analoge Eigenschaften, bei den Künsten ähnliche Arbeitsweisen in Zusammenhang bringen und dadurch zu neuen spekulativen Wahrheiten, zur Vervollkommnung der bekannten Künste, zur Erfindung neuer Künste oder zur Wiederherstellung vergessener alter Künste führen können. Solche Hinweise sind Sache des Mannes von Genie. Glücklich, wer sie zu finden vermag! Er hat jene Kombinationsgabe, jenes Fingerspitzengefühl, das ich in einigen meiner »Gedanken zur Interpretation der Natur« definiert habe. Es ist jedenfalls besser, vage Vermutungen zu wagen, als nützliche Vermutungen zu unterlassen. [...]
Es gibt schließlich eine letzte Art von Hinweisen, die ein Wort oder eine Sache betreffen können: nämlich die Hinweise, die ich satirisch oder epigrammatisch nennen möchte. Von dieser Art ist der Hinweis, der in einem unserer Artikel zu finden ist, in dem man nach einem pompösen Lob liest: »Siehe *Kapuze*.« Das spaßige Wort »Kapuze« und das, was man in dem Artikel *Kapuze* findet, könnten die Ahnung hervorrufen, daß das pompöse Lob nur Ironie sei und daß man diesen Artikel mit Vorsicht lesen und alle seine Ausdrücke genau erwägen müsse.
Ich möchte diese Hinweise nicht ganz unterlassen, weil sie manchmal ihren Nutzen haben. Heimlich kann man sie gegen gewisse lächerliche Bräuche richten, wie die philosophischen Hinweise gegen gewisse Vorurteile. Das ist zuweilen ein feines und leichtes Mittel, um eine Beleidigung zurückzugeben, ohne in die Defensive zu gehen, und um jenen Standespersonen, *qui Curios simulant et Bacchanalia vivunt*[1], die Maske abzureißen. Aber die Häufung solcher Hinweise liebe ich nicht. Sogar der, den ich angeführt habe, gefällt mir nicht recht. Häufige Anspielungen von solchem Charakter machen ein Werk unklar und verworren. Die Nachwelt, die kleine Umstände nicht kennt, weil sie nicht wert waren, ihr überliefert zu werden, fühlt die feine

---

1 die die Curier spielen und bacchantisch leben (Juvenal, 2. Satire, 3. Vers.)

Spitze der Anspielung nicht mehr und findet solche Scherze, die uns belustigen, nur albern. Anstatt ein ernstes philosophisches Wörterbuch zu verfassen, verfällt man dabei in den Stil der Schmähschrift. Bei gründlicher Überlegung wäre es mir lieber, wenn man die Wahrheit unumwunden sagte. [...] (Diderot.)

Experimentell – Expérimental (Naturphilosophie): Als *experimentelle Philosophie* bezeichnet man die Philosophie, die den Weg der Erfahrung beschreitet, um die Gesetze der Natur zu entdecken. Siehe auch den Artikel *Erfahrung*.
[...] Die *experimentelle Physik* beruht auf zwei Dingen, die man nicht verwechseln darf: dem eigentlichen *Experiment* und der Beobachtung. Die Beobachtung, die weniger originell und tiefgründig ist, beschränkt sich auf die Tatsachen, die man vor Augen hat, das heißt darauf, Erscheinungen aller Art, die uns das Schauspiel der Natur darbietet, gut zu betrachten und ausführlich zu beschreiben; dagegen sucht das *Experiment* die Natur tiefer zu erforschen, ihr das zu entreißen, was sie verbirgt, und durch mannigfache Kombination der Körper neue Erscheinungen hervorzubringen, um diese wiederum zu studieren – kurz, es beschränkt sich nicht darauf, die Natur zu belauschen, sondern es befragt sie und zwingt sie zur Auskunft. Man könnte die erste Methode als *Physik der Tatsachen* oder noch besser als *alltägliche und greifbare Physik* bezeichnen und der zweiten den Namen *okkulte Physik* vorbehalten – vorausgesetzt, daß man mit diesem Wort eine philosophischere und wahrere Idee verknüpft als gewisse moderne Physiker und daß man mit ihm nur die Erkenntnis unbekannter Tatsachen bezeichnet, deren man sich vergewissert, indem man sie betrachtet, und nicht den Roman mutmaßlicher Tatsachen, die man wohl oder übel errät, aber weder sucht noch sieht [...]
Wer einen Blick auf die Pariser Universität werfen wollte, könnte in ihr einen überzeugenden Beweis für das finden, was ich behaupte. Das Studium der Mathematik und der *experimentellen Physik* beginnt dort vorzuherrschen. Mehrere junge Professoren, die reich an Wissen und an Geist sind und Mut haben (denn den muß man zu Neuerungen – auch den harmlosesten – immer besitzen), haben es gewagt, den ausgetretenen Weg zu verlassen und sich einen neuen zu bahnen, während in ande-

ren Schulen, die wir nicht nennen wollen, um ihnen Schande zu ersparen, die Bewegungsgesetze von Descartes und sogar die peripatetische Physik noch in hohen Ehren stehen. Die jungen Lehrer, von denen ich spreche, bilden Schüler aus, die wirklich Bescheid wissen, weil sie nach dem Verzicht auf ihre bisherigen philosophischen Grundsätze in die wahren Prinzipien aller physikalisch-mathematischen Wissenschaften eingeweiht und durchaus nicht (wie früher) gezwungen werden, zu vergessen, was sie gelernt haben, sondern im Gegenteil davon Gebrauch machen dürfen, um sich mit den Gebieten der Physik zu befassen, die ihnen am meisten zusagen. Der Nutzen, den man aus dieser Methode ziehen kann, ist so groß, daß es zu wünschen wäre, daß man in den Hochschulen die Vorlesungen über Philosophie um ein Jahr verlängerte oder daß man sich schon im ersten Jahr dazu entschlösse, die Metaphysik und die Logik, denen das erste Jahr gewöhnlich ganz vorbehalten ist, beträchtlich zu kürzen. Ich hüte mich davor, zwei Wissenschaften verächtlich zu machen, deren Nützlichkeit und Unentbehrlichkeit ich anerkenne; aber ich glaube, daß man weitaus schneller damit zu Rande käme, wenn man sie auf das beschränkte, was sie an Wahrem und Nützlichem enthalten. Würden sie auf wenige Seiten gebracht, so würden sie nur gewinnen, und ebenso die Physik, die ihnen folgen muß [...]

Wie viele Dinge hätte ich doch hier noch über das zu sagen, was man als physikalisch-mathematische Wissenschaften bezeichnet, unter anderem über die physikalische Astronomie, die Akustik, die Optik und ihre verschiedenen Zweige, über die Art und Weise, in der *Experiment* und Berechnung zusammenwirken müssen, um diese Wissenschaften möglichst vollkommen zu machen! Aber um diesen Artikel nicht zu sehr in die Länge zu ziehen, verweise ich diese Betrachtungen und einige andere in den Artikel *Physik*, der von diesem nicht zu trennen ist. Ich beschränke mich vorerst auf das, was der eigentliche und gleichsam der einzige Gegenstand der *experimentellen* Physik sein muß, das heißt auf jene Phänomene, deren Zahl ins unendliche wächst und über deren Ursache uns kein Vernunftschluß aufzuklären vermag, deren Verknüpfung wir nicht wahrnehmen können oder deren Zusammenhang wir zumindest nur sehr unvollkommen und sehr selten erkennen, nachdem wir sie unter sehr vielen Aspekten betrachtet haben. Dazu gehören zum Beispiel die Phänomene der Chemie, der Elektrizität, des Magneten und unzählige andere. Das sind die Tatsachen, die klar zu erkennen der Physiker vor allem versuchen muß: Er kann nicht sehr viel mehr finden; je mehr Tatsachen dieser Art er gesammelt hat, desto eher wird er in der Lage sein, ihren Zusammenhang zu sehen; seine Aufgabe muß darin bestehen, sie in der Ordnung aneinanderzureihen, die ihnen entspricht, die einen durch die anderen zu erklären, soweit dies möglich ist, und aus ihnen sozusagen eine Kette zu bilden, in der sich möglichst wenige Lücken finden; es werden allerdings noch immer genügend Lücken bleiben, dafür hat die Natur gesorgt. Er hüte sich vor allem davor, Aufschlüsse dort geben zu wollen, wo ihm etwas entgeht; er mißtraue der Sucht, alles erklären zu wollen, die Descartes in die Physik gebracht hat und die den größten Teil seiner Anhänger daran gewöhnt hat, sich mit Prinzipien und vagen Gründen zu begnügen, die gleichermaßen das Für und das Wider zu unterstützen vermögen. Man kann sich des Lachens nicht enthalten, wenn man in bestimmten Werken über Physik die Erklärungen für die Schwankungen des Barometers, für den Schnee, den Hagel und unzählige andere Tatsachen liest. Jene Autoren würden bei den Prinzipien und bei der Methode, deren sie sich bedienen, wohl ebensowenig in Verlegenheit geraten, wenn sie durchaus widerspruchsvolle Tatsachen erklären und zum Beispiel beweisen wollten, daß bei Regenwetter das Barometer steigen, der Schnee im Sommer, der Hagel im Winter fallen müsse und so fort. In einer Vorlesung über Physik müssen die Erklärungen wie die Überlegungen in der Geschichte kurz, vernünftig, tiefgründig sein und entweder durch die Tatsachen herbeigeführt werden oder auf Grund der Art und Weise, wie man sie darstellt, in den Tatsachen selbst enthalten sein.

Übrigens schließe ich aus der Physik zwar die Sucht nach Erklärungen aus, aber keineswegs jenen Sinn für Mutmaßungen, der zugleich vorsichtig und weitblickend ist und zuweilen zu Entdeckungen führt, sofern er sich nur für das ausgibt, was er ist, bis er zur wirklichen Entdeckung gelangt ist, und auch nicht jenen Sinn für Analogien, dessen Kühnheit, gepaart mit Klugheit, weiter vorstößt, als sich uns die Natur anscheinend enthüllen will, und Tatsachen voraussieht, ehe er sie wahrgenommen hat. Diese beiden wertvollen und so seltenen Talente täuschen zwar bisweilen den, der von ihnen nicht mit erforderlicher Zurückhaltung Gebrauch macht; aber niemand täuscht sich auf solche Weise, wenn er es ehrlich meint [...] (D'Alembert.)

Tatsache – Fait: Das ist einer jener Ausdrücke, die so schwer zu definieren sind. Zu behaupten, er könne unter all den bekannten Umständen, wo eine Sache überhaupt aus dem Zustand der Möglichkeit in den Zustand des Vorhandenseins übergegangen ist, angewendet werden, macht die Sache keineswegs verständlicher.
Man kann die *Tatsachen* in drei Klassen einteilen: die Werke des göttlichen Wesens, die Erscheinungen der Natur und die Handlungen der Menschen. Die ersten gehören zur Theologie, die zweiten zur Philosophie und die dritten zur eigentlichen Geschichte. Alle sind in gleicher Weise der Kritik unterworfen. Über die Werke des göttlichen Wesens siehe die Artikel *Gewißheit* und *Mirakel*, über die Erscheinungen der Natur die Artikel *Erscheinung, Beobachtung, Experimentell* und *Physik*, über die Handlungen der Menschen die Artikel *Geschichte, Kritik, Gelehrsamkeit* u. a.
Man könnte die *Tatsachen* auch unter zwei ganz allgemeinen Gesichtspunkten betrachten: Die *Tatsachen* sind entweder natürlich oder übernatürlich; wir sind entweder Augenzeugen derselben gewesen, oder sie sind uns durch die Tradition, durch die Geschichte und alle ihre Zeugnisse überliefert worden.
Wenn eine *Tatsache* vor unseren Augen eingetreten ist und wenn wir alle möglichen Vorsichtsmaßregeln ergriffen haben, um uns nicht selbst zu täuschen und auch nicht von anderen täuschen zu lassen, so haben wir die größtmögliche Gewißheit, welche die Natur der *Tatsache* zuläßt. Aber diese Überzeugung hat ihren Spielraum; ihre Grade und ihre Kraft entsprechen der ganzen Mannigfaltigkeit der tatsächlichen Umstände und der persönlichen Eigenschaften des Augenzeugen. Die Gewißheit, die in diesem Fall an sich sehr groß ist, wird jedoch um so größer, je leichtgläubiger der Mensch und je einfacher und alltäglicher die *Tatsache* ist, und um so geringer, je umsichtiger der Mensch und je ungewöhnlicher und komplizierter die *Tatsache* ist. Mit einem Wort: Was macht die Menschen geneigt zu glauben, wenn

nicht ihr organischer Bau und ihre Einsichten? Woher aber nehmen sie die Gewißheit, alle notwendigen Vorsichtsmaßregeln sich selbst und den anderen gegenüber getroffen zu haben, wenn nicht aus der Natur der *Tatsache* selbst?

Die Vorsichtsmaßregeln, die gegenüber den anderen zu ergreifen sind, sind so unzählig wie die *Tatsachen*, die wir zu beurteilen haben: Die Vorsichtsmaßregeln, die uns persönlich betreffen, beschränken sich darauf, daß wir unseren natürlichen und erworbenen Einsichten, unseren Leidenschaften, unseren Vorurteilen und unseren Sinnen mißtrauen müssen.

Wenn die *Tatsache* durch die Geschichte oder durch die Tradition überliefert ist, so gibt es nur ein Maß zu ihrer Beurteilung; es anzuwenden, mag schwierig sein, aber das Maß selbst, nämlich die Erfahrung der vergangenen Jahrhunderte und unsere eigene, ist zuverlässig. Wollte man sich nur auf seinen Scharfblick verlassen, so hieße das, sich häufig dem Irrtum auszusetzen; denn wie viele *Tatsachen* sind wahr, obgleich wir von Natur aus geneigt sind, sie für unwahr zu halten, und wie viele andere sind unwahr, obwohl wir bei bloßer Untersuchung des gewöhnlichen Verlaufs der Ereignisse durchaus geneigt sind, sie für wahr zu halten?

Um Irrtümer zu vermeiden, wollen wir uns die Geschichte aller Zeiten und die Tradition aller Völker unter dem Sinnbild zweier Greisinnen vorstellen, die von dem allgemeinen Gesetz, das unser Leben auf eine geringe Anzahl von Jahren beschränkt, ausgenommen sind und die wir über Beziehungen ausfragen, deren Wahrheit wir nur durch sie erkennen können. So viel Achtung wir ihren Berichten auch entgegenbringen mögen, hüten wir uns doch wohlweislich davor, zu vergessen, daß diese Greisinnen Menschen sind und daß wir über ihre Einsichten und ihre Wahrhaftigkeit immer nur so viel wissen, wie uns andere Menschen darüber sagen oder gesagt haben und wie wir an uns selbst erfahren. Wir sammeln also sorgfältig alles, was für oder gegen ihre Aussage spricht; wir prüfen unvoreingenommen die *Tatsachen* in der ganzen Mannigfaltigkeit ihrer Umstände; und wir forschen in dem größten Raum, den wir auf den von Menschen besiedelten Erdstrichen erfassen können, und in der ganzen uns bekannten Zeitdauer danach, wie oft unsere Greisinnen, über solche Fälle befragt, die Wahrheit gesagt haben und wie oft sie gelogen haben. Das gewonnene Verhältnis ist dann der Ausdruck unserer Gewißheit oder unserer Ungewißheit.

Dieses Prinzip ist unanfechtbar. Wir kommen auf die Welt, wir finden dort Augenzeugen, Schriften und Zeugnisse vor; aber was lehrt uns den Wert dieser Zeugnisse, wenn nicht unsere eigene Erfahrung?

Daraus geht folgendes hervor: Da es auf der Erde nicht zwei Menschen gibt, die sich im Hinblick auf Körperbau, Einsicht und Erfahrung gleichen, gibt es auf ihr auch nicht zwei Menschen, auf die jene Sinnbilder genau denselben Eindruck machen; es gibt sogar Individuen, die unendlich verschieden voneinander sind: Die einen verneinen das, woran die anderen fast ebenso entschieden wie an ihre eigene Existenz glauben; unter den letzteren gibt es einige, die unter gewissen Bezeichnungen das anerkennen, was sie unter anderen Bezeichnungen hartnäckig ablehnen, und bei allen diesen sich widersprechenden Urteilen macht die Verschiedenheit der Beweise keineswegs den ganzen Unterschied der Anschauungen aus; denn die Beweise und die Einwände sind – abgesehen von ganz geringfügigen Nuancen – die gleichen.

Eine andere Konsequenz, nicht weniger wichtig als die vorausgegangene, ist diese: Es gibt Gruppen von *Tatsachen*, deren Wahrscheinlichkeit immer geringer wird, und andere Gruppen von *Tatsachen*, deren Wahrscheinlichkeit immer größer wird. Als wir die Greisinnen zu befragen begannen, konnte mit einer Gewißheit von eins zu hunderttausend angenommen werden, daß sie uns unter bestimmten Umständen etwas vormachten und uns unter anderen die Wahrheit sagten. Auf Grund der Erfahrungen, die wir später sammelten, stellten wir fest, daß dieses Verhältnis sich in einer Weise änderte, die im ersten Fall immer weniger für ihre Aussage und im zweiten Fall immer mehr für diese sprach; und wenn wir nun die Natur der Dinge untersuchen, so sehen wir in der Zukunft nichts, was die Erfahrungen umstoßen könnte, so daß die Erfahrungen unserer Nachkommen unsere eigenen widerrufen würden. Es gibt also Gebiete, wo unsere beiden Greisinnen mehr denn je flunkern, und andere Gebiete, wo sie ihre volle Urteilskraft behalten, und diese Gebiete bleiben immer dieselben.

Wir wissen also im Hinblick auf die jeweiligen *Tatsachen* so viel, wie es unser Verstand und unsere Lage zulassen, und wir müs-

sen von heute an diese *Tatsachen* entweder als erlogen verwerfen oder als wahr anerkennen – sogar auf Lebensgefahr hin, sofern sie einer Gruppe angehören, die so hervorstechend ist, daß sie ein solches Opfer verdient.
Was aber lehren uns jene erhabenen Wahrheiten erkennen, für welche zu sterben ein Glück bedeutet? Siehe hierzu den Artikel *Glaube*. (Diderot.)

Fanatismus – Fanatisme (Philosophie): Das ist ein blinder und leidenschaftlicher Eifer, der abergläubischen Anschauungen entspringt und dazu führt, daß man nicht nur ohne Scham und Reue, sondern sogar mit einer Art Freude und Genugtuung lächerliche, ungerechte und grausame Handlungen begeht. Der *Fanatismus* ist also nichts weiter als ein in die Tat umgesetzter Aberglaube [...]
Die besonderen Quellen des *Fanatismus* liegen:
1. im Wesen der Dogmen. Wenn diese der Vernunft widersprechen, so untergraben sie die Urteilskraft und unterwerfen alles der Einbildungskraft, deren Mißbrauch das größte aller Übel ist. Die Japaner, die zu den geistvollsten und aufgeklärtesten Völkern gehören, ertränken sich zur Ehre Amidas, ihres Erlösers, weil die Überspanntheiten, von denen ihre Religion strotzt, ihren Verstand verwirrt haben. Die unklaren Dogmen geben Anlaß zu einer Unmenge von Erklärungen und dadurch zur Aufspaltung in Sekten. Die Wahrheit bringt keine *Fanatiker* hervor. Sie ist so klar, daß sie kaum Widerspruch zuläßt, und so einleuchtend, daß auch der heftigste Widerspruch die Freude an ihr nicht im geringsten beeinträchtigen kann. Da sie vor uns existiert, behauptet sie sich ohne uns und uns zum Trotz durch ihre Evidenz. Es genügt also nicht, wenn man sagt, der Irrtum habe seine Märtyrer; denn er bringt weitaus mehr Märtyrer hervor als die Wahrheit, da jede Sekte und jede Schule eigene Märtyrer aufzuweisen hat.
2. In der Verruchtheit der Moral. Menschen, für die das Leben unaufhörliches Dasein von Gefahr und Qual bedeutet, müssen den Tod entweder als Endpunkt oder als Entschädigung für ihre Leiden herbeisehnen. Aber wie verheerend muß doch jener, der den Tod herbeiwünscht, in der Gesellschaft wirken, wenn er mit den Beweggründen, die ihn den Tod hinnehmen lassen, auch

Vernunftgründe verbindet, den Tod anderen zu geben! *Fanatiker* kann man also all jene überspannten Geister nennen, welche die Lehren der Religion wörtlich auslegen und den Wortlaut streng befolgen, jene despotischen Theologen, die sich für die empörendsten Systeme entscheiden, jene unerbittlichen Kasuisten, welche die Natur zur Verzweiflung bringen und welche Ihnen, nachdem sie Ihnen das Auge ausgestochen und die Hand abgeschnitten haben, noch sagen, Sie sollten die Sache, die Sie tyrannisiert, lieben.

3. In der Verwechslung der Pflichten. Wenn eigenwillige Ideen zu Vorschriften geworden sind und wenn geringfügige Unterlassungen als große Verbrechen bezeichnet werden, dann weiß der Geist, da er der Unmenge seiner Verpflichtungen erliegt, nicht mehr, welchen er den Vorzug geben soll: Er verletzt die wesentlichen aus Rücksicht auf die unwesentlichen; er ersetzt die guten Werke durch die Kontemplation und die gesellschaftlichen Tugenden durch die Opfer; der Aberglaube tritt an die Stelle des Naturgesetzes, und die Furcht vor dem Sakrileg führt zum Mord. So gibt es in Japan eine Sekte von wackeren Dogmatikern, die alle Fragen und alle Schwierigkeiten durch Säbelhiebe löst, und dieselben Männer, die sich kein Gewissen daraus machen, sich gegenseitig umzubringen, schonen mit höchster Religiosität die Insekten. Gibt es, sobald ein barbarischer Eifer das Verbrechen zur Pflicht gemacht hat, überhaupt noch eine unmenschliche Handlung, die nicht begangen würde? Fügen Sie der ganzen Schrecklichkeit der Leidenschaften noch die Befürchtungen eines irregeführten Gewissens hinzu, so ersticken Sie schnell die Gefühle der Natur. Wird ein Mensch, der sich selbst so sehr verkennt, daß er sich selber quält und den Sinn der Buße in der Verwerfung und Verabscheuung all dessen sieht, was für den Menschen geschaffen ist, nicht seinen Vater mit Stockschlägen in die Wüste zurücktreiben, die dieser verlassen hatte? Wird ein Mensch, dem ein Mord ewiges Glück bedeutet, auch nur einen Augenblick zögern, den zu opfern, den er als Feind Gottes und seines Kultes bezeichnet? Ein Arminianer, der auf dem Eis einen Gomaristen verfolgt, fällt ins Wasser; der Gomarist bleibt stehen und reicht ihm die Hand, um ihn aus der Gefahr zu retten; aber kaum ist der andere gerettet, da ersticht er den Retter. Was halten Sie davon?

4. Im Verhängen entehrender Strafen, weil der Verlust des gu-

ten Rufes zahlreiche wirkliche Übel nach sich zieht. So müssen in den Ländern, wo jene unsichtbaren Blitze herabzucken, die einen Fürsten seinem ganzen Volk verhaßt machen, die Umwälzungen häufiger und die Mißbräuche entsetzlich sein. Aber glücklicherweise haben nur diejenigen, die von solchen Blitzen nicht getroffen werden, Angst davor; denn ein Monarch hat nicht immer wie König Heinrich II. von England oder wie Ludwig der Fromme die Schwäche, daß er die Strafe der Sklaven auf sich nimmt, um wieder König zu werden.

5. In der Intoleranz einer Religion gegenüber den anderen Religionen oder einer Sekte gegenüber den anderen Sekten derselben Religion, weil dann alle Hände die Waffen gegen den gemeinsamen Feind ergreifen. Sogar die Neutralität gilt nicht mehr für eine Gewalt, die herrschen will, und wer nicht für sie ist, der ist gegen sie. Welche Verwirrung muß doch daraus entspringen! Der Friede kann erst nach der Vernichtung der herrschsüchtigen Partei allgemein und beständig werden; denn hätte jene Sekte alle anderen vernichtet, so würde sie sich bald selbst bekriegen: Der Ruf »Halt, wer da?« würde also erst mit ihr selbst verstummen. Die Intoleranz, die behauptet, sie mache der Zwietracht ein Ende, muß diese zwangsläufig vermehren. Man braucht bloß allen Menschen zu befehlen, nur ein und dieselbe Denkweise zu haben, damit ein jeder sich für seine Anschauungen dermaßen begeistert, daß er freudig für deren Verteidigung stirbt. Aus der Intoleranz würde demnach die Ansicht hervorgehen, daß es keine Religion gibt, die für alle Menschen bestimmt sei; denn die eine erkennt keine Gelehrten an, die andere keine Könige, wieder eine andere keine Reichen; diese verwirft die Kinder, jene die Frauen; diese verdammt die Ehe und jene die Ehelosigkeit. Das Oberhaupt einer Sekte zog daraus den Schluß, daß die Religion etwas Ungewisses sei, das aus dem Geist Gottes und aus der Meinung des Menschen zusammengesetzt wäre; man müßte alle Religionen dulden, fügte er hinzu, um in Frieden mit aller Welt zu leben: Er starb auf dem Schafott.

6. In der Verfolgung. Sie entspringt vor allem der Intoleranz. Wenn der zelotische Eifer auch zuweilen Verfolger hervorgebracht hat, so muß man doch zugeben, daß die Verfolgung noch mehr Zeloten hervorgebracht hat. Zu welchen Exzessen lassen sich dieselben nicht hinreißen, bald gegen sich selbst, wenn sie den Todesstrafen die Stirn bieten, bald gegen die Tyran-

nen, wenn sie an deren Stelle treten; denn ihnen fehlt niemals ein Grund, um abwechselnd zu Feuer und Schwert zu greifen [...]
Also bitte ein wenig Toleranz und Mäßigung! Verwechseln Sie vor allem niemals (wie der Unglaube) ein Unglück mit einem Verbrechen, das immer beabsichtigt ist. Alle Erbitterung des zelotischen Eifers sollte sich gegen die richten, die glauben, aber nicht handeln; die Ungläubigen aber sollten in jener Vergessenheit verbleiben, die sie verdienen und die sie sich wünschen müssen. Bestrafen Sie rechtzeitig jene Freigeister, die nur deshalb an den Grundfesten der Religion rütteln, weil sie sich gegen jegliches Joch auflehnen, und die sowohl die Gesetze als auch die Sitten heimlich und öffentlich angreifen; ja, bestrafen Sie sie, weil sie sowohl der Religion, in der sie geboren sind, als auch der Philosophie, zu der sie sich bekennen, Schande bereiten; verfolgen Sie sie als Feinde der Ordnung und der Gesellschaft; aber beklagen Sie sie als jene, denen es leid tut, daß ihnen die Überzeugung fehlt. Ach, trifft denn der Verlust des Glaubens sie nicht schon hart genug, so daß man nicht noch Verleumdung und Plagen hinzuzufügen braucht? Es soll dem Pöbel nicht erlaubt sein, mit Steinen nach dem Haus eines rechtschaffenen Mannes zu werfen, weil er aus der Kirche ausgeschlossen ist; er soll sich des Wassers und Feuers noch erfreuen, wenn man ihm auch das Brot der Gläubigen versagt hat; man schließe nicht unter dem Vorwand, er sei nicht im Schoße der Auserwählten gestorben, seinen Leichnam vom Begräbnis aus; kurz, die Gerichtshöfe mögen statt der Altäre als Zufluchtsstätten dienen ...
Wie nichtswürdig, sagt ihr, *ist doch jene Zügellosigkeit, die unsere Religion der Verachtung preisgeben will!* [...]
Stützt sich denn die Religion auf Arme von Fleisch und Blut? Soll man sie als ein Werkzeug der Politik betrachten? Führen Sie also Verordnungen der Menschen nicht mehr auf die göttliche Autorität zurück, und unterwerfen Sie sich als erster einer Macht, der Sie Ihre eigene zu verdanken haben; machen Sie die Religion vor allem dadurch beliebt, daß Sie es jedem freistellen, ihr zu folgen. Beweisen Sie die Wahrheit durch Ihre Werke und nicht durch Prahlerei mit Taten, die nichts mit Moral zu tun haben und in Widerspruch zu Ihren Beispielen stehen; seien Sie mild und friedlich – dann ist der Religion der Sieg gesichert und dem *Fanatismus* der Weg versperrt [...]

Der *Fanatismus* hat weitaus mehr Unglück über die Welt gebracht als die Gottlosigkeit. Worauf gehen die Gottlosen aus? Sie wollen sich von einem Joch frei machen, wohingegen die *Fanatiker* die ganze Welt in ihre Ketten schlagen wollen. Ein teuflischer Zelotismus! Hat man jemals Sekten von Ungläubigen sich zusammenrotten und in Waffen gegen das göttliche Wesen vorgehen sehen? Ihre Seelen sind zu schwach, als daß sie Menschenblut vergießen könnten; doch bedarf es einer gewissen Stärke, um ohne Beweggrund, ohne Hoffnung und ohne Eigennutz Gutes zu vollbringen. Es zeugt von Mißgunst und Bosheit, wenn Sie Seelen, die sich selbst beherrschen, nur deshalb in Unruhe versetzen, weil sie weder die Ansprüche noch die Mittel besitzen, die Sie haben … Man hüte sich übrigens, sich derartige Vernunftschlüsse zu eigen zu machen, die so vielen Männern Qualen gebracht haben – Männern, die durch ihr Unglück ebenso berühmt sind wie durch die Schriften, die es herbeigeführt haben.

Aber wenn wir uns im Interesse der Menschlichkeit für einen Augenblick des schwärmerischen Stils bedienen dürften, der so oft gegen sie angewendet worden ist, so würde das einzige Gebet, das man gegen die *Fanatiker* richten könnte, so lauten:

»Du, der du das Wohl aller Menschen willst und wünschst, daß keiner von ihnen zugrunde gehe, da du nicht einmal am Tod des Bösen Gefallen findest, erlöse uns – nicht von den Verheerungen des Krieges und den Erdbeben, die vorübergehende, begrenzte und außerdem unvermeidliche Übel sind, sondern von der Raserei der Verfolger, die deinen heiligen Namen anrufen. Lehre sie, daß du das Blutvergießen verabscheust, daß der Geruch des verbrannten Fleisches nicht bis zu dir aufsteigt und daß er nicht die Kraft hat, den Blitz in den Lüften zu zerstreuen und den Tau vom Himmel herabfallen zu lassen. Erleuchte deine zelotischen Eiferer, damit sie sich wenigstens davor hüten, das Sühneopfer mit dem Mord zu verwechseln. Erfülle sie so sehr mit der Selbstliebe, daß sie ihren Nächsten vergessen, denn ihre Frömmigkeit wirkt nur zerstörend. Ach, wo ist der Mensch, dem du deine Rache übertragen hast und der sie nicht hundertmal eher verdiente als die Opfer, die er dir darbringt? Mache ihnen klar, daß weder der Verstand noch die Gewalt, sondern deine Erleuchtung und deine Güte die Seelen auf deinen Wegen leiten und daß man deine Macht beleidigt, wenn man in sie den

Arm des Menschen eingreifen läßt. Riefst du denn, als du die
Welt schaffen wolltest, den Menschen zu Hilfe? Und wenn es dir
gefällt, mich in dein Freudenreich einzuführen, bist du dann
nicht unendlich in deinen Wundern? Aber du willst uns nicht
gegen unseren Willen erlösen. Warum ahmt man nicht die Milde
deiner Gnade nach, sondern sucht mich durch Furcht so weit zu
bringen, daß ich dich liebe? Verbreite auf Erden den Geist der
Menschlichkeit und das allumfassende Wohlwollen, das uns
mit Ehrfurcht gegenüber allen Wesen erfüllt, mit denen wir das
kostbare Geschenk der Empfindung teilen, welches bewirkt,
daß alles Gold und alle Edelsteine zusammen vor dir niemals das
fromme Gelübde eines zartfühlenden und mitleidigen Herzens
aufwiegen, geschweige denn die Entsetzlichkeit eines Mordes
tilgen könnten.« [...] (Deleyre.)

Aufwand – Faste (Moral): [...] Man fragt sich, ob es in unserem aufgeklärten Zeitalter noch von Nutzen ist, daß die Männer, die über die Nationen gebieten, Größe und Macht der Nationen durch maßlose Ausgaben und übertriebenen Luxus kundtun? Die europäischen Völker sind über ihre jeweiligen Kräfte so gut unterrichtet, daß sie bei ihren Nachbarn einen nichtigen Luxus sehr wohl von wahrem Wohlstand zu unterscheiden vermögen. Eine Nation würde Oberhäuptern, die sie wirklich reich machten, mehr Achtung entgegenbringen als Oberhäuptern, die sie für reich ausgäben. Dichtbevölkerte Provinzen, disziplinierte Heere und wohlgeordnete Finanzen würden auf die Fremden und auf die Staatsbürger mehr Eindruck machen als alle Pracht des Hofes. Der einzige *Aufwand, der* großen Völkern ansteht, sind Denkmäler, große Werke und jene Leistungen der Kunst, die zur Bewunderung des Geistes ebensoviel beitragen wie zur Idee der Macht. (Saint-Lambert.)

Pächter – Fermiers (Politische Ökonomie): So heißen jene Männer, die Landgüter pachten und bewirtschaften und die zugleich die Reichtümer und Hilfsquellen schaffen, die für die Erhaltung des Staates am wichtigsten sind. So ist die Tätigkeit des *Pächters* eine sehr bedeutende Aufgabe in unserem Königreich und verdient seitens der Regierung große Beachtung [...]

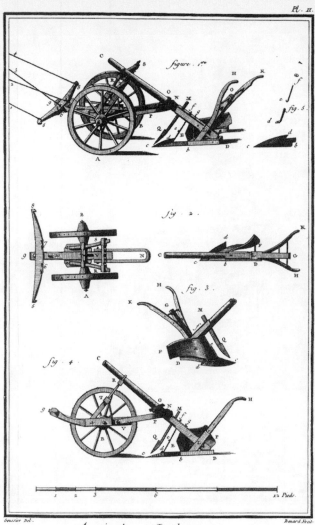

Landwirtschaft: Bodenbearbeitung: Pflug

Landwirtschaft: Feldbestellung

Es wird behauptet, daß sieben Achtel vom Grund und Boden unseres Königreichs mit Hilfe von Ochsen bestellt werden: Diese Schätzung kann zumindest dann anerkannt werden, wenn man in sie auch die Ländereien einbezieht, die von armen *Pächtern*, die doch die für eine gute Bestellung notwendigen Unkosten nicht bestreiten können, recht und schlecht mit Pferden bestellt werden. So liegt ein Teil all dieser Ländereien völlig brach, der andere Teil beinahe brach – was auf einen ungeheuren Verfall der Landwirtschaft in Frankreich wegen des Mangels an *Pächtern* schließen läßt.
Dieses Unglück kann auf dreierlei Ursachen zurückgeführt werden: 1. auf die Abwanderung der Landwirtssöhne, die gezwungen sind, Zuflucht in den großen Städten zu suchen, denen sie Schätze zuführen, die ihre Väter zur Bestellung der Felder verwenden; 2. auf die willkürlichen Steuerauflagen, die bei Investition der für die Bestreitung der landwirtschaftlichen Unkosten notwendigen Gelder keine Sicherheit lassen; 3. auf die Behinderung, der man sich im Getreidehandel ausgesetzt sieht.
Es wurde angenommen, die Politik betrachte die Bedürftigkeit der Landbewohner als einen Ansporn, der notwendig sei, um sie zur Arbeit anzuhalten; aber jedermann weiß, daß Reichtum die Haupttriebfeder der Landwirtschaft ist und daß man sehr reich sein muß, um den Boden gut bestellen zu können. Siehe auch den vorausgegangenen Artikel *Pächter* (Landwirtschaft). Wer Reichtum besitzt, will nicht zugrunde gerichtet werden; wer keinen besitzt, würde vergeblich arbeiten, und die Menschen werden auch nicht zur Arbeit angeregt, wenn sie nichts für ihr Vermögen zu erhoffen haben – ihre Regsamkeit ist immer ihren Erfolgen angemessen. Man darf also der Politik keinesfalls Absichten unterschieben, die dem Wohl des Staates so sehr widersprechen, dem Herrscher so sehr schaden und für die Grundbesitzer in unserem Königreich so unvorteilhaft sind […]
Wollte der Bauer mit seinen Händen Weizen anbauen, so würde sich seine Arbeit nicht lohnen; denn er würde so wenig anbauen, daß sogar im Falle, daß er einige Sester mehr behielte, als für seine Ernährung und zur Deckung seiner Unkosten notwendig wären, dieser Überschuß nicht alle seine Bedürfnisse befriedigen könnte; denn nur aus großen Ernten kann man einen ge-

wissen Gewinn ziehen. Deshalb erzielt ein *Pächter*, der mehrere Pflüge einsetzt und guten Boden bestellt, einen weitaus größeren Gewinn als derjenige, der auf einen einzigen Pflug angewiesen ist und ebenso guten Boden bestellt; außerdem sind im letzteren Falle die Unkosten in vieler Hinsicht wesentlich höher als im ersten. Wenn aber derjenige, der auf einen einzigen Pflug angewiesen ist, nicht reich genug ist, um seine Tätigkeit ausdehnen zu können, so tut er gut daran, sich zu beschränken, weil er die Unkosten, die ein größeres Unternehmen erfordern würde, nicht bestreiten könnte.

Die Landwirtschaft findet nicht wie der Handel eine Hilfsquelle im Kredit. Ein Kaufmann kann Geld aufnehmen, um Waren zu kaufen, oder er kann sie auf Kredit kaufen, weil in kurzer Zeit mit dem Gewinn auch die Geldmittel für den Kauf wieder in seine Tasche fließen; er kann die Summen, die er borgt, zurückerstatten. Der Landmann aber kann den Gewinn nur auf Grund der Vorschüsse erzielen, die er in der Landwirtschaft angelegt hat; die Gelder, die dazu dienen, dieselbe Feldbestellung aufrechtzuerhalten, werden nicht frei; so kann er sie nicht unter der Bedingung aufnehmen, sie zu vorher festgelegten Terminen zurückzugeben, und da seine Habe in Geräten besteht, würden diejenigen, die ihm Geld leihen könnten, nicht genügend Sicherheit finden, um es langfristig anzulegen. Die *Pächter* müssen also von sich aus reich sein, und die Regierung sollte diese Umstände unbedingt berücksichtigen, um einen für unser Königreich so wesentlichen Stand wieder zu heben […]

Der freie Verkauf unseres Getreides an das Ausland ist ein wesentliches, ja sogar unentbehrliches Mittel, die Landwirtschaft in unserem Königreich wieder zu beleben; doch dieses Mittel allein genügt nicht. Zwar würde man feststellen, daß die Bestellung der Ländereien dann größere Profite einbrächte; aber der Landwirt darf auch nicht durch willkürliche und unbestimmte Steuerauflagen beunruhigt werden; denn wenn dieser Stand nicht geschützt ist, so legt niemand Reichtümer in einem so gefährlichen Unternehmen an. Die Sicherheit, deren man sich in den großen Städten erfreut, ist dann immer einem scheinbaren Gewinn vorzuziehen, der zum Verlust der Gelder führen kann, die notwendig sind, um eine unsichere Tätigkeit auszuüben […]

Die Bewohner der Städte nehmen naiverweise an, daß die Arme

der Bauern den Boden bestellen und daß die Landwirtschaft nur deshalb verfällt, weil auf dem Lande die Menschen fehlen. Man sagt, es sei notwendig, die Schulmeister zu vertreiben, die durch die Lehren, die sie den Bauern erteilen, die Landflucht erleichtern: Man denkt sich also kleine Abhilfen aus, die ebenso lächerlich wie schädlich sind; man betrachtet die Bauern als Sklaven des Staates; das Landleben erscheint deshalb so außergewöhnlich hart, mühsam und verächtlich, weil man die Landbewohner Arbeiten ausführen läßt, die den Tieren vorbehalten sind. Wenn der Bauer selbst den Boden pflügt, so ist das ein Beweis für sein Elend und seine Nutzlosigkeit. Vier Pferde bestellen mehr als hundert Morgen Land; vier Menschen können nicht einmal acht Morgen bestellen. Mit Ausnahme des Winzers und des Gärtners, die sich dieser speziellen Tätigkeit widmen, ziehen die reichen *Pächter* die Bauern zu anderen Arbeiten heran, die für sie vorteilhafter und für die Landwirtschaft nützlicher sind. In den fruchtbaren Provinzen, wo der Anbau gut durchgeführt wird, haben die Bauern viele Hilfsquellen; sie säen auf einigen Morgen Land Weizen und anderes Getreide aus; die *Pächter*, für die sie arbeiten, pflügen den Boden; die Frauen und die Kinder ernten die Bodenerzeugnisse. Diese kleinen Ernten, die ihnen einen Teil ihrer Nahrung verschaffen, bringen ihnen zugleich Futter- und Düngemittel ein. Sie bauen auch Flachs, Hanf, Suppenkräuter und Gemüse aller Art an; sie besitzen Vieh und Geflügel, die ihnen gute Nahrungsmittel liefern und Gewinn bringen; sie verschaffen sich durch die Erntearbeit für den Landwirt weiteres Getreide für den Rest des Jahres; sie sind immer mit Landarbeiten beschäftigt; sie leben ohne Zwang und Unruhe; sie verachten die Knechtschaft der Domestiken und Lakaien, die Sklaven der anderen Menschen sind; sie beneiden nicht das niedere Volk, das in den Städten wohnt und in Dachkammern haust, das auf einen Verdienst angewiesen ist, der kaum die dringendsten Bedürfnisse zu befriedigen vermag, das ohne Voraussicht und ohne Vorrat für die Befriedigung künftiger Bedürfnisse leben muß und deshalb stets der Gefahr ausgesetzt ist, in der Armut zu verkommen.

Die Bauern geraten nur dann in Not und verlassen das Land, wenn sie durch die Erpressungen, denen sie ausgesetzt sind, zu sehr beunruhigt werden oder wenn es keine *Pächter* gibt, die ihnen Arbeit verschaffen, und das Land von armen Halbpächtern bestellt wird, die auf einen beschränkten Anbau angewiesen sind, den sie selbst höchst unvollkommen betreiben. Der Anteil, den diese Halbpächter aus ihrer kleinen Ernte ziehen und der mit dem Grundbesitzer geteilt wird, kann höchstens ihre eigenen Bedürfnisse befriedigen; sie können die Güter weder instand halten noch verbessern.

Diese armen Landleute, die dem Staat so wenig nützen, repräsentieren nicht den wahren Landwirt, den reichen *Pächter*, der im großen Maßstab das Land bestellt, der anleitet und befiehlt, der die Ausgaben vervielfacht, der zur Erhöhung des Gewinns kein Mittel und keinen besonderen Vorteil außer acht läßt und dadurch für das allgemeine Wohl sorgt; der die Landbewohner auf nützliche Weise beschäftigt und der die Zeiten wählen und abwarten kann, die für den Absatz seines Getreides sowie für den Kauf und Verkauf des Viehs am günstigsten sind.

Der Reichtum der *Pächter* macht die Ländereien fruchtbar, vermehrt das Vieh, zieht die Landbewohner an und hält sie fest; kurz, er begründet die Macht und den Wohlstand der Nation.

Die Manufakturen und der Handel, die durch die Entartung des Luxus unterhalten werden, sammeln Menschen und Reichtümer in den großen Städten an, wirken der Melioration der Landgüter entgegen, verwandeln das Land in eine Wüstenei, machen die Landwirtschaft verächtlich, vermehren die Ausgaben einzelner Menschen übermäßig, schaden dem Lebensunterhalt der Familien, beeinträchtigen die Fortpflanzung und schwächen den Staat.

Auf einen blühenden Handel folgte oft unmittelbar der Niedergang der Reiche. Wenn eine Nation durch Luxus ausgibt, was sie durch den Handel einnimmt, dann ergibt sich daraus nur ein Umlauf des Geldes ohne wirkliche Vermehrung des Reichtums. Der Verkauf des Überflusses bereichert die Untertanen und den Herrscher. Die Erzeugnisse unseres Bodens müssen also das Rohmaterial der Manufakturen und der Gegenstand des Handels sein: Jeder andere Handel, der nicht auf diesen Grundlagen beruht, ist wenig zuverlässig; je glänzender er in einem Königreich ist, desto mehr fordert er den Wettstreit der Nachbarnationen heraus und desto mehr zersplittert er sich. Ein Königreich, das reich an fruchtbaren Ländereien ist, kann doch nicht in der Landwirtschaft von einem anderen, das nicht den gleichen Vorteil aufweist, nachgeahmt werden. Aber um Nutzen aus der

Landwirtschaft ziehen zu können, muß man die Ursachen beseitigen, die zur Landflucht führen und die Reichtümer in den großen Städten ansammeln und festhalten. Alle Grundherren, alle reichen Leute, alle, die Renten oder Pensionen beziehen, von denen sie angenehm leben können, lassen sich in Paris oder in einer anderen großen Stadt nieder, wo sie fast die gesamten Einnahmen aus dem Grund und Boden unseres Königreichs ausgeben. Diese Ausgaben locken eine Menge von Kaufleuten, Handwerkern, Dienstboten und Tagelöhnern an. Diese schlechte Verteilung der Menschen und der Reichtümer ist unvermeidlich, aber sie geht zu weit; vielleicht hat man anfangs dazu viel dadurch beigetragen, daß man die Stadtbürger besser als die Landbewohner schützte. Die Menschen werden vom Interesse und von der Sicherheit angezogen. Verschafft man diese Vorteile auch dem Land, so wird es im Verhältnis nicht schlechter bevölkert sein als die Städte. Nicht alle Stadtbewohner sind reich oder wohlhabend. Das Land hat seine Reichtümer und seine Annehmlichkeiten: Man verläßt es nur, um den Erpressungen zu entgehen, denen man dort ausgesetzt ist; doch kann die Regierung diesen Nachteilen abhelfen. Der Handel scheint in den Städten zu blühen, weil sie voll reicher Kaufleute sind. Was aber ergibt sich daraus anderes, als daß fast alles Geld des Königreichs in einem Handel angelegt ist, der den Reichtum der Nation nicht vermehrt? Locke vergleicht den Handel mit einem Spiel, bei dem nach dem Gewinn und dem Verlust der Spieler die Geldsumme sich stets gleichbleibt. Der Binnenhandel ist zwar notwendig, um die Bedürfnisse zu befriedigen, den Luxus aufrechtzuerhalten und den Verbrauch zu erleichtern; aber er trägt wenig zur Macht und zum Wohlstand des Staates bei. Wäre ein Teil der unermeßlichen Reichtümer, die der Handel festhält und deren Festlegung unserem Königreich so wenig einbringt, der Landwirtschaft zugeteilt, so würde er uns viel realere und ansehnlichere Einnahmen verschaffen. Die Landwirtschaft ist die große Einnahmequelle für den Herrscher: Alle ihre Erzeugnisse sind sichtbar; man kann sie in angemessener Weise mit Abgaben belegen; der pekuniäre Reichtum dagegen entgeht den Steuerauflagen, und die Regierung kann hier nur durch Mittel eingreifen, die dem Staat zur Last fallen […] (Quesnay.)

Jahrmarkt – Foire (Handel und Politik): Dieses Wort, das von *forum* – öffentlicher Platz – kommt, war ursprünglich gleichbedeutend mit dem Wort *Markt* und ist es in mancher Hinsicht noch heute: Beide bedeuten ein *Zusammentreffen von Verkäufern und Käufern* an bestimmten Orten und zu bestimmten Zeiten; aber das Wort *Jahrmarkt* scheint die Idee von einem umfangreicheren, festlicheren und deshalb selteneren Zusammentreffen mit sich zu bringen. Dieser Unterschied, der beim ersten Blick auffällt, scheint im Sprachgebrauch gewöhnlich die Anwendung der beiden Wörter zu bestimmen; aber er selbst rührt von einem anderen, verborgeneren und sozusagen grundsätzlicheren Unterschied zwischen den beiden Dingen her. Wir wollen ihn hier darlegen.

Es liegt auf der Hand, daß die Käufer und die Verkäufer sich zu gewissen Zeiten und an gewissen Orten nicht ohne einen Anreiz versammeln werden, daß heißt ein Interesse, das die Kosten für die Reise und für den Transport der Waren aufwiegt oder sogar überwiegt; ohne diesen Anreiz würde jeder zu Hause bleiben. Je stärker er ist, je besser die Waren langen Transport vertragen, je umfangreicher und festlicher die Zusammenkunft der Verkäufer und der Käufer ist, desto weiter kann der Bezirk sein, in dessen Zentrum diese Zusammenkunft stattfindet. Der natürliche Gang des Handels genügt, um diese Zusammenkunft herbeizuführen und sie bis zu einem gewissen Grad zu vergrößern. Die Konkurrenz der Verkäufer setzt dem Preis der Waren und der Preis der Waren seinerseits der Zahl der Verkäufer eine Grenze; denn da jeder Handel den Handeltreibenden ernähren soll, muß die Zahl der Verkäufe wohl den Verkäufer durch einen bescheidenen Gewinn entschädigen, wie er ihn aus jedem Verkauf zieht, und folglich die Zahl der Verkäufer der tatsächlichen Zahl der Verbraucher angemessen sein, so daß auf jeden Verkäufer eine bestimmte Zahl von Verbrauchern kommt. Unter dieser Voraussetzung nehme ich folgendes an: Wenn der Preis einer Ware so hoch ist, daß man sie zur Aufrechterhaltung des Handels für den Verbrauch von dreihundert Familien verkaufen muß, so ist klar, daß drei Dörfer mit je hundert Familien nur einen einzigen Verkäufer für diese Ware unterhalten können; dieser Verkäufer befindet sich wahrscheinlich in jenem der drei Dörfer, wo die größte Anzahl von Käufern bequemer oder mit geringeren Unkosten zusammenkommen kann; denn diese

Verringerung der Unkosten verschafft dem Händler, der sich in diesem Dorf niedergelassen hat, den Vorzug vor denen, die geneigt wären, sich in einem der zwei anderen niederzulassen. Nun trifft aber für mehrere Arten von Waren wahrscheinlich dasselbe zu, und so werden die Verkäufer dieser verschiedenen Waren am gleichen Ort zusammenkommen, einmal wegen der Verringerung der Unkosten und zum anderen, weil jemand, der zweierlei Waren benötigt, lieber nur eine Reise macht, um sie sich zu verschaffen; es ist dann tatsächlich so, als bezahlte er jede Ware weniger teuer. Der Ort, der durch die Vereinigung verschiedener Handelszweige ansehnlicher geworden ist, wird dies immer mehr, weil alle Handwerker, die durch die Art ihrer Arbeit nicht ans Land gebunden sind, und alle Menschen, denen der Reichtum erlaubt, untätig zu sein, auf der Suche nach den Annehmlichkeiten des Lebens dort zusammenströmen. Der Zustrom der Käufer zieht die Verkäufer an, da sie hoffen, ihre Waren zu verkaufen; es lassen sich daher mehrere Händler der gleichen Ware dort nieder. Die Konkurrenz der Verkäufer aber zieht die Käufer an, da sie wohlfeil zu kaufen hoffen; und so tragen die einen zur Vermehrung der anderen bei, bis der Nachteil der Entfernung für die weit entfernten Käufer den Vorteil der durch die Konkurrenz bewirkten Verbilligung der Ware und sogar das kompensiert, was die Gepflogenheit und die Macht der Gewohnheit zum Anreiz der Wohlfeilheit beitragen. So entstehen auf natürliche Weise verschiedene Handelszentren oder Märkte, denen ebenso viele Landkreise oder Bezirke entsprechen, die mehr oder weniger ausgedehnt sind, je nach der Art der Waren, der mehr oder weniger leichten Verkehrsverbindung und der mehr oder weniger großen Bevölkerungsdichte. Und das ist – beiläufig gesagt – der erste und häufigste Ursprung unserer Marktflecken und Städte.

Dieselbe Suche nach Bequemlichkeit, die Käufer und Verkäufer an bestimmten Orten zusammenströmen läßt, legt sie auch auf bestimmte Tage fest, wenn die Waren zu minderwertig sind, um weiten Transport zu vertragen, und wenn der Landkreis nicht dicht genug bevölkert ist, um einen ausreichenden täglichen Zustrom zu gewährleisten. Diese Tage werden durch eine Art stillschweigender Übereinkunft festgelegt, und der unbedeutendste Umstand kann schon dazu führen. Die Zahl der Tagereisen zwischen den ansehnlichsten Orten in der Umgebung sowie bestimmte Zeitabschnitte, die für den Aufbruch der Reisenden am günstigsten sind, wie etwa das Bevorstehen gewisser Feiertage, bestimmte herkömmliche Zahlungstermine, allerlei periodische Festlichkeiten, kurz alles, was an bestimmten Tagen eine bestimmte Anzahl von Menschen zusammenkommen läßt, wird zum Prinzip für die Einrichtung eines Marktes an solchen Tagen; denn die Verkäufer haben immer ein Interesse daran, Käufer zu suchen, und umgekehrt.

Aber die Entfernung darf nicht zu weit sein, damit dieses Interesse und die durch die Konkurrenz bewirkte Verbilligung der Waren nicht durch die Kosten für die Reise und für den Warentransport aufgewogen werden. Nicht auf den natürlichen Gang eines durch die Handelsfreiheit angeregten Handels muß man also die Entstehung jener großen *Jahrmärkte* zurückführen, auf die Erzeugnisse eines Teils von Europa unter großen Unkosten gebracht werden und die zugleich Treffpunkt der Nationen zu sein scheinen. Das Interesse, das diese außergewöhnlich hohen Unkosten kompensieren muß, entspringt nicht aus der Natur der Dinge, sondern aus den Privilegien und der Abgabenfreiheit, die dem Handel an gewissen Orten und zu gewissen Zeiten gewährt werden, während er überall sonst mit Abgaben und Zöllen belastet ist. Es ist nicht erstaunlich, daß die Behinderung und die üblichen Störungen, denen der Handel in ganz Europa so lange ausgesetzt war, den ungestümen Zustrom nach jenen Orten veranlaßt haben, wo man ihm etwas mehr Freiheit bot. So haben die Fürsten, die Zollfreiheit gewähren, in den verschiedenen Teilen Europas viele *Jahrmärkte* geschaffen, und es ist klar, daß diese *Jahrmärkte* um so ansehnlicher werden müssen, je mehr der Handel zu gewöhnlichen Zeiten mit Zöllen überlastet ist.

Ein *Jahrmarkt* und ein Markt sind also beide eine Zusammenkunft von Verkäufern und von Käufern an festgelegten Orten und Zeiten; aber auf den Märkten läßt das gegenseitige Interesse Verkäufer und Käufer zusammenkommen, auf den *Jahrmärkten* dagegen das Verlangen, gewisse Privilegien auszunutzen – woraus folgt, daß es auf den *Jahrmärkten* lebhafter und festlicher zugehen muß. Obwohl der natürliche Gang des Handels für die Gründung von Märkten ausreicht, ist es doch infolge jenes verhängnisvollen Prinzips, das unter fast allen Regierungen die Verwaltung des Handels für lange Zeit verdorben hat, ich meine, in-

folge jener Sucht, alles zu leiten, alles zu regeln und niemals die Menschen über ihr eigenes Interesse zu befragen, so weit gekommen, daß man bei der Errichtung von Märkten die Polizei hinzuzog, daß man unter dem Vorwand, verhindern zu wollen, daß sie sich gegenseitig Schaden zufügten, ihre Zahl beschränkte und verbot, bestimmte Waren anderswo als an den angegebenen Orten zu verkaufen, sei es zur Bequemlichkeit der Beamten, welche die Zölle, mit denen die Waren belastet sind, einzuziehen haben, sei es, weil man diese den Formalitäten der Besichtigung und der Abstempelung unterwerfen wollte, man aber nicht überall Amtsstuben errichten kann. Man kann nicht oft genug jede Gelegenheit zur Bekämpfung dieses für das Gewerbe so schädlichen Systems benutzen, und es wird sich wohl mehr als eine Gelegenheit dafür in der Enzyklopädie bieten.
Die berühmtesten *Jahrmärkte* sind in Frankreich die von Lyon, Bordeaux, Guibray, Beaucaire usw., in Deutschland die von Leipzig, Frankfurt usw. Mein Ziel besteht nicht darin, sie hier alle aufzuzählen und die Privilegien, die von verschiedenen Herrschern den *Jahrmärkten* im allgemeinen und einigen *Jahrmärkten* im besonderen gewährt werden, ausführlich darzulegen; ich beschränke mich auf einige Reflexionen über die sehr weit verbreitete Illusion, die gewisse Leute dazu verleitet, den Aufschwung und den Umfang des Handels auf bestimmten *Jahrmärkten* als einen Beweis für die Blüte des Handels in einem Staat anzuführen [...] (Turgot.)

Stiftung – Fondation (Politik und Naturrecht): [...] Der Arme hat unbestreitbare Ansprüche auf den Überfluß des Reichen; die Menschlichkeit und die Religion machen es uns gleichermaßen zur Pflicht, unseresgleichen im Unglück beizustehen. Zur Erfüllung dieser unerläßlichen Pflichten wurden in der christlichen Welt so viele Wohltätigkeitseinrichtungen geschaffen, die Notständen aller Art abhelfen sollten; unzählige Arme wurden in Armenhäusern untergebracht und durch tägliche Speisungen am Tor der Klöster ernährt. Was ist dabei herausgekommen? Daß gerade in den Ländern, wo solche freiwilligen Spenden am reichlichsten sind, wie in Spanien und in einigen Teilen Italiens, das Elend allgemeiner und weiter verbreitet ist als anderswo.

Der Grund dafür ist sehr einfach, und Tausende von Reisenden haben ihn bemerkt. Eine große Anzahl von Menschen für nichts und wieder nichts ernähren heißt den Müßiggang und alle Unsitten fördern, die er zur Folge hat; heißt die Lage des Nichtstuers anziehender zu machen als die des arbeitenden Menschen; heißt folglich für den Staat die Summe der Arbeit und der Bodenerzeugnisse verringern, da ein Teil des Bodens zwangsläufig unbebaut bleibt; daher die häufigen Hungersnöte, die Zunahme des Elends und die Entvölkerung, die ihm folgt; das Geschlecht der fleißigen Bürger wird durch Pöbel ersetzt, der aus umherstreifenden Bettlern besteht, die zu allen nur möglichen Verbrechen bereit sind. Will man das Übel solcher schlecht verteilter Almosen klar erkennen, so nehme man einmal an, ein Staat sei so gut regiert, daß in ihm kein Armer zu finden ist (was zweifellos bei jedem Staat möglich ist, der Kolonien zu besiedeln hat – siehe den Artikel *Bettelei*); dann würde die Einrichtung einer unentgeltlichen Unterstützung für eine bestimmte Anzahl von Menschen dort sofort Arme schaffen, das heißt, ebenso viele Menschen auf den Gedanken bringen, durch Verzicht auf ihre bisherigen Beschäftigungen arm zu werden. Das würde aber zu einem Rückgang der Arbeit und des Reichtums im Staat, zu einer stärkeren Belastung jedes fleißigen Menschen mit öffentlichen Abgaben und zu all den Unsitten führen, die wir in der gegenwärtigen Verfassung der Gesellschaft beobachten können […]

Wehe mir, wenn mein Zweck beim Anstellen dieser Überlegungen darin bestünde, den Menschen allein auf sein eigenes Interesse zu konzentrieren, ihn gegenüber dem Unglück sowie dem Wohl seiner Mitmenschen unempfindlich zu machen, in ihm das staatsbürgerliche Denken auszulöschen und den edlen Drang, den Menschen zu nützen, durch eine müßige und erbärmliche Vorsicht zu ersetzen! Ich will, daß die Menschlichkeit und die leidenschaftliche Liebe zum öffentlichen Wohl den Menschen ebensolche Vorteile verschaffe, wie sie ihnen die Eitelkeit gewisser Wohltäter verschafft hat, aber zuverlässiger, vollständiger, unter geringeren Unkosten und ohne die Beimischung jener Übel, die ich vorhin bedauert habe. Unter den verschiedenen Bedürfnissen der Gesellschaft, die man mit Hilfe beständiger Einrichtungen oder *Stiftungen* befriedigen möchte, wollen wir zweierlei unterscheiden: Die einen sind der ganzen

Gesellschaft eigen und nur die Summe der Interessen jedes einzelnen ihrer Teile, das heißt die allgemeinen Bedürfnisse der Menschheit – Nahrung für alle Menschen, gute Sitten und Erziehung für die Kinder aller Familien. Dieses Interesse ist – je nach den verschiedenen Bedürfnissen – mehr oder weniger dringend; denn ein Mensch empfindet das Bedürfnis nach Nahrung lebhafter als das Interesse, seinen Kindern eine gute Erziehung angedeihen zu lassen. Man braucht nicht lange nachzudenken, um sich davon zu überzeugen, daß diese erste Art der gesellschaftlichen Bedürfnisse weder durch *Stiftungen* noch durch irgendeine andere Spende befriedigt werden kann, sondern daß in dieser Hinsicht das allgemeine Wohl das Resultat der Bemühungen sein muß, die jeder einzelne in seinem eigenen Interesse unternimmt. Jeder gesunde Mensch muß sich seinen Lebensunterhalt durch seine Arbeit verdienen; denn würde er ernährt, ohne zu arbeiten, so würde es auf Kosten derer geschehen, die arbeiten. Der Staat schuldet jedem seiner Glieder die Beseitigung aller Hindernisse, die sie in ihrem Gewerbefleiß hemmen oder im Genuß der Güter, die der Lohn für die Arbeit sind, beeinträchtigen könnten. Wenn diese Hindernisse fortbestehen, werden die besonderen Wohltaten nicht die allgemeine Armut verringern, weil deren Ursache im ganzen immer bestehen bleibt. Ebenso sind alle Familien den Kindern, die sie zur Welt bringen, eine Erziehung schuldig; denn sie alle sind daran unmittelbar interessiert, und nur aus den Bemühungen jeder Familie im besonderen kann die allgemeine Vervollkommnung der Erziehung hervorgehen. Wenn Sie Gefallen daran finden sollten, durch *Stiftungen* in den Schulen Stellen für Lehrer und Freiplätze für Schüler zu schaffen, so wird der Nutzen nur einer kleinen Anzahl von zufällig begünstigten Menschen zugute kommen, die vielleicht gar nicht die Talente haben, um daraus wirklich Vorteil zu ziehen: Es wird für die ganze Nation nur ein Tropfen sein, der in ein riesiges Meer fällt, und Sie werden mit sehr großem Aufwand sehr wenig vollbracht haben. Und soll man denn die Menschen daran gewöhnen, alles zu erbetteln, alles zu empfangen und nichts sich selbst verdanken zu können? Diese Art Bettelei, die in allen Ständen um sich greift, erniedrigt ein Volk und läßt an die Stelle aller erhabenen Leidenschaften ein niedriges, kriecherisches Wesen treten. Haben die Menschen wirklich ein starkes Interesse an dem Wohl, das Sie ihnen verschaffen wollen, dann lassen Sie sie selbst handeln: Das ist das große, einzige Prinzip. Streben sie, wie Ihnen scheint, mit weniger Eifer danach, als Sie es wünschen, so steigern Sie ihr Interesse. Wollen Sie die Erziehung vervollkommen, so setzen Sie für den Wettstreit der Väter und der Kinder Preise aus; aber diese Preise sollen jedem geboten werden, der sie sich verdienen kann, zumindest in jedem Stand der Bürger, damit die Ämter und Stellen in jedem Bereich zur Belohnung für das Verdienst und zum sicheren Preis der Arbeit werden; dann werden Sie sehen, wie sich auf einmal im Schoße aller Familien der Wetteifer regt. Bald wird Ihre Nation sich selbst übertreffen, Sie werden ihren Geist aufgeklärt und ihr gute Sitten gebracht haben, Sie werden Großes geleistet haben, und es wird Sie nicht so viel gekostet haben wie die *Stiftung* einer Schule [...] (Turgot.)

Unzucht – Fornication (Moral): ... Die *Unzucht* ist als illegitime Verbindung zwischen zwei ledigen und nicht miteinander verwandten Personen eigentlich ein fleischlicher Verkehr, zu dem der Priester keine Erlaubnis gegeben hat ... Aber die bloße *Unzucht*, an sich eine schwere Sünde, wird unter allen illegitimen Verbindungen vom Christentum am wenigsten verurteilt; der Ehebruch wird mit Recht vom Evangelium als ein viel größeres Verbrechen behandelt. Siehe den Artikel *Ehebruch*. Tatsächlich fügt der Ehebruch zu der Sünde der *Unzucht* zwei andere hinzu: den Diebstahl, denn man raubt fremdes Eigentum, und den Betrug, denn man verschafft einem Staatsbürger Erben, die dies nicht sein dürfen. Sieht man jedoch von der Religion, ja sogar von der Rechtschaffenheit ab und zieht man nur den Haushalt der Gesellschaft in Betracht, so ist es nicht schwer, einzusehen, daß die *Unzucht* ihr in gewissem Sinne mehr schadet als der Ehebruch; denn sie trägt dazu bei, daß Elend und Verwirrung in der Gesellschaft zunehmen, da sie Bürger ohne Stand und ohne Rückhalt hineinbringt, oder daß – was vielleicht noch verhängnisvoller ist – die Entvölkerung durch Zerstörung der Fruchtbarkeit gefördert wird. Diese Bemerkung soll keineswegs den gerechten Abscheu verringern, den man vor dem Ehebruch haben muß, sondern nur die verschiedenen Aspekte erkennbar machen, unter denen man die Moral betrachten kann, sei es in bezug auf die Religion, sei es in bezug auf den Staat. Die

Gesetzgeber haben vor allem die Missetaten, die Verwirrung unter den Menschen anrichten, mit Strafen belegt; doch gibt es andere Verbrechen, die von der Religion nicht weniger verurteilt werden, aber deren Bestrafung dem höchsten Wesen vorbehalten bleibt. So ist zum Beispiel die Ungläubigkeit für einen Christen ein ebenso großes, ja vielleicht noch größeres Verbrechen als der Diebstahl; doch es gibt Gesetze gegen den Diebstahl und keine Gesetze gegen die Ungläubigen, welche die herrschende Religion offen angreifen; das heißt, daß Anschauungen (sogar nichtswürdige), wenn man sie nicht zu verbreiten sucht, den Staatsbürgern keinen Schaden zufügen. Daher gibt es mehr Ungläubige als Diebe. Im allgemeinen kann man beobachten, daß die Religion – zur Schande und zum Unglück des Menschengeschlechts – nicht immer ein entsprechend starker Schutz gegen Verbrechen ist, die von den Gesetzen nicht bestraft oder von der Regierung nicht streng untersucht, sondern lieber übersehen als geahndet werden. Es hieße eine ganz falsche Vorstellung vom Christentum haben und es sogar beleidigen, wenn man aus einer rein menschlichen Haltung heraus annähme, es sei einzig und allein dazu bestimmt, einen Damm gegen die Missetaten zu bilden. Das Wesen der Gebote der Religion, die Strafen, die sie androht und die zwar ebenso sicher wie furchtbar sind, deren Wirkung aber niemals gegenwärtig ist, und schließlich die gerechte Verzeihung, die sie bei aufrichtiger Reue stets gewährt, befähigen sie eher dazu, das Gute in der Gesellschaft zu entwickeln, als das Böse in ihr zu verhindern. Der sanften und wohltätigen Moral des Evangeliums verdanken wir die erste dieser beiden Wirkungen; strenge und genau eingehaltene Gesetze bringen die zweite hervor […] (D'Alembert.)

Vermögen – Fortune (Moral): […] Die Mittel zur Bereicherung können in der Moral »sträflich« sein, obgleich sie von den Gesetzen erlaubt sind; denn es steht im Widerspruch zum Naturrecht und zur Menschlichkeit, daß Millionen Menschen, wie es in gewissen Ländern geschieht, des Allernotwendigsten beraubt werden, um den schändlichen Luxus einer kleinen Anzahl untätiger Bürger aufrechtzuerhalten. Eine so schreiende und grausame Ungerechtigkeit kann nicht durch den Vorwand gerechtfertigt werden, daß sie in schwierigen Zeiten dem Staat

Hilfsmittel verschaffe. Die Unglücklichen vermehren, um die Hilfsmittel zu vergrößern, hieße sich einen Arm abschneiden, um dem anderen mehr Nahrung zuzuführen. Diese schreckliche Ungleichheit in den Vermögensverhältnissen der Menschen, die bewirkt, daß die einen im Elend zugrunde gehen, während die anderen im Überfluß schwelgen, war eines der Hauptargumente der Epikureer gegen die Vorsehung und mußte Philosophen, denen die Erleuchtung durch das Evangelium fehlte, unwiderlegbar erscheinen. Die Menschen, die sich am *Vermögen* des Staates mästen, haben nur ein Mittel, ihren Reichtum mit der Moral in Einklang zu bringen: nämlich der Bedürftigkeit reichlich das zurückzugeben, was sie ihr entzogen haben, vorausgesetzt, die Moral bleibe tatsächlich gewahrt, sofern man den einen das gibt, was man den anderen entrissen hat. Aber wer das Elend des Volkes verursacht hat, hält sich gewöhnlich für entlastet, wenn er das Elend beklagt, oder er nimmt sogar Abstand davon, es zu beklagen.

Die rechtschaffenen Mittel, ein *Vermögen zu* erwerben, beruhen auf Talent und Arbeit; an die Spitze dieser Mittel muß man den Handel stellen. Welcher Unterschied besteht doch für den Weisen zwischen dem *Vermögen* eines Höflings, der es sich durch Niederträchtigkeiten und Intrigen verschafft hat, und dem eines Kaufmanns, der seinen Reichtum nur sich selbst zu verdanken hat und der durch diesen Reichtum zum Wohl des Staates beiträgt! Es ist eine sonderbare Barbarei unserer Sitten und zugleich ein höchst lächerlicher Widerspruch, daß der Handel, das heißt die vornehmste Art der Bereicherung, von den Adligen mit Verachtung betrachtet wird, obwohl er dazu dient, den Adel zu erkaufen. Aber die Barbarei und der Widerspruch gipfeln darin, daß man sich das Adelsprädikat durch Reichtümer verschaffen kann, die man auf allen möglichen Wegen erworben hat [...] (D'Alembert.)

Frankreich – France (Geographie): [...] Die Völker waren in *Frankreich* bis zur Zeit Philipp Augusts völlig versklavt. Die Grundherren waren Tyrannen bis zur Zeit Ludwigs XI., der selbst ein Tyrann war und nur auf die Stärkung der königlichen Macht hinarbeitete. Franz I. ließ Handel, Schiffahrt, Wissenschaften und Künste aufblühen, die aber alle mit ihm untergingen. Heinrich der Große, zugleich Vater und Überwinder seiner Untertanen, wurde mitten unter ihnen ermordet, als er für ihr Glück sorgen wollte. Der Kardinal Richelieu ging darauf aus, den Einfluß des Hauses Österreich, des Calvinismus und der Großen zu verringern. Der Kardinal Mazarin dachte nur daran, sich durch Geschicklichkeit und List in seiner Stellung zu behaupten.

So waren die Franzosen neunhundert Jahre lang ohne Gewerbe und verharrten in Unordnung und Unwissenheit; deshalb hatten sie keinen Anteil an den großen Entdeckungen und schönen Erfindungen der anderen Völker. Der Buchdruck, das Schießpulver, die Spiegel, die Fernrohre, der Kompaß, der Blutkreislauf, die Luftpumpe, das wahre System des Universums stammten nicht von ihnen; sie veranstalteten Turniere, während die Portugiesen und die Spanier im Osten und Westen der bekannten Welt neue Welten entdeckten und eroberten. Endlich änderten sich die Dinge um die Mitte des letzten Jahrhunderts; die Künste, die Wissenschaften, der Handel, die Schiffahrt und die Marine traten unter Colbert mit einem herrlichen Glanz zutage, über den Europa staunte: Demnach ist die französische Nation fähig, alles zu erreichen – eine geschmeidige Nation, die am leichtesten murrt, am besten gehorcht und ihr Unglück am schnellsten vergißt.

Sicher wird man mich davon dispensieren, hier auf Einzelheiten im gegenwärtigen Zustand unseres Königreichs einzugehen. Seine wirkliche und relative Stärke, seine Regierungsform, die Staatsreligion, die Macht des Monarchen, seine Einkünfte, seine Hilfsquellen und seine Herrschaft – all das ist jedermann bekannt. Es ist auch bekannt, daß die unermeßlichen Reichtümer *Frankreichs,* die vielleicht in Gold und Silber eine Milliarde in heutigem Geld betragen (die Goldmark zu 680 Livres, die Silbermark zu 50 Livres), unglücklich verteilt sind, wie einst die Reichtümer Roms beim Untergang der Republik. Man weiß schließlich, daß die Hauptstadt sozusagen den Staat ausmacht, daß alles zu diesem Abgrund – diesem Zentrum der Macht – hinströmt, daß die Provinzen dadurch übermäßig entvölkert werden und daß der von seiner Armut bedrückte Landmann fürchtet, unglückliche Wesen zur Welt zu bringen. Zwar glaubte Ludwig XIV., als er vor beinahe hundert Jahren (im Jahre 1666) dieses tiefwurzelnde Übel bemerkte, die Fortpflanzung zu fördern, indem er alle, die zehn Kinder hätten, das heißt, Wunder vollbrächten, zu belohnen versprach; es wäre jedoch besser gewesen, die Ursachen für das Übel zu suchen und ihm durch echte Heilmittel abzuhelfen. Nun, diese Ursachen und diese Heilmittel sind nicht schwer zu finden. Siehe die Artikel *Abgaben, Toleranz* u. a. (Jaucourt.)

Französisch – François ou Français (Geschichte, Literatur und Moral): [...] Der Geist der *französischen* Sprache ist Klarheit und Ordnung; denn jede Sprache hat ihren Geist, und dieser Geist besteht in der uns von der Sprache verliehenen Fähigkeit, uns mehr oder weniger glücklich auszudrücken und anderen Sprachen vertraute Redewendungen zu verwenden oder zu verwerfen ... Die natürliche Reihenfolge, in der man seine Gedanken ausdrücken und seine Sätze bilden muß, verleiht der *französischen* Sprache eine Anmut und Beschwingtheit, die allen Völkern gefällt, und der Geist der Nation, der sich mit dem Geist der Sprache vereinte, hat mehr erfreulich geschriebene Bücher hervorgebracht, als man bei irgendeinem anderen Volk findet.
Da die Ungezwungenheit und Annehmlichkeit der Gesellschaft lange Zeit nur in Frankreich bekannt war, gewann die Sprache dadurch eine Zartheit des Ausdrucks und eine ganz natürliche Vornehmheit, die anderswo kaum zu finden sind. Zuweilen hat man diese Vornehmheit übertrieben; aber die Leute von Geschmack haben immer verstanden, sie in die richtigen Grenzen zurückzulenken.
Es wurde häufig angenommen, die *französische* Sprache sei seit der Zeit Montaignes und Amyots ärmer geworden: Tatsächlich findet man bei diesen Autoren eine Reihe von Ausdrücken, die jetzt nicht mehr zulässig sind; aber es sind meistens Ausdrücke der Umgangssprache, die man durch gleichwertige ersetzt hat. Sie ist viel reicher an vornehmen und kraftvollen Wörtern geworden und hat, ohne daß ich von der Beredsamkeit der Dinge sprechen will, die Beredsamkeit der Wörter gewonnen. Im Zeitalter Ludwigs XIV. soll diese Beredsamkeit ihren größten Glanz erhalten haben und die Sprache endgültig festgelegt worden sein. Wie viele Veränderungen ihr die Zeit und die Willkür auch noch bringen mögen, so werden doch die guten Autoren des siebzehnten und achtzehnten Jahrhunderts immer als Vorbild dienen.

Man durfte nicht erwarten, daß die *französische* Sprache sich auch in der Philosophie auszeichnen würde. Eine seit langem veraltete Regierungsweise erstickte fast zwölfhundert Jahre lang jegliche Aufklärung, und Lehrer von Irrtümern, die dafür bezahlt wurden, daß sie die menschliche Natur verdummten, verdichteten noch die Finsternis; doch heute gibt es in Paris mehr Philosophie als in irgendeiner Stadt auf der Erde und vielleicht in allen Städten zusammen, mit Ausnahme Londons. Der Geist der Vernunft durchdringt sogar die Provinzen. Kurz: Der *französische* Geist kommt heute in der Philosophie vielleicht dem englischen gleich, ist in der Literatur seit achtzig Jahren vielleicht allen anderen Völkern überlegen und steht zweifellos an erster Stelle im Hinblick auf die Annehmlichkeiten der Gesellschaft und jene so ungezwungene, so natürliche Höflichkeit, die man zu Unrecht »Urbanität« nennt. (Voltaire.)

Genealogie – Généalogie (Geschichte): [...] Wenn man die genaue und wahre *Genealogie* jeder Familie besäße, dann würde höchstwahrscheinlich kein Mensch mehr auf Grund seiner Herkunft geachtet oder verachtet werden. Es gibt auf den Straßen kaum einen Bettler, der nicht in gerader Linie von irgendeinem erlauchten Mann abstammen dürfte, und keinen einzigen, durch die höchsten Würden des Staates sowie durch weltliche und geistliche Orden ausgezeichneten Adligen, der in der Reihe seiner Ahnen nicht eine Menge von Niedriggeborenen entdecken würde. Angenommen, ein Mann ersten Ranges, der von seiner hohen Geburt sehr eingenommen ist, sähe vor seinen Augen die ganze Reihe seiner Vorfahren vorbeiziehen, etwa so wie Vergil den Aeneas alle seine Nachkommen erblicken läßt – wie unterschiedlich wären dann die Gefühlsregungen, von denen er sich ergriffen fühlte, wenn er Heerführer und Hirten, Minister und Handwerker, Fürsten und Tölpel aufeinanderfolgen sähe, vielleicht sogar ziemlich dicht in einem Zeitraum von viertausend Jahren! Von welcher Trauer oder von welcher Freude würde sein Herz nicht bewegt angesichts der Launen des Schicksals bei einer so buntscheckigen Ausstattung mit Lumpen und Purpurmänteln, Werkzeugen und Zeptern, Zeichen der Ehre und des Schimpfs? Welchen Wechsel von Hoffnung und Furcht, von Freudenausbrüchen und tiefer Beschämung würde er nicht empfinden, je nachdem, ob seine *Genealogie* glänzend oder düster erschiene! Aber wenn dieser vornehme Mann, der auf seine Ahnen so stolz ist, in sich geht und mit philosophischem Blick alle diese Wechselfälle betrachtet, dann wird er sich darüber nicht mehr aufregen. Die Generationen der Sterblichen, bald herausgehoben und bald niedrig, zerfließen, vermengen und verlieren sich wie die Wellen eines reißenden Stroms; nichts vermag die Zeit aufzuhalten, die alles mit sich reißt, auch das, was am unbeweglichsten scheint und es für immer in ewigem Dunkel begräbt. (Jaucourt.)

Genf – Genève (Geschichte und Politik): […] In *Genf* duldet man keine Komödien; das heißt, man mißbilligt dort nicht die Schauspiele an sich, aber man fürchtet angeblich die Vorliebe für Putz, Verschwendung und Zügellosigkeit, welche die Schauspielertruppen unter der Jugend verbreiten. Aber wäre es nicht möglich, diesem Übel durch strenge und sogleich wirksam werdende Gesetze hinsichtlich des Lebenswandels der Schauspieler abzuhelfen? Dank diesem Mittel hätte *Genf* dann Schauspiele und gute Sitten und könnte den Vorteil der beiden genießen: Die Theatervorstellungen würden den Geschmack der Bürger verfeinern und ihnen ein Schicklichkeits- und Feingefühl verleihen, das man ohne diese Hilfe sehr schwer erwerben kann; die Literatur würde daraus Vorteil ziehen, ohne daß die Zügellosigkeit Fortschritte machte, und *Genf* würde zu der Weisheit Spartas die Gesittung Athens hinzufügen. Eine andere Überlegung, die einer so weisen und aufgeklärten Republik würdig wäre, sollte sie vielleicht dazu bewegen, die Schauspiele zu erlauben. Das barbarische Vorurteil gegenüber dem Beruf des Schauspielers, die von uns bewirkte Herabwürdigung dieser Menschen, die für den Fortschritt und die Erhaltung der Künste so notwendig sind, ist sicher eine der Hauptursachen für die Sittenlosigkeit, die wir ihnen vorwerfen; denn sie versuchen, sich durch Vergnügungen dafür zu entschädigen, daß ihr Stand sich keine Achtung verschaffen kann. Bei uns wäre ein Schauspieler, der gute Sitten hat, doppelt hochzuachten; doch ist man ihm dafür kaum dankbar. Der Steuerpächter, der die öffentliche Armut beschimpft und der von ihr zehrt, ein Höfling, der kriecht und seine Schulden nicht bezahlt: das ist der Menschenschlag,

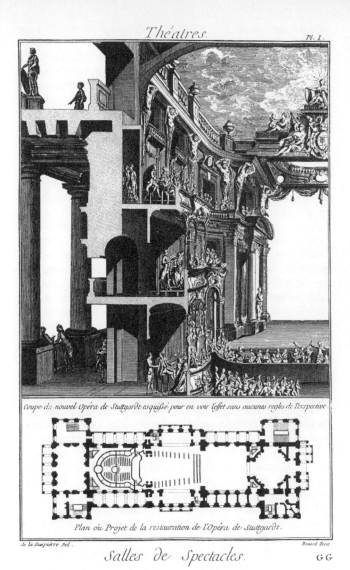

Theatersäle: Pläne für die neue Stuttgarter Oper

den wir am meisten ehren. Wenn die Schauspieler in *Genf* nicht nur geduldet, sondern auch durch weise Vorschriften zunächst gezügelt und später geschützt würden, wenn sie angesehen wären, sobald sie dessen würdig wären, und wenn sie schließlich genau auf dieselbe Stufe gestellt würden wie andere Bürger, so würde jene Stadt zu ihrem Vorteil bald das besitzen, was man für so ungewöhnlich hält und was dies nur durch unsere Schuld ist: eine ehrbare Schauspielertruppe. Fügen wir hinzu, daß diese Truppe bald die beste Europas wäre und daß verschiedene Personen von Geschmack und mit einer Vorliebe für das Theater, die befürchten, ihre Ehre unter uns zu verlieren, wenn sie dieser Vorliebe nachgeben, nach *Genf* eilen würden, um dort nicht nur ohne Schande, sondern sogar mit Anerkennung ein so erfreuliches und ungewöhnliches Talent zu pflegen. Der Aufenthalt in jener Stadt, den sehr viele Franzosen trostlos finden, weil Schauspiele fehlen, würde dann zu einem an rechtschaffenen Vergnügen reichen Aufenthalt, wie er schon reich an Philosophie und Freiheit ist, und die Fremden würden nicht mehr darüber staunen, daß man in einer Stadt, wo schickliche und sittsame Schauspiele verboten sind, die Aufführung plumper und geistloser Schwänke erlaubt, die dem guten Geschmack ebenso widersprechen wie den guten Sitten. Das ist aber noch nicht alles: Das Beispiel der *Genfer* Schauspieler, die Züchtigkeit ihres Lebenswandels und das Ansehen, das sie dort genössen, würden nach und nach den Schauspielern der anderen Nationen zum Vorbild und denen, die sie bisher mit solcher Strenge und solcher Inkonsequenz behandelt haben, zur Lehre dienen. Man würde sie nicht mehr einerseits als Pensionsempfänger der Regierung und andererseits als Nichtswürdige ansehen; unsere Priester würden die Gewohnheit ablegen, sie aus der Kirche auszuschließen, und unsere Bürger die Gewohnheit, verächtlich auf die herabzusehen; und eine kleine Republik genösse dann den Ruhm, Europa in diesem Punkt, der wichtiger ist, als man vielleicht annimmt, reformiert zu haben [...]

Die Geistlichkeit von *Genf* hat vorbildliche Sitten: Die Priester leben in großer Einigkeit; man sieht sie nicht wie in anderen Ländern erbittert über unverständliche Dinge streiten, sich gegenseitig verfolgen, in ungehöriger Weise bei den Gerichten verklagen. Es fehlt allerdings noch viel daran, daß sie alle gleicher Ansicht über die Glaubensartikel wären, die man anderswo für die wichtigsten Artikel der Religion hält. Manche glauben nicht mehr an das göttliche Wesen Jesu Christi, das Calvin, ihr Oberhaupt, so eifrig verteidigte und um dessentwillen er Servet verbrennen ließ. Wenn man sie auf diese Marter hinweist, die der Barmherzigkeit und Mäßigung ihres Patriarchen einigen Abbruch tut, versuchen sie nicht, ihn zu rechtfertigen; sie geben zu, daß Calvin eine sehr verwerfliche Handlung begangen hat, und begnügen sich (wenn es ein Katholik ist, der mit ihnen spricht) damit, der Verbrennung Servets zwei Tatsachen entgegenzuhalten: die abscheuliche Bartholomäusnacht, die jeder gute Franzose gern mit seinem Blut aus unserer Geschichte tilgen würde, und die Hinrichtung des Jan Hus, die ihrer Meinung nach sogar die Katholiken nicht mehr zu rechtfertigen wagen, da sie die Menschlichkeit und den wahren Glauben in gleichem Maße verletzt hat und das Andenken des Kaisers Sigismund mit ewiger Schande bedeckt.

So äußert denn Voltaire in seinem *Versuch über die Weltgeschichte:* »Es ist kein unbedeutendes Beispiel für den Fortschritt der menschlichen Vernunft, daß man in *Genf* mit öffentlicher Zustimmung gedruckt hat, Calvin hätte sowohl eine grausame Seele als einen aufgeklärten Geist gehabt. Der Mord an Servet erscheint heute abscheulich.« Wir glauben, daß das einer solchen edlen Freiheit des Denkens und Schreibens gebührende Lob in gleichem Maße zwischen dem Autor, seinem Zeitalter und *Genf* zu teilen ist. Wie viele Länder gibt es, wo die Philosophie ebenso große Fortschritte gemacht hat, wo aber die Wahrheit noch gefangenliegt, wo die Vernunft nicht ihre Stimme zu erheben wagt, um alles zu zerschmettern, was sie zum Schweigen verurteilt, und wo allzu viele kleinmütige Schriftsteller, die man »weise« nennt, noch die Vorurteile achten, die sie doch mit ebensoviel Schicklichkeit wie Sicherheit bekämpfen könnten!

Die Hölle, einer der Hauptpunkte unseres Glaubens, ist dies heute für manche Prediger in *Genf* nicht mehr; man würde ihrer Meinung nach das göttliche Wesen beleidigen, wenn man sich einbildete, dieses Wesen voller Güte und Gerechtigkeit sei fähig, unsere Fehler mit ewigen Qualen zu bestrafen; sie erklären, so gut sie es eben können, die diesbezüglichen Stellen der Heiligen Schrift, die in Widerspruch zu ihrer Anschauung stehen; sie behaupten, man dürfe niemals alles, was in den heiligen Büchern Menschlichkeit und Vernunft zu verletzen scheint, wörtlich nehmen. Sie glauben nun, daß es in einem anderen Leben zwar Strafen gibt, aber nur für eine bestimmte Zeit; so ist das Fegefeuer, das eine der Hauptursachen für die Abspaltung der Protestanten von der römischen Kirche darstellte, nach Ansicht einiger von ihnen heute die einzige Strafe nach dem Tod – ein neuer Zug, der in die Geschichte der menschlichen Widersprüche einzureihen ist.

Kurz zusammengefaßt: Eine Reihe von *Genfer* Pastoren hat keine andere Religion als einen vollkommenen Sozinianismus, denn sie verwerfen alles, was man »Mysterien« nennt, und bilden sich ein, das erste Prinzip einer wahren Religion bestehe darin, nichts als glaubwürdig zu empfehlen, sofern es gegen die Vernunft verstößt; deshalb ersetzen einige von ihnen, wenn man sie zur *Notwendigkeit* der Offenbarung, diesem für das Christentum so wesentlichen Dogma, befragt, jenen Begriff durch den der *Nützlichkeit*, der ihnen erfreulicher erscheint. Sind sie in diesem Punkt auch nicht orthodox, so sind sie doch in ihren Prinzipien zumindest konsequent. Siehe den Artikel *Sozinianismus*.

Eine Geistlichkeit, die so denkt, muß tolerant sein, und sie ist es in der Tat in solchem Maße, daß sie von den Vertretern der anderen reformierten Kirchen nicht mit freundlichem Blick angesehen wird. Übrigens kann man, ohne die Religion *Genfs* gutheißen zu wollen, wohl behaupten, daß es wenige Länder gibt, wo die Theologen und die Geistlichen dem Aberglauben feindlicher sind. Dafür klagt man aber, zumal Intoleranz und Aberglaube nur zur Vermehrung der Ungläubigen beitragen, in *Genf* weniger als anderswo über die Fortschritte der Ungläubigkeit – was nicht überraschen dürfte; denn die Religion ist dort fast ganz auf die Anbetung eines einzigen Gottes beschränkt, zumindest bei fast allen, die nicht den unteren Volksschichten angehören. Ehrfurcht vor Christus und der Heiligen Schrift ist vielleicht das einzige, was das *Genfer* Christentum von einem reinen Deismus unterscheidet.

Die Geistlichen sind in *Genf* mehr als tolerant: Sie beschränken sich einzig und allein auf ihre Aufgaben und geben als erste den Bürgern ein Beispiel in der Unterwerfung unter die Gesetze. Das Konsistorium, das die Sitten zu überwachen hat, verhängt nur geistige Strafen. Der große Streit zwischen Papsttum und Kaiser-

tum, der in Zeitaltern der Unwissenheit den Thron so vieler Kaiser zum Wanken gebracht hat und der, wie wir nur allzu gut wissen, auch in aufgeklärteren Zeitaltern ärgerliche Störungen hervorgerufen hat, ist in *Genf* unbekannt; die Geistlichkeit unternimmt dort nichts ohne Zustimmung der Behörden [...]
Vielleicht werden wir den größten Monarchien keinen so umfangreichen Artikel widmen; aber für die Augen des Philosophen ist die Republik der Bienen nicht weniger interessant als die Geschichte der großen Reiche, und vielleicht kann man nur in den kleinen Staaten das Modell einer vollkommenen politischen Verwaltung finden. Wenn uns die Religion auch nicht anzunehmen erlaubt, daß die *Genfer* wirklich für ihr Glück in der anderen Welt gesorgt haben, so zwingt uns doch die Vernunft, zu glauben, daß sie fast so glücklich sind, wie man es in dieser Welt eben sein kann:

O fortunatos nimium, sua si bona norint! [1]

(D'Alembert.)

Geschmack – Goût (Grammatik, Literatur und Philosophie): Man hat in dem vorausgegangenen Artikel gesehen, worin der *Geschmack* in der Physiologie besteht. Dieser Sinn, diese Gabe, unsere Nahrungsmittel zu unterscheiden, hat in allen bekannten Sprachen jene Metapher hervorgebracht, die durch das Wort *Geschmack* das Gefühl für die Schönheiten und die Mängel in allen Künsten ausdrückt. Es ist ein Unterscheidungsvermögen, das genauso schnell ist wie das der Zunge und des Gaumens und das wie diese der Reflexion zuvorkommt; es ist im Hinblick auf das Gute ebenso empfindlich und genußsüchtig; es lehnt ebenso empört das Schlechte ab; es ist häufig unsicher und verlegen, da es nicht einmal weiß, ob ihm das, was man ihm darbietet, gefallen soll, und da es zuweilen ebenso der Gewöhnung bedarf, um sich herauszubilden.
Es ist für den *Geschmack* nicht ausreichend, die Schönheit eines Werkes zu erkennen; er muß sie empfinden, muß von ihr ergriffen werden. Es genügt auch nicht, etwas verschwommen zu

---

[1] Wie überaus glücklich sind doch diejenigen, die ihr Glück wirklich kennenlernen!

empfinden und von ihm irgendwie ergriffen zu werden, man muß vielmehr die verschiedenen Nuancen unterscheiden; nichts darf der Schnelligkeit des Unterscheidungsvermögens entgehen, und so besteht wieder eine Ähnlichkeit zwischen diesem geistigen *Geschmack,* diesem *Geschmack* für die Künste, und dem sinnlichen *Geschmack;* denn wie der Feinschmecker sofort die Mischung zweier Liköre empfindet und erkennt, so sieht der Mann von *Geschmack,* der Kenner, mit einem kurzen Blick die Mischung zweier Stilarten; er erblickt einen Mangel neben einer Annehmlichkeit; er begeistert sich an dem Vers aus der Tragödie *Die Horatier: Que vouliez-vous qu'il fît contre trois? Qu'il mourût* [...]¹ Und er empfindet unwillkürlich Abscheu vor dem darauffolgenden Vers: *Ou qu'un beau désespoir alors le secourût!*²

Wie der schlechte *Geschmack* in der Physiologie darin besteht, nur Gefallen an allzu scharfen und gesuchten Gewürzen zu finden, so besteht der schlechte *Geschmack* in den Künsten darin, nur Gefallen an ausgeklügelten Zierden zu finden und die schöne Natur nicht zu empfinden.

Der verdorbene *Geschmack* in bezug auf Nahrungsmittel besteht darin, die auszuwählen, welche andere Menschen anwidern – das ist eine Art Krankheit. Der verdorbene *Geschmack* in den Künsten besteht darin, Gefallen an Sujets zu finden, über die rechtschaffene Geister empört sind; das Burleske dem Edlen, das Preziöse und Affektierte dem einfachen und natürlichen Schönen vorzuziehen – das ist eine Krankheit des Geistes. Der *Kunstgeschmack* prägt sich viel stärker aus als der *Sinnesgeschmack;* denn beim physischen *Geschmack* wollte die Natur, obwohl man zuweilen schließlich die Dinge liebt, gegen die man anfangs Abneigung empfunden hat, nur erreichen, daß die Menschen generell empfinden lernen, was für sie notwendig ist; aber der geistige *Geschmack* braucht mehr Zeit, um sich herauszubilden. Ein empfindsamer junger Mensch, der aber noch keinerlei Kenntnisse besitzt, unterscheidet zunächst nicht die Sätze eines großen musikalischen Chorwerks; seine Augen unterscheiden zunächst in einem Gemälde nicht die Abstufungen, das Helldunkel, die Perspektive, die Harmonie der Farben, die Genauig-

---

1 Was sollte er ausrichten gegen drei? Mochte er sterben!
2 Oder ihm eine schöne Verzweiflung beistehn!

keit der Zeichnung. Aber nach und nach lernen seine Ohren hören und seine Augen sehen; er wird von einer schönen Tragödie, die er zum erstenmal sieht, tief bewegt; aber er erkennt dabei weder den Wert der drei Einheiten noch jene feine Kunst, nach der keine Person ohne Grund auftritt oder abgeht, auch nicht jene noch vollendetere Kunst, die verschiedene Interessen in einem einzigen konzentriert, und ebensowenig schließlich die Überwindung weiterer Schwierigkeiten. Nur durch Gewohnheit und Überlegung vermag er mit einemmal freudig all das zu empfinden, was er vorher nicht unterschieden hat. Unmerklich entwickelt sich der *Geschmack* bei einer Nation, die vorher keinen hatte; denn man macht sich nach und nach den *Geschmack* der guten Künstler zu eigen. Man gewöhnt sich daran, Gemälde mit dem Blick eines Lebrun, Poussin, Le Sueur zu sehen; man hört das Rezitativ in Szenen Quinaults mit dem Gehör eines Lully, die Lieder und Sinfonien mit dem eines Rameau. Man liest die Bücher mit dem Geist der guten Autoren.

Wenn eine ganze Nation in der Anfangszeit des Aufkommens der schönen Künste in ihrer Vorliebe für bestimmte Autoren übereinstimmte, die viele Mängel haben und mit der Zeit der Vergessenheit anheimfallen, so nur deshalb, weil diese Autoren natürliche Schönheiten offenbarten, die jedermann empfand, und weil man noch nicht in der Lage war, ihre Schwächen zu erkennen. So wurde Lucilius von den Römern verehrt, bevor ihn Horaz in Vergessenheit geraten ließ, so wurde Régnier von den Franzosen geliebt, ehe Boileau erschien; und ältere Autoren, die auf jeder Seite straucheln, haben nur deshalb ihren großen Ruf behalten, weil bei solchen Nationen noch kein reiner, makelloser Autor aufgetreten ist, der ihnen die Augen geöffnet hätte, wie es Horaz bei den Römern und Boileau bei den Franzosen besorgt hat.

Es heißt, man solle über den *Geschmack* nicht streiten; das ist richtig, wenn es sich um den *Sinnesgeschmack* handelt, um die Abneigung, die man gegen eine bestimmte Nahrung hat, um den Vorzug, den man einer anderen einräumt; man soll darüber nicht streiten, weil man einen organischen Mangel nicht beseitigen kann. Anders verhält es sich in den Künsten. Da sie wirkliche Schönheiten aufweisen, gibt es einen guten *Geschmack,* der sie erkennt, und einen schlechten *Geschmack,* der sie nicht erkennt;

und man hilft oft dem geistigen Mangel ab, der zu einem verkehrten *Geschmack* führt. Es gibt allerdings auch kalte Seelen und unreine Geister, die man weder begeistern noch verändern kann; mit ihnen soll man nicht über den *Geschmack* streiten, weil sie keinen haben.

Der *Geschmack* ist in manchen Dingen willkürlich, wie etwa bei Stoffen, Gewändern, Equipagen, kurz bei allem, was nicht auf der Stufe der schönen Künste steht; dann verdient er eher den Namen Laune. Es ist nicht der *Geschmack*, sondern vielmehr die Laune, die so viele neue Moden hervorbringt.

Der *Geschmack* kann bei einer Nation verdorben werden; dieses Unglück tritt gewöhnlich nach Jahrhunderten der Vollkommenheit ein. Da die Künstler fürchten, Nachahmer zu bleiben, geraten sie auf Abwege; sie entfernen sich von der schönen Natur, die ihre Vorgänger erfaßt haben. Es liegt zwar ein gewisses Verdienst in ihren Bemühungen; dieses Verdienst bemäntelt ihre Fehler; das Publikum, das auf Neuartiges erpicht ist, läuft ihnen nach; doch wird es ihrer bald überdrüssig, und es treten andere auf, die sich ihrerseits bemühen zu gefallen; sie entfernen sich noch weiter von der Natur als die ersteren. So geht der *Geschmack* verloren, man sieht sich von neuartigen Dingen umgeben, die einander schnell ablösen; das Publikum weiß nicht mehr, woran es ist, und trauert vergeblich dem Jahrhundert des guten *Geschmacks* nach, das nicht wiederkehren kann; es ist ein Erbe, das nur einige weit von der Menge entfernte gute Köpfe bewahren.

Es gibt große Länder, wohin der *Geschmack* niemals gelangt ist; es sind jene Länder, wo sich die Gesellschaft nicht vervollkommnet hat, wo Männer und Frauen nicht gesellig sind, wo gewisse Künste, wie die Skulptur und die Malerei, die beseelte Wesen darstellen, von der Religion verboten sind. Wenn wenig Geselligkeit herrscht, verkümmert der Geist, er stumpft ab, er bietet nichts, woran sich der *Geschmack* bilden könnte. Fehlen mehrere schöne Künste, dann haben die anderen selten etwas, worauf sie sich stützen könnten; denn alle Künste halten sich an der Hand und sind voneinander abhängig. Das ist einer der Gründe, weshalb die Asiaten fast in keiner Gattung gelungene Werke aufzuweisen haben und der *Geschmack* nur wenigen Völkern Europas zuteil geworden ist. (Voltaire.)

Wir fügen diesem vortrefflichen Artikel das Fragment über den Geschmack hinzu, das der Präsident Montesquieu, wie wir schon in unserer Lobrede auf ihn im fünften Band dieses Werkes gesagt haben, für die Enzyklopädie bestimmt hatte. Das Fragment wurde in unvollendetem Zustand unter seinen Papieren gefunden. Der Autor fand keine Zeit mehr, letzte Hand daran zu legen; aber die ersten Gedanken der großen Lehrmeister verdienen der Nachwelt ebenso überliefert zu werden wie die Skizzen der großen Maler.

Versuch über den Geschmack in Dingen der Natur und Kunst: Bei unserer derzeitigen Lebensweise findet unsere Seele *Geschmack* an drei Arten von Vergnügen. Es gibt ein Vergnügen, das sie auf Grund ihrer eigenen Existenz findet, ein anderes, das sich aus ihrer Verbindung mit dem Körper ergibt, und schließlich wieder ein anderes, das auf den Gewohnheiten und den Vorurteilen beruht, das bestimmte Einrichtungen, bestimmte Sitten, bestimmte Gepflogenheiten uns annehmen ließen.

Diese verschiedenen Arten des Vergnügens bilden die Gegenstände des *Geschmacks*, wie das Schöne, das Gute, das Angenehme, das Naive, das Feine, das Zarte, das Graziöse, das gewisse Etwas, das Edle, das Große, das Erhabene, das Majestätische usw. Wenn wir zum Beispiel Vergnügen daran finden, eine Sache zu betrachten, die uns Nutzen bringt, so sagen wir, sie sei *gut;* wenn wir Vergnügen daran finden, sie anzusehen, ohne in ihr einen gegenwärtigen Nutzen zu entdecken, so nennen wir sie *schön*.

Die Alten haben das nicht klar erkannt; sie betrachteten alle zu unserer Seele gehörenden Eigenschaften als positive Eigenschaften – was bewirkt, daß die Dialoge, in denen Platon den Sokrates vernünfteln läßt, jene von den Alten so sehr bewunderten Dialoge, heute unerträglich sind, weil sie auf einer falschen Philosophie beruhen; denn alle diese Vernünfteleien über das Gute, das Schöne, das Vollkommene, das Weise, das Törichte, das Harte, das Weiche, das Trockene, das Feuchte, die als positive Dinge behandelt werden, haben heute keine Bedeutung mehr.

Die Quellen des Schönen, des Guten, des Angenehmen usw. liegen also in uns selbst; und die Gründe dafür suchen heißt nach den Ursachen für das Vergnügen unserer Seele suchen.

Untersuchen wir also unsere Seele, erforschen wir sie in ihren

Handlungen und Leidenschaften, beobachten wir sie bei ihrem Vergnügen; denn darin offenbart sie sich vor allem. Die Poesie, die Malerei, die Plastik, die Architektur, die Musik, der Tanz, die verschiedenen Arten des Spiels und schließlich die Werke der Natur und der Kunst können ihr Vergnügen bereiten. Sehen wir, warum, wie und wann sie ihr Vergnügen bereiten; werden wir uns über unsere Gefühle klar: Das kann dazu beitragen, daß wir den *Geschmack* finden, der weiter nichts ist als der Vorzug, mit Feingefühl und Scharfsinn das Maß des Vergnügens zu entdecken, das jede Sache den Menschen bereiten soll.

Vom Vergnügen unserer Seele: Die Seele kennt – unabhängig von dem Vergnügen, das aus den Sinnen kommt – ein Vergnügen, das nicht von den Sinnen abhängt und ihr allein eigen ist. Dazu gehört jenes, das ihr die Wißbegierde, die Vorstellung von ihrer Größe und ihrer Vollkommenheit, die Vorstellung von ihrer Existenz, die der Empfindung der Finsternis entgegengesetzt ist, das Vergnügen, alles in einer allgemeinen Idee zusammenzufassen, das, eine große Anzahl von Dingen zu sehen, und das, Ideen zu vergleichen, zu verbinden und zu trennen, bereiten. Diese Arten des Vergnügens liegen – unabhängig von den Sinnen – im Wesen der Seele, weil sie zu jedem denkenden Wesen gehören; und es wäre völlig belanglos, hier zu untersuchen, ob die Seele diese Arten des Vergnügens als eine mit dem Körper verbundene oder von ihm getrennte Substanz empfindet, weil sie sie immer empfindet und weil sie Gegenstand des *Geschmacks* sind. So unterscheiden wir hier die Arten des Vergnügens, die vom Wesen der Seele herrühren, nicht von denen, die von ihrer Verbindung mit dem Körper herrühren; wir nennen alles das natürliches Vergnügen, was wir vom erworbenen Vergnügen unterscheiden, das sich die Seele durch gewisse Verbindungen mit dem natürlichen Vergnügen verschafft; und ebenso – und aus demselben Grund – unterscheiden wir den natürlichen *Geschmack* vom erworbenen *Geschmack*. Es ist gut, die Quelle des Vergnügens zu kennen, dessen Maßstab der *Geschmack* ist; denn Kenntnis über das natürliche und das erworbene Vergnügen kann uns dazu dienen, unseren natürlichen und unseren erworbenen *Geschmack* zu berichtigen. Man muß von dem Zustand ausgehen, in dem sich unser Dasein befindet, und erkennen, worin sein Vergnügen besteht, um sein Vergnügen ermessen und zuweilen sogar empfinden zu können.

Wäre unsere Seele nicht mit dem Körper verbunden gewesen, so hätte sie erkannt und wahrscheinlich geliebt, was sie erkannt hätte. Jetzt lieben wir eigentlich nur das, was wir nicht erkennen.
Unsere Daseinsweise ist durchaus willkürlich; wir könnten geschaffen sein, wie wir sind, oder auch anders; aber wenn wir anders geschaffen worden wären, dann hätten wir auch anders empfunden; ein Organ mehr oder weniger in unserer Maschine hätte eine andere Beredsamkeit und eine andere Poesie hervorgebracht; eine unterschiedliche Beschaffenheit der gleichen Organe hätte wieder eine andere Poesie hervorgebracht. Wenn uns zum Beispiel die Beschaffenheit unserer Organe zu längerer Aufmerksamkeit befähigt hätte, so würden alle Regeln, welche die Anordnung der Stoffe im Verhältnis zum Grad unserer Aufmerksamkeit bestimmen, nicht mehr gelten. Wären wir zu größerem Scharfsinn befähigt worden, so würden alle Regeln, die auf dem Grad unseres Scharfsinns beruhen, hinfällig; kurz, alle Gesetze, die sich daraus ergeben, daß unsere Maschine auf bestimmte Weise beschaffen ist, würden sich ändern, wenn unsere Maschine nicht so beschaffen wäre.
Wenn unser Gesichtssinn schwächer und unklarer gewesen wäre, dann hätte man bei den architektonischen Elementen weniger Verzierungen und eine stärkere Gleichförmigkeit benötigt. Wäre unser Gesichtssinn schärfer und unsere Seele fähig gewesen, mehrere Dinge auf einmal zu erfassen, so wären in der Architektur mehr Ausschmückungen notwendig gewesen. Wären unsere Ohren wie die gewisser Tiere beschaffen gewesen, so hätte man sehr viele unserer Musikinstrumente ändern müssen. Ich weiß wohl, daß die Beziehungen, welche die Dinge zueinander haben, weiterbestanden hätten; aber da die Beziehung, die sie zu uns haben, eine andere wäre, würden die Dinge, die im gegenwärtigen Zustand eine bestimmte Wirkung auf uns ausüben, diese nicht mehr ausüben; und da die Vollkommenheit der Künste darin besteht, uns die Dinge so darzustellen, daß sie uns möglichst viel Vergnügen bereiten, müßte in den Künsten eine Änderung eintreten, weil sie erst dann am geeignetsten wären, uns Vergnügen zu bereiten.
Man nimmt zunächst an, es genüge, die verschiedenen Quellen unserer Vergnügen zu kennen, um *Geschmack* zu besitzen; und wenn man gelesen habe, was die Philosophie darüber sagt, so

habe man *Geschmack* und könne daher kühn über Kunstwerke urteilen. Aber der natürliche *Geschmack* stellt keine theoretische Erkenntnis dar; er ist eine schnelle und vortreffliche Anwendung von Regeln, die man gar nicht kennt. Man braucht nicht zu wissen, daß das Vergnügen, das uns eine bestimmte Sache bereitet, die wir schön finden, von der Überraschung herrührt; es genügt, daß sie uns in solchem Maße überrascht, wie sie soll, nicht mehr und nicht weniger.

So vermag alles, was wir hierzu bemerken, und jede Vorschrift, die wir für die Ausbildung des *Geschmacks* geben könnten, nur den erworbenen *Geschmack* zu betreffen, das heißt nur diesen erworbenen *Geschmack* direkt, obwohl dieser indirekt noch mit dem natürlichen *Geschmack* zusammenhängt; denn der erworbene *Geschmack* beeinflußt, ändert, hebt oder senkt den natürlichen *Geschmack*, so wie der natürliche *Geschmack* den erworbenen *Geschmack* beeinflußt, ändert, hebt oder senkt.

Die allgemeinste Definition des *Geschmacks*, ungeachtet der Frage, ob er gut oder schlecht, richtig oder falsch sei, beruht auf dem, was uns gefühlsmäßig an eine Sache bindet – was nicht ausschließt, daß er auch auf geistige Dinge angewendet werden kann, deren Kenntnis unserer Seele so viel Vergnügen bereitet, daß dies das einzige Glück wäre, das gewisse Philosophen verstehen könnten. Die Seele erkennt durch ihre Ideen und durch ihre Empfindungen und findet an diesen Ideen und diesen Empfindungen Vergnügen; denn obwohl wir die Idee vorhin der Empfindung entgegengesetzt haben, empfindet doch die Seele eine Sache, sobald sie diese sieht; es gibt keine Dinge, die dermaßen geistig wären, daß die Seele sie nicht sähe oder nicht zu sehen glaubte und folglich nicht empfände.

Vom Geist überhaupt: Der Geist ist die Gattung, zu der mehrere Arten gehören – Genie, gesunder Verstand, Unterscheidungsvermögen, Folgerichtigkeit, Talent, *Geschmack*.

Der Geist ist so beschaffen, daß er gutgebaute Organe für die Gegenstände hat, auf die er sich richtet. Wenn der Gegenstand ein besonderer ist, so heißt er *Talent;* bezieht er sich mehr auf ein bestimmtes feines Vergnügen der vornehmen Welt, dann heißt er *Geschmack;* ist der besondere Gegenstand bei einem Volk einzigartig, so heißt das Talent *Geist* wie etwa die Kriegskunst und die Landwirtschaft bei den Römern, die Jagd bei den Wilden usw.

Von der Wißbegierde: Unsere Seele ist dazu bestimmt, zu denken, das heißt wahrzunehmen. Nun muß aber ein solches Wesen Wißbegierde haben; denn da alle Dinge in einer Kette verknüpft sind, in der jeder Idee eine andere vorausgeht und eine andere folgt, kann man eine Sache nicht gern sehen, ohne den Wunsch zu haben, eine andere zu sehen; und wenn wir nicht den Wunsch nach jener hätten, so fänden wir auch kein Vergnügen an dieser. Zeigt man uns einen Teil eines Gemäldes, dann wollen wir auch jenen Teil sehen, den man uns verbirgt, und erhoffen von ihm ebensoviel Vergnügen, wie uns der Teil, den wir gesehen, bereitet hat.
Das Vergnügen, das uns ein Gegenstand bereitet, führt also zu einem anderen; deshalb sucht die Seele immer nach neuartigen Dingen und kommt niemals zur Ruhe.
Man kann also immer sicher sein, der Seele zu gefallen, wenn man ihr viele Dinge zeigt oder mehr, als zu erblicken sie hoffen konnte.
So kann man begründen, warum wir Vergnügen empfinden, wenn wir einen gepflegten Garten sehen, und warum wir auch Vergnügen empfinden, wenn wir eine verwilderte Landschaft sehen. Ein und dieselbe Ursache bringt diese Wirkungen hervor.
Da wir gern eine große Anzahl von Gegenständen sehen, möchten wir unsere Sicht erweitern, an mehreren Orten sein, einen größeren Raum durcheilen. Kurz: Unsere Seele sehnt sich über die Grenzen hinaus und möchte sozusagen den Bereich ihrer Gegenwart ausdehnen. So ist es für sie ein großes Vergnügen, ihren Blick in die Ferne schweifen zu lassen. Aber wie wäre das möglich? In den Städten wird unser Blick von den Häusern, auf dem Lande von tausend Hindernissen begrenzt: Wir können kaum drei oder vier Bäume zugleich sehen. Die Kunst kommt uns zu Hilfe und entdeckt uns die Natur, die sich verbirgt; wir lieben die Kunst, und zwar mehr als die Natur, das heißt die unseren Augen entzogene Natur. Aber wenn wir schöne Gegenden finden, wenn unser freier Blick in der Ferne Wiesen, Bäche, Hügel und sozusagen einmalig geschaffene Anlagen entdecken kann, dann ist er noch entzückter, als wenn er die Gärten von Le Nôtre sieht; denn die Natur ahmt sich nicht selbst nach, wohingegen die Kunst sich immer ähnlich ist. Deshalb lieben wir eine gemalte Landschaft mehr als die Anlage des schönsten Gar-

tens in der Welt; denn die Malerei erfaßt die Natur nur dort, wo sie schön ist, wo der Blick in die Ferne schweifen kann, und auch nur dort, wo sie mannigfaltig ist, wo sie also mit Vergnügen betrachtet werden kann.

Einen großen Gedanken bringt man gewöhnlich dann hervor, wenn man eine Sache ausspricht, die uns zahlreiche andere sehen läßt, und wenn man uns plötzlich das entdeckt, was wir sonst erst nach langer Lektüre hätten entdecken können.

[...]

Vom Vergnügen der Ordnung: Es genügt nicht, der Seele viele Dinge zu zeigen, man muß sie ihr auch in einer Ordnung zeigen; denn wir erinnern uns dann dessen, was wir gesehen haben, und beginnen uns vorzustellen, was wir sehen werden; unsere Seele ist folglich über ihren Weitblick und ihren Scharfsinn glücklich. Aber angesichts eines Werkes, in dem keine Ordnung herrscht, empfindet die Seele jeden Augenblick, wie die Ordnung, die sie hineinbringen will, gestört wird. Die Reihenfolge, die sich der Autor vorgestellt hat, und die Reihenfolge, die wir uns vorstellen, vermischen sich miteinander; die Seele behält davon keine Spur und sieht nichts voraus; sie wird durch die Verwirrung ihrer Vorstellungen und die zurückbleibende Leere gedemütigt; sie wird umsonst ermüdet und kann kein Vergnügen empfinden; deshalb bringt man, wenn man nicht die Absicht hat, Verwirrung auszudrücken oder zu zeigen, immer selbst Ordnung in das Durcheinander. So gruppieren die Maler ihre Gestalten; so verlegen die Schlachtenmaler in den Vordergrund ihrer Gemälde Dinge, die das Auge unterscheiden soll, und in den Hintergrund, in die Ferne die Wirrnis.

Vom Vergnügen der Mannigfaltigkeit: Aber wie die Dinge Ordnung verlangen, so verlangen sie auch Mannigfaltigkeit – sonst erlahmt die Seele; denn ihr erscheinen ähnliche Dinge gleich; und wenn ein Teil eines Gemäldes, den man uns enthüllt, einem anderen gliche, den wir schon gesehen hätten, so wäre dieser Gegenstand neu, ohne neu zu erscheinen, und würde uns kein Vergnügen bereiten. Da aber die Schönheit der Kunstwerke der Schönheit der Natur gleicht und nur in dem Vergnügen besteht, das sie uns bereitet, muß man sie möglichst geeignet für die Abwechslung dieses Vergnügens machen; man muß der Seele Dinge zeigen, die sie noch nicht gesehen hat; die Empfindung, die man ihr verleiht, muß verschieden von der sein, die sie vorher gehabt hat.

So gefallen uns die Geschichtswerke durch die Mannigfaltigkeit der Berichte, die Romane durch die Mannigfaltigkeit der Wunder, die Theaterstücke durch die Mannigfaltigkeit der Leidenschaften, und so variieren die Lehrenden, so gut sie es können, den gleichförmigen Ton des Unterrichts.
Beständige Gleichförmigkeit macht alles unerträglich. Wird dieselbe Anordnung der Sätze lange fortgesetzt, so macht sie eine Rede schwerfällig; dasselbe Versmaß und derselbe Rhythmus bringen Langeweile in ein umfangreiches Gedicht. Wenn man jene berühmte Allee von Moskau nach Petersburg wirklich angelegt hat, so muß der zwischen den zwei Baumreihen dieser Allee eingezwängte Reisende vor Langeweile umkommen; und wer lange durch die Alpen gewandert ist, wird beim Abstieg auch der erfreulichsten Ebenen und der zauberhaftesten Aussichtspunkte überdrüssig sein.
Die Seele liebt die Mannigfaltigkeit, aber sie liebt sie, wie schon gesagt, nur deshalb, weil sie dazu bestimmt ist, zu sehen und zu erkennen. Sie muß also sehen können, und die Mannigfaltigkeit muß ihr das ermöglichen; das heißt, eine Sache muß so einfach sein, daß sie wahrgenommen werden kann, und zugleich so mannigfaltig, daß sie mit Vergnügen wahrgenommen werden kann.
Es gibt Dinge, die mannigfaltig scheinen, aber nicht sind, und andere, die gleichförmig erscheinen und doch sehr mannigfaltig sind.
[...]
Vom Vergnügen der Symmetrie: Ich habe schon gesagt, daß die Seele die Mannigfaltigkeit liebt; aber in den meisten Dingen sieht sie auch gern eine Art Symmetrie; darin scheint ein Widerspruch zu liegen. Ich erkläre ihn so:
Eine der Hauptursachen für das Vergnügen unserer Seele, wenn sie Gegenstände sieht, besteht in der Leichtigkeit, mit der sie diese wahrzunehmen vermag; und der Grund dafür, daß der Seele die Symmetrie gefällt, ist wohl, daß sie ihr Mühe erspart, daß sie ihr hilft, daß sie sozusagen das Werk in zwei Hälften teilt. Daraus ergibt sich eine allgemeine Regel: Überall, wo die Symmetrie für die Seele nützlich ist und ihre Aufgaben erleichtern kann, ist sie für sie erfreulich; aber überall, wo sie unnütz ist, erscheint sie langweilig, weil sie die Mannigfaltigkeit aufhebt. Nun müssen aber die Dinge, die man nacheinander sieht, Mannig-

faltigkeit besitzen; denn es kostet unsere Seele keine Mühe, sie zu sehen; dagegen müssen die Dinge, die wir mit einem Blick wahrnehmen, Symmetrie besitzen. Da wir die Fassade des Hauses, ein Blumenbeet, einen Tempel mit einem Blick wahrnehmen, bringt man Symmetrie hinein, die der Seele gefällt, weil sie es ihr erleichtert, auf den ersten Blick den ganzen Gegenstand zu erfassen.

Da der Gegenstand, den man mit einem Blick erfassen soll, einfach sein muß, muß er einheitlich sein, und alle seine Teile müssen sich auf den Hauptzweck beziehen. Auch deshalb liebt man die Symmetrie, denn sie bildet ein Ganzes.

Naturgemäß muß ein Ganzes vollkommen sein, und die Seele, die dieses Ganze sieht, will, daß es darin keinen unvollkommenen Teil gebe. Auch deshalb liebt man die Symmetrie; es muß eine Art Gleichgewicht oder eine gewisse Ausgewogenheit bestehen, und ein Gebäude mit einem einzigen Flügel oder mit einem Flügel, der kürzer ist als der andere, ist ebenso unvollkommen wie ein Körper mit einem Arm oder mit einem zu kurzen Arm.

Von den Kontrasten: Die Seele liebt die Symmetrie, aber sie liebt auch die Kontraste. Das erfordert sehr viele Erklärungen – zum Beispiel:

Wie sich die Natur Maler und Bildhauer wünscht, die Symmetrie in die Teile ihrer Figuren bringen, so wünscht sie im Gegensatz dazu, daß diese Kontraste in die Attitüden bringen. Ein Fuß, der ebenso gestellt ist wie der andere, und ein Glied, das sich genauso bewegt wie ein anderes, sind unerträglich; eine solche Symmetrie führt nämlich dazu, daß die Attitüden fast immer die gleichen sind, wie man an den gotischen Figuren sieht, die sich in diesem Punkt alle ähneln. Dann gibt es in den Werken der Kunst keine Mannigfaltigkeit mehr. Überdies hat die Natur uns nicht so geschaffen; und da sie uns Bewegung verliehen hat, hat sie uns in unseren Handlungen und unseren Verhaltensweisen nicht wie Pagoden zugerichtet. Wenn aber Menschen, die auf solche Weise eingeengt und gezwungen sind, unerträglich wirken, wie wird es dann erst bei den Kunstwerken sein?

Man muß also Kontraste in die Attitüden bringen, vor allem bei den Werken der Plastik, die von Natur aus kalt ist und deshalb nur durch den Kontrast und die Stellung Schwung bekommen kann.

Da aber, wie schon gesagt, die Mannigfaltigkeit, die man in die Gotik zu bringen suchte, ihr Gleichförmigkeit verliehen hat, ist es oft vorgekommen, daß auch die Mannigfaltigkeit, die man mit Hilfe der Kontraste zu schaffen versuchte, zur Symmetrie und lästigen Gleichförmigkeit wurde.

Das empfindet man nicht nur bei gewissen Werken der Plastik und Malerei, sondern auch im Stil mancher Schriftsteller, die in jedem Satz durch beständige Antithesen den Anfang in Kontrast zum Schluß setzen, wie etwa Augustinus und andere Autoren des späten Lateins, aber auch einige unserer modernen Schriftsteller, wie etwa Saint-Evremond. Der sich stets gleichbleibende Satzbau mißfällt uns sehr; dieser unaufhörliche Kontrast wird zur Symmetrie, dieser stets gesuchte Gegensatz zur Gleichförmigkeit.

Der Geist findet darin so wenig Mannigfaltigkeit, daß Sie, wenn Sie einen Teil des Satzes gesehen haben, immer den anderen erraten: Sie bemerken Wörter, die einander entgegengesetzt sind, aber stets in derselben Weise; Sie bemerken eine Wendung im Satz, aber es ist immer die gleiche.

Sehr viele Maler sind in den Fehler verfallen, überall und ohne Sorgfalt Kontraste anzubringen, so daß man angesichts einer Gestalt sogleich die Stellung der Gestalten in ihrer Umgebung ahnt. Diese beständige Verschiedenartigkeit wird zur Ähnlichkeit. Im übrigen bezeigt die Natur, welche die Dinge in Unordnung bringt, keine Vorliebe für beständigen Kontrast, ganz zu schweigen davon, daß sie nicht alle Körper in Bewegung – erzwungene Bewegung – versetzt. Die Natur ist viel mannigfaltiger, sie bringt die einen zur Ruhe und verleiht den anderen verschiedenartige Bewegungen.

Wenn der erkennende Teil der Seele die Mannigfaltigkeit liebt, so sucht der empfindende Teil sie nicht weniger; denn die Seele kann dieselben Stellungen nicht lange ertragen, weil sie mit einem Körper verbunden ist, der diese nicht ertragen kann. Wenn unsere Seele erregt werden soll, müssen die Lebensgeister durch die Nerven fließen. Nun treten aber zwei Dinge ein: eine Erschlaffung der Nerven und ein Stillstand der Lebensgeister, die nicht weiterfließen oder von den Stellen, die sie durchflossen haben, verbraucht werden.

So ermüdet uns alles mit der Zeit, vor allem große Vergnügen. Man gibt sie immer mit derselben Befriedigung auf, mit der man sich ihnen hingegeben hat; denn die Fasern, die ihre Organe gewesen sind, bedürfen der Erholung; man muß Gebrauch von anderen Organen machen, die uns besser zu dienen vermögen, man muß die Arbeit sozusagen verteilen.

Unsere Seele ist der Empfindung müde; aber nicht empfinden heißt in einen Erschöpfungszustand verfallen, der auf sie deprimierend wirkt. Man kann all dem abhelfen, indem man die Empfindungen der Seele modifiziert; dann empfindet sie, ohne müde zu werden.

Vom Vergnügen der Überraschung: Diese Veranlagung der Seele, die sie immer zu verschiedenen Gegenständen hinzieht, bewirkt, daß sie *Geschmack* an jedem Vergnügen findet, das von der Überraschung herrührt – einer Empfindung, die der Seele wegen des Anblicks und der Schnelligkeit der Handlung gefällt; denn sie bemerkt oder empfindet eine Sache, die sie nicht erwartet, oder empfindet sie in einer Weise, die sie nicht erwartet hat.

Eine Sache kann uns als wunderbar, als neuartig und schließlich auch als unerwartet überraschen; in den beiden letzten Fällen verbindet sich mit der Hauptempfindung eine Nebenempfindung, die darauf beruht, daß die Sache neuartig oder unerwartet ist.

Deshalb reizen uns die Glücksspiele; sie führen uns eine ununterbrochene Reihe unerwarteter Ereignisse vor Augen. Deshalb gefallen uns die Gesellschaftsspiele; sie sind ebenfalls eine Reihe unvorhergesehener Ereignisse, welche die Geschicklichkeit sowie den Zufall zur Ursache haben.

Deshalb gefallen uns auch die Theaterstücke; sie entwickeln sich nach und nach, verbergen die Ereignisse, bis sie eintreten, bereiten uns immer auf neue Gegenstände der Überraschung vor und fesseln uns oft dadurch, daß sie uns Ereignisse so zeigen, daß wir sie hätten voraussehen müssen.

Schließlich werden die geistvollen Werke gewöhnlich nur deshalb gelesen, weil sie uns angenehme Überraschungen bereiten und uns für die Langeweile der sich stets in die Länge ziehenden Unterhaltungen entschädigen, die diese Wirkung keineswegs ausüben.

Die Überraschung kann durch die Sache oder durch die Weise, wie man sie wahrnimmt, hervorgerufen werden; denn wir sehen eine Sache größer oder kleiner, als sie in Wirklichkeit ist, oder anders, als sie ist; oder wir sehen die Sache selbst richtig, aber mit einer zusätzlichen Vorstellung, die uns überrascht. Eine solche zusätzliche Vorstellung ist bei einer Sache zum Beispiel der Gedanke an die Schwierigkeit, mit der sie vollbracht worden ist, an die Person, die sie vollbracht hat, an die Zeit, in der sie vollbracht worden ist, an die Art und Weise, in der sie vollbracht worden ist, oder an irgendeinen anderen hinzukommenden Umstand.

Sueton schildert uns die Verbrechen Neros mit einer Gelassenheit, die uns überrascht, da er uns fast glauben macht, er empfinde keinen Abscheu vor dem, was er beschreibt; doch schlägt er plötzlich einen anderen Ton an und sagt: »Nachdem die Welt vierzehn Jahre lang unter diesem Ungeheuer gelitten hatte, verließ es sie endlich« – *tale monstrum per quatordecim annos perpessus terrarum orbis tandem destituit*. Das ruft im Geist verschiedene Arten der Überraschung hervor; wir sind überrascht von dem Stilwechsel des Autors, von der Entdeckung seiner andersgearteten Denkweise, von seiner Art und Weise, in so wenigen Worten eine der damals eingetretenen großen Umwälzungen wiederzugeben. So erlebt die Seele eine sehr große Anzahl verschiedener Empfindungen, die alle dazu beitragen, sie zu erschüttern und ihr ein Vergnügen zu bereiten.

Von den verschiedenen Ursachen, die eine Empfindung hervorrufen können: Man muß feststellen, daß eine Empfindung in unserer Seele gewöhnlich nicht nur eine einzige Ursache hat; es ist, wenn ich mich dieses Ausdrucks bedienen darf, eine bestimmte Dosis, welche die Stärke und die Mannigfaltigkeit der Empfindung bedingt. Der Geist vermag zugleich auf mehrere Organe einzuwirken; und wenn man die verschiedenen Schriftsteller prüft, so wird man vielleicht finden, daß die besten sowie die, welche uns am meisten gefallen haben, jene sind, die in der Seele zugleich die meisten Empfindungen erweckt haben.

Achten Sie bitte auf die Vielzahl der Ursachen. Wir sehen lieber einen gepflegten Garten als ein Durcheinander von Bäumen, und zwar aus folgenden Gründen: 1. Unser Blick, der sonst begrenzt wäre, ist frei. 2. Jede Allee ist ein Ganzes und bildet einen großen Gegenstand, während in dem Durcheinander zwar jeder Baum ein Gegenstand ist, aber ein kleiner. 3. Wir sehen eine Anordnung, die wir sonst nicht zu sehen pflegen. 4. Wir sind dankbar für die Mühe, die man sich gegeben hat. 5. Wir bewundern die Sorgfalt, mit der man unablässig die Natur

bekämpft, die durch Erzeugnisse, welche man nicht von ihr verlangt, alles in Unordnung zu bringen sucht – was so wahr ist, daß ein vernachlässigter Garten für uns unerträglich ist. Zuweilen gefällt uns die Schwierigkeit der Arbeit, zuweilen deren Leichtigkeit; und wie wir in einem prachtvollen Garten die Größe und den Aufwand des Besitzers bewundern, so sehen wir manchmal auch mit Vergnügen, daß man uns mit wenig Aufwand und geringer Mühe zu gefallen versteht.
Das Spiel gefällt uns, weil es unsere Habgier befriedigt, das heißt die Hoffnung, mehr zu besitzen. Es schmeichelt unserer Eitelkeit durch die Vorstellung, daß uns das Glück den Vorzug gibt und daß die anderen unserem Glück Beachtung schenken; es befriedigt auch unsere Neugierde, indem es uns ein Schauspiel verschafft. Schließlich bereitet es uns das wechselnde Vergnügen der Überraschung.
Der Tanz gefällt uns durch die Beschwingtheit, durch eine gewisse Grazie, durch die Schönheit und Mannigfaltigkeit der Attitüden, durch seine Verknüpfung mit der Musik, da der Tanzende gleichsam ein begleitendes Instrument ist; aber er gefällt uns vor allem auf Grund einer bestimmten Veranlagung unseres Gehirns, die im stillen die Vorstellung sämtlicher Bewegungen auf bestimmte Bewegungen und die Vielzahl der Attitüden auf bestimmte Attitüden zurückführt.
Von der Empfindsamkeit: Fast immer gefallen und mißfallen uns die Dinge in verschiedener Hinsicht. So dürften uns zum Beispiel die italienischen Kastraten aus verschiedenen Gründen nur wenig Vergnügen bereiten: 1. Es ist nicht erstaunlich, daß sie gut singen, so wie sie vorbereitet sind; sie sind gleichsam ein Instrument, das der Hersteller zurechtgeschnitzt hat, damit es Töne hervorbringe. 2. Die Leidenschaften, die sie spielen, stehen zu sehr im Verdacht der Unwahrheit. 3. Sie sind weder von dem Geschlecht, das wir lieben, noch von dem, das wir schätzen. Andererseits können sie uns gefallen, weil sie sehr lang ein jugendliches Aussehen behalten, und um so mehr, weil sie eine geschmeidige, ihnen allein eigene Stimme besitzen. So flößt uns jede Sache eine Empfindung ein, die aus vielen anderen zusammengesetzt ist, die sich gegenseitig abschwächen und zuweilen gegenseitig stoßen.
Oft legt sich unsere Seele selbst Gründe für das Vergnügen zurecht, und das gelingt ihr vor allem infolge der Verbindungen,

die sie zwischen den Dingen herstellt. So gefällt uns eine Sache, die uns gefallen hat, nur deshalb noch immer, weil sie uns einmal gefallen hat und weil wir die alte Vorstellung mit der neuen verbinden. So gefällt uns eine Schauspielerin, die uns auf der Bühne gefallen hat, auch in ihrem Zimmer; ihre Stimme, ihre Ausdrucksweise, die Erinnerung daran, daß sie bewundert wird – was soll ich noch sagen? –, die Vorstellung von der Prinzessin, die an ihre Person geknüpft ist, das alles bildet eine gewisse Mischung, die Vergnügen hervorruft.
Wir alle haben viele zusätzliche Vorstellungen. Eine Frau, die einen großen Ruf und einen kleinen Fehler hat, kann ihn zu ihren Gunsten geltend machen und uns veranlassen, ihn als etwas Anmutiges zu betrachten. Die meisten Frauen, die wir lieben, haben nur etwas für sich: die Eingenommenheit von ihrer Herkunft oder von ihrem Reichtum, die Ehre oder die Hochachtung, die ihnen gewisse Leute deshalb zollen.
Vom Feingefühl: Feinfühlend sind die Menschen, die mit jeder Vorstellung viele zusätzliche Vorstellungen oder mit jedem *Geschmack* viele zusätzliche Geschmacksempfindungen verbinden. Stumpfe Menschen kennen nur eine einzige Empfindung, ihre Seele kann weder zusammensetzen noch zerlegen; sie fügen zu dem, was die Natur gibt, nichts hinzu und nehmen nichts davon weg. Dagegen verschaffen sich feinfühlende Menschen bei der Liebe jegliches Vergnügen, das die Liebe gewährt. Polixenes und Apicius trugen zu den Tafelfreuden sehr viel an Empfindungen bei, die uns gewöhnlichen Essern fremd sind; und diejenigen, die mit *Geschmack* über geistvolle Werke urteilen, kennen und verschaffen sich unzählige Empfindungen, welche die anderen Menschen nicht verspüren.
Vom gewissen Etwas: In den Personen oder in den Dingen liegt zuweilen ein unsichtbarer Reiz, eine natürliche Grazie, die man nicht definieren kann und die man daher das »gewisse Etwas« nennen muß. Mir scheint, daß diese Wirkung hauptsächlich auf Überraschung beruht. Wir werden davon berührt, daß uns eine Person mehr gefällt, als sie uns allem Anschein nach zunächst gefallen durfte, und wir sind angenehm davon überrascht, daß sie Fehler zu überwinden vermochte, die uns unsere Augen zeigen, an die aber unser Herz nicht mehr glaubt. Deshalb haben die häßlichen Frauen sehr oft und die schönen Frauen nur selten Grazie; denn eine schöne Frau tut gewöhnlich das Gegen-

teil von dem, was wir erwartet haben; sie bringt es fertig, uns weniger liebenswürdig zu erscheinen; nachdem sie uns im Guten überrascht hat, überrascht sie uns im Schlechten. Aber der gute Eindruck ist alt, der schlechte Eindruck neu, und so erwecken die schönen Frauen selten große Leidenschaften; das ist fast immer denen vorbehalten, die Grazie haben, das heißt Annehmlichkeiten, die wir nicht erwartet hatten und die zu erwarten wir keinen Grund hatten. Großartige Gewänder haben selten Grazie, die Kleidung der Schäferinnen dagegen oft. Wir bewundern die Erhabenheit der Draperien von Paolo Veronese; aber von der Schlichtheit Raffaels und von der Reinheit Correggios sind wir gerührt. Paolo Veronese verspricht viel und erfüllt, was er verspricht. Raffael und Correggio versprechen wenig und erfüllen viel, und das gefällt uns noch mehr.

Die Grazie ist gewöhnlich mehr im Geist als im Gesicht zu finden; denn ein schönes Antlitz zeigt sich auf den ersten Blick und verbirgt kaum etwas; der Geist aber zeigt sich erst nach und nach, nur wenn er will und soweit er will; er kann sich verbergen, um sich dann zu zeigen und jene Art der Überraschung hervorzurufen, die eben die Grazie ausmacht.

Die Grazie ist weniger in den Gesichtszügen zu finden als in den Umgangsformen; denn die Umgangsformen entwickeln sich in jedem Augenblick und können jederzeit Überraschungen hervorrufen. Mit einem Wort: Eine Frau kann nur auf eine Art schön sein, aber sie ist auf tausenderlei Arten hübsch.

Das Gesetz der beiden Geschlechter hat bei den gesitteten Nationen und den wilden Völkern festgelegt, daß die Männer begehren und die Frauen nur gewähren sollen; daher ist die Grazie besonders den Frauen eigen. Da sie alles zu verteidigen haben, müssen sie alles verbergen; das unbedeutendste Wort, die geringste Geste, alles, was sich bei ihnen zeigt, ohne daß es gegen die höchste Pflicht verstößt, alles, was sich frei äußert, wird zur Grazie, und die Weisheit der Natur ist so groß, daß das, was ohne das Gebot der Züchtigkeit nichts wäre, dank diesem glücklichen Gebot, das der ganzen Welt zum Glück gereicht, unendlich wertvoll wird.

Da weder die Gezwungenheit noch die Affektiertheit uns überraschen können, findet sich die Grazie weder in gezwungenen noch in affektierten Umgangsformen, sondern allein in einer gewissen Ungezwungenheit und Leichtigkeit, die zwischen den

beiden Extremen liegt, und die Seele ist angenehm überrascht zu sehen, daß beide Klippen vermieden worden sind.
Es könnte so scheinen, als müßten die natürlichen Umgangsformen die einfachsten sein; aber sie sind es am wenigsten, denn die Erziehung, die uns etwas aufzwingt, läßt uns immer an Natürlichkeit verlieren. Wir sind aber entzückt, wenn wir sie zurückkehren sehen.
Nichts gefällt uns so sehr wie modisches Beiwerk, wenn es so lässig und ungezwungen wirkt, daß uns die Mühen verborgen bleiben, die von der Eitelkeit aufgewendet worden sind, Mühen, welche der Ordnungssinn nicht verlangt hätte. Man besitzt im Geist immer nur dann Grazie, wenn das, was man ausspricht, glücklich gefunden und nicht gesucht ist.
Wenn Sie Dinge sagen, die Sie viel Mühe gekostet haben, so können Sie damit wohl zeigen, daß Sie Geist haben, aber nicht, daß Sie Grazie des Geistes besitzen. Wollen Sie solche Grazie aufweisen, dann dürfen Sie selber diese nicht sehen, und die anderen, denen im übrigen ein naiver und einfältiger Zug an Ihnen nichts dergleichen versprochen hat, müssen angenehm überrascht sein, solche Grazie an Ihnen wahrzunehmen.
So läßt sich Grazie nicht erwerben; denn um Grazie zu besitzen, muß man naiv sein. Wie kann man aber darauf hinwirken, naiv zu sein?
Eine der schönsten Fiktionen Homers ist die von dem Gürtel, der Aphrodite die Gabe zu gefallen verlieh. Nichts ist geeigneter, jenen Zauber und jene Macht der Grazie fühlbar zu machen, die einem Menschen anscheinend von einer unsichtbaren Macht verliehen werden und die sich von der Schönheit unterscheiden. Nun konnte aber dieser Gürtel nur der Aphrodite verliehen werden; er paßte nicht zu der majestätischen Schönheit der Hera, denn das Majestätische verlangt eine gewisse Würde, das heißt einen Zwang, der im Widerspruch zur Naivität der Grazie steht; er paßte auch nicht recht zur stolzen Schönheit der Pallas Athene, denn der Stolz steht im Widerspruch zur Zartheit der Grazie und ist im übrigen oft der Affektiertheit verdächtig.
Fortgang der Überraschung: Groß ist die Schönheit, wenn eine Sache so ist, daß die Überraschung zuerst mäßig ist, daß sie aber anhält, daß sie zunimmt und schließlich zur Bewunderung führt. Die Werke Raffaels machen auf den ersten Blick wenig

Eindruck; denn er ahmt die Natur so gut nach, daß man darüber zunächst ebensowenig staunt, als wenn man das Objekt selbst sähe, das keine Überraschung hervorriefe. Aber ein außergewöhnlicher Ausdruck, ein stärkeres Kolorit, eine wunderliche Attitüde von einem weniger guten Maler fesselt uns auf den ersten Blick, weil man diese anderswo nicht zu sehen pflegt. Man kann Raffael mit Vergil vergleichen und die venezianischen Maler und ihre gekünstelten Attitüden mit Lukian. Vergil, der natürlicher ist, macht zuerst weniger, dann aber um so mehr Eindruck. Lukian macht zuerst mehr, dann aber weniger Eindruck.

Die genaue Proportion der berühmten Peterskirche bewirkt, daß sie zunächst nicht so groß erscheint, wie sie ist; denn wir wissen zunächst nicht, woran wir uns halten sollen, um ihre Größe zu beurteilen. Wäre sie weniger breit, so würde uns ihre Länge auffallen; wäre sie weniger lang, so würde uns ihre Breite auffallen. Aber je länger das Auge sie betrachtet, desto größer erscheint sie, und desto größer wird das Erstaunen. Man kann sie mit den Pyrenäen vergleichen, wo das Auge, das sie anfangs zu ermessen glaubt, Berge über Berge entdeckt und sich immer weiter verliert.

Es kommt häufig vor, daß unsere Seele Vergnügen empfindet, wenn sie eine Empfindung hat, die sie selbst nicht enträtseln kann, und wenn sie etwas sieht, das ganz anders ist als sie selbst; das ruft in ihr ein Gefühl der Überraschung hervor, aus dem sie nicht klug werden kann. Hier ein Beispiel dafür: Der Petersdom ist unermeßlich groß. Bekanntlich hat Michelangelo angesichts des Pantheons, das der größte Tempel Roms war, gesagt, er wolle etwas Ähnliches machen, es solle aber in der Luft schweben. Er baute also nach diesem Modell den Petersdom, aber er machte die Pfeiler so wuchtig, daß dieser Dom, der einem Gebirge zu unseren Häupten gleicht, dem betrachtenden Auge federleicht vorkommt. Die Seele schwebt also in Ungewißheit zwischen dem, was sie sieht, und dem, was sie weiß, und sie ist überrascht, eine Masse zu sehen, die zugleich so gewaltig und so beschwingt ist.

Von den Schönheiten, die einer gewissen Verwirrung der Seele entspringen: Oft rührt die Überraschung der Seele daher, daß sie das, was sie sieht, nicht mit dem vereinbaren kann, was sie gesehen hat. In Italien gibt es einen großen See, der Lago Maggiore heißt; es

ist ein kleines Meer, dessen Ufer nur Verwilderung zeigen. Fünfzehn Meilen vom Ufer entfernt liegen in diesem See zwei Inseln von einer Viertelmeile Umfang, die Borromeischen Inseln, die meiner Ansicht nach der zauberhafteste Aufenthaltsort in der Welt sind. Die Seele staunt über diesen märchenhaften Kontrast und erinnert sich mit Vergnügen an die Wunder in den Romanen, wo man nach einer Wanderung über Felsen und unfruchtbares Land in eine für Feen geschaffene Gegend gelangt.
Alle Kontraste machen uns Eindruck, weil Dinge, die im Gegensatz zueinander stehen, sich voneinander abheben. Wenn also ein kleiner Mann neben einem großen steht, läßt der kleine den anderen größer und der große den anderen kleiner erscheinen.
Solche Überraschungen machen das Vergnügen aus, das man an allen auf Gegensätzlichkeit beruhenden Schönheiten, an allen Antithesen und ähnlichen Figuren findet. […]
Wenn wir uns des Lachens enthalten möchten, bricht unser Gelächter wegen des Kontrastes zwischen der Situation, in der wir sind, und der, in der wir sein sollten, erst recht aus. Entdecken wir in einem Gesicht einen groben Fehler, wie zum Beispiel eine sehr große Nase, so lachen wir, weil wir sehen, daß dieser zu den anderen Gesichtszügen kontrastierende Teil keine Berechtigung hat. So sind die Kontraste sowohl eine Ursache für die Mängel als auch für die Schönheiten. Wenn wir sehen, daß sie unbegründet sind, daß sie einen anderen Fehler hervorheben oder beleuchten, so sind sie die großen Hilfsmittel der Häßlichkeit, die, wenn sie uns sogleich auffällt, eine gewisse Freude in unserer Seele hervorrufen und uns zum Lachen reizen kann. Betrachtet unsere Seele sie als ein Unglück für die Person, die sie aufweist, dann kann in ihr Mitleid entstehen. Wenn unsere Seele sie mit der Vorstellung betrachtet, daß sie uns schaden kann, und sie in der Vorstellung mit dem vergleicht, was uns zu bewegen und unsere Begierden zu erregen pflegt, so betrachtet sie sie mit einem Gefühl des Abscheus.
Wenn unsere Gedanken einen Gegensatz enthalten, der wider den gesunden Verstand verstößt, und wenn dieser Gegensatz alltäglich und leicht erkennbar ist, so gefallen uns die Gedanken keinesfalls und sind ein Fehler, weil sie keine Überraschung hervorrufen. Sind sie dagegen allzu gesucht, so gefallen sie uns erst recht nicht. Man muß sie in einem Werk empfinden, weil sie in

ihm enthalten sind, nicht aber weil man sie zeigen will; denn in diesem Fall gilt die Überraschung allein der Torheit des Autors.

Etwas, das uns ungemein gefällt, ist das Naive, aber das ist zugleich der Stil, der am schwierigsten zu erwerben ist; der Grund dafür ist, daß er genau zwischen dem Edlen und dem Unedlen liegt; und er kommt dem Unedlen so nahe, daß es sehr schwer ist, ihn immer beizubehalten, ohne in das Unedle zu verfallen.

Die Musiker haben erkannt, daß die Musik, die am leichtesten zu singen ist, am schwierigsten zu komponieren ist – ein sicherer Beweis dafür, daß unser Vergnügen und die Kunst, die es uns bereitet, innerhalb bestimmter Grenzen liegen.

Wenn man sieht, wie prachtvoll die Verse Corneilles und wie natürlich die Verse Racines sind, dürfte man wohl kaum ahnen, daß Corneille leicht und Racine mühsam gearbeitet hat.

Das Unedle wird zum Erhabenen in den Augen des Volkes, das gern etwas sieht, was für es geschaffen und ihm verständlich ist.

Die Ideen, die den Menschen kommen, die sehr hoch stehen und viel Geist besitzen, sind naiv, edel oder erhaben.

Wird uns etwas unter Umständen oder Begleitumständen gezeigt, die es groß machen, so erscheint es uns edel. Das empfindet man vor allem bei jenen Vergleichen, in denen der Geist immer gewinnen muß und niemals verlieren kann; denn sie müssen immer etwas hinzufügen, müssen die Sache größer und, falls es sich nicht um Größe handelt, feiner und zarter erscheinen lassen. Aber man muß sich davor hüten, der Seele eine Beziehung zum Niedrigen zu zeigen, denn sie würde sich diese verheimlichen, wenn sie sie entdeckt hätte.

Da es darauf ankommt, Feinheiten zu zeigen, sieht es die Seele lieber, daß man eine Weise mit einer anderen Weise, eine Handlung mit einer anderen Handlung vergleicht, als eine Sache mit einer anderen Sache, wie etwa einen Helden mit einem Löwen, eine Frau mit einem Stern und einen behenden Mann mit einem Hirsch.

Michelangelo versteht es meisterhaft, allen seinen Sujets Adel zu verleihen. Bei seinem berühmten *Bacchus* verfährt er nicht wie die niederländischen Maler, die uns eine taumelnde Gestalt zeigen, die gewissermaßen in der Luft hängt. Das wäre der Erhabenheit eines Gottes unwürdig. Er malt ihn fest auf beiden Beinen stehend, verleiht ihm aber so ausgezeichnet die Heiterkeit des Trunkenen und das Vergnügen, das er angesichts des in seinen Becher fließenden Weins empfindet, daß es nichts gibt, was bewunderungswürdiger wäre.

In der *Passion*, die in der Galerie von Florenz hängt, hat er die Muttergottes stehend gemalt: wie sie ihren gekreuzigten Sohn ohne Schmerz, ohne Mitleid, ohne Trauer, ohne Tränen betrachtet. Er setzt voraus, daß sie in das große Mysterium eingeweiht ist, und läßt sie daher mit Größe den Anblick dieses Todes ertragen.

Es gibt kein Werk von Michelangelo, in das er nichts Edles gelegt hätte. Man findet sogar in seinen Skizzen Erhabenes, wie in jenen Versen, die Vergil nicht vollendet hat.

Giulio Romano zeigt in seiner zu Mantua befindlichen *Höhle der Giganten,* wo er darstellt, wie Jupiter diese zerschmettert, alle Götter starr vor Entsetzen; aber Juno steht neben Jupiter und weist mit siegessicherer Miene auf einen Giganten, gegen den er seinen Blitz schleudern soll; das verleiht ihr etwas Großartiges, das die übrigen Götter nicht haben; je näher sie Jupiter stehen, desto ruhiger sind sie; und das ist ganz natürlich, denn in einem Kampf verliert sich unsere Furcht an der Seite dessen, der im Vorteil ist ... *Hier endet das Fragment.*

Der auf genialen Werken beruhende Ruhm Montesquieus verlangte zweifellos nicht, daß wir diese Fragmente veröffentlichen, die er uns hinterlassen hatte; aber sie werden ein unvergängliches Zeugnis für das Interesse sein, das die großen Männer der Nation unserem Werk entgegengebracht haben, und man wird in den kommenden Jahrhunderten sagen: Auch Voltaire und Montesquieu haben Anteil an der Enzyklopädie gehabt. *

Krieg – Guerre (Naturrecht und Politik): Der *Krieg* ist, wie wir schon weiter oben gesagt haben, ein Streit zwischen Herrschern, der mit Hilfe der Waffen ausgetragen wird.

> *Von unseren Urvätern haben wir ihn übernommen;*
> *seit der Kindheit der Welt ist es zu Kriegen gekommen.*

* Diderot.

Er herrschte in allen Jahrhunderten, selbst auf den schwächsten Grundlagen; man sah ihn immer die Welt verwüsten, den Familien die Erben rauben, die Staaten mit Witwen und Waisen füllen. Ein beklagenswertes, doch alltägliches Unglück! Zu allen Zeiten haben die Menschen aus Ehrgeiz, Habgier, Mißgunst, Bosheit einander ausgeplündert, verbrannt und umgebracht. Um dies auf sinnvollere Weise zu tun, haben sie Regeln und Prinzipien erfunden, die man *Kriegskunst* nennt, und von der Anwendung dieser Regeln Ehre, Adel und Ruhm abhängig gemacht [...]

Was die Folgen des Waffenergreifens betrifft, so ist es wahr, daß sie von der Zeit, den Orten, den Personen und von tausend unvorhergesehenen Ereignissen abhängen, die sich unaufhörlich ändern und deshalb nicht bestimmt werden können. Aber es ist ebenso wahr, daß ein Herrscher erst dann *Kriege* unternehmen dürfte, wenn er in seinem Gewissen erkannt hätte, daß sie gerecht, für das öffentliche Wohl notwendig, ja unerläßlich sind und daß gleichzeitig bei dem Unternehmen, das er wagt, mehr zu hoffen als zu befürchten ist.

Nicht nur Prinzipien der Klugheit und der Religion, sondern auch die Gesetze der Verträglichkeit und der Friedensliebe erlauben den Menschen nicht, anderen Grundsätzen zu folgen. Es ist eine unerläßliche Pflicht der Herrscher, sich danach zu richten; denn dazu nötigt sie die Gerechtigkeit der Regierungsweise von Natur aus und auf Grund des Zwecks der Macht, die ihnen anvertraut ist; sie sind verpflichtet, insbesondere um die Güter und das Leben ihrer Untertanen besorgt zu sein; das Blut des Volkes darf nur vergossen werden, um dasselbe Volk aus der äußersten Not zu retten. Leider reißen aber schmeichlerische Ratschläge, falsche Vorstellungen vom Ruhm, nichtige Eifersüchteleien, Habgier, die sich hinter bloßen Vorwänden verbirgt, der falsche Ehrbegriff, nach dem man seine Macht beweisen muß, unmerkliche Verpflichtungen, die man auf Einflüsterungen von Höflingen und Ministern eingegangen ist, die Könige fast immer zu *Kriegen* hin, in denen sie ohne Notwendigkeit alles aufs Spiel setzen, ihre Provinzen erschöpfen und ihren Ländern und Untertanen ebensoviel Schaden zufügen wie ihren eigentlichen Feinden.

Angenommen jedoch, ein *Krieg* werde nur im äußersten Notfall aus einem gerechten Grund unternommen, nämlich um der Selbsterhaltung willen, so muß man doch, während man ihn

führt, in den Grenzen der Gerechtigkeit verbleiben und darf die Feindseligkeiten nicht über deren Grenzen und unbedingte Erfordernisse hinaus ausdehnen [...]
Die militärischen Gesetze Europas ermächtigen nicht dazu, vorsätzlich den Kriegsgefangenen, sei es denen, die um Gnade bitten, sei es denen, die sich ergeben, das Leben zu nehmen, geschweige denn Greisen, Frauen und Kindern und überhaupt irgendeinem von denen, die auf Grund ihres Alters oder ihres Berufes keine Waffen tragen können und am *Krieg* keinen anderen Anteil haben, als sich im Feindesland zu befinden oder zur feindlichen Partei zu gehören.
Die Rechte des *Krieges* dürfen erst recht nicht so weit gehen, daß sie sogar die Entehrung der Frauen gutheißen; denn ein solches Verhalten trägt weder zu unserer Verteidigung noch zu unserer Sicherheit bei und ebensowenig zur Behauptung unserer Rechte; es kann nur dazu dienen, die Roheit des zügellosen Söldners zu befriedigen.
Es gibt jedoch tausend andere abscheuliche Zügellosigkeiten, tausenderlei Räubereien und Greuel, die man schändlicherweise im *Krieg* zuläßt. Die Gesetze, sagt man, haben im Waffenlärm zu schweigen. Ich antworte darauf: Wenn die Zivilgesetze und die Gesetze der Sondergerichte eines jeden Staates, die nur in Friedenszeiten Gültigkeit haben, auch im *Krieg* schweigen, so gilt das doch nicht für die ewigen Gesetze, die für alle Zeiten und alle Völker bestimmt und in die Natur geschrieben sind; aber der *Krieg* erstickt die Stimme der Natur, der Gerechtigkeit, der Religion und der Menschlichkeit. Er bringt nur Raub und Verbrechen hervor; es gehen mit ihm der Schrecken, die Hungersnot und die Verwüstung einher; er zerreißt Müttern, Gattinnen und Kindern das Herz; er verwüstet die Felder, entvölkert die Provinzen und verwandelt die Städte in Staub. Er laugt die blühenden Staaten mitten in den größten Erfolgen aus; er setzt die Sieger tragischen Rückschlägen aus; er verdirbt die Sitten aller Nationen und macht noch mehr Menschen unglücklich, als er dahinrafft. Das sind die Früchte des *Krieges*. Zur Zeit (1757) hallen die Gazetten nur von dem Unglück wider, das er zu Lande und zu Wasser, sowohl in der Alten als auch in der Neuen Welt, über die Völker bringt, die doch die Bande eines Wohlwollens, das leider schon schwach genug ist, fester knüpfen und nicht zerschneiden sollten. (Jaucourt.)

Harz oder Herzynischer Wald – Hartz ou Forêt Hercinienne (Geographie): Gebirgskette und sehr ansehnlicher Wald im Herzogtum Braunschweig zwischen Weser und Saale, der sich im Fürstentum Grubenhagen-Anhalt und in den Grafschaften Reinstein und Hohenstein von der Leine bis zur Selke erstreckt. Der *Harz* ist durch seine Silbergruben und auch anderer Metalle wegen berühmt. Alle Silbergruben gehören dem Kurfürsten von Hannover, mit Ausnahme eines Siebtels, das dem Herzog von Braunschweig-Wolfenbüttel gehört. Der Blocksberg oder Brocken ist der höchste Berg des *Harzes* und nach Ansicht einiger Autoren sogar von ganz Deutschland. Nirgendwo in Europa haben die Bergwerkskunde und die Metallurgie größere Bedeutung als im *Harz*. Es gibt dort fast überall Bergwerke, in denen der Abbau emsig vorangeht, und Gießereien für alle möglichen Metalle. Der *Harz* ist ein Teil des *Herzynischen Waldes*, den die Römer kannten und der wegen seiner riesigen Ausdehnung berühmt war. (D'Holbach.)

Geschichte – Histoire: [...] Es gibt die *Geschichte* der Anschauungen, die kaum etwas anderes ist als die Sammlung der menschlichen Irrtümer; die *Geschichte* der Künste, die vielleicht von allen am nützlichsten ist, wenn sich in ihr die Kenntnis der Erfindungen und Fortschritte der Künste mit der Beschreibung ihres Mechanismus verbindet; und die *Naturgeschichte*, die zu Unrecht *Geschichte* genannt wird und vielmehr ein wesentlicher Teil der Naturlehre ist.

Die *Geschicht*e der Ereignisse teilt sich in biblische und weltliche *Geschichte*. Die biblische *Geschichte* ist eine Reihe von göttlichen und wunderbaren Vorgängen, durch die Gott einst nach seinem Wohlgefallen das jüdische Volk leiten wollte und durch die er uns noch heute unseren Glauben ausüben läßt. Ich rühre nicht an diesen ehrwürdigen Gegenstand.

Die ersten Grundlagen für jede *Geschichte* sind die Überlieferungen der Väter an die Kinder – Überlieferungen, die dann von Generation zu Generation weitergegeben werden; sie sind nur in ihren Anfängen wahrscheinlich und verlieren in jeder Generation einen Grad ihrer Wahrscheinlichkeit. Im Laufe der Zeit greift die Sage um sich, und die Wahrheit verliert sich; daher sind alle Anfänge der Völker widersinnig. So sollen die Ägypter viele

Erzbergbau über und unter Tage

Jahrhunderte lang von den Göttern und dann von Halbgöttern regiert worden sein; schließlich sollen sie elftausenddreihundertvierzig Jahre lang Könige gehabt haben, und die Sonne soll in diesem Zeitraum viermal ihren Lauf von Osten nach Westen geändert haben.

Die Phöniker behaupteten, sie wären seit dreißigtausend Jahren in ihren Ländern ansässig, und diese dreißigtausend Jahre waren mit ebenso vielen Wundern ausgefüllt wie die ägyptische Chronologie. Man weiß, wieviel lächerlichen Unsinn es in der *Geschichte* der alten Griechen gibt. Die Römer haben, so ernsthaft sie auch waren, die *Geschichte* ihrer ersten Jahrhunderte ebenfalls in Sagen gehüllt. Dieses Volk, das im Vergleich zu den asiatischen Völkern so jung ist, hatte fünfhundert Jahre lang keine Geschichtsschreiber. So überrascht es uns nicht, daß Romulus der Sohn des Mars und eine Wölfin seine Pflegemutter war, daß er mit zwanzigtausend Mann aus dem Dorf Rom fünfundzwanzigtausend Kriegern aus dem Dorf der Sabiner entgegenzog, daß er später zum Gott wurde, daß Tarquinius der Ältere mit einem Rasiermesser einen Stein durchschnitt, daß eine Vestalin mit ihrem Gürtel ein Schiff an Land zog, usw.

Die ersten Annalen aller unserer modernen Nationen sind nicht weniger sagenhaft: Die wunderbaren und unwahrscheinlichen Dinge sollen wohl berichtet werden, aber als Beweise für die menschliche Leichtgläubigkeit; sie gehören zur *Geschichte* der Anschauungen [...]

Von der Nützlichkeit der Geschichte: Dieser Nutzen besteht in dem Vergleich, den ein Staatsmann oder ein Staatsbürger zwischen den fremden Gesetzen und Sitten und denen seines Landes ziehen kann: Das regt die modernen Nationen an, einander in den Künsten, im Handel und in der Landwirtschaft zu übertreffen. Große Fehler in der Vergangenheit nützen viel auf jedem Gebiet. Man kann den Menschen die Verbrechen und die Katastrophen, die durch unsinnige Streitigkeiten verursacht wurden, nicht oft genug vor Augen halten. Es steht fest, daß man ihre Wiederkehr verhindern kann, wenn man sie sich immer wieder ins Gedächtnis zurückruft [...]

Von der Gewißheit der Geschichte: Jede Gewißheit, die kein mathematischer Beweis ist, bedeutet nur eine sehr hohe Wahrscheinlichkeit. Es gibt keine andere historische Gewißheit.

Als Marco Polo als erster und einziger von der Größe und der

Bevölkerung Chinas sprach, fand er keinen Glauben und konnte ihn auch nicht verlangen. Die Portugiesen, die einige Jahrhunderte später dieses riesige Reich betraten, verliehen der Sache allmählich mehr Wahrscheinlichkeit. Heute ist sie gewiß, das heißt von jener Gewißheit, die aus der einstimmigen Aussage von tausend Augenzeugen verschiedener Nationalität und der Tatsache erwächst, daß niemand Einspruch gegen ihre Aussage erhoben hat [...]
Was dem gewöhnlichen Laufe der Natur widerspricht, darf nicht geglaubt werden – es sei denn, es wird von Männern bestätigt, die vom göttlichen Geist beseelt sind [...]
Von der Methode und dem Stil der Geschichtsschreibung: Man hat über diesen Gegenstand so viel gesagt, daß wir hier nur sehr wenig zu sagen brauchen. Man weiß sehr wohl, daß die Methode und der Stil des Livius, sein Ernst und seine weise Beredsamkeit der Erhabenheit der Römischen Republik entsprechen, daß Tacitus mehr dazu begabt ist, Tyrannen zu schildern, Polybios mehr dazu, Lehren über den Krieg zu erteilen, und Dionysios von Halikarnassos mehr dazu, die Vorzeit zu beschreiben.
Wenn man sich aber heute allgemein diese großen Meister zum Vorbild nimmt, so hat man eine schwerere Last als sie zu tragen. Man verlangt von den modernen Geschichtsschreibern mehr Einzelheiten, besser bestätigte Fakten, genaue Daten, Gewährsmänner und mehr Aufmerksamkeit gegenüber den Bräuchen, den Gesetzen, den Sitten, dem Handel, dem Finanzwesen, der Landwirtschaft, der Bevölkerung. Mit der *Geschichte* verhält es sich wie mit der Mathematik und Physik. Die Schürfstätte ist erstaunlich groß geworden. So leicht es ist, eine Sammlung von Klatschgeschichten zusammenzustellen, so schwierig ist es heute, *Geschichte* zu schreiben [...] (Voltaire.)

Hobbismus oder Philosophie von Hobbes – Hobbisme ou Philosophie d'Hobbes (Geschichte der alten und neueren Philosophie): [...] Die Philosophie von Rousseau aus Genf stellt fast das Gegenteil der Philosophie von Hobbes dar. Der eine glaubt, der Mensch sei von Natur aus gut, und der andere glaubt, er sei von Natur aus böse. Nach der Ansicht des Philosophen aus Genf ist der Naturzustand ein Zustand des Friedens; nach der Ansicht des Philosophen aus Malmesbury ist er ein Zustand des Krieges.

Die Gesetze und die Entstehung der Gesellschaft haben den Menschen besser gemacht, wenn man Hobbes glauben will, und sie haben ihn verdorben, wenn man Rousseau glauben will. Der eine wurde inmitten des Aufruhrs und der Parteiungen geboren; der andere lebte in der vornehmen Welt und unter den Gelehrten. Andere Zeiten, andere Umstände, andere Philosophie. Rousseau ist beredt und pathetisch; Hobbes ist trocken, streng und kraftvoll. Dieser sah, wie der Thron wankte, wie seine Mitbürger die Waffen gegeneinander ergriffen und wie sein Vaterland durch die Raserei des presbyterianischen Fanatismus im Blut ertränkt wurde, und er faßte daher Abscheu gegen Gott, den Priester und die Altäre. Jener sah, wie Männer, die in allen Wissenschaften zu Hause waren, sich gegenseitig zerrissen, einander haßten, sich ihren Leidenschaften überließen, nach Ansehen, Reichtum, Würden trachteten und sich in einer Weise verhielten, wie sie den von ihnen erworbenen Kenntnissen kaum entsprach, und er verachtete das Wissen und die Gelehrten. Sie übertrieben beide. Zwischen dem System des einen und dem des anderen liegt eines, das vielleicht das wahre ist; denn obgleich der Zustand der Menschheit in unaufhörlichen Veränderungen begriffen ist, bleiben sich doch Gutartigkeit und Bösartigkeit immer gleich; Glück und Unglück der Menschheit werden also in Grenzen gehalten, die sie nicht überschreiten kann. Alle künstlichen Vorteile werden durch Nachteile, alle natürlichen Nachteile durch Vorteile kompensiert. Hobbes, voller Vertrauen auf seine Urteilskraft, konzipierte eine ganz eigenartige Philosophie. Er war ein rechtschaffener Mensch, ein seinem König ergebener Untertan, ein eifriger Staatsbürger, ein einfacher, aufrechter, offenherziger und wohltätiger Mann. Er hatte Freunde und Feinde. Er wurde übermäßig gelobt und getadelt; die meisten von denen, die seinen Namen nicht hören können, ohne zu schaudern, haben keine Seite von seinen Werken gelesen und sind dazu auch nicht imstande. […] (Diderot.)

Menschlichkeit – Humanité (Moral): Das ist ein Gefühl des Wohlwollens für alle Menschen, das nur in einer großen und empfindsamen Seele aufflammt. Dieser edle und erhabene Enthusiasmus kümmert sich um die Leiden der anderen und um das Bedürfnis, sie zu lindern; er möchte die ganze Welt durchei-

len, um die Sklaverei, den Aberglauben, das Laster und das Unglück abzuschaffen.
Menschlichkeit verbirgt uns die Schwächen unserer Mitmenschen oder verhindert, diese Schwächen zu fühlen, macht aber unerbittlich gegenüber Verbrechen. Sie entreißt dem Schurken die Waffe, die dem guten Menschen zum Verhängnis werden könnte. Sie verleitet uns nicht, uns der besonderen Pflichten zu entledigen, sondern macht uns – im Gegenteil – zu besseren Freunden, besseren Gatten, besseren Staatsbürgern. Es macht ihr Freude, die Wohltätigkeit auf alle Wesen auszudehnen, die die Natur neben uns gestellt hat. Ich habe diese Tugend, eine Quelle so vieler anderer Tugenden, zwar in vielen Köpfen bemerkt, aber nur in wenigen Herzen. (Diderot [?].)

Götze, Götzendiener, Götzendienst – Idole, Idolâtre, Idolâtrie: […] Was die Vielgötterei anbetrifft, so sagt Ihnen der gesunde Menschenverstand: Seitdem es Menschen gibt, das heißt gebrechliche Lebewesen, die zwar des Verstandes fähig, aber allen möglichen Zufälligkeiten – Krankheit und Tod – ausgesetzt sind, haben diese Menschen ihre Gebrechlichkeit und ihre Abhängigkeit empfunden; sie haben also leicht erkannt, daß es etwas gibt, das mächtiger ist als sie. Sie fühlten eine Kraft in der Erde, die ihre Nahrungsmittel hervorbringt, eine in der Luft, die sie häufig vernichtet, eine im Feuer, die sie verzehrt, und schließlich eine im Wasser, die alles überflutet. Was ist bei unwissenden Menschen natürlicher, als daß sie sich Wesen ausdenken, die diese Elemente beherrschen? Was ist natürlicher, als daß sie die unsichtbare Macht verehren, die vor ihren Augen die Sonne und die Sterne leuchten läßt? Und als man sich eine Idee von diesen dem Menschen überlegenen Mächten bilden wollte, was war da natürlicher, als sie sich in anschaulicher Weise vorzustellen? Die jüdische Religion, die der unsrigen vorausging und die von Gott selbst gegeben wurde, war reich an solchen Bildern, unter denen Gott dargestellt wird. Er geruht in einem Dornbusch die menschliche Sprache zu sprechen; er erscheint auf einem Berg. Die himmlischen Geister, die er aussendet, erscheinen alle in menschlicher Gestalt; schließlich ist also das Heiligtum von Cherubinen erfüllt, die aus Menschenkörpern mit Flügeln und Tierköpfen bestehen. Das verleitete Plutarch, Tacitus, Apio und so viele andere zu dem schwerwie-

genden Irrtum, den Juden vorzuwerfen, sie beteten einen Eselskopf an. Gott hat sich also trotz seines Verbots, ihn in irgendeiner Gestalt zu malen oder zu schnitzen, dazu herbeigelassen, sich der menschlichen Unzulänglichkeit anzupassen, die erforderte, daß man durch Bilder zu den Sinnen spräche.
Jesaja sieht im 6. Kapitel, wie der Herr auf einem hohen Stuhl sitzt und wie der Saum seines Gewandes den Tempel füllt. Der Herr streckt seine Hand aus und berührt den Mund des Jeremias im 1. Kapitel dieses Propheten. Hesekiel sieht im 3. Kapitel einen Thron aus Saphir, und Gott erscheint ihm als ein auf diesem Throne sitzender Mensch. Diese Bilder trüben nicht die Reinheit der jüdischen Religion, die niemals Gemälde, Statuen und *Götzen* verwendet hat, um den Augen des Volkes Gott zu zeigen […]
Aber welchen genauen Begriff hatten die Völker des Altertums von allen diesen Götzenbildern? Welche Kraft, welche Macht schrieben sie ihnen zu? Glaubt man etwa, daß die Götter vom Himmel herabstiegen, um sich in diesen Statuen zu verbergen oder daß sie etwas vom göttlichen Geist auf sie übertrugen oder daß sie ihnen gar nichts verliehen? Vergeblich hat man sich bemüht, etwas darüber zu schreiben. Es ist klar, daß jeder Mensch darüber nach dem Maße seiner Vernunft, seiner Leichtgläubigkeit oder seines Fanatismus urteilte. Es liegt auf der Hand, daß die Priester ihren Statuen soviel Göttlichkeit wie möglich beimaßen, um sich mehr Opfergaben zu verschaffen; man weiß, daß die Philosophen solche abergläubischen Vorstellungen verachteten, die Krieger sich darüber lustig machten, die Richter sie duldeten und daß das stets so törichte Volk nicht wußte, was es tat: Das ist in kurzen Worten die Geschichte aller Völker, denen Gott sich nicht zu erkennen gab […]
Die ersten Opfergaben waren Früchte; aber bald darauf brauchte man Tiere für den Altar der Priester; sie töteten diese selbst; sie wurden Schlächter und damit grausam; schließlich führten sie den abscheulichen Brauch ein, Menschenopfer darzubringen, vor allem Kinder und junge Mädchen. Niemals machten die Chinesen, Perser und Inder sich solcher Scheußlichkeiten schuldig; aber in Heliopolis – in Ägypten – opferte man nach dem Bericht des Porphyrios Menschen. Auf Tauris opferte man die Fremden; doch glücklicherweise schienen die Priester von Tauris darin noch nicht viel Erfahrung zu besitzen. Die ersten Griechen, die

Zyprioten, die Phöniker, die Tyrer, die Karthager waren ebenfalls von diesem abscheulichen Aberglauben besessen. Sogar die Römer verfielen in dieses Religionsverbrechen, und Plutarch berichtet, daß sie zwei Griechen und zwei Gallier opferten, um die Buhlerei dreier Vestalinnen zu sühnen. Prokop, ein Zeitgenosse des Frankenkönigs Theodebert, erzählt, die Franken hätten zu der Zeit, da sie unter diesem Fürsten in Italien einfielen, Menschen geopfert. Die Gallier und die Germanen brachten ganz allgemein diese entsetzlichen Opfer dar.

Man kann die Geschichte nicht studieren, ohne Abscheu gegenüber der menschlichen Gattung zu empfinden. Es ist wahr, daß bei den Juden Jephta seine Tochter opferte und Saul bereit war, seinen Sohn zu opfern. Es ist wahr, daß jene, die durch Bannfluch dem Herrn preisgegeben wurden, nicht freigekauft werden konnten, wie man die Tiere freikaufte, und daß sie sterben mußten. Gott, der die Menschen geschaffen hat, kann ihnen wohl das Leben nehmen, wann er will und wie er will; aber es ist nicht Sache der Menschen, sich an Stelle Gottes zum Herrn über Leben und Tod zu machen und sich die Rechte des höchsten Wesens widerrechtlich anzueignen [...] (Voltaire.)

Nachahmung – Imitation (Grammatik und Philosophie): *Nachahmung* ist die künstliche Darstellung eines Gegenstandes. Die blinde Natur ahmt nicht nach; nur die Kunst ahmt nach. Wenn die Kunst durch artikulierte Laute nachahmt, so heißt die *Nachahmung* »Rede«, und die Rede ist oratorisch oder poetisch. Siehe die Artikel *Beredsamkeit* und *Poesie*. Ahmt die Kunst durch Töne nach, so heißt die *Nachahmung* »Musik«. Siehe den Artikel *Musik*. Ahmt sie durch Farben nach, so heißt die *Nachahmung* »Malerei«. Siehe den Artikel *Malerei*. Ahmt sie mit Holz, Stein, Marmor oder irgendeinem anderen ähnlichen Material nach, so heißt die *Nachahmung* »Plastik«. Siehe den Artikel *Plastik*.

Die Natur ist immer wahr; die Kunst läuft also nur dann Gefahr, in ihrer *Nachahmung* unwahr zu sein, wenn sie von der Natur abweicht, sei es aus Willkür, sei es wegen der Unmöglichkeit, der Natur nahe genug zu kommen. Die Kunst der *Nachahmung* hat ihre Kindheit, ihren Zustand der Vollkommenheit und ihren Zeitpunkt des Verfalls. Die, welche die Kunst schufen, hatten kein anderes Modell als die Natur. Die, welche sie vervollkommneten, waren strenggenommen nur die Nachahmer der ersten; doch nahm ihnen das nicht das Prädikat »Männer von Genie«, weil wir den Wert der Werke weniger an der Priorität der Erfindung und der Schwere der überwundenen Hindernisse als am Grad der Vollkommenheit und am Effekt messen. Es gibt in der Natur Gegenstände, die uns stärker berühren als andere. Obwohl die *Nachahmung* der ersten vielleicht leichter ist als die *Nachahmung* der zweiten, interessiert sie uns doch mehr. Das Urteil des Mannes von Geschmack und das des Künstlers sind sehr verschieden. Die Schwierigkeit, gewisse Wirkungen der Natur wiederzugeben, läßt den Künstler immer in Bewunderung verharren. Der Mann von Geschmack kennt dieses Verdienst nicht; wer von diesem Verdienst ausgeht, gibt zuviel auf das Technische, das der Mann von Geschmack nicht kennt: Eigenschaften, deren Kenntnis allgemeiner und geläufiger ist, fesseln seine Blicke. Die *Nachahmung* ist genau oder frei. Wer die Natur genau nachahmt, ist ihr Historiker. Siehe den Artikel *Geschichte*. Wer sie komponiert, übertreibt, abschwächt, verschönert – kurz, mit ihr nach seinem Belieben verfährt, ist ihr Dichter. Siehe den Artikel *Poesie*. Man ist Historiker oder Kopist in allen Gattungen der *Nachahmung*. Man ist Dichter durch die Art und Weise, in der man schildert oder nachahmt. Als Horaz zu den Nachahmern sagte: »*O imitatores, servum pecus*«[1], wandte er sich weder an die, welche sich die Natur zum Modell nahmen, noch an die, welche auf den Spuren der ihnen vorangegangenen Männer von Genie wandelten und die Bahn zu verbreitern suchten. Wer eine Gattung der *Nachahmung* erfindet, ist ein Mann von Genie; wer eine erfundene Gattung der *Nachahmung* vervollkommnet oder sich in ihr auszeichnet, ist ebenfalls ein Mann von Genie. (Diderot.)

Bedürftig – Indigent (Grammatik) ist ein Mensch, dem im Kreise seiner Mitmenschen, die mit einem verletzend wirkenden Aufwand allen möglichen Überfluß genießen, die lebensnotwendigsten Dinge fehlen. Eine der schlimmsten Folgen der schlechten Administration ist, daß sie die Gesellschaft in zwei

---

[1] Nachahmer, ihr Sklavenherde!

Klassen von Menschen teilt, von denen die einen im Überfluß und die anderen im Elend leben. Die *Bedürftigkeit* ist für uns kein Laster, sondern etwas viel Schlimmeres. Man empfängt den Lasterhaften, man meidet den *Bedürftigen*. Man sieht bei ihm immer nur die ausgestreckte offene Hand. Unter den Wilden gibt es keine *Bedürftigen*. (Diderot.)

Industrie oder Betriebsamkeit – Industrie (Politisches Recht und Handel): Dieses Wort bedeutet zweierlei: einmal bloße Handarbeit, zum anderen Erfindungen des Geistes im Hinblick auf Maschinen, die für die Künste und Gewerbe nützlich sind. Die *Betriebsamkeit* umfaßt bald den einen, bald den anderen dieser zwei Gegenstände, verbindet aber auch häufig beide.
Sie bezieht sich auf die Bestellung von Grund und Boden, auf die Manufakturen und auf die Künste; sie befruchtet alles und verbreitet überall Leben und Überfluß. Wie die zerstörenden Völker Übel anrichten, die länger dauern als sie, so schaffen die betriebsamen Völker Güter, die mit ihnen selbst nicht aufhören.
In Amerika bringt der Boden von Natur aus viele Früchte hervor, die zur Ernährung dienen. Wenn man in Europa den Boden unbebaut ließe, so würden dort nur Wälder entstehen, Eichen, Fichten und ähnliche Bäume ohne Früchte wachsen. So war in Europa für die Nutzung des Bodens sehr viel Arbeit, *Betriebsamkeit* und Wissen notwendig; denn man sieht immer, daß die Bedürfnisse, die *Betriebsamkeit* und die Kenntnisse im Gleichschritt voranschreiten. Deshalb muß man in den europäischen Staaten die Bauern und überhaupt alle im Sinne des Nutzens arbeitenden Menschen ganz entschieden fördern und belohnen. Der Grund dafür liegt auf der Hand; jede Steigerung des Anbaus und jede neue *Industrie* vermehren die Lebensmittel und die Waren und bringen dem Staat Geld ein, das doch das Zeichen für die Wertschätzung derselben ist.
Das ist eine abgedroschene Wahrheit, welche zu wiederholen fast beschämend ist; aber in gewissen Ländern gibt es Leute, die jene Mittel und Wege scheuen, die man ihnen angibt, um diese Wahrheit zur Geltung zu bringen, und die derartige Prinzipien stets den Vorurteilen opfern, von denen sie beherrscht sind. Sie wissen nicht, daß die Fesseln, die der *Betriebsamkeit* auferlegt

werden, diese völlig erlöschen lassen, daß dagegen die Leistungen, zu denen man sie anspornt, die *Industrie* wunderbar gedeihen lassen, sowohl durch den Wetteifer als auch durch den Gewinn, der daraus entspringt. Man darf also keine Abgaben von der *Betriebsamkeit* oder der *Industrie* erheben, sondern muß jene belohnen, die ihre Felder am besten bestellt haben, und ebenso die Arbeiter, die den Wert ihrer Arbeit aufs höchste gesteigert haben. Jeder weiß, welchen Erfolg dieses Verfahren in den Vereinigten Königreichen von Großbritannien gehabt hat. Man hat in unserer Zeit auf diesem Weg allein in Irland eine der bedeutendsten Tuchmanufakturen Europas geschaffen.

Da der Verbrauch der Waren auf Grund des niedrigen Preises der Arbeitskraft zunimmt, hat die *Industrie* immer dann einen Einfluß auf ihren Preis, wenn sie die Arbeit erleichtern oder die Zahl der beschäftigten Arbeitskräfte verringern kann. Das ist der Nutzeffekt der Wasser- und Windmühlen, der Webstühle und so vieler anderer Maschinen, die alle das Ergebnis einer wertvollen *Betriebsamkeit* sind. Man kann hier als Beispiel die Maschinen anführen, die Vaucanson erfunden hat, wie etwa die Seidenmühle, die seit zwanzig Jahren in England bekannt ist, und die Sägemühlen, die unter der Aufsicht eines einzigen Mannes und vermittels einer einzigen Achse bei günstigem Wind in einer Stunde bis zu achtzig Bretter zu einer Länge von drei Klaftern sägen; auch die Bandwebstühle mit mehreren Schiffchen haben Tausende von Vorteilen; aber all das ist so wohlbekannt, daß wir uns nicht darüber zu verbreiten brauchen. Melon hat ganz richtig bemerkt: Mit einem Mann und mit Hilfe der *Industriemaschinen* leisten, was man sonst nur mit zwei oder drei Männern leisten könnte, heißt die Zahl der Bürger verdoppeln oder verdreifachen.

Die Möglichkeiten der Beschäftigung von Manufakturarbeitern kennen keine anderen Grenzen als die des Verbrauchs; der Verbrauch aber hängt nur vom Arbeitslohn ab. So wird die Nation, welche die billigste Arbeitskraft besitzt und deren Kaufleute sich mit dem mäßigsten Gewinn begnügen, den vorteilhaftesten Handel treiben, wenn die Bedingungen für alle gleich sind. So groß ist die Macht der *Industrie,* wenn gleichzeitig die Wege des Innen- und Außenhandels frei sind. Dann erschließt sie dem Verbrauch neue Märkte und erzwingt sogar den Zugang zu den Märkten, die ihm verschlossen sind.

Man wende gegen die Nützlichkeit der Erfindungen der *Industrie* nicht mehr ein, daß jede Maschine, welche die Handarbeit um die Hälfte vermindert, sogleich der Hälfte der Arbeiter am Webstuhl die Unterhaltsmittel raubt, daß die unbeschäftigten Arbeiter eher Bettler werden, die dem Staat zur Last fallen, als einen anderen Beruf zu erlernen; daß der Verbrauch Grenzen hat, daß er also – sogar angenommen, er stiege dank der Hilfsquelle, die wir so sehr rühmen, um das Doppelte – zurückgehen wird, sobald sich das Ausland Maschinen verschafft, die den unsrigen gleichen; und daß schließlich das Erfinderland keinen Vorteil von seinen *Industrieerfindungen* behalten wird.

Es fehlt solchen Einwänden an gesundem Menschenverstand und Einsicht; sie gleichen den Einwänden, die einst von den Themseschiffern gegen den Bau der Westminsterbrücke erhoben wurden. Haben diese Schiffer nicht Arbeitsmöglichkeiten gefunden, während der Bau dieser Brücke der Stadt London neue Annehmlichkeiten brachte? Ist es besser, zu verhindern, daß die *Betriebsamkeit* der anderen Völker Gebrauch von Maschinen macht, als zu warten, bis sie uns zwingen, solche Maschinen zu verwenden, um unsere Konkurrenz auf denselben Märkten aufrechtzuerhalten? Der sicherste Gewinn fällt immer der Nation zu, welche die erste *Industrienation* gewesen ist, und wenn alle Bedingungen gleich sind, ist die Nation, deren *Industrie* am freiesten ist, die bedeutendste *Industrienation*.

Wir wollen indes nicht die Sorgfalt mißbilligen, die man in einer Regierung darauf verwendet, den Gebrauch von *Industriemaschinen* mit einiger Vorsicht einzuleiten, weil sie plötzlich einen allzu großen Schaden in den Berufen anrichten können, die Menschen beschäftigen; doch ist diese Vorsicht nur im Stadium der Behinderung notwendig – ein Fehler, den man zuerst beseitigen muß. Übrigens ist die *Industrie* jetzt, sei es durch Entmutigung der Erfinder, sei es dank den Fortschritten in den Künsten, so weit gelangt, daß ihre Steigerung sehr langsam vor sich geht und heftige Erschütterungen kaum zu befürchten sind.

Kurz, wir müssen aus alledem schließen, daß man die *Industrie* gar nicht genug fördern kann, wenn man bedenkt, in welchem Maße ihre Einnahmen zum allgemeinen Wohl in allen freien und mechanischen Künsten beitragen können; das beweisen die Vorteile, die aus ihr Malerei, Gravierkunst, Holzschnitzerei,

Buchdruck, Uhrmacher- und Goldschmiedekunst, Tuch-, Woll-, Seide-, Gold- und Silbermanufakturen, ja alle Gewerbe und Berufe ziehen. (Jaucourt.)

Angeboren – Inné (Grammatik und Philosophie): *Angeboren* ist das, was mit uns geboren wird. Nur das Empfindungs- und Denkvermögen ist *angeboren;* alles andere ist erworben. Beseitigen Sie das Auge, so heben Sie gleichzeitig alle Ideen auf, die zum Gesichtssinn gehören. Beseitigen Sie die Nase, so heben Sie gleichzeitig alle Ideen auf, die zum Geruchssinn gehören, und ebenso geht es mit dem Geschmacks-, Gehör- und Gefühlssinn. Sind alle diese Ideen und alle diese Sinne aufgehoben, so bleibt kein abstrakter Begriff; denn durch das Sinnliche werden wir zum Abstrakten geführt. Aber nachdem wir die Frage unter dem Gesichtspunkt der Aufhebung geprüft haben, wollen wir nun die umgekehrte Methode verfolgen. Nehmen wir an, eine Masse sei formlos, aber empfindungsfähig; dann wird sie alle Ideen haben, die man vom Gefühlssinn bekommen kann. Vervollkommnen wir ihren organischen Bau, entwickeln wir diese Masse, so öffnen wir gleichzeitig den Empfindungen und Kenntnissen den Zugang. Mit diesen zwei Methoden kann man den Menschen in den Zustand der Auster zurückversetzen und die Auster in den Zustand des Menschen erheben. Siehe auch in dem Artikel *Idee*, was von den *angeborenen* Ideen zu halten ist. (Diderot.)

Impfung – Inoculation (Medizin, Chirurgie, Moral, Politik): Dieser Name, gleichbedeutend mit *Insertion*, hat sich als Bezeichnung für die Operation durchgesetzt, mit der man die Pokken künstlich überträgt, um die Gefahr und die verheerenden Folgen dieser auf natürliche Weise hervorgerufenen Krankheit zu verhüten [...]
Auch wenn ganz Frankreich von der Bedeutung und Nützlichkeit dieses Verfahrens überzeugt wäre, könnte es bei uns doch nicht ohne die Gunst der Regierung eingeführt werden; aber wird die Regierung sich jemals dazu entschließen, ohne vorher die Zeugnisse zu befragen, die in einer solchen Sache am entscheidendsten sind?
Es obliegt also der theologischen und der medizinischen Fakul-

tät, den Akademien, den obersten Richtern, den Gelehrten und den Schriftstellern, die Bedenken zu beseitigen, die durch Unwissenheit genährt werden, und dem Volke klarzumachen, daß sein eigener Nutzen, die christliche Nächstenliebe, das Wohl des Staates und die Erhaltung der Menschen an der Einführung der *Impfung* beteiligt sind. Wenn es sich um das öffentliche Wohl handelt, ist es Pflicht des denkenden Teils der Nation, jene aufzuklären, die für Aufklärung empfänglich sind, und durch das Gewicht der Autorität jene Menge mitzureißen, der die Evidenz nicht einleuchtet.

Bedarf es noch weiterer Experimente, sind wir noch nicht genügend über alles unterrichtet, so befehle man den Krankenhäusern, in ihren Jahreslisten die Zahl der Krankheits- und Todesfälle bei jeder einzelnen Krankheit sorgfältig zu unterscheiden, wie man es in England zu tun pflegt. Mit der Zeit würde man dann die Nützlichkeit dieses Verfahrens immer deutlicher erkennen. Man mache nun in einem dieser Krankenhäuser das Experiment der *Impfung* an hundert Patienten, die sich ihm freiwillig unterwerfen, und behandle hundert andere gleichaltrige Patienten, die von den Pocken befallen sind; all das geschehe unter der Mitwirkung verschiedener Meister der Heilkunde vor den Augen und unter der Leitung eines Verwaltungsbeamten, dessen Einsicht ebenso groß ist wie sein Eifer und seine gute Absicht. Vergleicht man darauf die Liste der Sterbefälle auf der einen und auf der anderen Seite und gibt sie der Öffentlichkeit bekannt, so wird es an Mitteln, sich aufzuklären und Zweifel zu beseitigen, falls solche noch bestehen sollten, gewiß nicht fehlen, wenn man an höherer Stelle auch den Willen dazu hat.

Die *Impfung*, so wiederhole ich, wird eines Tages in Frankreich eingeführt werden, und man wird sich dann wundern, daß man sie sich nicht schon früher zunutze gemacht hat; aber wann wird dieser Tag endlich kommen? Darf ich es sagen? Er wird vielleicht erst kommen, wenn ein Ereignis wie jenes von 1752 (nämlich die Pocken des Dauphins), das unter uns eine so lebhafte Unruhe verbreitete, welche sich jedoch in einen Freudentaumel verwandelte, die öffentliche Aufmerksamkeit erregt; oder wenn – der Himmel bewahre uns davor! – wieder eine so verhängnisvolle Katastrophe eintritt wie jene, die im Jahre 1711 die Nation in Trauer versetzte und den Thron zu erschüttern schien. Wäre damals die *Impfung* schon bekannt gewesen, so hätten der Schmerz über den Schlag, der uns getroffen, und die Furcht vor dem, der unsere teuersten Hoffnungen noch bedrohte, uns wohl dazu gebracht, dieses Vorbeugungsmittel, das wir heute vernachlässigen, als ein Geschenk des Himmels hinzunehmen. Aber zur Schande der stolzen Vernunft, die uns nicht immer deutlich genug vom Vieh unterscheidet, machen Vergangenheit und Zukunft kaum Eindruck auf uns – nur die Gegenwart bewegt uns. Werden wir denn immer nur durch Unglück weise? Werden wir bei Neuilly erst eine Brücke bauen, nachdem Heinrich IV. bei der Überfahrt auf einer Fähre sein Leben aufs Spiel gesetzt hat? Werden wir unsere Straßen erst verbreitern, nachdem er sie mit seinem Blut gerötet hat? [...] (Tronchin.)

Inquisition – Inquisition (Kirchengeschichte): [...] Segnen wir den Tag, an dem man in unserem Königreich die glückliche Hand hatte, eine Gerichtsbarkeit aufzuheben, die der Unabhängigkeit unserer Könige, dem Wohl ihrer Untertanen, den Freiheiten der gallikanischen Kirche, kurz jeder vernünftigen Ordnung so sehr widersprach. Die *Inquisition* ist ein Tribunal, das unter allen Regierungen zu verwerfen ist. In der Monarchie kann es nur Heuchler, Denunzianten und Verräter hervorbringen. In der Republik kann es nur unehrliche Leute schaffen. Im despotischen Staat wirkt es zerstörend wie dieser. Es hat lediglich dazu gedient, den Papst um eine der schönsten Perlen seiner Krone – die Vereinigten Niederlande – zu bringen, und hat anderwärts ebenso grausam wie sinnlos eine große Anzahl von Unglücklichen verbrannt.
Dieses schändliche Tribunal, das erfunden wurde, um die Ketzerei auszurotten, ist gerade das, was alle Protestanten am weitesten von der römischen Kirche entfernt; es ist für sie Gegenstand des Abscheus. Sie würden lieber tausend Tode sterben, als sich ihm zu unterwerfen, und die geschwefelten Hemden des Heiligen Offiziums sind das Wahrzeichen, gegen das sie immer zusammenhalten werden. Daher stellen ihre geschicktesten Schriftsteller die Frage, ob die protestantischen Mächte sich nicht gerechterweise verbünden könnten, um für immer eine grausame Gerichtsbarkeit aufzuheben, unter der das Christentum schon so lange stöhnt.

Ohne dieses Problem lösen zu wollen, dürfen wir mit dem Verfasser des *Geistes der Gesetze* wohl behaupten: Wenn irgendeiner unserer Nachkommen zu sagen wagt, im achtzehnten Jahrhundert seien alle Völker Europas gesittet gewesen, so wird man die *Inquisition* anführen, um zu beweisen, daß sie zum großen Teil Barbaren waren; und die Vorstellung, die man daraus gewinnen wird, wird dieses Jahrhundert brandmarken und Haß über jene Nationen bringen, die damals diese abscheuliche Einrichtung noch anerkannten. (Jaucourt.)

Interesse – Intérêt (Moral): Dieses Wort hat in der französischen Sprache sehr viele Bedeutungen. Faßt man es im absoluten Sinne auf, ohne ihm eine unmittelbare Beziehung zu einem *Individuum*, einer *Körperschaft*, einem *Volk* zu geben, so bedeutet es jenes Laster, das uns veranlaßt, unsere Vorteile unter Verachtung der Gerechtigkeit und Tugend zu suchen, und dies ist ein niedriger Ehrgeiz, ist gleichbedeutend mit Habsucht und Geldgier – wie in den folgenden Versen aus der *Jungfrau*:

> Das Interesse, dieser niedrige Erdenkönig,
> der vor einem Geldschrank traurig grübelt,
> liefert den Schwächeren dem Verbrechen des Stärkeren aus.

Sagt man: »Das *Interesse* eines Individuums, einer Körperschaft, einer Nation; mein *Interesse*, das *Interesse* des Staates, sein *Interesse*, ihr *Interesse*«, dann bedeutet dieses Wort das, was dem Staat, der Person, mir usw. zukommt. Dabei sieht man von dem ab, was den anderen zukommt, besonders wenn man das Adjektiv *persönlich* hinzufügt.

In diesem Sinne wird das Wort *Interesse* oft – wenn auch unpassend – statt des Wortes *Eigenliebe* gebraucht. Große Moralisten sind in diesen Fehler verfallen, der keine geringe Quelle von Irrtümern, Streitigkeiten und Beleidigungen ist.

Die Eigenliebe oder der beständige Wunsch nach Wohlbefinden, das Hängen an unserem Sein, ist eine notwendige Wirkung unseres Körperbaus, unseres Instinkts, unserer Empfindungen, unserer Reflexionen: ein Prinzip, das auf unsere Erhaltung abzielt und den Absichten der Natur entspricht, das also im Naturzustand eher tugendhaft als lasterhaft wäre.

Aber der in der Gesellschaft geborene Mensch zieht aus dieser Gesellschaft Vorteile, die er durch Dienste bezahlen muß: Der Mensch hat Pflichten zu erfüllen, Gesetze zu befolgen, die Eigenliebe der anderen zu schonen.
Die Eigenliebe ist also gerecht oder ungerecht, tugendhaft oder lasterhaft, und sie nimmt – je nach den verschiedenen Eigenschaften – verschiedene Bezeichnungen an: *Interesse, persönliches Interesse* usw.
Wenn die Eigenliebe auf übertriebener Selbstachtung und Verachtung der anderen beruht, so heißt sie *Hochmut*. Will sie sich nach außen entfalten und ohne Verdienst die anderen mit sich beschäftigen, so nennt man sie *Eitelkeit*.
In diesen verschiedenen Fällen ist die Eigenliebe ausschweifend, das heißt außer der Ordnung.
Aber diese Eigenliebe kann Leidenschaften einflößen und Vergnügen suchen, die der Ordnung, der Gesellschaft nützen; dann ist sie durchaus kein lasterhaftes Prinzip.
Die Liebe eines Vaters zu seinen Kindern ist eine Tugend, obgleich er sich selbst in ihnen liebt, obgleich die Erinnerung, wie er gewesen ist, und die Voraussicht, wie er sein wird, die hauptsächlichen Beweggründe der Hilfe sind, die er ihnen leistet.
Die dem Vaterland geleisteten Dienste werden immer tugendhafte Handlungen sein, obgleich sie durch den Wunsch nach Erhaltung unseres Wohlbefindens oder durch die Liebe zum Ruhm angeregt worden sind.
Die Freundschaft wird immer eine Tugend sein, obgleich sie nur auf dem Bedürfnis beruht, das eine Seele nach einer anderen Seele hat.
Die leidenschaftliche Liebe zur Ordnung und Gerechtigkeit wird die erste Tugend, der eigentliche Heroismus sein, obgleich sie ihre Quelle in der Selbstliebe hat.
Das sind Wahrheiten, die nur trivial erscheinen und nie bestritten werden sollten; doch im vergangenen Jahrhundert wollte eine Gruppe von Menschen aus der Eigenliebe ein stets lasterhaftes Prinzip machen. So hat Nicole – ausgehend von dieser Idee – zwanzig Bände über Moral geschrieben, die nichts anderes sind als eine Sammlung von methodisch geordneten und plump formulierten Trugschlüssen.
Sogar Pascal – der große Pascal – wollte als Unvollkommenheit jenes Gefühl der Selbstliebe in uns betrachten, das uns Gott ge-

geben hat und das der ewige Antrieb unseres Seins ist. Herr von La Rochefoucauld, der sich präzis und anmutig ausdrückte, schrieb fast in demselben Geist wie Pascal und Nicole; er erkannte uns keine Tugenden mehr zu, weil die Eigenliebe das Prinzip unserer Handlungen ist. Wenn man kein *Interesse* daran hat, die Menschen lasterhaft zu machen, und man nur die Werke liebt, die präzise Ideen enthalten, kann man sein Buch nicht lesen, ohne durch den fast unaufhörlichen Mißbrauch verletzt zu werden, den er mit den Wörtern *Eigenliebe, Hochmut, Interesse* usw. treibt. Dieses Buch hat trotz dieses Fehlers und seiner Widersprüche viel Erfolg gehabt, weil seine Maximen oft in irgendeinem Sinne wahr sind, weil der Mißbrauch der Wörter nur von sehr wenigen Leuten bemerkt worden ist und weil das Buch eben aus Maximen bestand. Die Torheit der Moralisten besteht doch darin, daß sie ihre Ideen verallgemeinern und Maximen aufstellen. Das Publikum liebt die Maximen, weil sie der Faulheit und Anmaßung entgegenkommen; sie bilden oft den Wortschatz der Scharlatane, der dann von den Betrogenen wiederholt wird. Dieses Buch von La Rochefoucauld und das Buch von Pascal, die in den Händen aller Leute waren, haben die französische Öffentlichkeit unmerklich daran gewöhnt, das Wort *Eigenliebe* immer im schlechten Sinne aufzufassen, und erst seit kurzem verbindet eine kleine Schar von Männern nicht mehr zwangsläufig mit diesem Wort die Ideen des Lasters, des Hochmuts usw.

Mylord Shaftesbury wird beschuldigt, er berücksichtige beim Menschen die Eigenliebe überhaupt nicht, weil er die Ordnungsliebe, die Liebe zum sittlich Schönen und das Wohlwollen stets als unsere hauptsächlichen Antriebe bezeichne; doch vergißt man dabei, daß er dieses Wohlwollen, diese Ordnungsliebe und sogar die völlige Selbstaufopferung als Wirkungen unserer Eigenliebe betrachtet. Siehe den Artikel *Ordnung*. Indessen steht fest, daß Mylord Shaftesbury eine Interesselosigkeit fordert, wie es sie nicht geben kann; auch sieht er nicht recht, daß diese edlen Wirkungen der Eigenliebe, der Ordnungsliebe, der Liebe zum sittlich Schönen und des Wohlwollens die Handlungen der in verderbten Gesellschaften lebenden Menschen nur sehr wenig beeinflussen können. Siehe wieder den Artikel *Ordnung*.

Der Verfasser des Buches *Vom Geist* wurde letzthin beschuldigt, er stelle fest, daß es überhaupt keine Tugend gebe, und diesen

Vorwurf machte man ihm nicht, weil er gesagt hatte, die Tugend sei bloß eine Wirkung der menschlichen Konventionen, sondern weil er fast immer das Wort *Interesse* statt des Wortes *Eigenliebe* gebraucht hatte. Man kennt noch nicht recht die Macht der Verbindung der Ideen: wie ein bestimmter Laut notwendig bestimmte Ideen hervorruft; man ist noch gewohnt, mit dem Wort *Interesse* Ideen von Habsucht und Niedrigkeit zu verbinden. Es ruft sie zuweilen noch hervor, wenn man sieht, daß es nur das bedeutet, *was uns zukommt;* doch wenn es diese Ideen nicht hervorriefe, würde es trotzdem nicht dasselbe bedeuten wie das Wort *Eigenliebe*.
In der Gesellschaft ist beim Plaudern der Mißbrauch der Wörter *Eigenliebe, Hochmut, Interesse, Eitelkeit* noch häufiger; man muß einen erstaunlichen Fonds von Gerechtigkeit besitzen, um die Eigenliebe unserer Mitmenschen, die sich nicht vor uns erniedrigen und uns gegenüber irgend etwas bestreiten, nicht als *Eitelkeit, Interesse, Hochmut* zu bezeichnen. (Diderot.)

Intoleranz – Intolérance (Moral): Unter dem Wort *Intoleranz* versteht man im allgemeinen jene schreckliche Leidenschaft, die dazu führt, alle im Irrtum befangenen Menschen zu hassen und zu verfolgen. Aber um zwei grundverschiedene Dinge nicht zu verwechseln, müssen wir zwei Arten der *Intoleranz* unterscheiden: die kirchliche und die staatliche.
Die kirchliche *Intoleranz* besteht darin, jede andere Religion als die, zu der man sich bekennt, für unwahr zu halten und dies überall auszuposaunen, ohne sich von irgendeiner Befürchtung, irgendeiner menschlichen Rücksicht zurückhalten zu lassen, sogar auf die Gefahr hin, das Leben zu verlieren. Es handelt sich aber in unserem Artikel nicht um diesen Heldenmut, der zu allen Zeiten der Kirche so viele Märtyrer hervorgebracht hat.
Die staatliche *Intoleranz* besteht darin, jeden Umgang mit denen abzubrechen, die über Gott und dessen Verehrung anders denken als wir, und sie mit allen möglichen Gewaltmitteln zu verfolgen [...]
Es ist gottlos, dem Gewissen, dem allgemeinen Maßstab für unsere Handlungen, Gesetze auferlegen zu wollen. Man muß es aufklären, darf es aber nicht unterdrücken.

Die Menschen, die sich guten Glaubens irren, sind zu beklagen, niemals aber zu bestrafen.
Man darf weder die Aufrichtigen noch die Unaufrichtigen verfolgen, sondern muß das Urteil über sie Gott überlassen.
Wenn man das Band zu dem zerreißt, den man gottlos nennt, so wird man auch das Band zu dem zerreißen, den man habgierig, schamlos, ehrgeizig, jähzornig, lasterhaft nennt. Man wird auch den anderen zu diesem Bruch raten, und so werden drei oder vier *Intolerante* ausreichen, um die ganze Gesellschaft aufzulösen.
Wenn man dem, der anders denkt als wir, ein Haar krümmen darf, so wird man auch über seinen Kopf verfügen, weil es keine Grenzen für die Ungerechtigkeit gibt. Das Interesse, der Fanatismus, der Augenblick oder die Umstände werden über das Mehr oder Weniger an Unrecht entscheiden, das man sich erlaubt.
Wenn ein ungläubiger Fürst die Sendboten einer *intoleranten* Religion fragte, wie diese mit denen verfährt, die nicht an sie glauben, so müßten sie Abscheulichkeiten eingestehen oder lügen oder ein beschämendes Stillschweigen wahren […]
Welches ist der Weg der Menschlichkeit? Ist es der des Verfolgers, der zuschlägt, oder der des Verfolgten, der sich beklagt?
Wenn ein ungläubiger Fürst einen unbestreitbaren Anspruch auf den Gehorsam seines Untertanen hat, so hat ein ungläubiger Untertan einen unbestreitbaren Anspruch auf den Schutz seines Fürsten. Das ist eine gegenseitige Verpflichtung.
Wenn der Fürst sagt, der ungläubige Untertan sei des Lebens nicht wert, ist dann nicht zu befürchten, daß der Untertan sagt, der ungläubige Fürst sei der Regierung nicht wert? Ihr *Intoleranten*, ihr Blutdürstigen, seht doch die Folgen eurer Prinzipien und erschreckt! Ihr Menschen, die ich liebe, ich habe für euch, was immer eure Gesinnung sei, diese Gedanken gesammelt und beschwöre euch, darüber nachzudenken. Denkt ihr darüber nach, so werdet ihr ein so schreckliches System verwerfen, das weder mit der Aufrichtigkeit des Geistes noch mit der Güte des Herzens im Einklang steht.
Wirkt auf euer Heil hin! Betet für das meinige und glaubt, daß alles andere, was ihr euch herausnehmt, in den Augen Gottes und der Menschen eine abscheuliche Ungerechtigkeit ist. (Diderot.)

Irreligiös – Irreligieux (Grammatik): *Irreligiös* ist, wer keine Religion hat, es den heiligen Dingen gegenüber an Ehrfurcht fehlen läßt, keinen Gott anerkennt und daher die Frömmigkeit und die anderen Tugenden, die mit der Existenz der heiligen Dinge und ihrer Verehrung im Zusammenhang stehen, für sinnlose Wörter hält.

Irreligiös ist man nur innerhalb der Gesellschaft, zu der man gehört; es steht fest, daß man in Paris einem Moslem kein Verbrechen aus seiner Verachtung gegenüber dem Gesetz Mohammeds und in Konstantinopel einem Christen kein Verbrechen aus der Mißachtung seines Kultes machen wird.

Anders verhält es sich mit den moralischen Prinzipien; sie sind überall dieselben. Ihre Nichtbeachtung ist an allen Orten und zu allen Zeiten tadelnswert. Die Völker scheiden sich auf Grund verschiedener Kultur in *religiöse* und *irreligiöse,* je nach dem Ort auf der Erde, zu dem sie wandern oder den sie bewohnen; doch die Moral ist überall dieselbe.

Sie ist das universelle Gesetz, das der Finger Gottes allen Herzen eingeprägt hat.

Sie ist die ewige Vorschrift für die Empfindsamkeit und die allgemeinen Bedürfnisse.

Man darf also Unmoral und Unglaube nicht verwechseln. Die Moral kann ohne Religion bestehen, und die Religion kann mit Unmoral verknüpft sein und ist dies auch häufig.

Auch wenn man seine Blicke nicht über das Leben im Diesseits hinausschweifen läßt, gibt es zahlreiche Gründe, die einem Menschen bei reiflicher Überlegung beweisen können, daß man, um in dieser Welt glücklich zu sein, nichts Besseres tun kann, als tugendhaft zu sein.

Es bedarf nur des Verstandes und der Erfahrung, um zu erkennen, daß es kein Laster gibt, das nicht irgendein Unglück nach sich zieht, und keine Tugend, die nicht von irgendeinem Glück begleitet ist; daß der Böse gewiß nicht gänzlich glücklich, der Gute gewiß nicht gänzlich unglücklich sein kann und daß ihm trotz des Interesses und trotz der Lockung des Augenblicks nur ein Weg zu gehen bleibt.

Von *Irreligion* hat man das Wort *irreligiös* abgeleitet, das in seiner allgemeinen Bedeutung erst sehr selten gebraucht wird. (Diderot.)

Trunksucht – Ivrognerie (Moral): maßlose Begierde nach berauschenden Getränken. Ich gebe zu, daß diese Art der Unmäßigkeit weder lästig noch raffiniert ist. Die Gewohnheitstrinker haben keinen feinen Gaumen: »Sie sind mehr darauf aus, zu schlucken als zu schmecken«, sagt Montaigne; »ihre Absicht ist unverkennbar Völlerei.« Ich gebe sogar zu, daß dieses Laster für das Gewissen weniger belastend ist als viele andere; aber es ist ein stumpfsinniges, rohes, viehisches Laster, das die Fähigkeiten des Geistes stört und den Körper angreift und untergräbt. Es ist gleichgültig, ob man seine Vernunft in Tokaier oder in Landwein ertränkt; dieser Unterschied zwischen dem großen Herrn und dem Schuster macht das Laster nicht weniger schimpflich. Darum verbot Platon, um die Wurzeln dieses Lasters rechtzeitig auszurotten, den Söhnen jedes Standes, vor der Pubertät Wein zu trinken, und er erlaubte ihn im Mannesalter nur bei Festen und Gastmählern; er untersagte ihn auch den Staatsbeamten vor ihrer Beschäftigung mit den öffentlichen Angelegenheiten, und allen Eheleuten in der Nacht, die für die Zeugung von Kindern bestimmt ist.

Es ist jedoch wahr, daß das Altertum dieses Laster nicht allgemein verpönt hat und zuweilen von ihm sogar allzu nachsichtig spricht. Die Sitte, die Nächte zu durchzechen, herrschte bei den Griechen, den Germanen und den Galliern; erst seit ungefähr vierzig Jahren ist unser Adel sonderbarerweise von diesem Brauch etwas abgekommen. Sollten wir uns gebessert haben? Oder sollte es nur daher kommen, daß wir schwächer geworden sind, lieber im Kreis der Frauen verkehren und deshalb jetzt zartfühlender und sinnlicher sind? […]

Der Philosoph muß allerdings die *Trunksucht* des einzelnen von einer gewissen *Trunksucht* des Volkes unterscheiden, die ihren Ursprung in dem Landstrich hat, der allem Anschein nach die Bewohner der nördlichen Länder zum Trinken zwingt. Die *Trunksucht* ist auf der ganzen Erde verbreitet, und zwar stets im Verhältnis zur Kälte und Feuchtigkeit des Klimas. Fahren Sie vom Äquator bis zum Nordpol, so sehen Sie, wie die *Trunksucht* mit den Breitengraden zunimmt; fahren Sie von demselben Äquator zum entgegengesetzten Pol, so sehen Sie die *Trunksucht* auch in der Richtung des Südens zunehmen, genau wie es in nördlicher Richtung der Fall war.

Natürlich wird die *Trunksucht* dort, wo der Wein im Widerspruch zum Klima steht und folglich der Gesundheit schadet, strenger bestraft als in den Ländern, wo sie kaum schädliche Wirkungen für den einzelnen und für die Gesellschaft hat, die Menschen nicht zur Raserei bringt, sondern nur stumpfsinnig macht. So waren die Gesetze, die einen Betrunkenen sowohl wegen des Vergehens, das er sich zuschulden kommen ließ, als auch wegen der Trunkenheit bestraften, nur auf die *Trunksucht* des einzelnen und nicht auf die *Trunksucht* des Volkes anwendbar. In der Schweiz ist die *Trunksucht* nicht verpönt; in Neapel wird sie verabscheut; aber welche von beiden Erscheinungen ist im Grunde mehr zu fürchten: die Unmäßigkeit des Schweizers oder die Zurückhaltung des Italieners?

Doch darf diese Bemerkung uns nicht daran hindern, zu schlußfolgern, daß die *Trunksucht* im allgemeinen und im besonderen immer ein Übel ist, vor dem man sich hüten muß; sie bedeutet einen Verstoß gegen das Naturgesetz, das uns unsere Vernunft zu bewahren heißt; sie ist ein Laster, das durch das Alter nicht gebessert wird und dessen Übermaß uns zugleich die Rüstigkeit und den Geist raubt und dem Körper einen Teil seiner Kräfte entzieht. (Jaucourt.)

Journal – Journal (Literatur): [...] Wir haben jetzt in Frankreich eine Menge von *Journalen;* denn man hat festgestellt, daß es leichter ist, über ein gutes Buch zu berichten, als eine gute Zeile zu schreiben, und so haben viele unfruchtbare Geister sich diesem Gebiet zugewandt [...]

Aus den *Journalen* schöpfen die Vornehmen die erhabenen Kenntnisse, nach denen sie Erzeugnisse auf allen Gebieten beurteilen. Einige dieser Journalisten geben auch in der Provinz den Ton an: Man kauft oder verschmäht ein Buch je nach dem guten oder schlechten Urteil, das sie darüber fällen – ein zuverlässiges Mittel, um in seine Bibliothek fast alle schlechten Bücher aufzunehmen, die erschienen sind und die sie gelobt haben, aber kein einziges von den guten Büchern, die sie zerrissen haben.

Man täte besser daran, sich von der entgegengesetzten Regel leiten zu lassen und alles zu nehmen, was sie herabsetzen, dagegen alles zu verwerfen, was sie hervorheben. Von dieser Regel muß man allerdings die kleine Anzahl jener Journalisten ausnehmen, die mit Aufrichtigkeit urteilen und nicht wie andere das Publikum durch Bosheit und Wut zu fesseln suchen, womit sie die anerkennenswerten Autoren und Werke verunglimpfen und zerfetzen. (Bellin.)

Tagelöhner – Journalier (Grammatik): Arbeiter, der mit seinen eigenen Händen arbeitet und dem man täglich den Tagelohn auszahlt. Diese Gruppe von Menschen bildet den größten Teil einer Nation. Ihr Schicksal soll eine gute Regierung hauptsächlich vor Augen haben. Ist der *Tagelöhner* unglücklich, so ist die Nation unglücklich. (Diderot.)

Häßlichkeit – Laideur: Die *Häßlichkeit* ist das Gegenteil der *Schönheit*. Schönes oder Häßliches gibt es in der moralischen Welt nicht ohne Regeln, in der physischen Welt nicht ohne Beziehungen und in den Künsten nicht ohne Modell. Also gibt es keine Kenntnis des Schönen oder Häßlichen ohne Kenntnis der Regel, ohne Kenntnis des Modells, ohne Kenntnis der Beziehungen und des Endzwecks. Das Notwendige ist in sich weder gut noch schlecht, weder schön noch häßlich; unsere Welt ist also in sich selbst weder gut noch schlecht, weder schön noch häßlich; denn was nicht völlig erkannt ist, kann nicht als gut oder schlecht, schön oder häßlich bezeichnet werden. Nun kennt man aber weder das ganze Weltall noch seinen Zweck; man kann also über seine Vollkommenheit oder seine Unvollkommenheit nichts aussagen. Wird ein unförmiger Marmorblock in sich selbst betrachtet, so bietet er nichts, was zu bewundern oder zu tadeln wäre. Wenn Sie ihn aber auf seine Eigenschaften hin betrachten, wenn Sie ihn in Ihrem Geist zu irgendeinem Gebrauch bestimmen, wenn er unter der Hand des Bildhauers schon irgendeine Form angenommen hat, dann entstehen die Ideen von Schönheit und *Häßlichkeit*. In diesen Ideen liegt nichts Absolutes. Dort steht ein gut gebauter Palast, seine Mauern sind festgefügt, alle seine Teile sind gut miteinander verbunden. Sie nehmen eine Eidechse und setzen sie in einem seiner Gemächer aus; dann wird das Tier, da es kein Loch findet, in das es schlüpfen könnte, diese Wohnung sehr unbequem finden; Schuttmassen würden ihm lieber sein. Nehmen Sie an, ein Mensch sei lahm und bucklig, und fügen Sie zu diesen

Gebrechen noch alle erdenklichen anderen hinzu; dann ist er doch nur im Vergleich mit einem anderen schön oder häßlich, und dieser andere ist auch nur im Verhältnis zu der mehr oder weniger großen Fertigkeit, mit der er seine Lebensfunktionen erfüllt, schön oder häßlich. Ebenso verhält es sich mit den moralischen Eigenschaften. Angenommen, Newton hätte allein auf der Erde gelebt und hätte sich aus eigenen Kräften zu allen jenen Entdeckungen aufschwingen können, die wir ihm zu verdanken haben: welches Zeugnis hätte er sich dann wohl ausstellen können? Gar keines. Er konnte sich nur deshalb als groß bezeichnen, weil die Mitmenschen, die ihn umgaben, klein waren. Eine Sache ist unter zwei verschiedenen Aspekten schön oder häßlich. Betrachten wir die Verschwörung von Venedig im Hinblick auf ihren Anfang, ihre Entwicklung und ihre Werkzeuge, so rufen wir aus: Was für ein Mann ist doch der Graf von Bedmar! Wie groß ist er! Betrachten wir aber dieselbe Verschwörung unter moralischen Gesichtspunkten – im Hinblick auf die Menschlichkeit und die Gerechtigkeit, dann sagen wir: Wie schrecklich ist sie, und wie abscheulich der Graf von Bedmar! (Diderot.)

Leipzig – Leipsic, auch Leipzick oder Leipzig, lat. *Lipsia* (Geographie): reiche und berühmte deutsche Stadt in der Markgrafschaft Meißen, mit einem Schloß, der Pleißenburg, und einer berühmten Universität, die im Jahre 1409 unter dem Kurfürsten Friedrich gegründet wurde; mehrere Herrscher sind deren Rektoren gewesen. *Leipzig* ist ein großer Handelsplatz; die Stadt regiert sich seit dem Jahre 1263 durch eigene Gesetze und ist von dem Kurfürsten von Sachsen abhängig. Bemerkenswert ist sie auf Grund ihrer Messen und wegen der Schlachten, die dort 1630 und 1642 stattgefunden haben. Sie ist in den Kriegen Deutschlands oft Schauplatz großer Ereignisse gewesen. Sie liegt in einer Ebene, in einem fruchtbaren Landstrich zwischen der Saale und der Mulde, am Zusammenfluß der Pleiße, der Elster und der Parthe, 15 Meilen südwestlich von Wittenberg, 15 Meilen nordwestlich von Dresden, 26 Meilen südöstlich von Magdeburg, 100 Meilen nordwestlich von Wien. Längengrad – nach Rivinus, Cassini, Lieutaud und Desplaces – 29° 51′ 30″; Breitengrad 51° 19′ 14″.

Es gibt in Deutschland vielleicht keine Stadt, die so viele Gelehrte hervorgebracht hat wie *Leipzig:* Ich finde unter ihnen sogar mehrere berühmte. Es sind – abgesehen von Leibniz, dem Universalgelehrten – Männer wie Carpzov, Ettmüller, Fabricius, Jungermann, Mencken, Thomasius; denn ich sehe mich auf Grund der Fülle genötigt, mich auf diese Aufzählung zu beschränken, ohne daß mein Schweigen über die anderen das Lob, das sie verdienen, beeinträchtigen könnte.

Die Gelehrtenfamilie Carpzov hat sich durch ihre Werke über Theologie, Literatur und Jurisprudenz ausgezeichnet. Man ist sich darüber einig, daß Benedikt Carpzov, gestorben im Jahre 1666 im Alter von 72 Jahren, der beste Autor auf dem Gebiet der Aufstellung und Anwendung der Gesetze, Urteile und Entscheidungen des deutschen Straf- und Zivilrechts ist.

Die Ettmüller, Vater und Sohn, haben sich in der Medizin hervorgetan. Die oft nachgedruckten Werke des Vaters umfassen sieben Folianten in der Ausgabe zu Neapel im Jahre 1728.

In der Gelehrtenfamilie Fabricius ist zweifellos Johann Albert einer der fleißigsten, gelehrtesten und nützlichsten Schriftsteller des 18. Jahrhunderts. Seine griechische Bibliothek in 14 Quartbänden, seine lateinische Bibliothek in 6 Bänden, seine Hamburger Denkschriften in 8 Oktavbänden, sein Apokryphenkodex des Alten und Neuen Testaments in 6 Oktavbänden sind dafür große und schöne Beweise. Dieser unermüdliche Mann starb im Jahre 1736 im Alter von 68 Jahren.

Auch die Brüder Jungermann haben sich Ehre erworben, der eine in der Botanik, der andere in der Literatur. Ludwig hat unter anderen Werken den *Hortus Eystettensis* herausgegeben. Der Literat Gottfried hat als erster die Kommentare Julius Caesars in griechischer Sprache veröffentlicht. Diese Ausgabe, erschienen in Frankfurt im Jahre 1606, ist von den Wißbegierigen sehr begehrt. Derselbe Gelehrte hat eine lateinische Übersetzung der Hirtengedichte von Longus mit Anmerkungen veröffentlicht.

Der Gelehrtenfamilie Mencken – Vater, Sohn und Enkel – verdanken wir die unter dem Namen *Acta eruditorum* so wohlbekannte Leipziger Zeitschrift; diese *Urkunden der Gelehrsamkeit* sind seit 1683 fortlaufend erschienen und umfassen jetzt fast 100 Quartbände.

In der Gelehrtenfamilie Thomasius hat sich Christian in der Jurisprudenz durch seine Geschichte des Naturrechts, seine Geschichte der Streitigkeiten zwischen Papst und Kaiser sowie durch andere, in deutscher oder lateinischer Sprache geschriebene Werke Ruhm erworben.

Schließlich hätte schon Leibniz allein genügt, um *Leipzig*, seiner Vaterstadt, Ansehen zu verleihen. Dieser berühmte Leibniz – so sagt Voltaire – »starb als Weiser in Hannover am 14. November 1716 im Alter von 70 Jahren; er verehrte wie Newton einen Gott, ohne die Menschen zu befragen. Er war vielleicht der universalste Gelehrte Europas – als Historiker unermüdlich in seinen Forschungen, als Rechtsgelehrter tiefgründig und bestrebt, das Studium des Rechts durch die Philosophie zu erhellen, so fremd diese auch damals dem Rechtsstudium zu sein schien; als Metaphysiker so spitzfindig, daß er die Theologie wieder mit der Metaphysik versöhnen wollte; sogar als lateinischer Dichter, vor allem aber als Mathematiker so stark, daß er dem großen Newton die Erfindung der Infinitesimalrechnung streitig zu machen vermochte und daß man eine Zeitlang zwischen Newton und ihm schwankte.« Siehe über dieses großartige Genie auch das Lob, das ihm Fontenelle in der *Histoire de l'Académie royale des sciences* (Geschichte der königlichen Akademie der Wissenschaften) im Jahre 1716 gespendet hat, und den Artikel *Leibnizianismus*. (Jaucourt.)

Natürliche Freiheit – Liberté naturelle (Naturrecht): Dieses Recht gibt die Natur allen Menschen, damit sie über ihre Person und ihre Güter in der Weise verfügen, die ihrem Urteil nach ihrem Glück am meisten angemessen ist – allerdings mit der Einschränkung, daß sie dieses Recht in den Grenzen des Naturgesetzes anwenden und es nicht zum Schaden der anderen Menschen mißbrauchen. Die natürlichen Gesetze sind also Richtschnur und Maßstab für diese *Freiheit;* denn obwohl die Menschen im primitiven Naturzustand voneinander unabhängig sind, sind sie doch alle abhängig von den natürlichen Gesetzen, von denen sie sich bei ihren Handlungen leiten lassen müssen.

Der erste Zustand, den der Mensch von Natur aus erwirbt und der als das kostbarste aller Güter gilt, die er besitzen kann, ist der Zustand der *Freiheit;* er kann weder gegen einen anderen getauscht noch verkauft werden, noch verlorengehen; denn natürlicherweise werden alle Menschen frei geboren; das heißt, sie sind nicht der Gewalt eines Herrn unterworfen, und niemand hat auf sie ein Eigentumsrecht.

Auf Grund dieses Zustandes haben alle Menschen von Natur aus das Vermögen, zu tun, was ihnen gut erscheint, und nach ihrem Willen über ihre Handlungen und ihre Güter zu verfügen – vorausgesetzt, daß sie nicht den Gesetzen der Regierung zuwiderhandeln, der sie sich unterworfen haben.

Bei den Römern verlor ein Mann seine *natürliche Freiheit*, wenn er in offenem Kampf vom Feind gefangengenommen wurde oder wenn man ihn, um ihn für irgendein Verbrechen zu bestrafen, in den Sklavenstand versetzte. Aber die Christen haben die Sklaverei im Frieden und im Kriege abgeschafft, so daß selbst die Gefangenen, die sie im Krieg gegen die Ungläubigen machen, als freie Menschen gelten und daß jeder, der einen dieser Gefangenen tötete, als Mörder angesehen und bestraft werden würde.

Ja mehr noch: Alle christlichen Mächte waren der Meinung, daß eine Sklaverei, die dem Herrn ein Recht über Leben und Tod seiner Sklaven gäbe, unvereinbar mit der Vollkommenheit wäre, zu der die christliche Religion die Menschen aufruft. Warum aber waren die christlichen Mächte nicht auch der Meinung, daß ebendiese Religion, unabhängig vom Naturrecht, Einspruch gegen die Negersklaverei erheben sollte? Nun, weil sie Neger für ihre Kolonien, ihre Plantagen und ihre Bergwerke brauchten! *Auri sacra fames.*[1] (Jaucourt.)

Denkfreiheit – Liberté de penser (Moral): Das Wort *Denkfreiheit* hat zwei Bedeutungen: eine allgemeine und eine begrenzte. Im ersten Fall bedeutet es jene großartige Fähigkeit des Geistes, die unsere Überzeugung einzig und allein an die Wahrheit knüpft. Im zweiten Fall drückt es nur die Wirkung aus, die man nach Ansicht der Freigeister von einer freien und genauen Prüfung erwarten kann, das heißt die Unüberzeugtheit. So lobenswert das eine ist und soviel Beifall es verdient, so tadelnswert ist das andere und verdient daher, bekämpft zu werden. Die wahre *Denkfreiheit* schützt den Geist vor Vorurteilen und

---

1 Verabscheuenswert der Hunger nach Gold.

Voreiligkeit. Unter der Leitung jener weisen Minerva stimmt sie den Lehren, die man ihr vorschlägt, nur in dem Maße zu, als sie wahrscheinlich sind. Sie glaubt entschieden denen, die evident sind; sie reiht die übrigen, die nicht evident sind, unter die Wahrscheinlichkeiten ein; es gibt allerdings auch Lehren, bei denen sie ihren Glauben in der Schwebe läßt; aber wenn das Wunderbare hinzukommt, wird sie weniger gläubig; sie beginnt dann zu zweifeln und mißtraut den Lockungen der Illusion. Mit einem Wort: Sie schenkt dem Wunderbaren erst Glauben, wenn sie sich gegen den allzu starken Hang, der uns zum Wunderbaren hinzieht, gut gewappnet hat. Sie sammelt vor allem ihre ganzen Kräfte gegen die Vorurteile, die uns die Erziehung in unserer Jugend in bezug auf die Religion annehmen ließ, denn das sind die Vorurteile, von denen wir uns am schwierigsten frei machen; es bleibt immer eine Spur davon zurück, oft auch dann noch, wenn wir uns davon weit entfernt haben. Da wir es müde sind, auf uns selbst angewiesen zu sein, setzt uns ein Einfluß zu, der stärker ist als wir, und veranlaßt uns, zu den Vorurteilen zurückzukehren. Wir wechseln die Mode und die Ausdrucksweise; es gibt tausend Dinge, bei denen wir uns unmerklich daran gewöhnen, anders über sie zu denken als in unserer Kindheit; unsere Vernunft läßt sich gern dazu herbei, solche neuen Formen aufzugreifen; aber die Ideen, die sie sich über die Religion gebildet hat, haben für sie etwas Ehrwürdiges; selten wagt sie, diese Ideen zu prüfen, und der Eindruck, den jene Vorurteile auf den Menschen gemacht haben, als er noch Kind war, stirbt gewöhnlich erst mit ihm selbst. Man muß sich darüber nicht wundern; die Bedeutung der Sache sowie das Beispiel unserer Eltern, die wir wirklich davon überzeugt sehen, sind mehr als ausreichende Gründe, um sie tief in unserem Herzen einzugraben, so daß es schwer ist, sie später auszulöschen. Die ersten Zeichen, die ihre Hände unserer Seele einprägen, hinterlassen immer tiefe und bleibende Eindrücke; unser Aberglaube ist so groß, daß wir Gott zu ehren glauben, wenn wir unserer Vernunft Fesseln anlegen; wir befürchten, uns vor uns selbst zu entlarven und uns im Irrtum befangen zu sehen, als ob die Wahrheit zu fürchten hätte, in hellem Licht zu erscheinen […] (Abbé Mallet.)

Lotterie – Loterie (Spiel): Dieses Spiel wird so genannt, weil eine gewisse Ähnlichkeit in der Art und Weise besteht, wie man spielt und wie man ein Los zieht; es ist übrigens ein recht ergötzliches und beliebtes Gesellschaftsspiel. Schön ist es nur, wenn viele Leute mitspielen; doch muß man dabei wenigstens zu viert sein. Man nimmt zwei vollzählige Kartenspiele; das eine ist für die Lose und das andere für die Belege. Siehe auch die Artikel *Lose* und *Belege*. Wenn man sich über die Zahl der Spielmarken, die jeder vor sich hinlegen muß, ihren Wert und andere das Spiel oder die Spieler betreffende Dinge einig geworden ist, nehmen zwei Spieler (und zwar die erstbesten, denn es liegt bei diesem Spiel kein Vorteil darin, der erste oder der letzte zu sein) je ein Kartenspiel; und nachdem sie die Karten gemischt und die links neben ihnen Sitzenden haben abheben lassen, legt der eine von beiden vor jeden Spieler eine Karte, die mit der Rückseite nach oben liegen muß. Wenn alle diese Karten auf dem Tisch entsprechend verteilt sind, legt jeder Spieler so viele Spielmarken, wie er für richtig hält, auf die vor ihm liegende Karte und achtet darauf, daß die Spielmarken an Zahl ungleich sind. Sind die Lose auf solche Weise festgelegt, dann gibt der Spieler, der das andere Kartenspiel hat, jedem eine Karte. Dreht man nun die Lose um, so sieht jeder Spieler, ob seine Karte gleich irgendeinem der Lose ist, das heißt, ob er als Beleg einen Herzbuben, eine Karodame usw. hat; und falls irgendeines der Lose nun eine Karodame oder ein Herzbube ist, gewinnt das Los und so fort. Die Lose, die nicht gezogen worden sind, werden in den Fonds der *Lotterie* zurückgelegt, um beim nächsten Mal gezogen zu werden, und so spielt man weiter, bis der Fonds der *Lotterie* erschöpft ist. Vergleiche die Artikel *Lose* und *Belege*.

Wenn die Partie sich zu sehr in die Länge zieht, verdoppelt oder verdreifacht man die Belege, die man jedem gibt, aber immer nacheinander: Der hohe Wert der Lose verkürzt schnell die Partie. (Jaucourt.)

Mansfelder Gestein – Mansfeld, Pierre de (Naturgeschichte) So nennt man in Deutschland eine Art Schiefer oder blauschwarzes blättriges Gestein, das sich in der Nähe der Stadt Eisleben in der Grafschaft *Mansfeld* findet. Man sieht in ihm ganz deutlich die Abdrücke verschiedener Arten von Fischen, von denen einige mit glänzenden gelben Körnern bedeckt sind, die nichts anderes sind als gelber Pyrit oder Kupferkies; andere sind von reinem Kupfer bedeckt. Dieses Gestein ist echtes Kupfererz, aus dem man in den umliegenden Gießereien erfolgreich dieses Metall gewinnt; man hat auch festgestellt, daß dieses Kupfer etwas Silber enthält.

Man bemerkt, daß fast alle Fische, deren Abdrücke in dieses Gestein geprägt sind, verkrümmt sind – was einige Autoren annehmen läßt, daß sie nicht nur von irgendeiner Umwälzung der Erde begraben, sondern auch vom unterirdischen Feuer verbrüht worden sind. (D'Holbach.)

Trübsal – Mélancolie religieuse (Theologie): Traurigkeit, die aus der falschen Idee entspringt, daß die Religion auch die harmlosen Vergnügen verbiete und den Menschen, um sie zu erlösen, nur Fasten, Tränen und innere Zerknirschung gebiete.

Diese Traurigkeit ist zugleich eine Krankheit des Körpers und des Geistes, die von einer Störung der menschlichen Maschine, von trügerischen und abergläubischen Befürchtungen, unbegründeten Gewissensbissen und falschen Vorstellungen herrührt, die man sich von der Religion macht.

Wer von dieser schrecklichen Krankheit befallen ist, betrachtet die Fröhlichkeit als das Los der Verworfenen, harmlose Vergnügungen als Beleidigungen des göttlichen Wesens und die rechtmäßigsten Annehmlichkeiten des Lebens als weltliche Hoffart, die dem ewigen Heil diametral entgegengesetzt ist.

Man sieht dennoch, daß so viele Personen von hervorragendem Verdienst von diesen Irrtümern verblendet sind und daß sie deshalb größtes Mitleid und hilfreiche Fürsorge verdienen, die ihnen die ebenso aufgeklärten wie tugendhaften Menschen angedeihen lassen müssen, um sie von Anschauungen zu heilen, die der Wahrheit, der Vernunft, dem Stand des Menschen, seinem Wesen und dem Glück seines Daseins widersprechen.

Die Gesundheit, die uns so teuer ist, besteht doch in der Ausübung der Tätigkeiten, für die wir geschaffen sind und die wir mit Leichtigkeit, Beständigkeit und Vergnügen auszuüben vermögen; es heißt diese Leichtigkeit, diese Beständigkeit, diese Freude zerstören, wenn man seinen Körper durch einen Lebenswandel schwächt, der ihn untergräbt. Die Tugend soll nicht aufgeboten werden, um die Neigungen auszurotten, sondern um sie zu lenken. Die Kontemplation des höchsten Wesens und die Erfüllung der Pflichten, deren wir fähig sind, führen nicht etwa dazu, die Freude aus unserer Seele zu verbannen, sondern sie sind unerschöpfliche Quellen der Zufriedenheit und Heiterkeit. Kurz gesagt: Diejenigen, die sich von der Religion eine andere Idee bilden, gleichen den Kundschaftern, die Moses aussandte, um das Gelobte Land zu entdecken, und die durch ihre falschen Berichte dem Volk den Mut nahmen, es zu betreten. Diejenigen, die uns zeigen, welche Freude und welche Ruhe aus der Tugend entspringen, gleichen dagegen den Kundschaftern, die köstliche Früchte mitbrachten, um das Volk zu bewegen, in jenem zauberhaften Land zu leben, das sie hervorgebracht hatte. (Diderot.)

Metallurgie – Métallurgie (Chemie): So nennt man den Teil der Chemie, der sich mit der Bearbeitung der Metalle und mit den Mitteln beschäftigt, die angewendet werden, um sie von den Substanzen zu trennen, mit denen sie im Innern der Erde vermengt und verbunden sind, und sie in jenen Zustand der Reinheit zu bringen, der notwendig ist, um sie für verschiedene Zwecke des Lebens verwenden zu können.

Wenn uns die Natur die Metalle immer ganz rein und von Fremdkörpern frei schenkte, so daß sie sich leicht dehnen und hämmern ließen, dann wäre nichts einfacher als die *Metallurgie;* diese Kunst würde sich dann darauf beschränken, die Metalle der Wirkung des Feuers auszusetzen, um sie zu schmelzen und in die Form zu bringen, die man für zweckmäßig hält. Aber das ist nicht so, denn man findet im Innern der Erde sehr selten reine Metalle; und wenn man solche findet, sind sie gewöhnlich in Splitter verstreut und mit Erden oder Gesteinen verbunden, von denen man sie zunächst trennen muß, bevor man aus ihnen Blöcke von entsprechender Größe für die Zwecke machen kann, zu denen man sie bestimmt.

Der Zustand, in dem man die Metalle am häufigsten findet, ist die Erzader; dann sind sie mit Schwefel, mit Arsen oder mit beiden zugleich verbunden. Oft sind in diesem Zustand auch mehrere Metalle miteinander verbunden, und alle diese Verbindungen sind so stark, daß nur die Wirkung des Feuers, das in verschiedener Weise angewendet wird, sie zerstören kann. Hinzu kommt, daß jene Erzadern, die Metalle enthalten, in Felsen und Erdschichten eingesprengt sind, von denen man sie ebenfalls erst trennen muß, ehe man sie der Wirkung des Feuers aussetzt. Alle diese verschiedenen Gesichtspunkte haben zu unendlich vielen unterschiedlichen Arbeitsgängen geführt, deren Kenntnis *Metallurgie* heißt […] (D'Holbach.)

Metaphysik – Métaphysique: Das ist die Wissenschaft von den Vernunftgründen der Dinge. Alles hat seine *Metaphysik* und seine Praxis: Die Praxis ohne den Vernunftgrund für die Praxis und der Vernunftgrund ohne praktische Betätigung bilden nur eine unvollkommene Wissenschaft. Befragen Sie einen Maler, einen Dichter, einen Musiker, einen Mathematiker und zwingen Sie ihn, Ihnen Aufschluß über seine Tätigkeit zu geben, das heißt, zur *Metaphysik* seiner Kunst zu kommen. Wenn man den Gegenstand *der Metaphysik* auf sinnlose abstrakte Betrachtungen über Zeit, Raum, Materie und Geist beschränkt, so ist sie eine verachtenswerte Wissenschaft; aber wenn man sie unter ihrem wahren Gesichtspunkt betrachtet, so ist das etwas anderes. Nur die, welche nicht genügend Scharfsinn besitzen, sprechen schlecht von ihr. (Diderot.)

Methode – Méthode (Logik): Die *Methode* ist die Ordnung, die man einhält, um die Wahrheit zu finden oder um sie zu lehren. Die *Methode*, die Wahrheit zu finden, heißt *Analyse*, und die *Methode*, sie zu lehren, *Synthese*. Man muß auch diese beiden Artikel zu Rate ziehen.
Die *Methode* ist für alle Wissenschaften wichtig, vor allem aber für die Philosophie. Sie verlangt folgendes: 1. Die Fachausdrücke müssen genau definiert sein, denn von der Bedeutung der Fachausdrücke hängt die Bedeutung der Sätze und von der Bedeutung der Sätze der Beweis ab. Es ist evident, daß man eine These nicht beweisen kann, bevor ihre Bedeutung festgelegt ist. Das Ziel der Philosophie ist die Gewißheit: Es ist aber unmöglich, zu ihr zu gelangen, solange man über unbestimmte Fachausdrücke nachdenkt. 2. Alle Prinzipien müssen hinlänglich bewiesen

sein; denn jede Wissenschaft beruht auf bestimmten Prinzipien. Die Philosophie ist eine Wissenschaft, folglich hat sie Prinzipien. Von der Gewißheit und Evidenz dieser Prinzipien hängt die Realität der Philosophie ab. Führt man in die Philosophie zweifelhafte Prinzipien ein und läßt sie auch in die Beweisführung eingehen, so verzichtet man auf die Gewißheit. Alle Konsequenzen haben zwangsläufig eine gewisse Ähnlichkeit mit dem Prinzip, aus dem sie sich ergeben. Aus Ungewissem kann nur Ungewisses entspringen, und der Irrtum ist immer der Nährboden anderer Irrtümer. Nichts ist also für die vernünftige *Methode* wichtiger als der Beweis der Prinzipien. 3. Alle Sätze ergeben sich vermittels einer richtigen Folgerung aus bewiesenen Prinzipien: Man darf in die Beweisführung keinen Satz einfließen lassen – es sei denn, er gehöre zu den Axiomen –, der nicht durch die vorausgegangenen Sätze bewiesen und folglich ein notwendiges Ergebnis derselben ist. Es ist die Logik, die uns lehrt, uns von der Gültigkeit der Konsequenzen zu überzeugen. 4. Die Fachausdrücke, die später eingeführt werden, müssen sich aus den vorausgegangenen erklären. Es sind zwei Fälle möglich: Entweder bringt man Fachausdrücke vor, ohne sie zu erklären, oder man erklärt sie nachträglich. Der erste Fall verstößt gegen die Grundregel der *Methode;* der zweite wird von ihr verurteilt. Einen Fachausdruck gebrauchen und seine Erklärung auf später verschieben heißt absichtlich den Leser verwirren und ihn in der Ungewißheit lassen, bis er die gewünschte Erklärung gefunden hat. 5. Die Sätze, die folgen, müssen durch die vorausgegangenen bewiesen sein. Man kann darüber die folgende Überlegung anstellen: Setzt man Ihnen Sätze vor, für die sich der Beweis nirgends findet, dann ist Ihre Beweisführung ein Luftschloß. Verschiebt man den Beweis dieser Sätze auf später, so errichten Sie ein unregelmäßiges und unzweckmäßiges Gebäude. Die wahre Ordnung der Sätze besteht nämlich darin, sie miteinander zu verknüpfen und auseinander hervorgehen zu lassen, damit die vorausgehenden Sätze zum Verständnis der folgenden dienen: Das ist genau die Ordnung, die unsere Seele bei der Erweiterung ihrer Kenntnisse einhält. 6. Die Bedingung, unter der das Attribut dem Subjekt angemessen ist, muß genau festgelegt sein; denn das Ziel und die ständige Aufgabe der Philosophie ist, Aufschluß über die Existenz der möglichen Dinge zu geben und zu erklären, warum dieser Satz bejaht und jener andere verneint werden muß. Da der Aufschluß darüber aber entweder in der Definition des Subjekts selbst oder in irgendeiner ihm beigeordneten Bedingung enthalten ist, so obliegt es dem Philosophen, zu zeigen, warum das Attribut dem Subjekt angemessen ist, sei es kraft seiner Definition, sei es wegen irgendeiner Bedingung; und in letzterem Fall muß die Bedingung genau festgelegt sein. Ohne diese Vorsicht bleiben Sie im unklaren und wissen nicht, ob das Attribut jederzeit und ohne jede Bedingung dem Subjekt angemessen ist oder ob die Existenz des Attributs irgendeine Bedingung voraussetzt und worin diese besteht. 7. Die Wahrscheinlichkeiten sollen nur als solche ausgegeben werden und folglich die Hypothesen nicht an die Stelle der Thesen treten. Wäre die Philosophie bloß auf Sätze von unbestreitbarer Gewißheit beschränkt, so wäre sie in allzu engen Grenzen eingeschlossen. Darum ist es gut, daß sie auch verschiedene offensichtliche Mutmaßungen mit einbezieht, die der Wahrheit mehr oder weniger nahekommen und die ihren Platz einnehmen in der Erwartung, daß man die Wahrheit findet: Das ist das, was man *Hypothesen* nennt. Aber wenn man sie zuläßt, ist es wichtig, sie nur für das auszugeben, was sie sind, und aus ihnen niemals eine Folgerung zu ziehen, um sie dann als einen gewissen Satz hinzustellen. Die Gefahr der Hypothesen kommt nur daher, daß man sie als Thesen hinstellt; aber solange sie sozusagen die Grenzen ihres Standes nicht überschreiten, sind sie in der Philosophie sehr nützlich [...] (Diderot [?].)

Handwerk – Métier (Grammatik): Man gibt diesen Namen jedem Beruf, der den Gebrauch der Arme erfordert und der sich auf eine bestimmte Anzahl mechanischer Tätigkeiten beschränkt, die ein und dasselbe Werkstück, das der Arbeiter immer wieder herstellt, zum Ziel haben. Ich weiß nicht, warum man mit diesem Wort eine geringschätzige Idee verbindet; denn von den *Handwerken* erhalten wir doch alle notwendigen Dinge des Lebens. Wer sich die Mühe macht, durch die Werkstätten zu gehen, sieht dort überall die Nützlichkeit mit den überzeugendsten Beweisen für Scharfsinn verknüpft. Das Altertum machte Götter aus denen, die *Handwerke* erfanden; die späteren Zeiten zogen die, welche sie vervollkommnet haben, in den Schmutz. Ich überlasse es denen, denen irgendein Gerechtigkeitsprinzip innewohnt, zu entscheiden, ob uns Vernunft oder Vorurteile veranlaßt haben, mit scheelem Blick so bedeutende Männer zu betrachten. Der Dichter, der Philosoph, der Redner, der Minister, der Krieger, der Held liefen nackt herum und hätten kein Brot, wenn nicht jener Handwerker wäre, den sie zum Gegenstand ihrer schrecklichen Verachtung machen […] (Jaucourt.)

Elend – Misérable (Grammatik) ist jener, der sich im Unglück, in Not, im Leid, im Elend, kurz in irgendeiner Lage befindet, die ihm das Dasein zur Last macht, obgleich er sich vielleicht nicht das Leben nehmen möchte und auch nicht wollte, daß es ihm ein anderer nimmt. Aberglaube und Despotismus erfüllen heute wie zu allen Zeiten die Erde mit *Elenden*. Das Wort wird auch noch in anderen Bedeutungen gebraucht; man sagt ein *elender* Autor, ein *elender* Scherz, zwei *elende Pferde*, ein *elendes* Vorurteil. (Jaucourt.)

Elend – Misère (Grammatik): Das ist die Lage des *elenden* Menschen.
Es gibt nur wenige Seelen, die so stark sind, daß sie nicht schließlich durch das *Elend* gebeugt und erniedrigt werden. Das niedrige Volk ist unglaublich einfältig. Ich weiß nicht, welches Blendwerk es die Augen vor seinem gegenwärtigen *Elend* und dem noch größeren *Elend* schließen läßt, das es im Alter zu erwarten hat. Das *Elend* ist die Mutter der großen Verbrechen; es sind die Herrscher, die so viele Menschen elend machen und die sich in unserer und in der anderen Welt wegen der Verbrechen, die das *Elend* begangen hat, zu verantworten haben. Man sagt in einer ganz anderen Bedeutung: »Das ist ein *Elend*«, um etwas Nichtiges zu sagen. In der eigentlichen Bedeutung aber sagt man: »Es ist ein *Elend*, daß man es mit Vertretern des Gesetzes und mit Priestern zu tun hat.« (Diderot [?].)

Mode – Mode (Künste): Brauch, Sitte, Art und Weise, sich zu kleiden oder sich schönzumachen, kurz alles, was zu Schmuck und Prunk dient. So kann die *Mode* politisch und philosophisch betrachtet werden.

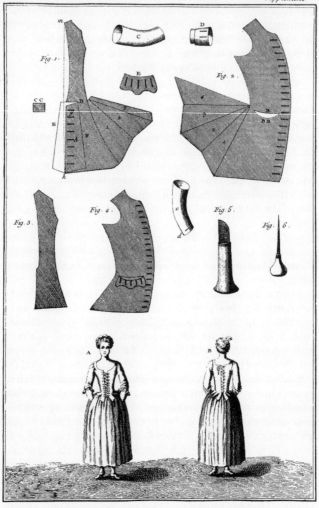

Tailleur d'Habits et de Corps.

Schneiderei: Herstellung von Damenbekleidung

Obwohl das Verlangen, mehr zu gefallen als die anderen, den Schmuck hervorgebracht hat, obwohl das Verlangen, mehr zu gefallen, als man an sich gefällt, die *Moden* geschaffen hat und obwohl diese schließlich aus dem Leichtsinn entspringen, sind sie doch ein bedeutender Gegenstand, dank welchem ein den Luxus fördernder Staat die Zweige seines Handels unaufhörlich erweitern kann. Diesen Vorteil haben die Franzosen gegenüber mehreren anderen Völkern. Schon im sechzehnten Jahrhundert begannen ihre *Moden* sich auf die Höfe Deutschlands, Englands und der Lombardei zu übertragen. Die italienischen Historiker beklagten sich, daß man sich in ihrem Lande nach dem Durchzug Karls VIII. mit Vorliebe französisch kleidete und aus Frankreich alles kommen ließ, was zum Schmuck diente. Lord Bolingbroke berichtet, daß zur Zeit Colberts die Gegenstände, Verrücktheiten und Frivolitäten des französischen Luxus England im Jahr fünf- bis sechshunderttausend Pfund Sterling kosteten, das heißt mehr als elf Millionen in unserem heutigen Geld, und die anderen Nationen fast ebensoviel.

Ich lobe den Gewerbefleiß eines Volkes, das darauf ausgeht, für seine Sitten und seinen Zierat andere zahlen zu lassen; aber ich beklage es, sagt Montaigne, wenn es sich von der Macht der heutigen *Mode* so leicht täuschen und blenden läßt, daß es fähig ist, jeden Monat seine Anschauung und seine Meinung zu ändern, sobald dies der *Mode* gefällt, und wenn es so verschieden über sich selbst urteilt. Als es das Blankscheit seines Wamses auf der Brust trug, behauptete es mit vollem Recht, daß es an seinem richtigen Platz wäre. Einige Jahre danach läßt es das Blankscheit bis zu den Schenkeln herabrutschen, macht sich über jede andere *Mode* lustig und findet sie albern und unausstehlich. Die heutige *Mode* veranlaßt das Volk, die überlebte unbedingt zu verurteilen, und zwar so entschlossen und einmütig, daß daraus eine Art Manie wird, die ihm den Kopf verdreht.

Es ist allerdings verkehrt, sich gegen diese oder jene *Mode* zu ereifern, die doch, so wunderlich sie auch sein mag, schmückt und schönmacht, solange sie dauert, und aus der man den größten Vorteil zieht, den man erhoffen kann, nämlich den, zu gefallen. Man sollte sich nur über die Unbeständigkeit und den Leichtsinn der Menschen wundern, die kurz nacheinander die verschiedensten Dinge schmuck und gefällig finden und die das, was ihnen als würdiger Schmuck gedient hat, für das Komische

und für die Maskerade verwenden. Eine Narrheit, die unsere Engstirnigkeit verrät, ist aber die Unterwerfung unter die *Mode,* wenn man sie auch auf das ausdehnt, was den Geschmack, die Lebensweise, die Gesundheit, das Gewissen, den Geist und die Kenntnisse betrifft [...]
Das ist nämlich das wahre Reich der Veränderung und der Willkür. Die *Moden* heben sich gegenseitig auf und lösen einander zuweilen ohne den geringsten Anschein von Vernunft ab, denn das Verrückte wird meistens den schönsten Dingen nur deshalb vorgezogen, weil es neuartig ist. Erscheint bei uns ein scheußliches Tier, so lassen die Frauen es sogleich aus seinem Stall auf ihre Köpfe befördern. Alle Teile ihrer Kleidung nehmen seinen Namen an, und es gibt keine vornehme Dame, die nicht drei oder vier Rhinozeroshäute auf ihrem Leibe trüge; ein andermal läuft man in alle Geschäfte, um irgendeinen Kopfputz zu kaufen, eine Mütze aus Kaninchenfell, einen duftigen Hut, eine Liebeshaube, eine kometenförmige Haube. Was man auch immer über den schnellen Wechsel der *Moden* sagen mag, so hat doch die letzte einen ganzen Frühling gedauert, und ich habe einige jener Leute, die Betrachtungen über alles anstellen, sagen hören, daß nichts allzu Außergewöhnliches an dem zur Zeit herrschenden Geschmack sei, von dem diese *Mode* doch eine gewisse Vorstellung vermittelt. Eine Aufzählung aller vergangenen und zur Zeit nur in Frankreich herrschenden *Moden* könnte ohne Übertreibung die Hälfte aller Bände füllen, die wir angekündigt haben, und gingen wir auch nur sieben oder acht Jahrhunderte zu unseren Vorfahren zurück, die doch in jeder Hinsicht viel nüchterner dachten als wir. (Jaucourt.)

Eingeschränkte Monarchie – Monarchie limitée (Regierungsform): eine Art der *Monarchie,* in der die drei Gewalten so eng miteinander verknüpft sind, daß sie einander die Waage halten und als Gegengewichte dienen. Die *eingeschränkte Erbmonarchie* scheint die beste Form der *Monarchie* zu sein, weil in ihr – ganz abgesehen von ihrer Stabilität – die gesetzgebende Körperschaft aus zwei Teilen besteht, von denen der eine den anderen durch ihre wechselseitige Fähigkeit, etwas zu verhindern, zügeln kann und weil beide durch die vollziehende Gewalt, die ihrerseits durch die gesetzgebende in Schranken gehalten wird, gebunden sind. So sieht die Regierung in England aus, deren stets beschnittene, stets blutende Wurzeln im Laufe der Jahrhunderte zum Erstaunen der anderen Nationen die stets gleichbleibende Mischung von Freiheit und Königsmacht hervorgebracht haben. In den anderen europäischen *Monarchien*, die wir kennen, sind die drei Gewalten nicht auf solche Weise miteinander verknüpft; jede von ihnen hat eine besondere Bestimmung, derzufolge sie der politischen Freiheit mehr oder weniger nahekommt. Sosehr man in Schweden diesen kostbaren Vorteil zu genießen scheint, so weit ist man von ihm in Dänemark entfernt. Die russische *Monarchie* aber ist reiner Despotismus. (Jaucourt.)

Monopol – Monopole (Jurisprudenz): Das ist der unerlaubte und schändliche Handel, den derjenige treibt, der sich zum alleinigen Besitzer einer Ware macht, um ihr alleiniger Verkäufer zu werden und sie so hoch zu veranschlagen, wie ihn gutdünkt, oder der sich Freibriefe des Fürsten erschleicht, damit er allein befugt sei, mit einer bestimmten Ware Handel zu treiben. Schließlich spricht man auch von Monopol, wenn sich alle Kaufleute derselben Körperschaft einig sind, den Preis der Waren nach oben zu treiben oder irgendeine Änderung an ihm vorzunehmen […] (Boucher d'Argis.)

Mosaische und christliche Philosophie – Mosaïque et chrétienne philosophie (Geschichte der Philosophie): Skeptizismus und Leichtgläubigkeit sind zwei Übel, die eines denkenden Menschen gleichermaßen unwürdig sind. Weil es Unwahres gibt, ist doch nicht alles unwahr, und weil es Wahres gibt, ist doch nicht alles wahr. Der Philosoph bestreitet oder anerkennt nichts ohne Prüfung; er hat zu seiner Vernunft ein berechtigtes Vertrauen; er weiß aus Erfahrung, daß die Erforschung der Wahrheit mühsam ist, aber er hält sie nicht für unmöglich, er wagt bis zum Boden seines Brunnens hinabzusteigen, während der mißtrauische oder kleinmütige Mensch sich nur über den Rand des Brunnens beugt, von dort aus urteilt und sich täuscht – sei 's, daß er behauptet, er sehe trotz der Entfernung und der Dunkelheit den Boden, sei 's, daß er erklärt, daß dort unten nichts sei. Daher jene unglaubliche Menge verschiedener Meinungen; daher der Zweifel; daher die Verachtung der Vernunft und der Philosophie; daher die angebliche Notwendigkeit, zur Offenbarung als der einzigen Fackel, die uns in den Naturwissenschaften und in den Moralwissenschaften leuchten könne, Zuflucht zu nehmen; daher die abscheuliche Vermengung der Theologie und der Systeme – eine Vermengung, welche die Religion und die Philosophie endgültig in Verruf gebracht hat: die Religion, indem sie diese der Diskussion unterwarf, und die Philosophie, indem sie diese dem Glauben unterwarf. Man räsonierte, wenn man glauben mußte, und man glaubte, wenn man räsonieren mußte; und man sah in einem einzigen Augenblick eine Menge schlechter Christen und schlechter Philosophen entstehen. Die Natur ist das einzige Buch des Philosophen; die Heilige Schrift ist das einzige Buch des Theologen. Sie haben jeder ihre besondere Argumentation. Die Autorität der Kirche, der Tradition, der Kirchenväter, der Offenbarung bestimmt die eine; die andere erkennt nur das Experiment und die Beobachtung als Führer an: Beide machen von ihrer Vernunft Gebrauch, aber in einer besonderen und unterschiedlichen Art und Weise, die man nicht ohne Nachteil für die Fortschritte des menschlichen Geistes und nicht ohne Gefahr für den Glauben verwechselt. Das verstanden diejenigen nicht, die sich von der sektiererischen Philosophie und dem Pyrrhonismus abgestoßen fühlten und die sich über die Naturwissenschaften aus den Quellen unterrichten wollten, aus denen man bis dahin die alleinseligmachende Wissenschaft geschöpft hatte. Die einen hielten sich gewissenhaft an den Wortlaut der Schriften, die andern verglichen die Aussage des Moses mit den Phänomenen, erblickten dabei durchaus nicht die Übereinstimmung, die sie sich gewünscht hätten, und verirrten sich in allegorischen Erklärungen. So kam es, daß es keine Absurditäten gab, die erstere nicht verteidigt hätten, und keine Entdeckungen, welche die anderen nicht in demselben Werk gemacht hätten […] (Diderot.)

Neger – Nègres (Handel): Die Europäer treiben seit einigen Jahrhunderten Handel mit den *Negern,* die sie aus Guinea und von anderen Küsten Afrikas beziehen, um die Kolonien zu erhalten, die sie in mehreren Gegenden Amerikas und auf den Antillen gegründet haben. Man versucht das Abscheuliche dieses Handels, der im Widerspruch zum Naturrecht steht, damit zu rechtfertigen, daß man behauptet, diese Sklaven fänden beim Verlust ihrer Freiheit ihr Seelenheil, und die christliche Lehre, die man ihnen vermittelt, sowie der dringende Bedarf an *Negern* für den Anbau von Zuckerrohr, Tabak, Indigo usw. mildere, was so unmenschlich an einem Handel erscheint, bei dem Menschen andere kaufen und verkaufen, wie man Tiere für die Bestellung der Felder kauft und verkauft […] (Le Romain.)

Neologisch – Néologique: alles, was sich auf *Neologismus* bezieht. Siehe den entsprechenden Artikel. Der berühmte Abbé Desfontaines veröffentlichte im Jahre 1726 ein *neologisches* Wörterbuch, das heißt ein alphabetisches Verzeichnis neuer Wörter, ungewöhnlicher Ausdrücke, nicht eingebürgerter Redensarten, die er in den berühmtesten modernen Werken gefunden hatte, die seit etwa einem Jahrzehnt erschienen waren. Als Anhang dieses Wörterbuchs folgt die historische Lobrede auf den Narren Phoebus, ein sinnreicher Scherz, bei dem jener Kritiker die meisten der neuen Ausdrücke verwendet, die vorher Gegenstand seiner Kritik waren: Die geistreiche Wendung, die er seinen Ausdrücken gibt, macht das Fehlerhafte deutlicher, und das Lächerliche, das er ihnen durch ihre Häufung verleiht, hat nicht wenig dazu beigetragen, sehr viele Schriftsteller zur Vorsicht anzuhalten – Autoren, die sonst wahrscheinlich dem Beispiel jener gefolgt wären, die dieses ironische Lob als tadelnswert gekennzeichnet hatten.

Ich glaube, es wäre von Nutzen, alle fünfzig Jahre das *neologische* Wörterbuch des letzten halben Jahrhunderts herauszugeben. Da diese periodische Kritik die Kühnheit der *Neologen* tadeln würde, könnte sie dem Verfall der Sprache, der gewöhnlich nur die Folge eines unmerklichen Anstiegs von *Neologismen* ist, Einhalt gebieten; außerdem würde die Fortsetzung solcher Wörterbücher gleichsam ein Memorial der Umwälzungen der Sprache bilden, da man in ihm sowohl die Zeit finden würde, in der die neuen Ausdrücke eingeführt wurden, als auch die Ausdrücke, die durch sie ersetzt wurden. Denn *neologisch* war früher dieses oder jenes Wort, das heute durchaus gebräuchlich ist, und man braucht nur den jetzigen Sprachgebrauch mit den Bemerkungen des Paters Bouhours über die Schriften des Paters R. *(Zweites Gespräch zwischen Aristes und Eugenius)* zu vergleichen, um zu erkennen, daß mehrere der Ausdrücke, die jene Autoren gewagt haben, nunmehr das Siegel der öffentlichen Anerkennung erhalten haben und folglich auch von den kleinlichsten Puristen ruhig verwendet werden können. (Douchet und Beauzée.)

Verzeihen – Pardonner heißt die Strafe aufheben, seinen Groll aufgeben und das Vergessen einer Verfehlung versprechen. Man *verzeiht* eine Sache, man *verzeiht* einer Person.
Es gibt Vorzüge, die man seltener *verzeiht* als Beleidigungen.
Es bedarf sehr großer Bescheidenheit, Zuvorkommenheit und Kunstfertigkeit, um zu erreichen, daß einem andere die Überlegenheit *verzeihen,* die man ihnen gegenüber hat.
Man *verzeiht* sich selbst so häufig das, was man zuweilen auch den anderen *verzeihen* sollte.
Männer, die ein törichtes Werk geschrieben haben, das einfältige Herausgeber endgültig verpfuschten, konnten uns niemals *verzeihen,* daß wir ein besseres geplant haben. Es gibt keinerlei Verfolgungen, die von diesen Feinden alles Guten nicht gegen uns eingeleitet worden wären. So sahen wir schon in wenigen Monaten unsere Ehre, unser Vermögen, unsere Freiheit, unser Leben gefährdet. Wir hätten von ihnen *Verzeihung* für ein Verbrechen erlangen können, aber wir konnten von ihnen keine *Verzeihung* für eine gute Tat erlangen.
Sie fanden die meisten von denen, die wir nicht für würdig hielten, an unserem Unternehmen mitzuarbeiten, durchaus bereit, ihren Haß und ihre Mißgunst anzunehmen.
Wir dachten uns für all das Böse, das sie uns angetan hatten, keine grausamere Rache aus, als das Gute zu vollenden, das wir angefangen hatten.
Das war die einzige Art Groll, die unserer würdig war.
Jeden Tag erniedrigen sie sich durch neue schlechte Taten; ich sehe schon die Schande über sie kommen.
Die Zeit *verzeiht* niemals Niederträchtigkeit. Früher oder später bricht sie den Stab über sie. (Diderot [?].)

Vaterland – Patrie (Politisches System): Der selten logisch denkende Rhetoriker, der Geograph, der sich nur für die Lage der Orte interessiert, und der gewöhnliche Lexikograph halten das *Vaterland* für den Geburtsort, wo immer er auch liegen mag; aber der Philosoph weiß, daß dieses Wort von dem lateinischen Wort *pater* kommt, das die Vorstellung von einem Vater und dessen Kindern hervorruft und folglich den Sinn ausdrückt, den wir dem Wort *Familie, Gemeinschaft, Freistaat* geben, deren Mitglieder wir sind und deren Gesetze unsere Freiheit und unser Glück gewährleisten. Unter dem Joch des Despotismus gibt es kein *Vaterland.* Im vergangenen Jahrhundert verwechselte Colbert auch *Königreich* und *Vaterland;* schließlich veröffentlichte ein moderner Autor, der besser unterrichtet war, eine Abhandlung über dieses Wort, in der er die Bedeutung dieses Terminus, dessen Wesen und die Idee, die man sich von ihm machen muß, so geschmackvoll und richtig festlegte, daß es ein Fehler wäre, wenn ich meinen Artikel nicht mit den Reflexionen dieses geistvollen Schriftstellers schmückte oder, sagen wir lieber, ihn nicht darauf aufbaute.

Die Griechen und die Römer kannten nichts, was ihnen so teuer und so heilig gewesen wäre wie das *Vaterland;* sie sagten, man müßte sich ihm ganz hingeben, dürfte an ihm ebensowenig Rache nehmen wie an seinem Vater und sollte nur die Freunde des *Vaterlands* – vor allem die Auguren – zu seinen Freunden zählen; es sei am besten, für das *Vaterland* zu kämpfen; es sei schön, ja süß, für dessen Erhaltung zu sterben, und der Himmel öffne sich nur denen, die ihm gedient hätten. So sprachen die Richter, die Krieger und das Volk. Welche Idee bildeten sie sich also vom *Vaterland*?

Das *Vaterland,* sagten sie, ist ein Land, an dessen Erhaltung alle seine Bewohner ein Interesse haben, das niemand verlassen will, weil man sein Glück nicht aufgibt, und in dem die Fremden eine Zufluchtsstätte suchen. Es ist eine Amme, die uns ihre Milch ebenso freudig schenkt, wie wir sie empfangen. Es ist eine Mutter, die alle ihre Kinder innig liebt, die nur Unterschiede zwischen ihnen macht, soweit sie solche unter sich machen, und die wohl will, daß es Reichtum und Wohlstand gebe, aber keine Armen, keine Großen und Kleinen, keine Unterdrückten; sie wahrt sogar bei dieser ungleichen Verteilung eine gewisse Gleichheit, indem sie allen den Weg zu den ersten Ämtern erschließt; sie duldet in der Familie nur die Übel, die sie nicht verhindern kann, nämlich Krankheit und Tod; und sie würde glauben, sie hätte, als sie ihren Kindern das Leben schenkte, nichts geleistet, wenn sie nicht zugleich für ihr Wohl gesorgt hätte. Es ist eine Macht, die ebenso alt ist wie die Gesellschaft und die auf der Natur und der Ordnung begründet ist, eine Macht, die allen Mächten, die sie in ihrem Schoße hegt, Archonten, Suffeten, Ephoren, Konsuln und Königen überlegen ist, eine Macht, die ihren Gesetzen sowohl die unterwirft, welche in ihrem Namen befehlen, als auch die, welche zu gehorchen haben. Es ist eine Gottheit, die Gaben nur annimmt, um sie zu verteilen, die eher Hingabe verlangt als Furcht, die lächelt, wenn sie Gutes tut, und seufzt, wenn sie Blitze schleudert.

So ist das *Vaterland*! Die Liebe, die man ihm entgegenbringt, führt zu guten Sitten, und gute Sitten führen zur Vaterlandsliebe; diese Liebe ist die Liebe zu den Gesetzen und zum Wohl des Staates, eine Liebe, die in den Demokratien besonders ausgeprägt ist; sie ist eine politische Tugend, der zuliebe man auf sein Ich verzichtet und das öffentliche Interesse seinem eigenen vorzieht; sie ist ein Gefühl, nicht aber eine Folge der Kenntnis; der geringste Mensch im Staate kann dieses Gefühl ebenso haben wie das Staatsoberhaupt [...]

Nach diesen Einzelheiten brauche ich wohl nicht zu beweisen, daß kein *Vaterland* in jenen Staaten bestehen kann, die unterjocht sind. Auch diejenigen, die unter dem orientalischen Despotismus leben, unter dem man kein anderes Gesetz kennt als den Willen des Herrschers, keine anderen Grundsätze als die Anbetung seiner Launen, keine anderen Prinzipien der Regierung als den Schrecken, und unter dem kein Vermögen und kein Kopf in Sicherheit sind, haben kein *Vaterland* und kennen nicht einmal dieses Wort, das der wahre Ausdruck des Glücks ist.

Mit dem Eifer, der mich beseelt, sagt der Abbé Coyer, habe ich an mehreren Orten Untertanen aus allen Ständen auf die Probe gestellt. »Bürger«, fragte ich sie, »kennt ihr ein *Vaterland?*« Der Mann aus dem Volk weinte, der Richter runzelte die Stirn und wahrte ein trauriges Schweigen, der Soldat fluchte, der Höfling verspottete mich, der Finanzmann fragte, ob das der Name einer neuen Pacht sei. Was die Vertreter der Religion betrifft, die wie Anaxagoras auf den Himmel deuten, wenn man sie fragt, wo das *Vaterland* sei, so ist es kein Wunder, daß sie auf unserer Erde kein *Vaterland* verehren […] (Jaucourt.)

Pentakel – Pentacle (Magie): Diesen Namen gibt die Magie des Exorzismus einem Siegel, das auf unbeschriebenes, aus der Haut eines Bocks hergestelltes Pergament oder auf irgendein Metall – Gold, Silber, Kupfer, Zinn, Blei usw. – gedrückt wird. Ohne dieses Siegel, das die Namen Gottes enthält, kann man keine magische Handlung zur Austreibung böser Geister durchführen. Das *Pentakel* entsteht, wenn man in zwei Kreisen ein Dreieck einschließt: Man liest in diesem Dreieck die drei Wörter *formatio, reformatio, transformatio*. Neben dem Dreieck steht das Wort *agla*, das die bösen Geister zu bannen vermag. Die Haut, auf die man das Siegel drückt, muß exorzisiert und geweiht sein. Man exorzisiert auch die Tinte und die Feder, deren man sich bedient, um die Wörter zu schreiben, von denen soeben die Rede war. Dann bringt man das *Pentakel* in Weihrauch; man schließt es drei Tage und drei Nächte in ein ganz sauberes Gefäß ein und legt es schließlich in ein Wäschestück oder in ein Buch, das man ausräuchert und exorzisiert. Diese Abgeschmacktheiten lesen wir in dem *Encheiridion Leonis Papae*, einem kläglichen Werk, das nur dazu gedient hat, die leichtgläubigen Geister noch mehr zu verderben und zum Aberglauben zu verleiten. (Jaucourt.)

Physik – Physique (Enzyklopädische Ordnung: Verstand, Vernunft, Philosophie oder Wissenschaft, Naturwissenschaft, Physik): […] Als *Phänomene* bezeichnet man alles, was wir mit Hilfe unserer Sinne an den Körpern entdecken. Diese Phänomene betreffen die Lage, die Bewegung, die Veränderung und die Wirkung.
Jede Veränderung, die wir an den Körpern wahrnehmen, tritt nur vermöge der Bewegung ein; man braucht dem nur einige Beachtung zu schenken, um davon völlig überzeugt zu sein. Mag ein Stück Holz auch noch so hart sein, so wird es doch im Laufe der Zeit alt, bekommt Risse, trocknet aus, wird morsch und zerfällt schließlich zu Staub, obgleich es immer ohne jede Bewegung an demselben Platz geblieben ist. Diese Veränderung ist eingetreten, weil Luft oder Feuerteilchen stets dieses Stück

Holz umgeben und es durchdrungen haben. Wird eine Wachskugel von beiden Seiten zusammengepreßt, so wird sie flach und ändert ihre Gestalt, weil ihre Teilchen zusammengedrückt, also in Bewegung gesetzt und in eine andere Lage gebracht worden sind. Man kann auch sehen, wie eine Veränderung eintritt, wenn die Bewegung zum Stillstand kommt. Das zeigt sich in einem Glas voll Wasser, das durch Schmutz getrübt ist; dieses Wasser bleibt trüb, solange man es in Bewegung hält; aber sobald man es eine Weile stillstehen läßt, sinken alle Teilchen des Schmutzes, da sie nicht mehr von den Wasserteilchen getragen werden, infolge ihres eigenen Gewichts auf den Boden des Glases und trennen sich von dem Wasser, das ganz klar bleibt. Die Bewegung ist also einer der Hauptgegenstände der *Physik*.

Man hat beobachtet, daß alle Körper sich nach bestimmten Gesetzen oder Regeln bewegen, welche Ursache sie auch immer in Bewegung setzen mag. Alle Pflanzen und alle Tiere vermehren sich nur vermittels ihrer Samen, und zwar immer in der gleichen Weise und nach denselben Gesetzen. Stoßen Körper zusammen, so übertragen sie nach konstanten Gesetzen ihre Kräfte aufeinander, vermindern sie dabei oder verlieren sie ganz. Siehe den Artikel *Stoß*.

Man hat bisher in der *Physik* nur eine kleine Anzahl von Gesetzen entdeckt, weil man in dieser Wissenschaft während der letzten Jahrhunderte keine großen Fortschritte gemacht hat. Es obliegt uns also, diese Gesetze genau zu erforschen, soweit uns dies möglich ist. Zu diesem Zweck müssen wir irdische Körper aller Art sorgfältig beobachten, sie ferner untersuchen und alle jene Forschungen und Betrachtungen anstellen, deren wir fähig sind.

Man ordnet alle irdischen Körper in vier verschiedene Klassen ein: Tiere, Pflanzen, Fossilien und Körper der Atmosphäre. Jede dieser Gattungen unterteilt sich in verschiedene Arten, und diese gliedern sich wieder in verschiedene andere auf, die weniger verbreitet sind als erstere. Nachdem man angefangen hatte, die Körper zu sammeln, und nachdem man sie nach ihren Gattungen und ihren Arten geordnet hatte, hat man festgestellt, daß die Zahl jeder dieser Gattungen sehr groß ist: Die *Physik* ist also unerschöpflich.

Zuerst müssen wir alle diese Körper untersuchen und alle Hebel in Bewegung setzen, um die Eigentümlichkeiten jedes einzelnen Körpers zu erkennen; dann können wir erst die allgemeinen Gesetze aufstellen, nach denen es – wie wir sehen werden – dem Allmächtigen gefällt, all das, was er geschaffen hat, zu erhalten und wirken zu lassen. Wir dürfen uns aber hierbei nicht übereilen, indem wir sogleich aus irgendwelchen besonderen Beobachtungen, die wir gemacht haben können, allgemeine Schlüsse ziehen; es ist besser, hierbei nur langsam vorzugehen und gründlich zu arbeiten, um die Dinge zu erforschen und Entdeckungen zu machen. Wenn man alles genau untersucht, so findet man, daß es weitaus mehr besondere Gesetze gibt als allgemeine.

Deshalb müssen wir alle wahren Freunde der Natur bitten, mit Sorgfalt und äußerster Genauigkeit alle Arten von Körpern zu untersuchen, damit die Menschen eines Tages zu einer vollkommeneren Kenntnis der Naturgesetze gelangen. Es ist völlig unmöglich, so weit zu gelangen, ohne die Beobachtungen und die Entdeckungen der Gelehrten zu sammeln und gleichzeitig neue Experimente durchzuführen. Siehe Musschenbroeck, *Versuch über die Physik*.

Eine der großen Klippen der *Physik* ist die Sucht, alles erklären zu wollen. Um zu beweisen, wie sehr man auch den einleuchtendsten Erklärungen mißtrauen muß, will ich ein Beispiel konstruieren. Nehmen wir an, es schneie im Sommer und hagle im Winter (man weiß, daß es genau umgekehrt ist), und stellen wir uns vor, daß man dies zu erklären versuche. Man behauptet: Es schneit im Sommer, weil die Teilchen des Dunstes, aus denen der Schnee entsteht, keine Zeit haben, ganz zu gefrieren, ehe sie auf die Erde gelangen, denn die Wärme der Luft, die wir atmen, verhindert diesen Prozeß des Gefrierens; im Winter dagegen läßt die Luft, die dann auch in der Nähe der Erde sehr kalt ist, diese Teilchen gefrieren und erstarren, und so entsteht der Hagel. Das ist eine Erklärung, von der alle Welt befriedigt wäre und die als überzeugend gelten würde. Dennoch ist die Sache falsch. Wagen wir nun – nach diesem Beispiel – die Naturerscheinungen zu erklären. Nehmen wir wieder an, das Barometer steige vor dem Regen (jeder weiß, daß es genau umgekehrt ist); dann könnte man dies sehr gut erklären: Man würde nämlich behaupten, daß der Dunst, der die Luft erfüllt, sie vor dem Regen schwerer mache und infolgedessen das Barometer steigen lassen müsse.

Aber wenn Zurückhaltung und Vorsicht auch eines der Hauptmerkmale des Physikers sein müssen, so müssen ihn doch andererseits Geduld und Mut bei seiner Arbeit unterstützen. Auf keinem Gebiet darf man voreilig eine Scheidewand zwischen der Natur und dem menschlichen Geist errichten; mißtrauen wir unserem Eifer, aber hüten wir uns zugleich, ihm allzusehr zu mißtrauen. Da wir uns nicht fähig fühlen, täglich so viele Hindernisse zu überwinden, wie sich uns entgegenstellen, wären wir zweifellos überglücklich, wenn wir wenigstens auf den ersten Blick beurteilen könnten, was unsere Bemühungen erreichen können; aber die Stärke und die Schwäche unseres Geistes sind zugleich so groß, daß es oft ebenso gefährlich ist, das zu beurteilen, was er nicht vermag, wie das, was er vermag. Wie viele moderne Entdeckungen gibt es, von denen die Alten keine Ahnung hatten! Wie viele verlorengegangene Entdeckungen, die wir allzu leichtfertig abstreiten würden! Und wie viele, die wir für unmöglich halten würden, sind unseren Nachkommen vorbehalten! (D'Alembert.)

Gewalt – Pouvoir (Naturrecht und Politik): Die Zustimmung der zur Gesellschaft zusammengeschlossenen Menschen ist die Grundlage der *Gewalt*. Wer sich nur durch *Gewalt* Macht verschafft hat, kann sich nur durch *Gewalt* an der Macht halten. Niemals kann die *Gewalt* einen Rechtstitel verleihen, und die Völker behalten immer das Recht, Einspruch gegen sie zu erheben. Bei der Gründung der Gesellschaft haben die Menschen auf einen Teil der Unabhängigkeit, in der die Natur sie zur Welt kommen ließ, nur deshalb verzichtet, um sich die Vorteile zu sichern, die sich aus ihrer Unterwerfung unter eine rechtmäßige und vernünftige Autorität ergeben; sie haben niemals beabsichtigt, sich vorbehaltlos willkürlichen Herrschern auszuliefern, der Tyrannei und der Unterdrückung Vorschub zu leisten und anderen das Recht zu verleihen, sie unglücklich zu machen.
Das Ziel jeder Regierung ist das Wohl der von ihr regierten Gesellschaft. Um die Anarchie zu verhindern, um die Gesetze wirksam zu machen, um die Völker zu schützen, um die Schwachen vor den Übergriffen der Stärkeren zu bewahren, mußte jede Gesellschaft Souveräne einsetzen, die mit einer zureichenden *Gewalt* ausgestattet wurden, um alle diese Aufgaben zu erfüllen.

Die Unmöglichkeit, alle Umstände vorauszusehen, in welche die Gesellschaft geraten könnte, hat die Völker veranlaßt, denen, die sie mit ihrer Regierung beauftragten, eine mehr oder weniger ausgedehnte *Gewalt* zu verleihen. Mehrere Nationen, die auf ihre Freiheit und ihre Rechte bedacht waren, schränkten diese *Gewalt* ein; doch sahen sie ein, daß es oft notwendig war, sie nicht allzusehr einzuschränken. So ernannten die Römer zur Zeit der Republik einen Diktator, dessen *Gewalt* sich ebenso weit erstreckte wie die des absolutesten Monarchen. In einigen Monarchien ist die *Gewalt* des Souveräns durch die Gesetze des Staates beschränkt, die ihr Grenzen setzen, welche er nicht überschreiten darf; so kommt in England die gesetzgebende *Gewalt* dem König und den beiden Kammern des Parlaments zu. In anderen Ländern üben die Monarchen mit Zustimmung der Völker eine absolute Gewalt aus, aber sie ist immer den Grundgesetzen des Staates untergeordnet, die die gegenseitige Sicherheit des Souveräns und der Untertanen gewährleisten.

So unbegrenzt die *Gewalt*, welche die Souveräne besitzen, auch sein mag, so dürfen sie doch niemals die Gesetze brechen, die Völker unterdrücken, Vernunft und Rechtlichkeit mit Füßen treten [...] (Anonym.)

Ausschließliches Privileg – Privilège exclusif (Regierung, Handel, Politik): So nennt man das Recht, das der Fürst einer Gesellschaft oder einem einzelnen Menschen gewährt, einen bestimmten Handel zu treiben oder eine bestimmte Ware – unter Ausschluß aller anderen Bürger – herzustellen und zu verkaufen. Als mit den spekulativen Wissenschaften die mechanischen Künste, die deren natürliche Folge sind, aus der Vergessenheit und der Verachtung hervortraten, in welche die öffentlichen Unruhen sie hatten versinken lassen, wurden die ersten Erfinder oder Gründer naturgemäß für den Eifer und die Talente belohnt, die sie aufgewendet hatten, um Einrichtungen zu schaffen, die der Öffentlichkeit und ihnen selbst Nutzen brachten. Das Fehlen oder die Seltenheit der Kenntnisse und des Gewerbefleißes nötigten übrigens die Behörden, Erzeugung und Verkauf der nützlichen und vor allem der notwendigen Dinge nur Händen anzuvertrauen, die fähig waren, den Wünschen der Käufer gerecht zu werden. So entstanden die *aus-*

schließlichen Privilegien. Obgleich ein sehr großer Unterschied zwischen dem Zweck einer bedeutenden Werkstätte und dem eines gewöhnlichen Handwerks, zwischen dem Zweck einer Handelsgesellschaft und dem einer öffentlichen Verkaufsstelle besteht und obgleich alle Welt das zwischen Einrichtungen so verschiedenen Umfangs bestehende Mißverhältnis erkennt, muß man doch zugeben, daß dieser Unterschied, so groß er auch sein mag, nur mehr oder weniger groß ist und daß es sowohl Punkte gibt, an denen die verschiedenen Arten des Handels und des Gewerbes sich scheiden, als auch Punkte, an denen sie sich berühren. Sie haben zumindest eins gemeinsam: Sie hängen beide mit dem allgemeinen Wohl des Staates zusammen. Aus dieser Beobachtung geht aber hervor, daß man sie in gewisser Hinsicht unter ein und demselben Gesichtspunkt zusammenfassen kann, um ihnen Vorschriften zu machen oder vielmehr um die Regierung zu veranlassen, daß sie es sich zur Vorschrift mache, sie zu fördern und noch nützlicher zu gestalten. Ursprünglich sah man ein Mittel zu diesem Zweck darin, daß man Gesellschaften, die in der Lage waren, die entsprechenden Vorschüsse zu zahlen und Risiken auf sich zu nehmen, *ausschließliche Privilegien* gewährte, damit sie mit dem Ausland bestimmte Geschäfte tätigen könnten, die einen Apparat erforderten, den einfache Privatpersonen aus eigenen Kräften nicht aufrechterhalten konnten. Als *ausschließliche Privilegien* kann man auch die Meisterbriefe betrachten, die für die alltäglichsten Handwerke geschaffen wurden und die noch heute in den Städten erst dann erworben werden können, wenn man während der Lehrzeit Proben seines Wissens und seiner Befähigung gegeben hat. Man gab diesen verschiedenen Körperschaften Satzungen, die alle darauf abzielten, in sie nur unter ganz bestimmten Bedingungen jemanden aufzunehmen, und die all jene ausschlossen, die sich diesen Bedingungen nicht unterwerfen konnten oder wollten. Die niedrigsten und einfachsten Handwerke wurden in dieses allgemeine System einbezogen, und niemand durfte Brot oder Schuhe verkaufen, wenn er nicht Bäckermeister oder Schuhmachermeister war. So betrachtete die Regierung schon bald jene Satzungen, die diese ausschließlichen Rechte gewährten, als *Privilegien* und zog aus ihnen Nutzen, um gelegentlich Bedürfnisse des Staates zu befriedigen. Beim Regierungswechsel ließ man diese Körperschaften Gebühren für die Bestätigung des *Privilegs* zahlen, man erlegte ihnen Abgaben auf und zwang sie, diese zu entrichten. Damit sie diese entrichten könnten, erlaubte man ihnen, Darlehen aufzunehmen, die jene Körperschaften noch enger an die Regierung banden, von der sie ermächtigt wurden, in stärkerem Maße ihre ausschließlichen Rechte geltend zu machen, neue Meister nur aufzunehmen, falls sie die Eintritts- und Aufnahmegebühren zahlten, und auch den Wert des Gewerbes und der feilgebotenen Waren zu erhöhen. So wurde das, was ursprünglich nur im Hinblick auf den Nutzen geschaffen worden war, schließlich zu einem Mißbrauch. Ein jeder, der früher ohne große Umstände und Kosten seinen Lebensunterhalt verdienen konnte, indem er überall und ohne weiteres ein für ihn leicht erlernbares Handwerk ausübte, hatte jetzt nicht mehr die Freiheit, es auszuüben. Da aber solche Innungen in den Städten geschaffen wurden, wo man im allgemeinen nicht zur Bodenbestellung erzogen ist, waren diejenigen, die dort kein Handwerk ausüben konnten, gezwungen, sich als Soldaten anwerben zu lassen oder – was noch schlimmer ist – die erstaunlich große Zahl der Lakaien zu vermehren, welche der unnützeste Teil der Bürger sind und dem Staat am meisten zur Last fallen. Die Öffentlichkeit hatte ihrerseits die Verteuerung der Waren und der Arbeitskraft zu tragen. Man sah sich gezwungen, für drei Livres und zehn Sous ein Paar Schuhe zu kaufen, das ein Meister angefertigt hatte und für das man viel weniger bezahlt hätte, wenn man es einem Arbeiter abgekauft hätte, der darauf nur das Leder und seine Arbeit veranschlagt hätte. Als die Kenntnisse, der Gewerbefleiß und die Bedürfnisse wuchsen, erkannte man alle diese Nachteile und beseitigte sie, soweit die Lage der öffentlichen Angelegenheiten dies erlaubte. Man beschränkte die *ausschließlichen Privilegien* der Handelsgesellschaften auf die Gegenstände, die von allzu großer Bedeutung waren und Werkstätten erforderten, welche sogar für Privatunternehmer, die sich zu Verbänden zusammengeschlossen hatten, zu kostspielig waren und zu sehr von den politischen Absichten der Regierung abhingen, als daß sie ohne weiteres den erstbesten anvertraut werden konnten. Bei der Gründung neuer Manufakturen verfolgte man ungefähr dieselben Absichten. Man lehnte Gesuche ab, die zwar sehr häufig unter dem Vorwand neuartiger Ideen eingereicht wurden, aber nichts besonders Originelles enthielten oder Gegenstände betrafen, die auf andere Weise ersetzt werden konnten; man begnügte sich damit, Schutz nur den Werkstätten zu gewähren, die ihn durch ihre Einzigartigkeit und Nützlichkeit verdienten. Es wäre sehr zu wünschen, daß so vernünftige Ansichten auch auf untergeordnete Gegenstände ausgedehnt würden, damit jeder Mensch, der Fleiß, Genie oder Talent besitzt, freien Gebrauch davon machen könnte und nicht durch Formalitäten und Unkosten behindert würde, die gewiß nicht zum öffentlichen Wohl beitragen. Wenn ein Arbeiter, ohne besonders beschlagen zu sein, ein Stück Leinwand oder Tuch herzustellen versucht und es schlecht macht, dann wird er es zwar, obgleich es der Meister genauso machen würde, weniger leicht verkaufen, schließlich aber doch loswerden, und er wird sein Material und seine Zeit nicht ganz verloren haben; ja, er wird aus den ersten Versuchen, die ihm nicht gelungen sind, lernen, seine Sache besser zu machen. Je mehr Menschen zugleich arbeiten, desto mehr läßt der Wetteifer oder vielmehr der Wunsch nach Erfolg Genie und Talent zutage treten. Die Konkurrenz veranlaßt jeden, seine Sache besser zu machen, und setzt den Preis der Arbeitskraft herab, und so füllen sich die Städte und die Provinzen nach und nach mit Handwerkern und Verkäufern, die Waren aufspeichern, sie sortieren, den Preis für verschiedene Gütegrade festsetzen, die Waren an den dafür geeigneten Orten verkaufen, den Handwerkern Vorschüsse zahlen und sie in ihren Bedürfnissen unterstützen. Aus solcher Arbeitsfreude und aus verstreuten kleinen Manufakturen könnte eine Zirkulation des Geldes und des Gewerbefleißes sowie eine beständige Nutzung der Talente, der Kräfte und der Zeit hervorgehen. Die *ausschließlichen Privilegien* wären dann auf jene Einrichtungen beschränkt, denen auf Grund der Eigenart ihres Gegenstandes und der für solche Einrichtungen erforderlichen Größe Privatunternehmer nicht gewachsen wären und die sich vor allem mit der Herstellung von nicht unbedingt notwendigen Luxusartikeln beschäftigten. Nun gehören aber zur letztgenannten Art nur die Schmieden und die Glashütten, die in anderer Hinsicht besondere Aufmerksamkeit verdienen, da man ihre Gründung nur an den Orten erlauben darf, wo Holz im Überfluß vorhanden ist und nicht zu anderen Zwecken verwendet werden kann; man maß dabei auch beachten, daß man aus Gründen, die wir in dem Artikel *Schmiede* dargelegt haben, ein Land nicht allzusehr mit solchen Werkstätten belasten darf. (Boucher d'Argis.)

Eigentum – Propriété (Naturrecht und Politik): Das ist das Recht, das jedes der Individuen, aus denen eine gesittete Gesellschaft zusammengesetzt ist, auf die Güter hat, die es rechtmäßig erworben hat.

Eine der Hauptabsichten der Menschen bei der Gründung von bürgerlichen Gesellschaften ging dahin, sich den ungestörten Besitz der Vorteile zu sichern, die sie erworben hatten oder erwerben konnten. Sie wünschten, daß niemand sie im Genuß ihrer Güter stören könnte; deshalb stimmte jeder zu, einen Teil dieser Güter, den man »Abgaben« nennt, für die Erhaltung und Unterstützung der ganzen Gesellschaft zu opfern. Dadurch wollte man den Oberhäuptern, die man gewählt hatte, die Mittel liefern, jeden einzelnen im Genuß des Teils zu erhalten, den er sich vorbehalten hatte. So groß die Begeisterung der Menschen für die Herrscher, denen sie sich unterwerfen, auch gewesen sein mag, so haben sie doch nie beabsichtigt, ihnen eine absolute, unbegrenzte Gewalt über alle ihre Güter zu geben, und auch nie damit gerechnet, daß sie einmal in die Zwangslage kommen könnten, nur für ihre Herrscher zu arbeiten. Die Schmeichelei jener Höflinge, die sich auch mit den absurdesten Prinzipien abfinden, hat zwar manchmal versucht, den Fürsten einzureden, daß sie ein absolutes Recht auf die Güter ihrer Untertanen hätten; aber nur Despoten und Tyrannen haben sich so unvernünftige Maximen zu eigen gemacht. Der König von Siam behauptet, er sei Eigentümer aller Güter seiner Untertanen; die Frucht eines so barbarischen Rechtes ist, daß der erste erfolgreiche Rebell sich zum Eigentümer der Güter des Königs von Siam macht. Jede Gewalt, die nur auf Stärke beruht, wird auf gleiche Weise aufgehoben. In den Staaten, in denen man die Vorschriften der Vernunft befolgt, steht das *Privateigentum* unter dem Schutz der Gesetze; der Familienvater ist befugt, die Güter zu genießen, die er durch seine Arbeit angehäuft hat, und sie auf seine Nachkommen zu übertragen. Gute Könige haben die Besitztümer ihrer Untertanen immer geachtet; sie haben die öffentlichen Güter, die ihnen anvertraut waren, nur als einen Schatz betrachtet, den sie nicht vergeuden durften, um ihre frivolen Leidenschaften, die Habsucht ihrer Günstlinge und die Raubgier ihrer Höflinge zu befriedigen. (Diderot [?].)

Folter – Question ou Torture (Jurisprudenz): Dieses Mittel wendet man zuweilen in Strafprozessen an, um den Angeklagten so weit zu bringen, daß er das Verbrechen gesteht, dessen man ihn beschuldigt, oder daß er seine Mitschuldigen verrät.
Dieses Verfahren besteht darin, den Angeklagten heftige Qualen ausstehen zu lassen, die allerdings gewöhnlich nicht zum Tode führen [...]
Ganz abgesehen von der Stimme der Menschlichkeit, erfüllt die *Folter* nicht den Zweck, zu dem sie bestimmt ist. Ganz im Gegenteil: Sie ist eine zuverlässige Erfindung, um einen Unschuldigen von schwacher und zarter Konstitution zugrunde zu richten und einen Schuldigen von kräftiger Konstitution zu retten. Diejenigen, die eine solche Qual ertragen können, und die anderen, die nicht so viel Kraft besitzen, als nötig ist, um sie auszuhalten, leugnen im gleichen Maße. Die *Folter*, die man beim hochnotpeinlichen Verhör anwendet, ist gewiß; das Verbrechen des Menschen, der sie erleidet, ist dies nicht. Jener Unglückliche, den Sie der *Folter* aussetzen, denkt weniger daran, auszusagen, was er getan hat, als sich von dem zu befreien, was er verspürt. So sagt Montaigne, die Höllenqualen seien eine gefährliche Erfindung. »Es ist mehr eine Geduldsprobe als eine Wahrheitsprobe«, fährt er fort. »Denn warum soll der Schmerz einen Unglücklichen eher dazu bringen, zu gestehen, was er ist, als ihn zwingen, zu sagen, was er nicht ist? Und umgekehrt: Wenn der, welcher die Tat, deren man ihn beschuldigt, nicht begangen hat, die nötige Ausdauer besitzt, um solche Qualen zu ertragen, warum soll dann der, welcher ein Verbrechen begangen hat, nicht eine ebenso starke Veranlagung haben, da ihm doch als schöne Entschädigung das Leben sicher ist? Kurz, das ist ein sehr unzuverlässiges und gefährliches Mittel; denn was würde man nicht alles sagen und tun, um so grausamen Schmerzen zu entgehen? So kommt es, daß der, den der Richter Höllenqualen ausstehen ließ, damit er nicht unschuldig stürbe, unschuldig und unter Höllenqualen stirbt.«
Sehr beklagenswert ist also der Zustand eines Menschen, dem die *Folter* das Geständnis eines Verbrechens entreißt; aber der

Zustand eines Richters, der sich durch das Gesetz ermächtigt glaubt und diesen unschuldigen Menschen die *Folter* durchmachen läßt, muß meiner Meinung nach ein gräßlicher Zustand sein. Hat er denn irgendwelche Mittel, ihn für seine Leiden zu entschädigen? Es hat in allen Zeiten unschuldige Menschen gegeben, welche die *Folter* zum Geständnis von Verbrechen gebracht hat, deren sie nicht schuldig waren. Die Heftigkeit des Schmerzes oder die persönliche Schwäche läßt den Unschuldigen etwas gestehen, das er nicht begangen hat, und die Hartnäckigkeit der Schuldigen, die sich trotz ihrer Verbrechen stark und sicher fühlen, läßt sie alles leugnen. (Jaucourt.)

Traum – Rêve (Metaphysik und Medizin): Man *träumt* im Schlaf. Siehe auch den Artikel *Traumbild*.
Die Geschichte der *Träume* ist noch sehr wenig bekannt, doch ist sie wegen der Einwände der Idealisten nicht nur wichtig für die Medizin, sondern auch für die Metaphysik; wir haben im *Traum* wohl eine innere Empfindung von uns selbst, zugleich aber einen Wahn, der allzu stark ist, als daß wir verschiedene Dinge außerhalb von uns sehen könnten; wir handeln also selbst, ob wir wollen oder nicht, und schließlich sind alle Gegenstände der *Träume* offenbar nur Spiele der Phantasie. Die Dinge, die uns im Laufe des Tages den stärksten Eindruck gemacht haben, erscheinen unserer Seele, während sie ausruht; das ist eine allgemeine Tatsache, sogar bei den Tieren, denn die Hunde *träumen* wie der Mensch; die Ursache für die *Träume* bildet also irgendein starker, häufiger und vorherrschender Eindruck.
Lommius hat darüber folgende Meinung:
Die *Träume* sind Affektionen der Seele, die im Schlaf eintreten und für den Zustand des Körpers und der Seele bezeichnend sind – vor allem dann, wenn sie nichts mit den Beschäftigungen des Tages gemeinsam haben; dann können sie zur Diagnostik und Prognostik von Krankheiten dienen. Wer vom Feuer *träumt*, hat zuviel gelbe Galle; wer von dichtem Rauch oder Nebel *träumt*, hat zuviel schwarze Galle; wer von Regen, Schnee, Hagel, Eis, Wind *träumt*, hat äußerst phlegmatische innere Organe; wer sich im *Traum* in einer übelriechenden Umgebung befindet, kann damit rechnen, daß er in seinem Körper irgendeine

faulende Flüssigkeit hat. Wenn man im *Traum* rot sieht oder wenn man sich einbildet, einen Hahnenkamm zu haben, so ist das ein Zeichen dafür, daß man zuviel Blut hat. *Träumt* man vom Mond, so sind die Kavernen des Körpers affiziert; *träumt* man von der Sonne, dann sind die mittleren Körperteile affiziert; *träumt* man von den Sternen, so sind Kontur und Oberfläche des Körpers affiziert. Wenn das Licht der Dinge, von denen man *träumt*, schwächer wird, sich trübt oder erlischt, kann man annehmen, daß die Affektion gering ist, etwa so, wie wenn Dunst oder Nebel die Trübung des im *Traum* gesehenen Gegenstandes verursachten; stärker ist dagegen die Affektion, wenn dies von Wasser herrührt. Rührt die Verdunklung aber von der Einschiebung eines Gegenstandes und von der Trübung der Elemente her, so daß sie total wird, dann ist man von einer Krankheit bedroht; aber wenn die Hindernisse, die das Licht verbergen, sich aufzulösen beginnen und wenn der leuchtende Körper wieder in seinem vollen Glanz erscheint, so ist der Zustand nicht gefährlich. Eilen die leuchtenden Gegenstände mit erstaunlicher Geschwindigkeit vorbei, so ist das ein Anzeichen für das Delirium; bewegen sie sich nach Westen, stürzen sie ins Meer oder verschwinden sie hinter der Erde, so zeigen sie irgendeine Unpäßlichkeit an. Das aufgewühlte Meer läßt auf die Affektion des Unterleibs schließen; die von Wasser überflutete Erde ist ebenfalls ein schlechter *Traum*, es ist ein Zeichen für eine Kreislaufstörung; und wenn man sich einbildet, in einem Teich oder in einem Fluß zu versinken, dann ist diese Störung noch beträchtlicher. Sieht man die Erde ausgedörrt und von der Sonne verbrannt, so ist das noch schlimmer; denn in diesem Fall muß der Haushalt des Körpers der völligen Vertrocknung anheimgefallen sein. Hat man das Bedürfnis, zu essen oder zu trinken, so *träumt* man von Speisen und Getränken; glaubt man reines Wasser zu trinken, so ist das ein gutes Zeichen; glaubt man anderes Wasser zu trinken, so ist es ein schlechtes Zeichen. Ungeheuer, Bewaffnete und überhaupt alle Dinge, die Furcht einflößen, sind schlechte Vorzeichen; denn sie zeigen das Delirium an. Wenn man das Gefühl hat, von einer Höhe herabzustürzen, ist man von Schwindel, Epilepsie oder Schlaganfall bedroht, besonders wenn der Kopf gleichzeitig voller Grillen ist. (Diderot.)

Runzel – Ride (Physiologie): eine Art Falte oder Furche, die sich auf dem Gesicht, auf der Haut oder überhaupt auf fast dem ganzen Körper der Menschen bildet, wenn sie zu altern beginnen.

Die Haut dehnt sich aus und wächst in dem Maße, wie das Fett zunimmt; die Ausdehnung erzeugt das Weiß durch die Spannung der Haut und das Rot durch die Fülle der Blutgefäße. Das sind die Lilien und Rosen des schönen Alters; alle Schminke ist nur eitle Vortäuschung dieses Zustands. Sobald die Ausdehnung zurückgeht, bekommt die Haut, die jetzt nicht mehr ausgefüllt ist, Falten, und *Runzeln* beginnen sich zu bilden; je älter man wird, desto fester, härter und trockener werden die Knorpel, die Membranen, das Fleisch, die Haut und alle Fasern des Körpers; dann schrumpfen alle Teile zusammen; die Zirkulation der Flüssigkeiten verläuft weniger ungestört, die Transpiration nimmt ab, die Nährsäfte sind weniger reichlich, und da sie von den meisten der allzu hart gewordenen Fasern nicht mehr aufgenommen werden können, dienen sie nicht mehr zu deren Ernährung; deshalb ziehen sich diese Fasern zusammen und krümmen sich. So kommt es zur täglichen Zunahme der *Runzeln* [...]

Auch die erfahrenste Kunst kennt keine Schutzmittel gegen diesen Verfall des Körpers. Die Ruinen eines Hauses können wieder instand gesetzt werden, nicht aber die abgenutzte Maschine unseres Körpers. Frauen, die in ihre Reize allzu verliebt sind und beim Verlust ihrer Anmut vorzeitig zu sterben glauben, würden leidenschaftlich gern wieder jung, um die frischen Farben der Jugend zurückzugewinnen. Wie sollten sie nicht die anderen zu täuschen versuchen, da sie sich doch so große Mühe geben, sich selbst zu täuschen, um sich der traurigsten aller Vorstellungen, der des Alterns, zu entziehen? Wie viele möchten die *Runzeln* ihres Gesichts in jenen Teil des Körpers verlegen, an dem die Götter die verwundbare Stelle des Sohnes der Thetis und des Peleus verborgen hatten! Fräulein de Lenclos, die aufgeklärter war als die meisten ihres Geschlechts, hütete sich, die Schmeicheleien des Abbé de Chaulieu wörtlich zu nehmen, der behauptete, die Liebe hätte sich in die *Runzeln* auf der Stirn dieser schönen Frau zurückgezogen. Sie selbst nannte ihre *Runzeln* Abschied von der Liebe und Kennzeichen der Weisheit. Zweifellos sollten sie dies sein, um uns in der Philosophie zu bestärken und uns durch klare Überlegungen gegen die Furcht vor dem Tode abzuhärten. (Jaucourt.)

Sauerkraut – Saver-kraut (Küche): Dieses Wort verstümmeln die Franzosen zu »Surkrut«. Es ist ein in Deutschland überall sehr beliebtes Gericht; Sauerkohl liegt ihm zugrunde; daher sein deutscher Name. Sauer bedeutet Säure, Kraut bedeutet Kohl. Wenn man *Sauerkraut* machen will, so schneidet man zunächst Weißkohl in sehr dünne Scheiben; die Deutschen haben für diesen Zweck ein Brett, das einem Hobel ähnelt und mit einem scharfen Messer versehen ist. Reibt man den Kohl an dieser Art Hobel, so wird er in dünne Scheiben geschnitten, die unter dem Hobel von einem Trog aufgefangen werden. Wenn man eine ausreichende Menge angehäuft hat, bringt man den auf solche Weise kleingeschnittenen Kohl in Fässer, Schicht für Schicht, die man jeweils mit Salz und einigen Wacholderbeeren bestreut; sobald das Faß voll ist, bedeckt man es mit einem Brett und legt ein Gewicht darauf, damit der zerschnittene Kohl zusammengepreßt wird. Man bringt das Ganze in einen Keller und läßt es einige Wochen lang gären. Wenn man den Kohl essen will, wäscht man ihn und läßt ihn mit Pökelfleisch, Würsten, Rebhuhn und – je nach Wunsch – auch mit anderem Fleisch kochen. Dieses Ragout wird von den Deutschen sehr geschätzt; es wird auf der Tafel der Reichsten ebenso serviert wie auf dem Tisch der Ärmsten. Die Fremden gewinnen an ihm kaum Geschmack; doch scheint dieses Ragout für Seeleute auf weiten Reisen recht nützlich zu sein. (Anonym.)

Skandalös – Scandaleux (Grammatik) ist, was Skandal erregt; es wird von Dingen und Personen gesagt. Behaupten, wie es einige Schriftsteller der Gesellschaft Jesu getan haben, daß es nicht jedermann erlaubt sei, über das Leben der Tyrannen zu verfügen, ist ein *skandalöser* Satz, weil er durchblicken läßt, daß es offenbar Personen gibt, denen der Tyrannenmord erlaubt ist. Die Lehre des Probabilismus ist eine *skandalöse* Lehre. Die Aufforderung, die der Pater Pichon an den Sünder richtet, er möge sich jeden Tag, ohne Liebe zu Gott und ohne sein Verhalten zu ändern, den heiligen Sakramenten nähern, ist eine *skandalöse* Aufforderung. Das Lob für das Werk Busenbaums, das man in den *Mémoires de Trévoux* liest, ist *skandalös*. Mönche, die wegen eines Bank- und Handelsgeschäftes vor bürgerliche Gerichte geladen und von Handelsrichtern verurteilt werden, Summen zu zahlen, die sie unerlaubterweise schuldig geblieben sind und auch unerlaubterweise verweigert haben, sind *skandalöse* Männer. Priester, die auf einer Bühne Possen aufführen lassen und im Innern ihrer Häuser die ihrer Obhut anvertrauten Kinder zusammen mit Komödianten tanzen lassen, geben ein *skandalöses* Schauspiel. Man könnte alle möglichen Beispiele für den Skandal finden, ohne in die Ferne zu schweifen; aber es gibt auch Beispiele, die man schwerlich anführen könnte, ohne bei Frauen, Männern und Kindern einen ungewöhnlichen Skandal zu erregen. (Diderot [?].)

Salzsteuer – Sel, impôt sur le sel (Politische Ökonomie): Abgabe in Frankreich, die man auch *indirekte Steuer* nennt; man kann den betreffenden Artikel darüber zu Rate ziehen. Aber, so sagt der moderne Verfasser der *Betrachtungen über das Finanzwesen*, ein guter Staatsbürger darf nicht die traurigen Betrachtungen verschweigen, die diese Steuer in seiner Seele hervorruft. Sully, der eifrig auf das Wohl seines Herrschers bedachte Minister, der dessen Wohl niemals von dem seiner Untertanen trennte, Sully – so behaupte ich – konnte diese Steuer nicht gutheißen; er betrachtete es als außerordentliche Härte, daß den Armen eine so alltägliche Ware so teuer verkauft wurde. Wenn Frankreich vom Himmel die Gnade verdient hätte, den Minister und den Monarchen noch länger zu behalten, so wäre wahrscheinlich die Plage dieser Abgabe durch irgendwelche Mittel beseitigt worden.

Schmerz erfüllt unser Herz bei der Lektüre der Verordnung über die indirekten Steuern. Ein Produkt, das die Gunst der Vorsehung zu niedrigem Preis für einen Teil der Bürger auf Lager hält, wird allen anderen teuer verkauft. Arme Menschen sind gezwungen, eine bestimmte Menge dieses Produkts mit Gold aufzuwiegen, und es ist ihnen bei Strafe des völligen Ruins ihrer Familie verboten, es sich auf andere Weise zu verschaffen, ja es sich auch nur schenken zu lassen. Wer dieses Produkt aufspeichert, erhält keine Erlaubnis, es jenseits bestimmter Grenzen zu verkaufen; denn ihm drohen dieselben Strafen. Schreckliche Strafen werden über Menschen verhängt, die zwar einen Verstoß gegen die politische Gemeinschaft begangen, nicht aber natürliche Gesetze verletzt haben. Die Tiere siechen dahin und sterben, weil die Hilfe, deren sie bedürfen, über die Kräfte des Landwirts geht, der schon auf Grund der Menge des *Salzes*, die er für sich selbst verbrauchen muß, übermäßig belastet ist. An einigen Orten hindert man die Tiere daran, zum Ufer des Meeres zu gehen, wohin sie der Selbsterhaltungstrieb treibt.

Die Menschheit würde erschrecken, wenn sie die Liste all jener Strafen sähe, die anläßlich dieser Steuer seit deren Einführung verhängt worden sind. Die Autorität des Gesetzgebers, die unaufhörlich durch die Gewinnsucht kompromittiert wird, die häufig zur Not führt, wäre weniger fühlbar als die Härte der Steuereintreibung. Die Vernachlässigung der Bodenbestellung, die Entmutigung des Steuerzahlers, der Rückgang des Handels und der Arbeit, die ungeheuren Unkosten der Verwaltung würden ihn doch erkennen lassen, daß jede Million, die in seine Kassen fließt, sein Volk fast eine weitere Million kosten, sei es an effektiven Zahlungen, sei es an Verdienstausfällen. Das ist aber noch nicht alles; diese Steuer hatte zumindest am Anfang den Vorteil, daß sie sowohl den Reichen als auch den Armen betraf, doch hat ein ansehnlicher Teil der Reichen verstanden, sich ihr zu entziehen; geringe und vorübergehende Unterstützungen verschafften ihm Befreiung von einer Steuer, deren Fehlbetrag man auf die Armen abwälzen muß.

Wenn die willkürliche Kopfsteuer nicht existierte, dann wäre die *Salzsteuer* für die Armen vielleicht noch verhängnisvoller, als man sich vorstellen kann. Darum haben alle Nationalökonomen und die intelligentesten Finanzminister Aufhebung und Ersetzung dieser beiden Steuern als die Maßnahme betrachtet, die für die Entlastung des Volkes und für die Steigerung der öffentlichen Einnahmen am nützlichsten wäre. Verschiedene Mittel wurden vorgeschlagen, doch erschien bisher keines von ihnen zuverlässig genug. (Jaucourt.)

Empfindsamkeit – Sensibilité (Moral): Das ist eine zarte und feine Veranlagung der Seele, die sie leicht erregbar und gerührt macht.

Die *Empfindsamkeit* der Seele, sagt der Verfasser der *Abhandlung über die Sitten* sehr richtig, bringt eine Art Scharfblick für die rechtschaffenen Dinge mit sich und durchdringt sie tiefer als der Geist allein. Die empfindsamen Seelen können durch Lebhaftigkeit in Fehler verfallen, welche die vorsichtigen Menschen nicht begehen würden; doch sie übertreffen sie durch die Menge der guten Taten, die sie vollbringen. Die empfindsamen Seelen haben ein intensiveres Leben als die anderen; denn die guten und schlechten Taten vervielfachen sich in ihren Augen. Die Überlegung kann den rechtschaffenen Menschen heranbilden; aber die *Empfindsamkeit* bringt den tugendhaften Menschen hervor. Die *Empfindsamkeit* ist die Mutter der Menschlichkeit und der Großmut; sie fördert das Verdienst, unterstützt den Geist und hat die Überzeugung zur Folge. (Jaucourt.)

Sozial – Social (Grammatik): Dieses Wort wurde vor kurzem in die Sprache eingeführt, um die Eigenschaften, die einen Menschen in der Gesellschaft nützlich und für den Umgang mit anderen Menschen geeignet machen, zu bezeichnen: *soziale* Eigenschaften. (Diderot [?].)

Einsiedler – Solitaire (Moral): So heißt derjenige, der allein lebt, getrennt vom Umgang und der Gesellschaft der anderen Menschen, die er für gefährlich hält.
Ich bin weit davon entfernt, die Mönche, die *Einsiedler,* die Klausner auch nur im geringsten lächerlich machen zu wollen; ich weiß zu gut, daß das zurückgezogene Leben harmloser ist als das der großen Welt; aber abgesehen davon, daß in den ersten Jahrhunderten der Kirche die Verfolgung mehr Weltflüchtige als wahre *Einsiedler* hervorgebracht hat, scheint mir, daß in unseren ruhigen Zeiten eine wahrhaft starke Tugend darin besteht, trotz aller Hindernisse sicheren Schrittes seinen Weg zu gehen und sich nicht durch die Flucht zu retten. Welchen Wert hat denn jene Weisheit von schwacher Beschaffenheit, die weder die kräftige Luft verträgt noch unter den Menschen leben kann, ohne sich von ihren Lastern anstecken zu lassen, und die Angst hat, eine müßige Einsamkeit zu verlassen, um der Verderbtheit zu entgehen? Sind Ehre und Rechtschaffenheit so an-

fällig, daß man sie nicht berühren kann, ohne sie zu verletzen? Was würde ein Steinschneider tun, wenn er den Makel eines Smaragds nicht beseitigen könnte, ohne ihn um einen guten Teil seiner Größe und seines Wertes zu bringen? Er würde den Makel an ihm lassen. Achtet man auf die Reinheit der Seele, so darf man ihre wahre Größe, die sich in den Widrigkeiten des regen Verkehrs in der Gesellschaft erweist, nicht verändern oder verringern. Ein *Einsiedler* ist gegenüber den übrigen Menschen gleichsam ein lebloses Wesen; seine Gebete und sein beschauliches Leben, die niemand sieht, haben nicht den geringsten Einfluß auf die Gesellschaft, die mehr der Tugendvorbilder vor ihren Augen als in den Wäldern bedarf. (Diderot.)

Spinozist – Spinoziste (Grammatik): Anhänger der Philosophie Spinozas. Man darf die früheren *Spinozisten* nicht mit den heutigen *Spinozisten* verwechseln. Das allgemeine Prinzip der letzteren ist, daß die Materie empfindungsfähig ist, wie sie an der Entwicklung des Eis als eines leblosen Körpers, der unter der bloßen Einwirkung gelinder Wärme in den Zustand eines empfindenden und lebenden Wesens übergeht, und überhaupt an dem Wachstum jedes Lebewesens beweisen, das in seinem Anfang nur ein Punkt ist, das aber durch die Assimilation der Pflanzen, ja aller jener Substanzen, die zu seiner Ernährung dienen, ein großer Körper wird, der in einem großen Raum empfindet und lebt. Daraus folgern sie, daß es nur Materie gibt und daß sie genügt, um alles zu erklären; im übrigen folgen sie dem früheren Spinozismus in allen seinen Konsequenzen. (Diderot.)

Schweiz – Suisse (Moderne Geographie): [...] Ich habe mich über die *Schweiz* verbreitet und nur zwei Worte über die größten Reiche Asiens, Afrikas und Amerikas gesagt, und zwar deshalb, weil alle diese Reiche nur Sklaven zur Welt bringen, die *Schweiz* dagegen freie Männer. Ich weiß, daß die sonst so freigebige Natur für dieses Land nichts getan hat, aber die Bewohner leben dort glücklich; die bleibenden Reichtümer, die auf der Bestellung des Bodens beruhen, werden dort von tüchtigen und fleißigen Händen gesammelt. Die Annehmlichkeiten der Gesellschaft und die gesunde Philosophie, ohne die doch die Gesellschaft keine beständigen Reize hat, sind in jene Teile der *Schweiz* vorgedrungen, in denen das Klima besonders mild ist und Überfluß herrscht. Die religiösen Sekten sind dort tolerant. Die Künste und die Wissenschaften haben dort wunderbare Fortschritte gemacht. Schließlich hat man es in diesen früher ländlichen Gegenden fertiggebracht, die Gesittung Athens mit der Einfachheit Spartas zu verbinden. Mögen jene Länder sich auch heute davor hüten, den fremden Luxus einzuführen und die Luxusverbote einschlafen zu lassen. (Jaucourt.)

Aberglaube – Superstition (Metaphysik und Philosophie): Im allgemeinen jede Übertreibung der Religion. Man denke an den alten Spruch der Heiden: Man muß fromm sein, sich aber davor hüten, in den *Aberglauben* zu verfallen.

Religentem esse opportet, religiosum nefas.
Aulus Gellius, 4. Buch, 9. Kap.

Tatsächlich ist der *Aberglaube* ein falscher, irregeführter religiöser Kult voll unnützer Furcht, ein Kult, welcher der Vernunft und den gesunden Ideen widerspricht, die man vom höchsten Wesen haben muß. Oder der *Aberglaube* ist, wenn Ihnen das lieber ist, jene Art der Betörung oder der Zauberkraft, welche die Furcht auf unsere Seele ausübt. Als unglücklicher Sohn der Phantasie verwendet er, um Sie zu erschrecken, Gespenster, Träume und Visionen. Der *Aberglaube,* so sagt Bacon, habe jene Götzenbilder des niedrigen Volkes geschaffen: die unsichtbaren Geister, die glücklichen oder unglücklichen Tage, die unüberwindlichen Zeichen der Liebe und des Hasses. Er wirkt deprimierend, vor allem in der Krankheit und im Unglück; er verwandelt die gute Zucht und die ehrwürdigen Bräuche in Mummenschanz und in oberflächliche Zeremonien. Sobald er in irgendeiner Religion, einer guten oder schlechten, tiefe Wurzeln geschlagen hat, vermag er die natürlichsten Erkenntnisse auszulöschen und die vernünftigsten Köpfe zu verwirren. Kurz: er ist die schrecklichste Plage der Menschheit. Nicht einmal der Atheismus (das sagt alles) zerstört die natürlichen Gefühle, er tastet weder die Gesetze noch die Sitten des Volkes an; aber der

Aberglaube ist ein despotischer Tyrann, der es fertigbringt, daß alles seinen Hirngespinsten weicht. Seine Vorurteile übertreffen alle anderen Vorurteile. Ein Atheist ist um seiner eigenen Ruhe willen an der öffentlichen Ruhe interessiert; aber der fanatische *Aberglaube,* hervorgegangen aus der Verwirrung der Phantasie, bringt Reiche zu Fall [...]
Unwissenheit und Barbarei führen den *Aberglauben* ein, Scheinheiligkeit hält ihn durch nichtige Zeremonien aufrecht, falscher Glaubenseifer verbreitet ihn, und Eigennutz verewigt ihn.
Die Hand des Monarchen kann das Ungeheuer des *Aberglaubens* nicht genügend fesseln, und von diesem Ungeheuer hat der Thron für seine Autorität und das Vaterland für sein Glück weitaus mehr zu fürchten als vom Unglauben (der immer unentschuldbar ist).
Wird der *Aberglaube* in Tätigkeit gesetzt, so bildet er eigentlich den Fanatismus. Siehe auch den Artikel *Fanatismus;* das ist einer der guten und schönen Artikel der Enzyklopädie. (Diderot.)

System – Système (Metaphysik): Ein *System* ist nichts anderes als die Anordnung der verschiedenen Teile einer Kunst oder einer Wissenschaft in solcher Form, daß sie sich gegenseitig stützen und die letzten sich aus den ersten erklären. Diejenigen, die Aufschluß über die anderen geben, heißen *Prinzipien,* und das *System* ist um so vollkommener, je kleiner die Zahl der Prinzipien ist: Es ist sogar zu wünschen, daß man sie auf ein einziges reduziert. Denn wie es in einer Uhr eine Hauptfeder gibt, von der alle anderen abhängen, so gibt es auch in allen *Systemen* ein Grundprinzip, dem die verschiedenen Teile, die es bilden, untergeordnet sind.
Man kann in den Werken der Philosophen dreierlei Prinzipien feststellen, aus denen sich dreierlei *Systeme* ergeben. Die einen sind allgemeine oder abstrakte Grundsätze. Sie sollen so evident oder so gut bewiesen sein, daß man sie nicht in Zweifel ziehen kann. Die Kraft, die ihnen die Philosophen zugeschrieben haben, ist so groß, daß man natürlich daran gearbeitet hat, sie zu vermehren. Die Metaphysiker haben sich darin ausgezeichnet. Descartes, Malebranche, Leibniz, jeder gleich eifrig, haben uns damit überschüttet, und so müssen wir nur ärgerlich über uns selbst sein, wenn wir die verborgensten Dinge nicht zu ergrün-

den vermögen. Die Prinzipien der zweiten Art sind Mutmaßungen, die man anstellt, um die Dinge zu erklären, über die man sonst keinen Aufschluß geben könnte. Wenn die Mutmaßungen nicht unmöglich erscheinen und wenn sie irgendeine Erklärung für bekannte Erscheinungen liefern, so zweifeln die Philosophen nicht daran, daß sie die wahren Triebkräfte der Natur entdeckt haben. Eine Mutmaßung, die zu glücklichen Lösungen führt, kann ihrer Ansicht nach nicht falsch sein. Daher die Meinung, daß die Erklärung der Erscheinungen die Wahrheit einer Mutmaßung beweist und daß man ein *System* nicht so sehr nach seinen Prinzipien beweisen soll als vielmehr nach der Art und Weise, in der es über die Dinge Aufschluß gibt. Die Unzulänglichkeit der abstrakten Grundsätze hat dazu gezwungen, zu solchen Mutmaßungen Zuflucht zu nehmen. Die Metaphysiker waren in dieser zweiten Art von Prinzipien ebenso erfinderisch wie in der ersten. Die dritten Prinzipien sind Tatsachen, welche die Erfahrung gesammelt, erforscht und festgelegt hat. Auf den Prinzipien der letzten Art beruhen die wahren *Systeme*, die, welche allein verdienen würden, diesen Namen zu tragen. *Abstrakte Systeme* nenne ich infolgedessen die, welche nur auf abstrakten Prinzipien fußen, *Hypothesen* die, welchen nur Mutmaßungen zugrunde liegen, und *wahre Systeme* die, welche sich nur auf klar bewiesene Tatsachen stützen […]

Die wahren *Systeme* sind die, welche auf Tatsachen gegründet sind. Aber diese *Systeme* erfordern eine zu große Zahl von Beobachtungen, als daß man damit die Verknüpfung der Erscheinungen erfassen könnte. Zwischen den Hypothesen und den Tatsachen, die zu Prinzipien führen, besteht der Unterschied, daß eine Hypothese um so ungewisser wird, je mehr Wirkungen man entdeckt, über die sie keinen Aufschluß gibt; dagegen ist eine Tatsache immer gleich gewiß und kann nicht aufhören, das Prinzip der Erscheinungen zu sein, über die sie einmal Aufschluß gegeben hat. Wenn es auch Wirkungen gibt, die sie nicht erklärt, so darf man sie doch nicht verwerfen, sondern muß sich vielmehr bemühen, die Erscheinungen zu entdecken, die sich mit diesen Wirkungen verbinden und die aus allen ein einziges *System* bilden.

Es gibt keine Wissenschaft und keine Kunst, in denen man nicht *Systeme* bilden könnte; aber bei den einen nimmt man sich vor, Aufschluß über die Wirkungen zu geben, und bei den anderen, sie vorzubereiten und entstehen zu lassen. Die erste Aufgabe ist die der Physik, die zweite ist die der Politik. Es gibt Wissenschaften, die beide Aufgaben haben, wie die Chemie und die Medizin. (D'Alembert.)

Erde, Schichten der – Terre, couches de (Naturgeschichte, Mineralogie): *Strata telluris;* man nennt *Schichten der Erde* verschiedene Lagen aus Erden, Gestein, Sand usw., aus denen unser Erdball zusammengesetzt ist. Sowenig man die Natur auch beobachten mag, so nimmt man doch wahr, daß die Erde, die wir bewohnen, von einer großen Anzahl verschiedener Substanzen bedeckt ist, die in horizontalen und parallelen Schichten übereinander angeordnet sind, wenn nicht irgendeine außergewöhnliche Ursache diesen parallelen Verlauf verhindert hat. Diese Schichten variieren an verschiedenen Stellen im Hinblick auf die Zahl, ihre Dicke und die Eigenschaft der Stoffe, die sie enthalten; in einigen Gegenden findet man, wenn man sehr tief gräbt, nur zwei, drei, vier verschiedene Schichten, während man in anderen dreißig oder vierzig übereinanderliegende Schichten findet. Manche Schichten sind ausschließlich aus *Erden* wie Ton, Kreide, Ocker usw. zusammengesetzt, andere dagegen aus Sand und Kies; wieder andere sind mit Kiesel- und Feldsteinen oder mit rundgeschliffenen Steinen ausgefüllt, wie man sie am Ufer der Meere und Flüsse findet; wieder andere enthalten Felsbrocken, die an anderen Orten losgerissen und an den Orten abgelagert worden sind, wo man sie jetzt findet; andere Schichten bestehen nur aus zusammenhängendem Gestein, das zuweilen einen sehr beträchtlichen Raum einnimmt; dieses Gestein ist nicht überall von der gleichen Art; bald ist es Kalkstein, bald Gips, Marmor, Alabaster, Nagelfluh, Glimmer, Schiefer, und häufig ist das Gestein, das eine Schicht bildet, aus mehreren Schichten oder Lagen von Gestein zusammengesetzt, die sich voneinander unterscheiden: Man findet auch Schichten, die mit bituminösen Stoffen gefüllt sind, wie etwa die Steinkohlenminen. Siehe auch den Artikel *Steinkohle*. Andere sind eine Anhäufung von salzhaltigen Stoffen; so finden sich in ihnen Natron und Steinsalz. Siehe auch diese Artikel.
Mehrere Schichten schließlich sind nur Anhäufungen von metallischen Substanzen und Erzen, die, wie uns scheint, nach der

Losreißung von den Orten, wo sie entstanden sind, von den Gewässern zu den Orten gebracht worden sind, wo wir sie finden. Siehe auch den Artikel *Erze*. Alle diese verschiedenen Schichten sind zuweilen mit Muscheln, Korallen, Meerestieren, Holz und anderen pflanzlichen Substanzen, Fischgräten, Knochen von Vierfüßern und einer großen Anzahl von Körpern angefüllt, die der *Erde* völlig fremd sind.

Alle diese Umstände, von denen die *Schichten der Erde* begleitet sind, haben zu allen Zeiten die Einbildungskraft der Physiker angeregt […]

Da uns die Geschichte keine Erinnerung an eine Überschwemmung überliefert hat, die noch umfassender gewesen wäre als die Sintflut, haben die Naturforscher keine Bedenken gehabt, sie als die einzige Ursache für die *Schichtung der Erde* zu betrachten. Unter denen, die diese Meinung vertreten, steht Woodward an erster Stelle; er vermutet, daß das Wasser der Sintflut alle Teile unserer *Erde* aufgeweicht und aufgelöst hat und daß sich dann, als die Fluten zurückgingen, die Substanzen ablagerten, die sie aufgeweicht hatten, und die verschiedenen Schichten bildeten, aus denen die *Erde* zusammengesetzt ist. Diese Hypothese, die eher genial als wahr ist, hat zahlreiche Anhänger gefunden; aber sowenig man auch darauf achten mag, so sieht man doch ein, daß die angebliche Aufweichung der ganzen Masse unserer *Erde* eine aus der Luft gegriffene Idee ist […]

Wie soll man sich denn vorstellen, daß eine vorübergehende Überschwemmung, die nach der Aussage des Moses nicht einmal ein Jahr gedauert hat, alle jene *Schichten* aus so verschiedenen Substanzen hervorbringen konnte, aus denen die verschiedenen Teile unserer *Erde* zusammengesetzt sind?

Die wahrscheinlichste Anschauung über die Entstehung der *Schichten der Erde* ist die, welche sie größtenteils auf das Verweilen der Meere zurückführt, die nacheinander mehrere Jahrhunderte lang die Kontinente bedeckt haben, die heute bewohnt sind […]

Man würde sich allerdings täuschen, wenn man die Entstehung aller Schichten, die wir auf der *Erde* sehen, allein dem Meer zuschreiben wollte; die Überschwemmungen der Flüsse spülen auf die Gebiete, die sie überfluten, eine erstaunliche Menge Schlamm, die nach mehreren Jahrhunderten Schichten bildet, die das Auge leicht unterscheiden kann und an denen man die

Zahl der Überschwemmungen jener Flüsse feststellen könnte, deren Bett eben dadurch oft zwangsläufig verändert worden ist.

Einige Länder bieten dem Auge Schichten dar, die von ganz anderer Beschaffenheit sind als die, von denen wir bisher gesprochen haben; diese Schichten sind gewaltige Anhäufungen von Aschemassen, in Kalk und Kristall verwandeltem Gestein, Bimsstein usw. Es ist leicht einzusehen, daß solche Schichten nicht durch die Gewässer hervorgebracht worden sind; sie sind das Produkt unterirdischer Feuerherde und Vulkane, die bei verschiedenen Ausbrüchen in zuweilen sehr großen Zeitabständen diese Stoffe ausgeworfen haben: Solcher Art sind die Schichten, die man in Sizilien in der Nähe des Ätna, in Italien in der Umgebung des Vesuvs, in Island in der Nähe des Hekla findet, und die Untersuchung derartiger Schichten hat Lazzaro Moro veranlaßt, anzunehmen, daß *alle Schichten der Erde* nur von Vulkanen geschaffen worden sind – woraus man ersieht, daß er auf unsere ganze *Erde* jene Erscheinungen ausgedehnt hat, die nur in der Gegend existierten, in der er wohnte, und in anderen, die den gleichen Umwälzungen unterworfen sind [...] (D'Holbach.)

Toleranz – Tolérance (Enzyklopädische Ordnung: Theologie, Moral, Politik): Die *Toleranz* ist im allgemeinen die Tugend jenes schwachen Wesens, das dazu bestimmt ist, mit Wesen zusammenzuleben, die ihm gleichen. Dem Menschen, der durch seine Intelligenz so erhaben ist, sind zugleich durch seine Irrtümer und seine Leidenschaften so enge Grenzen gesetzt, daß man ihm den anderen gegenüber nicht genug von jener *Toleranz*, jener Duldsamkeit einflößen kann, deren er selbst so sehr bedarf und ohne die man auf der Erde nur Unruhen und Streitigkeiten sehen würde. Da man diese erfreuliche versöhnliche Tugend aber geächtet hat, gereichten zahlreiche Jahrhunderte den Menschen mehr oder weniger zur Schande und zum Unglück; und hoffen wir nicht, daß wir ohne sie unter uns Ruhe und Glück einmal wiederherstellen können!

Man kann zweifellos mehrere Quellen unserer Zwietracht feststellen. Wir sind in dieser Hinsicht leider nur zu fruchtbar. Da sich aber vor allem in Fragen der Gesinnung und der Religion

die verheerenden Vorurteile besonders zwingend und scheinbar sogar mit Recht durchsetzen, ist dieser Artikel auch dazu bestimmt, sie zu bekämpfen. Wir begründen zunächst auf den evidentesten Prinzipien die Richtigkeit und Notwendigkeit der Toleranz und entwerfen dann auf Grund dieser Prinzipien die Pflichten der Fürsten und Herrscher. Wie traurig ist doch die Aufgabe, den Menschen Wahrheiten beweisen zu müssen, die so klar und für sie von so großem Interesse sind, daß man seine Natur verloren haben muß, um sie nicht selbst zu erkennen! Wenn es aber sogar in unserem Jahrhundert noch Menschen gibt, die ihre Augen der Evidenz und ihr Herz der Menschlichkeit verschließen, wie könnten wir dann in unserem Werk darüber feiges und schuldbewußtes Stillschweigen bewahren? Nein. Wie immer es auch um den Erfolg bestellt sein mag, wagen wir zumindest, die Rechte der Menschlichkeit und Gerechtigkeit zu fordern, und versuchen wir noch einmal, dem Fanatiker seinen Dolch zu entreißen und dem Abergläubischen seine Augenbinde abzunehmen! […]
Ziehen wir also den folgenden Schluß: Wenn die Intoleranz überall herrschte, so würde sie alle Menschen gegeneinander bewaffnen und auf Grund der verschiedenen Anschauungen immer wieder Kriege heraufbeschwören; denn selbst wenn man voraussetzen würde, daß die Ungläubigen nicht Verfolger aus religiösen Prinzipien wären, so wären sie es doch zumindest aus politischen und eigennützigen Gründen. Da die Christen diejenigen, die ihre Ideen nicht anerkennen, nicht dulden können, so würde man sehen, wie sich mit Recht alle Völker gegen sie verbündeten und den Untergang dieser Feinde des Menschengeschlechts beschlössen, die unter dem Schleier der Religion nichts Unrechtmäßiges darin erblicken würden, die Menschheit zu peinigen und zu unterjochen. Wahrhaftig, ich frage das Menschengeschlecht: Was hätten wir einem Fürsten in Asien oder in der Neuen Welt vorzuwerfen, wenn er den ersten Missionar, den wir zu ihm schickten, um ihn zu bekehren, aufhängen ließe? Besteht die höchste Pflicht des Herrschers nicht darin, den Frieden und die Ruhe in seinen Staaten zu sichern und aus ihnen jene gefährlichen Menschen wohlweislich zu verbannen, die zuerst ihre Schwäche unter scheinheiliger Sanftmut verbergen, dann aber, sobald sie die Möglichkeit dazu haben, barbarische und aufrührerische Lehren zu verbreiten suchen? Mögen

die Christen es also sich selbst zuschreiben, wenn die anderen Völker, denen sie ihre Lehren beigebracht haben, sie nicht dulden wollen und wenn sie in ihnen nur die Mörder Amerikas oder die Ruhestörer Indiens sehen und ihre heilige christliche Religion, die sich auf der Erde verbreiten und Früchte tragen soll, wegen der Ausschreitungen und Gewalttaten mit Recht verwerflich finden.

Übrigens erscheint es uns unnütz, den Intoleranten die Prinzipien des Evangeliums entgegenzuhalten, das nur die Prinzipien der natürlichen Billigkeit verbreitet und entwickelt, ihnen die Lehren und das Vorbild ihres erhabenen Meisters, der immer nur Milde und Nächstenliebe verkündete, ins Gedächtnis zurückzurufen und ihnen das Verhalten jener ersten Christen vor Augen zu führen, die nur den Segen zu erteilen und für ihre Verfolger zu beten verstanden. Wir führen auch nicht jene Vernunftgründe an, deren die ersten Kirchenväter sich mit so viel Überzeugungskraft Männern wie Nero und Diokletian gegenüber bedienten, die aber seit Konstantin dem Großen lächerlich geworden und leicht zu widerlegen sind. Man sieht wohl ein, daß wir in einem Artikel eine so reichhaltige Materie nur flüchtig behandeln können: So haben wir jetzt, nachdem wir die Prinzipien, die uns am allgemeinsten und am einleuchtendsten erschienen, ins Gedächtnis zurückgerufen haben, nur noch die Aufgabe zu erfüllen, die Pflichten der Herrscher gegenüber den religiösen Sekten, welche die Gesellschaft spalten, kurz zu umreißen [...]

Allgemeine Regel: Achtet unverbrüchlich die Rechte des Gewissens in allem, was die Gesellschaft nicht beunruhigt. Spekulative Irrtümer sind für den Staat belanglos; Verschiedenheit in den Anschauungen wird immer unter Wesen herrschen, die so unvollkommen sind wie der Mensch; die Wahrheit bringt Ketzereien hervor wie die Sonne Schlacken und Flecken. Verschlimmert also nicht ein unvermeidliches Übel, indem ihr es mit Feuer und Schwert auszurotten sucht; bestraft Verbrechen, aber habt Mitleid mit dem Irrtum, und verleiht der Wahrheit niemals andere Waffen als Sanftmut, Vorbildlichkeit und Überzeugungskraft. *In Dingen der Änderung des Glaubens wirken Aufforderungen stärker als Strafen; letztere haben immer nur zerstörend gewirkt.*

Diesen Prinzipien wird man die Nachteile, die sich aus der Vielzahl der Religionen ergeben, und die Vorteile der Einheitlichkeit des Glaubens in einem Staate entgegensetzen. Wir antworten darauf zunächst mit dem Verfasser vom *Geist der Gesetze*: »Diese Ideen von der Einheitlichkeit machen unfehlbar auf die gewöhnlichen Menschen tiefen Eindruck, weil sie darin eine Art Vollkommenheit finden, die darin nicht zu entdecken unmöglich ist: gleiche Maßstäbe in der Verfassung, gleiche Maßnahmen im Handel, gleiche Gesetze im Staate, gleiche Religion in allen seinen Teilen. Aber ist das immer und ausnahmslos günstig? Ist das Übel, etwas zu ändern, immer weniger groß als das Übel, etwas zu ertragen? Und würde die Größe des Genies nicht vielmehr darin bestehen, zu erkennen, in welchen Fällen die Einheitlichkeit und in welchen Fällen die Verschiedenheit angebracht ist?« Warum soll man denn Anspruch auf eine Vollkommenheit erheben, die mit unserer Natur unvereinbar ist? Es wird unter den Menschen immer verschiedene Meinungen geben; die Geschichte des menschlichen Geistes ist dafür ein kontinuierlicher Beweis, und das trügerischste Vorhaben wäre, die Menschen zur Einheitlichkeit in ihren Anschauungen zurückführen zu wollen. Dennoch, sagt ihr, erfordere das politische Interesse, daß man diese Einheitlichkeit schafft, daß man mit Bedacht jede Meinung verdammt, die zu den im Staate anerkannten Meinungen im Widerspruch steht; das heißt, man muß den Menschen darauf beschränken, nur noch ein Automat zu sein, nur Meinungen zu lehren, die in seinem Geburtsort gelten, ohne jemals zu wagen, sie zu untersuchen und zu erforschen, und die barbarischsten Vorurteile, etwa solche, wie wir sie bekämpfen, untertänig zu achten. Aber wie viele Übel und welche Zwietracht hat die Vielzahl der Religionen in einem Staate zur Folge! Euer Einwand verwandelt sich in einen Beweis gegen euch, da die Intoleranz ja die Quelle dieser Übel ist; denn wenn die verschiedenen Parteien einander duldeten und sich nur durch das Vorbild, die Schicklichkeit der Sitten, die Liebe zu den Gesetzen und zum Vaterland zu bekämpfen suchten, wenn das der einzige Beweis wäre, den jede Sekte zugunsten ihres Glaubens erbrächte, so würden im Staate trotz der Verschiedenheit der Anschauungen bald Eintracht und Friede herrschen, so wie in der Musik Dissonanzen den Zusammenklang des Ganzen nicht beeinträchtigen.

Man beharrt indes auf seinem Standpunkt und behauptet, der

Wechsel der Religion habe oft Umwälzungen in der Regierung und im Staate zur Folge. Darauf antworte ich wieder, daß der Intoleranz allein das zur Last fällt, was an dieser Bezichtigung so abscheulich ist; denn wenn die Neuerer geduldet oder nur mit den Waffen des Evangeliums bekämpft würden, so würde der Staat nicht unter dieser geistigen Gärung leiden. Aber die Verteidiger der herrschenden Religion erheben sich wütend gegen die Sektierer, gehen mit Waffengewalt gegen sie vor, bringen blutige Erlasse heraus, säen in allen Herzen Zwietracht und Fanatismus und legen dreist ihren Opfern die Unruhe zur Last, die sie gestiftet haben.

Was die betrifft, die unter dem Vorwand der Religion nur versuchen, die Ruhe der Gesellschaft zu stören, Aufruhr zu schüren und das Joch der Gesetze abzuschütteln, so unterdrückt sie mit Strenge, wir sind nicht ihre Apologeten; aber verwechselt mit diesen Schuldigen nicht diejenigen, die nur Gedankenfreiheit verlangen sowie die Freiheit, sich zu dem Glauben zu bekennen, den sie für den besten halten, und die im übrigen als treue Untertanen des Staates leben!

Aber, werdet ihr wieder einwenden, der Fürst sei doch der Verteidiger des Glaubens; er müsse ihn in seiner ganzen Reinheit erhalten und sich mit Entschiedenheit all denen widersetzen, die ihm Abbruch tun; wenn Vernunftgründe und Ermahnungen nicht fruchteten, so trüge er nicht umsonst das Schwert, sondern vielmehr deshalb, um den, der Unrecht tut, zu strafen und die Aufrührer zu zwingen, in den Schoß der Kirche zurückzukehren. Was willst du denn, du Barbar? Deinen Bruder umbringen, um ihn zu retten? Aber hat Gott dich mit dieser schrecklichen Aufgabe betraut? Hat er in deine Hände die Sorge für seine Rache gelegt? Woher weißt du, daß er geehrt sein will wie die Teufel? Geh, Unglücklicher, dieser Friedensgott mißbilligt deine gräßlichen Opfer; sie sind nur deiner würdig!

Wir unternehmen es nicht, hier die genauen Grenzen der *Toleranz* festzulegen, die barmherzige Duldung, wie sie Vernunft und Menschlichkeit zugunsten der Irrgläubigen verlangen, von jener verwerflichen Gleichgültigkeit zu unterscheiden, die uns alle Anschauungen der Menschen unter demselben Aspekt sehen läßt. Wir predigen die praktische *Toleranz*, nicht aber die spekulative; und man begreift wohl, welcher Unterschied zwischen der Duldung einer Religion und ihrer Billigung besteht.

Wir verweisen die wißbegierigen Leser, die diesen Gegenstand tiefer erforschen wollen, auf den *Philosophischen Kommentar* Bayles, in dem dieses großartige Genie sich nach unserer Ansicht selbst übertroffen hat. (Jean Edme Romilly.)

Steuerpächter – Traitant (Finanzwesen): So nennt man Geschäftsleute, die sich mit der Eintreibung der Steuern befassen und die mit dem Souverän auf Grund der Vorschüsse, die sie sogleich in Silber zahlen, Verträge über alle möglichen Abgaben, Einkünfte, Finanzprojekte usw. schließen. Sie erhalten zehn bis fünfzehn Prozent von ihren Vorschüssen und gewinnen später auf Grund ihrer Verträge ein Drittel oder ein Viertel. Diese habgierigen Männer, die nicht zahlreich sind, unterscheiden sich vom Volk nur durch ihre Reichtümer. Bei ihnen sah Frankreich zum erstenmal in Silber jene Haushaltsgegenstände, welche die Fürsten königlichen Blutes nur in Eisen, Kupfer und Zinn besaßen – ein beleidigender Anblick für die Nation. Die Reichtümer, die sie besitzen, sagt das Edikt von 1716, bedeuten einen Raub an unseren Provinzen, am Lebensunterhalt unserer Völker und an unserem Staatsschatz.

Gemäß der Ansicht mehrerer Bürger wiederhole ich diese Dinge hier ohne Leidenschaft, ohne irgendein Privatinteresse, vor allem aber ohne Unwillen und Satire, die die Wahrheit selbst um das Ansehen bringen, das sie verdient.

Colbert, so sagt der französische Verfasser der *Allgemeinen Geschichte*, fürchtete so sehr, den Staat den *Steuerpächtern* auszuliefern, daß er kurz nach der Auflösung des Gerichtshofes, den er gegen sie errichtet hatte, einen Ministerratsbeschluß fassen ließ, der die Todesstrafe für jene verhängte, die Geld auf neue Steuern vorschießen würden. Er wollte durch diese Strafandrohung, einen Beschluß, der niemals veröffentlicht wurde, der Habgier der Geschäftsleute einen Riegel vorschieben; aber bald darauf glaubte er gezwungen zu sein, sich ihrer zu bedienen, ohne jedoch diesen Beschluß zu widerrufen; der König drängte ihn, Geldmittel zu beschaffen, er benötigte sie sofort, und so nahm Colbert wieder Zuflucht zu den Personen, die sich bei den vorausgegangenen Katastrophen bereichert hatten. (Jaucourt.)

Sklavenhandel – Traite des Nègres (Afrikahandel): Das ist der Kauf von Negern, den die Europäer an den Küsten Afrikas tätigen, um diese Unglücklichen in ihren Kolonien als Sklaven zu verwenden. Dieser Kauf von Negern, die zu Sklaven gemacht werden sollen, ist ein Handel, der gegen die Religion, die Moral, die Naturgesetze und alle Rechte der menschlichen Natur verstößt.

Die Neger, so sagt ein moderner englischer Autor voll Einsicht und Menschlichkeit, sind keinesfalls durch das Kriegsrecht zu Sklaven geworden; sie unterwerfen sich auch nicht freiwillig der Knechtschaft, und folglich werden ihre Kinder nicht als Sklaven geboren. Jeder weiß, daß man sie ihren Fürsten abkauft, die behaupten, sie hätten das Recht, über ihre Freiheit zu verfügen, und daß die Händler sie wie ihre anderen Waren in ihre Kolonien oder nach Amerika bringen lassen, wo sie sie zum Verkauf anbieten.

Wenn ein derartiger Handel durch ein Moralprinzip gerechtfertigt werden kann, so gibt es kein Verbrechen, so abscheulich es auch sei, das man nicht rechtfertigen könnte. Könige, Fürsten und Magistrate sind nicht Eigentümer ihrer Untertanen, sie sind also nicht berechtigt, über ihre Freiheit zu verfügen und sie als Sklaven zu verkaufen.

Andererseits hat kein Mensch das Recht, sie zu kaufen oder sich zu ihrem Herrn zu machen; die Menschen und ihre Freiheit sind kein Gegenstand des Handels; sie können weder verkauft noch gekauft und auch nicht zu irgendeinem Preis bezahlt werden. Daraus muß man schließen, daß ein Mann, dessen Sklave die Flucht ergreift, dies nur sich selbst zuschreiben muß, da er für Geld eine verbotene Ware erworben hat, deren Erwerb ihm durch alle Gesetze der Menschlichkeit und Rechtlichkeit untersagt war.

Es gibt also unter diesen Unglücklichen, von denen man behauptet, sie seien nur Sklaven, nicht einen einzigen, der nicht das Recht hätte, für frei erklärt zu werden, da er ja die Freiheit niemals verloren hat; er konnte sie nicht verlieren, und sein Fürst, sein Vater oder sonst irgend jemand in der Welt hatte nicht die Macht, über sie zu verfügen; folglich ist der Verkauf seiner Freiheit an sich null und nichtig. Der Neger gibt sein Naturrecht nicht auf und kann es auch niemals aufgeben; er behält es immer und überall und kann daher überall fordern, daß man es

ihn genießen läßt. Es ist also eine offenkundige Unmenschlichkeit seitens der Richter in den freien Ländern, in die er gebracht wird, wenn sie ihn nicht sofort freilassen, indem sie ihn für frei erklären, da er doch ihresgleichen ist und eine Seele hat wie sie. Es gibt Schriftsteller, die sich für Experten im politischen Recht ausgeben und uns gegenüber kühn behaupten, daß Fragen, die den Stand der Personen betreffen, durch die Gesetze der Länder entschieden werden müssen, denen sie angehören, und daß folglich ein Mann, der in Amerika zum Sklaven erklärt und von dort nach Europa gebracht worden ist, auch dort als Sklave betrachtet werden muß; aber das heißt mit Zivilgesetzen einer Dachtraufe über die Rechte der Menschheit entscheiden, wie Cicero sagt. Dürfen die Richter einer Nation aus Rücksicht gegenüber einer anderen Nation keine Rücksicht auf ihre eigene Art nehmen? Muß ihre Willfährigkeit gegenüber einem Gesetz, das sie zu nichts verpflichtet, sie veranlassen, das Gesetz der Natur mit Füßen zu treten, das für alle Menschen jederzeit und allerorts verbindlich ist? Gibt es irgendein Gesetz, das ebenso verbindlich wäre wie die ewigen Gesetze der Rechtlichkeit? Kann man das Problem aufwerfen, ob ein Richter mehr dazu verpflichtet ist, diese einzuhalten, als die willkürlichen und unmenschlichen Bräuche der Kolonien zu achten?
Man wird vielleicht sagen, diese Kolonien würden bald zugrunde gehen, wenn man in ihnen die Sklaverei der Neger aufhöbe. Aber wenn dies der Fall wäre, muß man deshalb daraus schließen, daß das Menschengeschlecht in abscheulicher Weise erniedrigt werden muß, um uns zu bereichern oder zu unserem Luxus beizutragen? Es ist wahr, daß die Geldbeutel der Straßenräuber leer wären, wenn der Raub endgültig beseitigt würde; aber haben denn die Menschen das Recht, sich durch grausame und verbrecherische Mittel zu bereichern? Welches Recht hat ein Räuber, die Wanderer auszuplündern? Wem ist es erlaubt, dadurch reich zu werden, daß er seinesgleichen unglücklich macht? Kann es rechtmäßig sein, daß man das Menschengeschlecht seiner heiligsten Rechte nur deshalb beraubt, um seine Habgier, seine Eitelkeit oder seine besonderen Leidenschaften zu befriedigen? Nein ... Mögen also lieber die europäischen Kolonien zugrunde gehen, als daß man so viele Menschen unglücklich macht!
Doch ich glaube, es ist falsch, daß die Unterdrückung der Sklave-

rei den Untergang der Kolonien zur Folge hätte. Zugegeben, der Handel würde darunter eine Zeitlang leiden; denn das ist die Wirkung aller Umstellungen, weil man in diesem Fall nicht sofort Mittel und Wege finden könnte, ein anderes System zu befolgen; doch würden sich aus der Abschaffung der Sklaverei viele andere Vorteile ergeben.

Dieser Negerhandel, das heißt der Brauch der Sklaverei, hat in Amerika verhindert, daß die Bevölkerung so schnell zunahm, wie das sonst geschehen wäre. Man lasse die Neger frei, und in wenigen Generationen wird dieses riesige fruchtbare Land unzählige Bewohner haben. Die Künste und die Talente werden erblühen, und anstatt fast nur von Wilden und Raubtieren bevölkert zu sein, wird es bald nur noch von fleißigen Menschen bevölkert sein. Die Freiheit und der Fleiß sind die wirklichen Quellen des Überflusses. Solange ein Volk diesen Fleiß und diese Freiheit bewahrt, braucht es nichts zu fürchten. Der Fleiß ist ebenso findig wie der Bedarf; er findet tausend verschiedene Mittel, sich Reichtümer zu verschaffen, und wenn einer der Kanäle des Reichtums verstopft ist, öffnen sich sogleich tausend andere.

Empfindsame und großmütige Seelen werden zweifellos diese Argumente zugunsten der Menschlichkeit gutheißen; aber die Habsucht und die Geldgier, welche die Erde beherrschen, wollen sie niemals hören. (Jaucourt.)

Tuberkel – Tubercule (Medizin): Dieses Wort, das zuweilen zur Bezeichnung kleiner Geschwülste an der Oberfläche des Körpers gebraucht wurde, wird in der Sprache der inneren Medizin spezieller zur Bezeichnung der Verhärtung von Lymphgefäßen gebraucht, die man häufig in den Lungen der an Schwindsucht gestorbenen Personen beobachtet hat [...]

Die *Tuberkeln* äußern sich durch kein besonderes Kennzeichen, das bei anderen Leiden nicht vorkommen könnte. Die eindeutigeren Anzeichen, die gewöhnlich dazu dienen, ihr Vorhandensein festzustellen, sind: 1. Ein trockener Husten, der sehr lange anhält und häufig von Appetitlosigkeit, Ekel und Erbrechen nach dem Essen begleitet wird. 2. Atembeschwerden, die beim Gehen und Laufen dermaßen zunehmen, daß solche Kranke nahe daran sind, zu ersticken, wenn sie etwas zu schnell gegan-

gen oder sehr steile Hänge emporgestiegen sind. 3. Die Veränderung der Stimme, die dünner, schriller, heiser und durchdringend wird, etwa wie die der Kraniche. 4. Die Beklemmung, der Druck, das Gefühl der inneren Hitze, wie sie diese Kranken in der Brust oder zwischen den Schultern empfinden; oft sind die Beschwerden auf der einen Seite fühlbarer als auf der anderen. 5. Schließlich der Anfang eines schleichenden Fiebers. Man könnte auch aus dem Zustand des Kranken und seiner Eltern Erkenntnisse gewinnen, um die Diagnose der *Tuberkeln* bestätigt zu finden. Die Veranlagung zur Schwindsucht ist an einem dünnen langen Hals, roten Flecken im Gesicht, einer engen und eingefallenen Brust, beständiger Magerkeit und hartnäckiger Verstopfung zu erkennen. Wenn der Kranke von schwindsüchtigen Eltern abstammt, wenn er Brüder und Schwestern hat, bei denen man mit Sicherheit eine Lungenschwindsucht festgestellt hat, so lassen alle diese Anzeichen zusammen mit ziemlicher Sicherheit auf die Art seiner Krankheit oder das Vorhandensein von *Tuberkeln* schließen; aber es kommt selten vor, daß man alle diese Anzeichen sammeln kann, und deshalb ist es sehr schwer, diese Krankheit klar zu erkennen. Man erlebt sehr häufig, wie Ärzte, die zu voreilig urteilen, sie mit dem Katarrh oder mit Leberleiden verwechseln; darum hat man oft Leute, die eine ganz gesunde Lunge hatten und bei denen nur die Leber angegriffen war, für schwindsüchtig oder lungenkrank erklärt. Dieser Irrtum ist in der Praxis sehr folgenschwer, denn die Heilmittel, die in den beiden Fällen angebracht sind, sind ganz verschieden; er ist aber sehr weit verbreitet. So sah ich erst vor kurzem praktische Ärzte von sehr gutem Ruf in diesen Irrtum verfallen; sie hatten auf diese trügerischen Anzeichen von *Tuberkeln* hin die Schwindsucht und den baldigen Tod eines Patienten diagnostiziert und machten durch unangebrachte Mittel, die auf Grund dieser falschen Diagnose verordnet wurden, die Krankheit täglich schlimmer und hartnäckiger und hätten sie schließlich, ihre Prognose rechtfertigend, zu einem tödlichen Ausgang geführt, wenn nicht ein neuer Arzt die Quelle und den Sitz des Leidens, der in der Leber war, besser erkannt und andere, entgegengesetzte Mittel verordnet hätte, die sehr schnell zum Erfolg führten […]
Ein bei fast allen praktischen Ärzten verbreitetes Vorurteil ist, daß man diese *Tuberkeln* nur mit Linderungsmitteln, Milchspei-

sen, Schleimsäften usw. behandeln darf und daß man appetitanregende Mittel sorgfältig vermeiden muß. Sie behaupten, man müsse die saure Lymphe in Schleim einhüllen und verkapseln und man müsse sich davor hüten, durch heiße Medikamente die Bewegung und Tätigkeit der Lymphe zu beschleunigen; aber sie beachten dabei nicht, daß sie durch die Anwendung dieser Methode jene Verhärtungen nicht beseitigen, sondern vielmehr verstärken, daß sie gleichzeitig den Magen in Unordnung bringen, also Anlaß zu schlechter Verdauung geben – ein neues Hindernis für die Heilung –, und daß dem schließlich kein mit dieser Methode behandelter Patient entgeht. Deshalb muß man alle diese lächerlichen und gefährlichen Ideen der Boerhaaveschen Theorie außer acht lassen und die Beobachtung, die einzige Lehrmeisterin in der Praxis, befragen; sie lehrt uns, daß man ohne Furcht zu etwas stärkeren, durchgreifenden Mitteln, vor allem zu bitteren, die Verdauung fördernden und sogar zu schwach eisenhaltigen Mitteln greifen kann; die milden diaphoretischen oder schweißtreibenden Mittel erscheinen wohlangebracht nach dieser aufschlußreichen Beobachtung, die uns lehrt, daß das Fehlen der Transpiration eine häufige Ursache der *Tuberkeln* oder zumindest ein Symptom ist, das sie fast immer begleitet, und daß die Wiederherstellung der Transpiration eines der zuverlässigsten Zeichen für die Heilung ist. Um diese Wirkung zu erzielen, eignen sich vortrefflich die schwefelhaltigen Mineralwässer von Barèges, Cauterets, Saint-Laurent, die Heilquellen usw.; das schweißtreibende Antimon, das Antihektikum von Poterius und andere Präparate dieser Art, die von ihren Entdeckern und den meisten leichtgläubigen Ärzten so sehr gerühmt worden sind, bleiben in dem vorliegenden Fall völlig unwirksam. Vielleicht hätten sie eine gewisse Wirkung, wenn es sich darum handelte, die Säuren in den Hauptgefäßen zu zerstören. Schließlich muß man, um diese Krankheit zu vertreiben und die Schwindsucht zu verhüten oder im Keim zu ersticken, viel Wert auf Spaziergänge, Leibesübungen, Reisen, Luftveränderung und Reiten legen; zweifellos haben die Mineralwässer, die man an Ort und Stelle trinkt, und die Wallfahrten diesen Hilfsmitteln großenteils ihren Erfolg zu verdanken. Wenn die *Tuberkeln* entzündet sind, ist es zweckmäßig, die Wirkung der Heilmittel ein wenig abzuschwächen und zu Verdünnungsmitteln zu greifen; Buttermilch, Eselsmilch, Kuhmilch, vermengt mit Hustensäften, schweißtreibenden Mitteln, Efeu, Chinawurzel, Frauenhaar und dergleichen, sind dafür recht geeignet. Wenn die Eiterung eingetreten ist, so muß man mit diesen Mitteln die Anwendung von Balsamen verbinden, man kann es auch mit schwefelhaltigen Mineralwässern versuchen, doch besteht dabei wenig Hoffnung. Wenn irgendein Virus die *Tuberkeln* hervorgebracht hat und erhält, dann muß man zum Spezifikum Zuflucht nehmen, und bei venerischen *Tuberkeln* darf man nicht vor der Wärmeeinwirkung des Quecksilbers zurückschrecken; es kann allein die Krankheit heilen, nur muß man die Vorsichtsmaßnahme treffen, es in geringer Dosis und in größeren Abständen zu verabreichen [...] (Malouin.)

Leben, Lebensdauer – Vie, Durée de la vie (Politische Arithmetik): [...]
Gegen Ende des vorigen Jahrhunderts hatte William Petit, ein Engländer, Gesetze über die Sterblichkeit der Menschen mit Hilfe der Totenlisten von London und Dublin aufzustellen versucht; da aber diese beiden Städte große Handelsstädte sind, lassen sich in ihnen zahlreiche Ausländer nieder und sterben daselbst; die Totenlisten dieser Städte können also nicht dazu dienen, das Gesetz der allgemeinen Sterblichkeit der Menschheit aufzustellen; denn man müßte, wenn das möglich wäre, einen Ort zugrunde legen, den niemand verließe und den auch kein Fremder beträte. Doktor Haley hatte die Stadt Breslau gewählt, um eine Wahrscheinlichkeitstabelle der menschlichen *Lebensdauer* aufzustellen, weil zumindest damals nur wenige Leute diese Stadt verließen und auch nur wenige Fremde hinzukamen. Er hatte diese Tabelle mehrfach verwendet, unter anderem, um den Wert der einfachen lebenslänglichen Renten bestimmen zu können. Simpson ließ im Jahre 1742 in London ein Werk über denselben Gegenstand drucken; aber er ging von einer Tabelle aus, die auf Grund der Sterblichkeitsliste der Bewohner Londons aufgestellt worden war, so daß man auf die Schlüsse, die er aus ihr zieht, nur wenig geben darf – wegen der Gründe, auf die wir soeben hingewiesen haben. Kerseboom hat auf demselben Gebiet gearbeitet und mehr Untersuchungen angestellt als sonst irgend jemand; er hat eine Tabelle zusammengestellt, um auf Grund der Beobachtungen, die seit etwa einem

Jahrhundert gemacht worden waren, die Sterblichkeitsliste der Provinzen Holland und Westfriesland aufzustellen. Siehe auch den Artikel *Sterblichkeit*.

Doch das Beste, was wir auf diesem Gebiet haben, ist das Werk von Parcieux, Mitglied der Königlichen Gesellschaft von Montpellier: *Versuch über die wahrscheinliche Dauer des menschlichen Lebens*, Paris 1745. Dieser Autor ist viel weitergekommen als alle seine Vorgänger, und er ist insbesondere der erste, der die Sterblichkeitsliste auf die einfachen und die zusammengesetzten Leibrenten angewendet hat. Aus der genauen Festlegung der Sterblichkeitsliste ergeben sich große Vorteile; denn wenn ein Staat oder Privatpersonen lebenslängliche Renten aussetzen wollen, so muß der Geldgeber sowie der Rentenempfänger wissen, wieviel man gerechterweise den verschieden alten Rentiers geben muß. Nicht weniger interessant ist die Materie für die, welche Häuser oder andere Güter auf Lebenszeit kaufen, und schließlich auch für die, welche gewisse Pensionen aussetzen und feststellen wollen, wieviel Geld sie dafür aufwenden werden [...]

Als Parcieux eine Liste von mehr als 3700 Kindern aufstellte, die in Paris geboren waren, fand er, daß ihre durchschnittliche *Lebensdauer* nur 21 Jahre und 4 Monate betrug, wenn man die Fehlgeburten mitrechnete, und 23 Jahre und 6 Monate, wenn man die Fehlgeburten nicht mitzählte; wahrscheinlich ist Paris in ganz Frankreich der Ort, wo die durchschnittliche *Lebensdauer* am kürzesten ist.

Ich habe bemerkt, sagt Parcieux, und man wird das ebenso wie ich feststellen können, wenn man sein Augenmerk darauf richtet-, daß in Paris die Kinder der reichen oder wohlhabenden Leute nicht so früh sterben wie die Kinder des niedrigen Volkes. Erstere nehmen Ammen in Paris oder in den umliegenden Dörfern und haben jeden Tag die Möglichkeit, ihre Kinder zu besuchen und festzustellen, wie die Amme sie betreut; das niedrige Volk dagegen, das nicht die Möglichkeit hat, viel Geld aufzuwenden, kann nur Ammen in weiter Entfernung nehmen; die Väter und Mütter sehen ihre Kinder erst, wenn sie zurückgebracht werden, und im allgemeinen sterben etwas mehr als die Hälfte in den Händen der Ammen – was meistens auf die Sorglosigkeit dieser Frauen zurückzuführen ist [...] (Anonym.)

ALPHABETISCHES STICHWORTVERZEICHNIS

Aberglaube – Superstition 299
Adler – Aigle 55
Affektiertheit – Affectation. 53
Aguaxima 54
Aius locutius 55
Angeboren – Inné 248
Aufwand – Faste 186
Ausschließliches Privileg – Privilège exclusif 285
Autorität in der Rede und in der Schrift –
   Autorité dans les discours et dans les écrits 61
Bacchioniten – Bacchionites 62
Bedürftig – Indigent 244
Bibliomane – Bibliomane 67
Bitterfeld 70
Cartesianismus – Cartésianisme 77
Chemie – Chymie ou Chimie 86
China – La Chine 85
Deisten – Déistes 110
Denkfreiheit – Liberté de penser 263
Didyma – Dydime 127
Dragonade – Dragonade 122
Eigentum – Propriété 289
Eingeschränkte Monarchie – Monarchie limitée 274
Einsiedler – Solitaire 297
Eklektizismus – Eclectisme 128
Eleatische Sekte – Secte éléatique 163
Elektrizität – Electricité. 164
Elend – Misérable 271
Elend – Misère 271
Empfindsamkeit – Sensibilité 296
Enzyklopädie – Encyclopédie 168
Erde, Schichten der – Terre, couches de 302
Experimentell – Expérimental 175
Fanatismus – Fanatisme 181
Fastenzeit – Carême 76
Folter – Question ou Torture 290
Frankreich – France 202
Französisch – François ou Français 204
Genealogie – Généalogie 205
Genf – Genève 206

Geschichte – Histoire	236
Geschmack – Goût	211
Gesittung, Höflichkeit, Leutseligkeit – Civilité, Politesse, Affabilité	92
Gewalt – Pouvoir	284
Gewissen – Conscience	102
Gezinkt – Chargé	84
Glück – Bonheur	72
Götze, Götzendiener, Götzendienst – Idole, Idolâtre, Idolâtrie	241
Grausamkeit – Cruauté	109
Handel – Commerce	97
Handwerk – Métier	270
Harz oder Herzynischer Wald – Hartz ou Forêt Hercinienne	236
Hebamme – Accoucheuse	52
Hobbismus oder Philosophie von Hobbes – Hobbisme ou Philosophie d'Hobbes	239
Holz – Bois	70
Impfung – Inoculation	248
Industrie oder Betriebsamkeit – Industrie	245
Inquisition – Inquisition	250
Irreligiös – Irreligieux	256
Interesse – Intérêt	251
Intoleranz – Intolérance	254
Jahrmarkt – Foire	194
Journal – Journal	258
Kapuze – Capuchon	75
Kasuist – Casuiste	80
Kobalt – Cobalt, Cobolt ou Kobold	93
Kolonie – Colonie	94
Kolporteure – Colporteurs	97
Köpenick – Coepenick	93
Kopernikus – Copernic	104
Krieg – Guerre	233
Kritik in den Wissenschaften – Critique dans les sciences	106
Kunst – Art	57
Leben, Lebensdauer – Vie, Durée de la vie	315
Leipzig – Leipsic	260
Lotterie – Loterie	265
Mansfelder Gestein – Mansfeld, Pierre de	265
Menschlichkeit – Humanité	240
Metallurgie – Métallurgie	267
Metaphysik – Métaphysique	268
Methode – Méthode	268
Mode – Mode	271

Monopol – Monopole	275
Mosaische und christliche Philosophie – Mosaïque et chrétienne philosophie	275
Nachahmung – Imitation	243
Natürliche Freiheit – Liberté naturelle	262
Natürliche Gleichheit – Egalité naturelle	160
Naturrecht – Droit naturel	122
Neger – Nègres	276
Neologisch – Néologique	277
Ökonomie – Economie ou Oeconomie	137
Pächter – Fermiers	186
Pentakel – Pentacle	281
Physik – Physique	281
Reich – Empire	165
Runzel – Ride	293
Salzsteuer – Sel, impôt sur le sel	295
Sauerkraut – Saver-kraut	294
Schweiz – Suisse	298
Skandalös – Scandaleux	294
Sklavenhandel – Traite des Nègres	310
Sozial – Social	297
Spinozist – Spinoziste	298
Staatsbürger – Citoyen	89
Steinkohle – Charbon minéral	83
Steuerpächter – Traitant	309
Stiftung – Fondation	197
Strumpf – Bas	63
System – Système	300
Tagelöhner – Journalier	259
Tatsache – Fait	178
Toleranz – Tolérance	304
Traum – Rêve	291
Trübsal – Mélancolie religieuse	266
Trunksucht – Ivrognerie	257
Tuberkel – Tubercule	312
Unzucht – Fornication	200
Vaterland – Patrie	279
Vermögen – Fortune	201
Versuch über den Geschmack in Dingen der Natur und Kunst	215
Verzeihen – Pardonner	278
Wahrsagekunst – Divination	116
Wismut – Bismuth	68
Wörterbücher der Wissenschaften und der freien sowie der mechanischen Künste – Dictionnaires de sciences et d'arts, tant libéraux que mécaniques	111
Zweifel – Doute	119

QUELLENANGABEN

Der Übersetzung liegt die Originalausgabe zugrunde: Encyclopédie, ou Dictionnaire raisonné des Sciences, des Arts et des Métiers, par une Société de Gens de Lettres. Mis en ordre et publié par M. Diderot ... et quant à la Partie mathématique, par M. D'Alembert ... A Paris, chez Briasson, David, Le Breton, Durand. 1751–1765.
Die Abbildungen wurden ebenfalls nach dieser Ausgabe gedruckt.

Der Übersetzung des »Prospekt der Enzyklopädie« liegt J. Assézats Ausgabe der Œuvres complètes de Diderot, Paris: Garnier Frères (1876), tome 13, zugrunde.

Der Artikel »Ökonomie« (Economie) wurde von der Übersetzerin für diese Auflage nach der Pléiade-Ausgabe der Œuvres complètes de Rousseau (Paris 1991) überarbeitet.

Das Original der Tafel »Figürlich dargestelltes System der Kenntnisse des Menschen« befindet sich im Band 1 der »Enzyklopädie«.

Folgende Texte wurden mit freundlicher Genehmigung des Aufbau-Verlages abgedruckt:

Prospekt der Enzyklopädie
Autorität in der Rede und in der Schrift
Eigentum
Enzyklopädie
Interesse
Menschlichkeit
Naturrecht
Tagelöhner

aus: Denis Diderot, Philosophische Schriften, Aufbau-Verlag, Berlin 1961

Häßlichkeit
Nachahmung

aus: Denis Diderot, Ästhetische Schriften, Aufbau-Verlag, Berlin und Weimar 1967

Die Texte wurden 1971 vom Übersetzer für die Auswahl des Reclam Verlages leicht bearbeitet.